GUÉRIR
PAR LES RÊVES

DU MÊME AUTEUR
AUX ÉDITIONS ALBIN MICHEL

COMPRENDRE LES RÊVES
DE VOS ENFANTS
1987

Patricia Garfield

GUÉRIR PAR LES RÊVES

Les interpréter pour se soigner

Albin Michel

Édition originale américaine :
THE HEALING POWER OF DREAMS

Traduction française :

22, rue Huyghens, 75014 Paris
ISBN : 2-226-07015-X

En souvenir de mon père, Fred Cameron Goff,
dont les mains d'artisan ont créé des tableaux et des marionnettes,
des petits avions, des cerfs-volants et des maisons de poupée
pour mon frère et moi,
et dont l'amour demeure un précieux héritage
pour tous ceux qui l'ont connu,
en particulier sa fille.

Sommaire

Avertissement

Cet ouvrage n'a pas pour vocation de remplacer des soins médicaux. Aussi, ne vous inquiétez pas si vous avez des rêves de maladies ou de blessures en le lisant : c'est une réaction naturelle à cette lecture. Beaucoup de gens rêvent de leur mort ou d'une maladie mortelle et sont encore vivants bien des années après.

Considérez vos rêves d'un point de vue psychologique autant que physique. Des événements ultérieurs de la vie pourront en révéler les significations jusque-là obscures. Acceptez vos rêves comme ils viennent, comme des cadeaux venus d'une part de vous-même. Soyez ouvert à leur message, mais soyez conscient que leur degré d'exactitude peut varier. Faites attention aux rêves récurrents. C'est sans doute de là que vous tirerez les enseignements les plus précieux.

1.

VOTRE CORPS DANS LES RÊVES

Vos rêves peuvent vous aider à rester en bonne santé, vous avertir du danger, diagnostiquer des problèmes physiques naissants, vous soutenir durant la maladie, annoncer votre convalescence, suggérer des traitements, guérir votre corps et signaler votre retour à la santé. Tout cela est à votre disposition chaque nuit et le deviendra particulièrement lorsque vous connaîtrez le pouvoir curatif des rêves.

Je ne vous conseille pas de remplacer des soins médicaux spécifiques par des rêves, mais j'affirme que vous pouvez utiliser toutes vos ressources oniriques pour améliorer la qualité de votre vie, surtout en cas de maladie ou d'accident. La conscience plus intime que vous aurez de votre problème aidera au traitement. Vous pourrez consulter plus efficacement votre médecin. Vos rêves sont pleins de renseignements sur vos fonctions corporelles. Ils vous parlent chaque nuit : il suffit de les écouter.

C'est au prix de souffrances personnelles que j'ai découvert beaucoup des principes exposés ici. La fracture de mon poignet gauche m'a subitement projetée dans un monde d'angoisse : hôpitaux, chirurgie, rééducation, prothèses... Mes rêves se sont radicalement transformés. Chaque phase du lent et difficile processus de récupération était jouée dans mes rêves, chaque pas vers la guérison se caractérisait par un changement de leur contenu. Mon accident m'a finalement conduite vers une compréhension des concepts universels du rêve et de la guérison. Depuis, j'ai appris que les anciens s'intéressaient déjà aux rapports entre rêve et santé.

Cette expérience a été complétée plus tard par les rêves de dizaines de blessés et de malades que j'ai rencontrés pendant leur convalescence. J'ai recherché dans la littérature des exemples précieux des correspondances entre rêve et santé. J'ai interrogé des médecins et leurs patients, des chirurgiens, des anesthésistes, des infirmières, des kinésithérapeutes et des art-thérapeutes qui m'ont tous fait part de leurs idées sur le sujet. J'ai ensuite fait la synthèse de tout ce matériel ; cet ouvrage ouvre ainsi une voie à travers des régions inexplorées. La carte est loin d'être complète, il reste encore des blancs, des territoires inconnus, certains panneaux indicateurs sont déroutants, mais l'ensemble est assez clair pour qu'avec ce guide entre les mains, votre voyage vers la guérison soit plus sûr.

Pendant quarante ans, j'ai tenu le journal de mes rêves, et j'ai écrit quatre livres[1] à leur sujet avant celui-ci. Malgré tout, je n'avais pas eu pleinement conscience du lien étroit qui existe entre nos images oniriques et l'état de notre corps, avant cet accident au poignet gauche, qui est à l'origine de ce travail.

HÉROS MALGRÉ SOI

Que cela me plaise ou non, que je le veuille ou non, je souffrais et mes rêves m'ont appris comment passer de la blessure à la guérison. En termes mythologiques, ce serait une réponse de ma part à « l'appel de l'aventure », à laquelle pourtant je n'avais nulle envie de participer. Si j'avais pu éviter cette expérience particulière — que Joseph Campbell appelle « le voyage du héros[2] » — je m'en serais volontiers passée. Comme je n'y pouvais rien, je résolus de faire contre mauvaise fortune bon cœur et, bon gré mal gré, j'entrepris le voyage. Vous risquez de vous trouver un jour dans la même situation.

Dans les mythes ou les contes de fées, le héros ou l'héroïne quitte parfois la maison parce qu'il ou elle s'ennuie ou souhaite obtenir quelque chose de plus de la vie. D'autres fois, le voyage commence parce que le héros est frappé par le destin. Quelle que soit la forme que prend l'appel de l'aventure, elle commence au départ de la maison. Si vous avez à affronter une grave maladie ou une blessure subite et traumatisante, vous partez vous aussi pour le voyage du héros, aussi sûrement que si vous partiez à la recherche du Saint-Graal. Vous franchissez un seuil.

Cette singulière dimension nouvelle que vous découvrez est souvent dépeinte dans les mythes et les contes comme une traversée du désert, une descente dans un gouffre ou en enfer. Pour beaucoup de personnes, l'hospitalisation est un transport dans un pays inconnu où l'on doit subir des épreuves. C'est là, dans ce territoire étranger, qu'a lieu l'« initiation ». Ceux qui sont gravement malades ou grièvement blessés ont à combattre des dragons métaphoriques ; ils sont parfois mutilés, amputés, ils peuvent frôler la mort ou devenir profondément découragés. Le nadir de ce voyage est souvent présenté dans les légendes par une périlleuse navigation, un labyrinthe duquel il est impossible de sortir ou une baleine qui vous avale. Pour ceux qui sont malades ou blessés, une opération, un traitement particulier peuvent paraître pires que le mal. La plongée dans l'inconscience de l'anesthésie ou la résignation à un traitement pénible nous font découvrir que la survie exige du courage. Nous désespérons souvent, ce qui n'a rien de surprenant, avant de trouver le moyen de bien supporter une maladie ou un accident.

Si nous avons de la chance, nous faisons la connaissance de gens — ou même d'animaux dans nos rêves — qui nous aident à guérir et à retrouver notre chemin, mais il nous arrive aussi de rencontrer des gens qui nous induisent en erreur. Nous sommes initiés ensuite à une nouvelle connaissance de la vie et de nous-mêmes. Nous découvrons un trésor, avec lequel nous franchissons les derniers obstacles. Parfois, ceux qui meurent avant nous parviennent à nous communiquer ce qu'ils ont appris, enrichissant ainsi la vie de ceux qui restent.

Retourner sain et sauf — mais transformé — dans le monde quotidien, c'est une renaissance. Nous avons changé, de façon importante, non seulement physiquement mais sur le plan psychologique. Nous savons ce qu'est la descente et comment remonter. Nous avons appris à nous adapter aux deux mondes. Nous partageons nos découvertes les uns avec les autres.

Carl Jung, l'éminent psychanalyste suisse, pensait que nous avons une occasion de devenir plus complets, ce qu'il appelait « s'individuer », quand nous sommes forcés de nous accommoder d'une maladie catastrophique ou d'une grave blessure[3]. La maladie et la souffrance nous contraignent à une réévaluation constructive de tout ce qui est réellement important. Nous pouvons placer la douleur et la perte dans le cadre d'une crise de croissance, que nous retrouvions ou non la santé physique. Nous avons le choix : nous contenter d'éléments inachevés ou former de nouveaux rapports positifs avec la vie.

Une partie de mon propre apprentissage a consisté à comprendre que j'avais quelque chose d'important à dire aux autres malades ou accidentés. Psychologue clinicienne, experte en rêves et physiquement traumatisée, je remarquai qu'il y avait dans les rêves des informations cruciales sur l'état du corps, qui n'étaient pas généralement reconnues. En organisant ce que j'avais découvert par ma propre expérience — et par celle d'autres personnes — j'ai contribué à ma guérison.

Nous ne choisissons sans doute pas de tomber malades ou d'avoir un accident, mais nous *pouvons* choisir notre réaction au traumatisme. Le bon choix, c'est d'affronter l'inconnu et d'en tirer une leçon. Une aventure pleinement acceptée nous donne l'occasion de faire des découvertes qui changeront notre vie.

Avant d'aborder ce domaine peu connu des rêves et de la guérison, nous allons brièvement passer en revue quelques concepts fondamentaux de la science des rêves. (Si vous les connaissez déjà, vous pouvez sauter ces quelques pages et passer directement à la page 25 : « Le corps dans les rêves ».)

PRINCIPES FONDAMENTAUX DE L'ONIROLOGIE

Se souvenir de ses rêves

Les rêves font partie d'un rythme biologique inné ; ils affluent et refluent de façon cyclique durant votre sommeil, comme les vagues sur la plage. Pendant que vous dormez, votre système nerveux central subit une stimulation, toutes les quatre-vingt-dix minutes environ et par périodes progressives.

Lorsque vous vous endormez, les ondes de votre cerveau deviennent de plus en plus lentes, votre respiration se fait plus régulière, votre rythme cardiaque ralentit et se stabilise, votre température baisse et vos muscles se détendent. Ces modifications se produisent sur quatre phases de sommeil de plus en plus profond[4]. Après une période de grand repos, vous remontez progressivement à la surface, par paliers de sommeil de plus en plus léger, jusqu'au moment où, quatre-vingt-dix minutes après l'endormissement, vos ondes cérébrales s'accélèrent subitement, votre respiration devient irrégulière, votre cœur bat plus vite et votre température remonte légèrement. A part un faible frémissement des lèvres et des doigts, vos muscles n'ont plus de tonus. Vos organes sexuels réagissent à la reprise d'activité de votre système nerveux central. Une érection se produit chez les hommes et, chez les femmes, le sang afflue au clitoris et le vagin s'humidifie. C'est alors que débute le sommeil paradoxal, caractérisé par des mouvements rapides des yeux (REM = *Rapid Eye Movement*).

Il y a dans votre pédoncule cérébral un groupe de cellules nerveuses — appelées neurones du GTF (*gigantocellular tegmental field*) — qui s'active périodiquement[5]. Elles jouent un rôle de déclencheur du sommeil paradoxal ou REM. En général, elles sont inhibées par un autre groupe de neurones des pédoncules cérébraux — le *locus coeruleus* — qui jouent le rôle d'interrupteur. En s'activant, les GTF stimulent le cerveau inférieur où naissent les émotions, ainsi que le cortex visuel et sensoriel. Quand les neurones du GTF sont à leur paroxysme d'excitation, il y a une recrudescence de REM et vous vous mettez à rêver.

Ce processus se poursuit toute la nuit en provoquant des « marées hautes » de rêve. A votre réveil, vous aurez passé environ vingt-cinq pour cent de votre temps de sommeil en REM, soit en tout une période allant de quatre-vingt-dix minutes à deux heures, si vous dormez huit heures. Ce temps de sommeil paradoxal se divise en quatre ou cinq périodes distinctes, la première d'une durée approximative de dix minutes; les suivantes augmentent progressivement, jusqu'à la dernière qui peut durer de trente à quarante-cinq minutes. C'est la période onirique dont la plupart des gens se souviennent, quand ils notent leurs rêves.

Initialement, les scientifiques pensaient que le rêve se déroulait seulement au cours du sommeil paradoxal; aujourd'hui, nous savons que des rêves, bien que moins complexes, surviennent aussi pendant les autres périodes[6]. Il existe deux types de sommeil, paradoxal et non paradoxal, caractérisé chacun par un genre de rêves particulier. Lorsqu'on demande aux gens de raconter les rêves qu'ils ont fait durant ou après une période de REM, ils décrivent des événements dramatiques rappelant les films d'horreur ou les romans d'espionnage; quand il ne s'agit pas d'une période de REM ils rapportent plutôt des histoires plus simples et dépourvues d'émotion. Notre esprit serait donc constamment actif pendant notre sommeil, avec des marées hautes et des marées basses du rêve.

Certains savants pensent que cette réactivation périodique pendant le sommeil est une espèce de test pour s'assurer que tous les circuits sont opérationnels. D'autres estiment que cette alternance de repos et d'activité est un passage d'un hémisphère cérébral à l'autre, comme pour maintenir chacune des parties en bon état de fonctionnement. Quelques chercheurs font l'hypothèse que cette alternance se retrouve à l'état de veille, et que nous avons tout au long de la journée des périodes plus ou moins actives de rêve éveillé, ou fantasmes[7].

Le meilleur moment pour capturer un rêve se situe tout à la fin de la plus longue période onirique, après plusieurs heures de sommeil, ou après une sieste.

Voici quelques conseils pour stimuler votre mémoire des rêves :

1. Ne rejetez aucun de vos rêves, même ceux qui sur le moment vous paraissent stupides, fous ou morcelés. Il est possible qu'ils s'inscrivent dans un cadre plus vaste qui ne deviendra apparent que plus tard.
2. Avant de vous endormir, prenez la résolution de vous rappeler tout ce que vous rêverez. Placez un bloc-notes et un crayon à côté de votre lit, ou un magnétophone à activation vocale si vous en avez un.
3. Donnez-vous un ordre au moment où vous sombrez dans le sommeil : « Cette nuit, je me rappellerai mes rêves. » Imaginez-vous au réveil d'un rêve, en train de le raconter.
4. Choisissez une période où vous êtes moins accaparé par le travail, un week-end, des vacances, pour améliorer votre mémoire des rêves ; arrangez-vous pour vous réveiller spontanément d'un rêve, plutôt que par un réveil ou tout autre moyen de réveil artificiel qui interromprait votre cycle de sommeil naturel.
5. Restez couché, immobile, et laissez les images du rêve affluer à la surface. La dernière scène s'attarde souvent, servez-vous d'elle pour remonter jusqu'aux précédentes. Si aucune image ne se présente, pensez à des personnes importantes de votre vie, leur souvenir déclenchera peut-être celui du rêve par association d'idées.
6. Notez l'imagerie onirique sur votre bloc ou enregistrez-la, en gardant si possible les yeux fermés. Vous pouvez éviter que vos lignes se chevauchent en écrivant avec le petit doigt en

l'air. Servez-vous de vos autres doigts pour suivre le bord du bloc.

7. Racontez le rêve dans l'ordre de votre souvenir, sauf quand des expressions verbales particulières sont vivaces dans votre esprit. Les poèmes, les noms insolites, les phrases inhabituelles doivent être notés en premier car c'est ce qui se perd le plus vite. N'essayez pas encore de comprendre le rêve. Contentez-vous de vous le remémorer et de l'écrire.
8. Quand vous aurez fini de vous remémorer les rêves dans la position où vous vous êtes réveillé, mettez-vous doucement dans une des attitudes que vous prenez en dormant, afin de stimuler la mémoire : le souvenir revient plus facilement quand le corps se trouve dans la position qu'il avait au moment du rêve.
9. Gardez les yeux fermés aussi longtemps que possible, pendant que vous notez ou enregistrez votre rêve car il arrive souvent qu'en les ouvrant on chasse le souvenir. Si vous devez vous lever, ouvrez brièvement les yeux et retournez vite vous coucher en les refermant. Plus tard, quand votre mémoire du rêve sera devenue plus sûre, vous n'aurez pas besoin de toutes ces précautions. Vous pourrez vous asseoir, vous lever, allumer votre lampe et retranscrire votre rêve sans qu'il s'évapore.
10. C'est tout de suite après une période de sommeil paradoxal que notre souvenir est le plus précis. En suivant ces conseils, beaucoup de personnes arrivent à se réveiller après chaque rêve pour prendre des notes. Vous n'aurez peut-être pas envie d'aller jusque-là : dans ce cas, occupez-vous simplement des rêves qui remontent d'eux-mêmes à la surface et travaillez avec ceux-là. Si tout à coup vous vous rappelez un autre rêve, dans le courant de la journée, notez-le vite, dès que vous en aurez l'occasion.
11. Si, après avoir suivi tous ces conseils, vous avez encore du mal à vous souvenir de vos rêves, vous pouvez essayer une autre méthode pour améliorer votre mémoire; demandez à un(e) ami(e) de veiller à côté de vous afin que, en se basant sur les mouvements rapides des yeux, il ou elle puisse vous réveiller en douceur au bout d'un petit moment, quand vous serez bien entré dans le rêve. Ou encore, réglez votre réveil à des intervalles de quatre-vingt-dix à cent vingt minutes pour saisir le rêve en cours.

12. Si vous racontez votre rêve à un(e) ami(e), cela le gravera dans votre mémoire, de même que la création d'un groupe de discussions sur les rêves serait une garantie presque certaine pour chacun de se souvenir de ses rêves. Ne manquez pas, toutefois, de les noter par écrit, pour avoir des points de comparaison avec des rêves antérieurs ou futurs. Le souvenir de vos rêves vous fournit la matière première pour une meilleure compréhension de vous-même et pour votre évolution.

Tenir le journal de ses rêves

Une fois que vous aurez rassemblé suffisamment de notes sur vos rêves de la nuit, rédigez-les sous une forme plus élaborée, sans trop tarder, si possible dès le lendemain. Ces archives du rêve vous aideront à reconnaître et à exprimer des émotions dont vous n'aviez pas pleinement conscience, à comprendre votre propre langage des rêves, à découvrir la signification de certains événements de votre passé ; elles vous serviront de guide dans le présent et l'avenir, vous permettront d'évaluer votre état actuel et même de retrouver votre joie de vivre. Voici encore quelques suggestions, pour bien tenir vos archives oniriques :

1. Commencez par choisir votre méthode. Certaines personnes préfèrent les cahiers d'écolier, d'autres un bloc de papier à dessin, des feuilles volantes dans un classeur ou un système de fiches. Certains utilisent leur ordinateur. Choisissez ce qui vous convient le mieux.
2. Avant de vous endormir, notez la date, ainsi que ce que vous avez fait et ressenti dans la journée ; inutile que ce paragraphe des « faits » soit bien long, mais il doit comprendre les événements marquants et les émotions particulières. Cela ne vous paraît sans doute pas nécessaire mais, dans deux mois ou deux ans, vous trouverez cette précaution inappréciable. Ne manquez pas de rapporter les moments agréables de la journée, ainsi que ce qui vous a déplu.
3. Si vous voyagez beaucoup, comme c'est mon cas, indiquez l'endroit où vous avez dormi, à côté de la date en haut de la page. Ce sera plus facile ensuite de situer tel ou tel rêve.
4. Le surlendemain, relisez vos notes et rédigez le rêve de façon lisible, au présent de préférence, pour vous remettre plus facilement dans l'atmosphère.

5. Donnez un titre à chaque rêve, basé sur un aspect particulier de son contenu. Ce « baptême » est utile pour les travaux que vous ferez par la suite[8].

6. Vous pouvez réserver une grande marge, pour dessiner les éléments du rêve trop difficiles à décrire, ou trop insolites. Vous pouvez aussi ajouter des illustrations découpées ici ou là, que vous jugerez pertinentes.

7. Examinez attentivement les moindres images qui se présentent à votre esprit. Certaines personnes, une fois qu'elles ont réussi à s'en souvenir, se sentent accablées par leurs songes. Ne vous inquiétez pas. Repérez simplement les images qui vous fascinent le plus et travaillez avec elles. Les découvertes que vous ferez sur vous-même, dans vos rêves, stimuleront votre mémoire ; vous verrez que cela vaut la peine de noter vos rêves. (Réservez éventuellement une place pour les exercices que nous verrons plus tard et qui sont destinés à vous permettre de comprendre ces rêves.)

8. Soyez patient. Il faut parfois longtemps pour que se révèle la pleine signification d'un rêve.

Comprendre ses rêves - six étapes

Les rêves sont les clefs cachées de bien des problèmes. Quand vous aurez progressé dans la compréhension de vos rêves, vous saurez mieux les utiliser comme guides, pour affronter les difficultés et trouver des solutions nouvelles.

Les rêveurs, aujourd'hui, ont beaucoup de méthodes à leur disposition pour explorer leurs rêves. La plupart de ces méthodes, cependant, ont certains points communs. Je vous donne brièvement, ci-dessous, celle que je recommande[9].

1. Décrivez le rêve au présent

En écrivant ou en racontant votre rêve comme s'il était en train de se dérouler, vous avez plus de facilité pour vous remémorer vos émotions et vous débarrasser de toute angoisse associée à ces images. Si vous avez réussi à vous souvenir de vos rêves et à les noter, vous avez déjà effectué ce premier pas.

2. Retrouvez ce que vous ressentiez au cours du rêve

Quel était votre état d'esprit par rapport aux événements du rêve ? Vos émotions ont-elles changé au cours du rêve ? A quel moment étaient-elles les plus fortes ? Qu'y avait-il de pire dans ce rêve ? Qu'y avait-il de meilleur ?

3. Quels sont les événements
et les sentiments récents reliés à ce rêve ?

Qu'est-il arrivé, dernièrement, dans votre vie ? Quelles ont été vos réactions ou pensées, ces derniers jours ? Il est important de savoir que les images oniriques sont exagérées et dramatisent la réalité. Les émotions de l'état de veille sont similaires à celles du rêve, mais moins intenses. Voyez-vous un rapport entre les sentiments éprouvés dans le rêve et ceux que vous avez ressentis pendant la journée ? Est-ce que les sentiments du rêve correspondent à ceux de votre état de veille, ou bien présentent-ils un net contraste ? Quand vous revivez les événements du rêve, tels que vous les avez décrits, vous inspirent-ils dans la vie normale les mêmes sentiments ? Établissez un rapport entre le monde du rêve et le monde réel. (Cette recherche est parfois plus facile après la quatrième étape, aussi gardez ces questions présentes à l'esprit en lisant les conseils suivants.)

4. Associez sur les images clefs du rêve

Commencez par examiner l'action principale. Quel était le sujet du rêve ? Cherchez ensuite ce qu'il présentait de plus bizarre. Si c'était une personne, demandez-vous qui est cette personne. Qu'avait-elle d'étrange ? Était-il question d'un animal ? Quel genre d'animal ? En quoi diffère-t-il d'autres animaux de la même espèce ? Décrivez la personne ou l'animal comme si vous vous adressiez à un enfant qui ne connaît ni l'un ni l'autre ; faites cela simplement et concrètement [10]. Donnez leurs caractéristiques, dressez la liste de l'ensemble de leurs qualités. Observez celles que vous soulignez. En quoi ces qualités sont-elles importantes pour le rêve ? Y a-t-il une créature imaginaire ou composite, par exemple un oiseau-chat ou deux personnes fondues en une seule ? Si c'est le cas, définissez chaque partie séparément et dites ensuite ce que cela signifierait si les deux parties étaient combinées. Imaginez-vous dans une de ces images oniriques. Quel effet cela fait-il d'être cette image ? Si cette image pouvait parler, que dirait-elle ?

Que vous suggère le décor du rêve ? Quelle impression cela fait-il d'être dans cet endroit ? Y a-t-il dans ce rêve des objets, des couleurs ou autres éléments insolites ? Que vous rappellent-ils ? Décrivez l'image en détail mais dites aussi à quoi elle vous fait penser. Répétez ce procédé d'association et d'amplification pour chaque image du rêve, surtout par rapport à tout ce qui vous semble important ou vous inspire de fortes émotions. N'oubliez pas que les rêves ont de multiples niveaux ; ils sont révélateurs quant à votre état physique et psychologique mais aussi, parfois, dans les domaines spirituel et artistique.

5. Méditez sur la signification du rêve
en substituant à son action vos associations personnelles

En associant sur les images clefs du rêve et en substituant ensuite ces associations aux images et à l'action du rêve, vous découvrirez un message clair, qui émerge lentement, un peu comme si vous faisiez une traduction d'une langue étrangère. L'étape précédente, centrée sur les images elles-mêmes, est comme la recherche d'une définition pour chaque mot séparé. Il s'agit maintenant de « traduire » l'ensemble.

Supposons, par exemple, que votre rêve était « John Kennedy est mort ». A la phase quatre, vous aurez procédé à une association sur John Kennedy qui vous est particulière. Peut-être avez-vous pensé « JFK était un politicien idéaliste », ou « JFK était un coureur de jupons » ou quelque autre association. Chaque rêveur aura la sienne. La deuxième image clef, dans ce rêve, est « mort ». La mort, dans les rêves, est généralement métaphorique, cela veut dire « non opérationnel, inactif, comme mort ».

Quelles que soient vos associations sur les images clés, substituez-les maintenant à l'action dans le rêve. Dans ce cas précis, la phase cinq pourrait se traduire ainsi : « la partie politicienne idéaliste de moi-même s'est tue » ou « le coureur de jupons en moi ne se manifeste plus ». Certaines personnes notent ce « message » en regard du récit lui-même. Avec une certaine pratique, cette recherche du sens deviendra plus aisée.

6. Résumez ce que vous comptez faire
à propos de cette situation, dans la vie réelle

Peut-être préférerez-vous « attendre et voir venir », ou au contraire choisirez-vous d'agir en vous basant sur l'exploration de votre rêve. Dans cet exemple sur la mort de Kennedy, vous voudrez peut-être « ressusciter » la partie idéaliste de vous-même en vous lançant dans la politique, en soutenant un candidat qui vous plaît.

Les images qui meurent dans les rêves peuvent être ramenées à la vie quand vous êtes éveillé. Ou bien vous déciderez que cet aspect de votre vie est terminé, comme dans le cas du coureur que vous n'êtes plus. Quelle que soit votre décision, précisez-la. Certaines personnes aiment formuler leur résumé en un « proverbe » onirique ou un axiome concis du genre : « Je serai fidèle à mon idéal ». Vous pouvez imaginer des proverbes particuliers qui s'appliqueront à votre propre vie [11].

Cette méthode d'interprétation des rêves vous fournit les bases pour un travail plus avancé. Chacun des chapitres suivants vous fournit des exercices destinés à améliorer vos facultés de compréhension. Voici néanmoins un autre instrument que vous devez posséder dès le départ.

Le langage secret des rêves - les métaphores

Un chien qui gronde en montrant les dents, un gardénia tout fleuri, un arbre aux branches couvertes de givre, une femme qui se noie... les images de nos rêves sont particulières : ce sont des métaphores. Le mot « métaphore » vient du grec *meta*, « par-dessus », et *pherein*, « porter ». Une métaphore porte donc quelque chose d'un concept à un autre. Une métaphore est une figure de rhétorique par laquelle une chose est assimilée à une autre tout à fait différente ; elle implique une comparaison, comme dans l'expression « un article percutant » ; il est évident qu'un article de journal ne va pas venir frapper ses lecteurs, mais c'est une façon de dire qu'il peut causer un choc. La métaphore diffère de la comparaison en ce sens que cette dernière est plus explicite et emploie le mot « comme » : « Il tremblait comme une feuille. »

On s'imagine souvent que les métaphores sont limitées aux œuvres artistiques, à la poésie, au théâtre, à la littérature. En réalité, nous usons constamment de métaphores dans notre vie quotidienne [12]. Un homme peut dire, par exemple, quand il est complètement découragé : « Je suis au bout du rouleau ». Éveillés ou endormis, nous pensons en métaphores.

Il y a plus de deux mille ans, Aristote, le philosophe grec, a déclaré : « Le plus habile interprète des rêves est celui qui a la faculté d'observer les ressemblances [13]. » Vous allez voir, dans la suite de ce chapitre, qu'il est important de reconnaître les ressemblances entre les images du rêve et les formes ou fonctions du corps. En général, cependant, les images du rêve sont des métaphores de nos émotions.

Lorsque nous rêvons que nous tombons, par exemple, c'est souvent le symbole d'une déception ou de l'échec d'un projet. Notre esprit, en rêvant, traduit le « manque de support émotionnel » par la « chute ». Dans la vie courante, nous dirions aussi bien : « Untel m'a laissé tomber » ou bien « J'ai perdu pied ». Les métaphores nous aident à comprendre nos réactions aux événements en transposant un concept abstrait — la déception de ne pas avoir été soutenu — en une idée concrète, telle que la plongée dans le vide. Les métaphores aident à comprendre les abstractions en les comparant à des choses plus familières.

Si nous rêvons d'animaux aux crocs pointus, les images sont souvent des métaphores de nos sentiments de colère. L'analogie est ici « fou de rage », « enrager ». Quand nous sommes furieux sans l'exprimer, ou si nous avons peur qu'une personne soit en colère contre nous, nous rêvons d'un animal enragé, qui gronde, qui mord ; comme si des mots durs étaient capables d'infliger des blessures physiques. Si nous rêvons de nous noyer, c'est souvent un symbole indiquant que nous sommes débordés par la situation. Une femme qui était en train de divorcer a rêvé qu'elle flottait, impuissante, dans l'océan, et qu'elle était sur le point de se noyer. L'image du rêve associait le naufrage émotionnel à un naufrage réel.

Le mythologue Joseph Campbell a fait observer que les peuples primitifs ne pensent pas qu'ils « courent comme une gazelle », ils deviennent réellement la gazelle. De même, nous devenons les métaphores de nos rêves ; nous sommes la maison incendiée, nous sommes le chiot blessé, nous sommes la mécanique cassée [14].

Certaines images du rêve sont des métaphores caractéristiques des diverses parties du corps.

LE CORPS DANS LES RÊVES

Dans le langage courant, il nous arrive de faire allusion à certaines parties du corps comme si elles étaient des objets ou des animaux. En argot, on dit parfois d'une jeune femme enceinte qu'elle a « un polichinelle dans le tiroir ». De même, on parlera de « barrique » ou de « tonneau » pour désigner le ventre gonflé d'un buveur de bière. Ces expressions sont basées sur une métaphore plus générale : le corps est un « récipient ». Dans les rêves, deux des métaphores les plus usuelles représentant le corps sont la maison et les véhicules.

Le corps en tant que maison

Une maison a un extérieur et un intérieur. Elle se divise en plusieurs parties : les fondations, la charpente, le sous-sol, le rez-de-chaussée et les étages supérieurs. On y a placé la tuyauterie, les fils et les circuits qui transportent la chaleur et l'énergie d'une partie à une autre. Elle a des portes et des fenêtres. Toutes ces structures sont analogues à des parties du corps humain, par la forme ou la fonction, mais les images qui les représentent peuvent varier d'un rêveur à l'autre. Voici quelques correspondances courantes entre la maison et le corps, qui se présentent dans les rêves :

Maison	*Corps*
escalier	colonne vertébrale
charpente	squelette, os
fenêtre	yeux
porte d'entrée	bouche ou vagin
porte de service	anus
chaudière	ventre
tuyauterie	vaisseaux sanguins
installation électrique	nerfs
pièce	organe interne (utérus)
balcon	seins
cheminée, tourelle	pénis

Quand une maison, gratte-ciel, cottage, château ou autre, apparaît dans les rêves, le rêveur symbolise souvent (mais pas toujours) son propre corps. Une maison complète peut ne représenter qu'une partie du corps, comme lorsqu'une grange pleine d'animaux représente une femme et ses enfants à naître. Dans ces cas-là, la métaphore se fonde sur des formes structurelles similaires. Psychologiquement, un rêve de maison symbolise le mode de vie ou l'attitude du rêveur.

Si votre rêve de maison est une métaphore de votre corps, vous devez faire particulièrement attention à l'état de cette maison :

La maison est-elle spacieuse ou trop petite ?
Est-elle misérable ou bien entretenue ?
A-t-elle besoin de réparations ?
Y a-t-il quelque chose de cassé ou en panne ?
La maison est-elle harmonieuse ou décorée sans goût ?
Ses fondations sont-elles solides ou précaires ?
Y a-t-il des pièces dont vous ignoriez l'existence ?

Si, dans un rêve, une maison vous apprend fréquemment quelque chose sur la structure et l'état de votre corps, ce sont des métaphores différentes qui expriment les activités de ce corps.

Le corps en tant que véhicule

Les voitures, les camions, les avions, les bateaux, les vélos, tous les moyens de transport symbolisent souvent le corps du rêveur en activité. « Le corps en tant que véhicule » est une variante de l'expression précédemment évoquée : « Le corps est un récipient ». L'automobile est la métaphore de véhicule la plus courante. Avant l'ère de l'automobile, l'image onirique représentant le corps du rêveur devait être le cheval ou l'attelage.

Comme le corps organique, l'auto exige un apport d'énergie, de carburant, et possède un échappement pour éliminer les déchets. C'est le parallèle de nos fonctions d'alimentation et d'excrétion. Pour bien fonctionner, une automobile, comme un corps humain, exige d'être bien entretenue ; elle peut tomber en panne ou avoir un accident ; elle peut rouler trop vite ou trop lentement ou juste à la bonne allure.

Quand vous rêvez d'une voiture qui représente votre corps, vous mettez en valeur le degré de contrôle que vous avez sur votre corps et son mouvement dans l'espace. Vous apprenez des choses sur votre état, votre structure, comme avec la maison ; mais dans les rêves de véhicules ce sont surtout les fonctions qui sont soulignées. Voici quelques équivalences courantes dans les rêves entre la voiture et le corps.

Automobile	***Corps***
carrosserie	surface du corps, peau
volant	volonté ; orientation de notre état d'esprit

freins	contrôle du degré d'activité
phares	yeux
avertisseur	voix
essence	niveau d'énergie
moteur et autres pièces cachées	organes internes
pneus ou roues	jambes

Si une voiture se révèle effectivement être une métaphore de votre corps, vous devez vous demander :

Quelle est sa marque ?
Quel est son type ? (Conduite intérieure, décapotable, voiture de sport, de course ?)
Est-elle en bon état de marche ?
Êtes-vous au volant ? Sinon, qui conduit ?
Est-ce qu'elle roule trop vite ou trop lentement ?
Les freins fonctionnent-ils ?
La voiture suit-elle la route ou l'a-t-elle quittée ?
Est-elle embourbée dans une ornière ?
Est-elle en danger de collision ?
A-t-elle un pneu à plat ?
Y a-t-il une pièce du moteur qui fonctionne mal ?
La carrosserie est-elle rouillée ou bien rutilante ?
Y a-t-il assez d'essence dans le réservoir ?

Les mêmes concepts s'appliquent à d'autres véhicules, même si les questions varient quelque peu. Les réponses à ces questions révèlent le fonctionnement du corps à ce moment précis.

Il existe beaucoup d'autres métaphores dans les rêves, par exemple lorsque le corps est représenté par une machine, un animal, une plante, un vêtement, etc. Comme aucune métaphore n'exprime totalement l'état et le fonctionnement du corps, ou les émotions qu'il nous inspire, nous utilisons dans nos rêves de nombreux symboles. Chacun exprime ce qui est important sur le moment tout en atténuant ou en dissimulant d'autres aspects. Plusieurs métaphores réunies, comme nous allons le voir aux chapitres suivants, forment un tableau complet.

Fonctions corporelles normales dans les rêves

Vous est-il jamais arrivé de rêver que vous faisiez un repas somptueux et de vous réveiller avec une faim de loup ? Vous penserez peut-être que c'est le festin du rêve qui a provoqué la faim mais il est plus probable que la faim vous causait des crampes d'estomac, dans votre sommeil, et que votre esprit, enregistrant ces sensations, a évoqué des images de plats copieux. Chaque organe de votre corps a une voix dans vos rêves.

La plupart des hommes se réveillent souvent d'un rêve érotique avec une érection et même une éjaculation, en particulier les adolescents. Est-ce le rêve érotique qui provoque ces phénomènes ? Ou est-ce une accumulation de sperme dans les testicules qui a créé l'engorgement du pénis et causé le rêve ? La réponse est oui aux deux questions. Des chercheurs ont rapporté que l'excitation sexuelle, chez les hommes comme chez les femmes, est le résultat naturel de l'activité du système nerveux central qui se produit durant les périodes de mouvement rapide des yeux (REM)[15]. D'autres chercheurs ont découvert que les érections sont plus nettes et plus fermes pendant les rêves sensuels, de même qu'un afflux de sang au vagin, chez la femme, s'associe souvent à des rêves franchement érotiques[16]. Quand un rêveur passe par une période de privation sexuelle, ou au contraire de stimulation excessive, l'excitation sexuelle normale du sommeil est intensifiée par des rêves de luxure ou de passion.

De la puberté jusqu'à la ménopause, les femmes présentent des contractions rythmiques constantes de l'utérus. Pendant le sommeil profond, ces contractions se ralentissent (on en compte en moyenne 118 par heure, selon un chercheur). A l'état de veille, elles sont plus fréquentes (environ 127 à l'heure) et c'est au cours de la phase de rêve qu'elles s'accélèrent le plus (jusqu'à 137 par heure). Ainsi, une femme qui n'est pas enceinte mais en âge de procréer a d'une à trois contractions utérines par minute. Cette activité perpétuelle de l'utérus est, croit-on, un exercice préparant l'organe aux exigences de la menstruation, de la reproduction et de l'accouchement, car la fréquence des contractions décroît après la ménopause.

Lorsqu'une femme est enceinte, ses contractions utérines deviennent plus fortes et s'intensifient vers la fin de la grossesse[17]. Ces durcissements périodiques de l'utérus, appelés les contractions Braxton-Hicks, sont vraisemblablement destinées à fortifier les muscles utérins pour les préparer au dur travail de l'accouchement. Ainsi, les plus fortes contractions utérines d'une femme se produisent dans ses rêves, pendant sa grossesse. Il n'est donc pas surprenant que les femmes commencent à faire des rêves très réalistes de leur accouchement dans les derniers mois de leur grossesse. L'esprit, comme le corps, se prépare au travail prochain pendant qu'elle rêve.

Presque tout le monde a rêvé d'avoir un grand besoin d'uriner, pour finalement se réveiller et constater que c'est le cas. On se voit en train de rechercher les toilettes, ou assis sur les W.-C., généralement vers la fin d'une aventure. Cela n'a rien de mystérieux car la pression interne créée par une vessie pleine, après plusieurs heures de profond sommeil, augmente jusqu'à ce qu'elle fasse entrer dans le rêve des images de salle de bain ou de toilettes. Cette pression s'intensifie au point de réveiller le dormeur.

Étant donné que les fonctions naturelles du corps créent les sensations qui se convertissent en images oniriques, nous ne devons pas nous étonner si des processus corporels anormaux — c'est-à-dire dans les cas de maladie ou de blessure — se traduisent également en rêve. Autrement dit, quand notre corps est malade, nos rêves sont les premiers à le savoir.

Fonctions corporelles perturbées dans les rêves

Lorsque nous dormons, nos organes sensoriels continuent d'enregistrer nos perceptions du monde extérieur, ainsi que les sensations internes produites par nos propres organes. Si ces sensations deviennent assez intenses pour franchir un certain seuil, nous nous réveillons. Ce seuil est déterminé en partie par nos motivations. La mère endormie, qui guette avec une partie de son esprit les pleurs éventuels de son bébé, se réveille au premier cri alors que les autres continuent de dormir et n'entendent rien. Le dormeur dont la vessie pleine devient douloureuse se réveille pour aller la vider ; de même, le blessé ou le malade est réveillé par des sensations de douleur ou d'inconfort qui interviennent dans ses rêves. Toutefois, si ces sensations externes ou internes ne sont qu'irritantes, mais pas assez vives pour réveiller le dormeur, elles s'insinuent dans le rêve en cours et se mêlent à son histoire. C'est alors que nous pouvons tirer un enseignement de nos rêves. En regardant par ces fenêtres qu'ils nous ouvrent, nous voyons notre corps au travail.

Supposons, par exemple, que vous vous endormiez en pleine forme mais qu'il vous vienne un mal de tête dans votre sommeil. Il peut s'agir d'un simple effet de tension ou de fatigue, ou bien du signal d'une infection ou d'une fièvre. (Naturellement, les maux de tête peuvent avoir des origines plus graves, un changement hormonal, une anomalie vasculaire, une hémorragie, une encéphalite, des tumeurs ou une obstruction.) Dans les deux affections les plus courantes — type sinusite ou migraine — ces modifications sont en partie faites de contractions et de dilatations vasculaires. Le mécanisme exact de bien des maux de tête est encore sujet à controverse, mais tous impliquent des changements dans le fonctionnement normal du cerveau.

Ces changements sont représentés dans vos rêves. La forme spécifique qu'ils prendront dépend d'un certain nombre de facteurs mais elle montre le plus souvent une situation particulière en rapport avec la tête. J'ai étudié plus de quarante rapports de rêves de personnes s'étant réveillées avec un mal de tête qu'elles n'avaient pas en s'endormant, certains récits venant de ma propre collection, d'autres de travaux de recherche[18]. Voici un résumé des quelques images de rêves typiques des maux de tête du rêveur :

1. Coup accidentel ou intentionnel sur la tête

- le rêveur est frappé à la tête par un agresseur armé d'une hache ;
- le rêveur est frappé à la tête par un étudiant, avec des livres ;
- le rêveur reçoit un coup de batte de base-ball sur la tête ;
- le rêveur reçoit sur la tête les blocs de maçonnerie d'un immeuble qui s'écroule ;
- le rêveur est projeté la tête la première contre un parapet, après avoir perdu le contrôle de sa voiture.

2. Têtes blessées ou déformées

- le rêveur est attaqué par des loups qui le mordent à la tête ;
- un homme tire une balle dans la tête du rêveur ;
- le rêveur voit des animaux avec de grosses têtes à cornes ;
- le rêveur voit des monstres aux têtes difformes.

3. Port d'une coiffure gênante

- le rêveur porte un grand chapeau de fourrure qui lui tombe sur les yeux ;
- le rêveur porte un casque lourd qui l'empêche de voir ;
- le rêveur porte un chapeau inconfortable, trop serré.

4. Sensations de chaud et de froid sur la tête

- le rêveur se lave les cheveux dans de l'eau sale trop chaude puis glacée ;
- les cheveux du rêveur sont en feu.

5. Poids sur la tête

- Le rêveur porte sur sa tête des provisions et de la viande crue.

6. Allusions à la tête

- le rêveur est désorienté par un mal de tête et cherche en vain de l'aspirine ;
- le rêveur doit se faire opérer à la tête.

Vous pouvez constater que ces personnes représentaient dans leurs rêves les sensations suivantes :

- douleurs crâniennes (coups sur la tête),
- sensations de blessure ou de déformation à la tête (formes bizarres ou agressions),
- douleurs gênantes autour des yeux (coiffure obstruant la vue),
- modification dans la circulation sanguine du crâne (chaud et froid à la tête),
- sensation de pression sur la tête (poids),
- soucis causés par une tête douloureuse (peur d'une intervention chirurgicale).

La plupart de ces sensations internes, cependant, sont très exagérées et dramatisées par le rêve. Il est évident que le rêveur n'est pas réellement attaqué par des loups mais a ressenti une douleur dans la région que les bêtes mordaient. Toute modification des fonctions normales du corps, qu'il s'agisse d'un léger mal de tête, d'un cor au pied, d'une fracture ou d'un organe malade, est dépeinte dans le rêve d'une manière réaliste ou symbolique.

Nous pouvons ainsi souvent repérer :

1. la localisation du trouble,
2. les symptômes qui s'y rattachent,
3. sa nature.

Ces informations sont extrêmement utiles. Quand nous sommes blessés ou malades, nos rêves nous montrent ce qui se passe dans le corps *sur le moment* et nous pouvons ainsi comparer l'instant présent avec des états passés ou futurs révélés par nos rêves, et suivre les stades de notre guérison.

Nous allons voir comment les rêves nous préviennent d'un danger, nous avertissent des dommages encourus dans notre corps et changent de niveau quand notre état s'aggrave ou s'améliore. En utilisant certaines images de nos rêves dans des créations artistiques et des visualisations, nous avançons plus rapidement vers une meilleure santé psychologique, voire physique.

EXERCICES SUR LES RÊVES : PREMIERS PAS

1. Notez vos rêves dès ce soir

Ceux d'entre vous qui ont déjà tenu un journal de leurs rêves savent tout ce que ces songes peuvent enseigner sur soi, et comment ils vous guident vers une vie plus complète à mesure que l'on travaille sur leurs images. Si vous êtes blessé ou malade, vous serez surpris de voir comment cela facilitera la guérison. Vous voudrez peut-être centrer ce journal sur l'aspect « guérison » et « découvertes ». Il peut vous aider à :

- avoir accès à des émotions jusque-là non reconnues dans votre corps,
- comprendre vos réactions au traitement,
- exprimer ces sentiments qui vous troublent et vous débarrasser de leur impact négatif, en libérant les tensions,
- transcender vos émotions,
- découvrir vos symboles personnels de maladie, de santé éclatante et de transformations dans l'état général,
- évaluer les progrès de votre guérison,
- tirer des enseignements de vos blessures ou maladies passées,
- trouver des solutions positives à vos difficultés,

- être averti de ce qui menace votre santé, aussi bien dans l'immédiat qu'à long terme,
- prendre conscience des pouvoirs curatifs de votre esprit,
- sortir du chaos,
- être heureux.

2. Si nécessaire, revoyez les conseils pour se souvenir de ses rêves

Si vous êtes hospitalisé, il est probable qu'on vous réveille souvent ; profitez-en pour fouiller votre mémoire et retrouver vos rêves récents.

3. Relisez les suggestions pour l'enregistrement de vos rêves et préparez le matériel nécessaire

La rédaction d'un journal de vos rêves peut, si vous êtes souffrant, demander un peu d'imagination. Si, par exemple, vous êtes droitier et que vous vous êtes fracturé le bras droit, il ne vous sera pas facile d'écrire. Ce serait peut-être le moment de faire travailler votre main valide. Certaines personnes s'aperçoivent que la main non dominante leur permet d'exprimer plus facilement des émotions et d'entrer en contact avec les pensées sous-jacentes à leur conscience.

Si vous avez un magnétophone à déclenchement vocal, il vous suffira d'enregistrer vos rêves et une amie les transcrira plus tard pour vous. Vous pouvez aussi les dicter à quelqu'un. Dans les moments critiques, la famille et les amis se sentent mieux, bien souvent, s'ils peuvent faire quelque chose de concret pour vous aider ; cela apaise leur sentiment d'impuissance. Si vous êtes versé dans l'informatique, vous pourrez peut-être vous procurer un petit ordinateur portable. Même décrire ses rêves à haute voix vaut mieux que de les garder pour soi. Par tous les moyens qui vous sont possibles, même si ce ne sont que des notes rétrospectives, tenez un journal de vos rêves.

4. Notez dans votre journal de rêves les principaux événements de la journée, et ce que vous avez ressenti

Si vous êtes blessé ou malade, vous jugerez sans doute bon de noter aussi quelques commentaires sur votre état physique de la journée. Quel a été le plus mauvais moment ? Qu'est-ce qui vous a soulagé ? Quel matériel avez-vous utilisé ? Quels exercices avez-vous faits ? Quels médicament avez-vous pris ? Quels ont été vos sentiments ? Quel a été le meilleur moment ? Même les tout petits plaisirs comptent.

5. Le lendemain au réveil, notez votre rêve

Nous appellerons « texte onirique » le compte rendu écrit de vos rêves. Ne manquez pas d'y faire figurer tous les personnages qui apparaissent dans le rêve : êtres humains, animaux, créatures surnaturelles ; le décor et l'atmosphère ; les principaux objets relatifs au contenu du rêve ; les couleurs dominantes ; le scénario et ce que vous avez éprouvé pendant ce rêve.

6. Étudiez le texte onirique en suivant les six étapes déjà indiquées (ou toute autre technique qui vous conviendra)

Si vous êtes blessé ou malade, faites particulièrement attention aux parties de votre corps mentionnées dans le rêve. Les exercices des chapitres suivants vous aideront à comprendre ces images.

Une fois que votre journal onirique est commencé, vous serez capable de tirer le plus grand profit des exercices suggérés à la fin des chapitres. Cet ouvrage suit un plan précis et chaque chapitre se construit sur ce que le précédent vous apprend. Vous voudrez peut-être lire d'abord le livre dans sa totalité en expérimentant les diverses techniques au fur et à mesure. Plus tard, vous reviendrez aux méthodes qui vous ont paru les plus bénéfiques.

2.

RÊVEUR, GUÉRIS-TOI TOI-MÊME

Le mardi 1er mars 1988, il faisait à San Francisco un temps vif et ensoleillé. Le vent marin était frais, après des semaines de pluies hivernales. Depuis deux mois, j'étais plongée dans la révision du manuscrit de mon livre *Women's Bodies, Women's Dreams*. Les derniers feuillets venaient d'être expédiés. C'était ma première journée de liberté.

Mon amie Linda et moi avions projeté une sortie pour fêter l'événement. Il faisait si beau que nous avons pensé qu'une promenade à pied, avant le déjeuner, nous ferait le plus grand bien. J'adore la vue du Pacifique du haut des falaises, près de ma maison. Nous partîmes d'un bon pas. En tournant le coin de Lake Street pour prendre El Camino del Mar, je m'aperçus que Linda allait bien trop vite pour moi mais j'hésitai à le lui dire ; je pensai que cela ne me ferait pas de mal de presser le pas.

Nous marchions en bavardant depuis une vingtaine de minutes quand c'est arrivé. Je ne saurais dire quoi, exactement, car j'ai là un trou. Mon souvenir le plus net est celui du trottoir qui s'élevait vivement vers moi ; pas de ma chute, non ; du trottoir qui se soulevait. Je vis distinctement la texture grumeleuse du ciment qui se précipitait vers moi à une vitesse effarante et je sus que l'impact serait violent.

Instinctivement, je levai le bras gauche pour me protéger la tête. Je ressentis le choc sourd que subit mon corps, matelassé par mon épaisse veste de tweed. Malgré mes gros gants de cuir je sentis ma main heurter le trottoir rugueux et je compris que mon genou gauche était sérieusement couronné. Le côté gauche de mon front frappa le ciment avec force, mais quelque peu protégé par mes lunettes de soleil qui sautèrent de mon nez. Je restai par terre, assommée, et remarquai un énorme clou rouillé à quelques centimètres de ma tempe.

Très inquiète, Linda m'aida à m'asseoir par terre. Je savais déjà, à la vive douleur de mon poignet gauche, que j'avais dû me casser quelque chose et qu'il me faudrait aller le plus tôt possible à l'hôpital pour des radios.

Une autre de mes amies passait alors en voiture, tout à fait par hasard, et nous reconduisit chez moi, d'où je téléphonai à un ami orthopédiste qui promit de me rejoindre à l'hôpital dans quelques minutes. Je pris dans le congélateur un sac de petits pois surgelés pour maintenir mon poignet dans la glace et Linda me conduisit au service des urgences. Mon bras enflait rapidement et me faisait sévèrement souffrir. Malgré mon inquiétude, je tenais à faire preuve d'efficacité et d'esprit pratique, à faire ce qui devait être fait. Ce qui m'arrivait était pénible et douloureux, mais l'essentiel était de me faire soigner sans tarder.

Je fus heureuse de voir, aux urgences, le visage familier de mon orthopédiste, qui me dit qu'il reviendrait après les radios. Alors que je me pliais aux interminables formalités d'admission, je me sentis faiblir et crus que j'allais m'évanouir. Une infirmière compatissante me fit asseoir dans un fauteuil roulant, boire un verre d'eau, et me poussa rapidement vers le service de radiographie pendant que Linda téléphonait à Zal, mon mari. Les tiraillements et les torsions nécessaires, pour prendre les radios, furent extrêmement douloureux et, cette fois, je faillis bien tourner de l'œil. Je commençai à avoir la nausée : on m'allongea sur un chariot et on me transporta dans une salle de récupération où je restai un moment plongée dans une espèce de torpeur, jusqu'à ce que l'orthopédiste reparaisse et m'annonce :

— Rien de grave, rassurez-vous ! Malgré les apparences, ce n'est qu'une foulure. Il n'y a ni dislocation ni fracture.

Je n'en croyais pas mes oreilles. Mon poignet me faisait atrocement souffrir et il était déjà devenu énorme.

— Il y a des traces d'un traumatisme ancien, dans ce poignet, il a déjà été fracturé. Rien de récent, ajouta-t-il avec désinvolture.

— Mais, protestai-je faiblement, je ne me suis jamais cassé ce bras. Est-il possible que j'aie pu le casser sans le savoir ?

— Peut-être... Ce n'est qu'une luxation. Ça ira mieux quand on vous l'aura immobilisé.

Une singulière euphorie m'envahit. Je n'étais donc pas grièvement blessée. L'autorité l'avait déclaré. Bientôt, j'irais très bien. Je n'avais qu'à m'endormir sur le chariot. Endorphines, pensai-je dans un demi-sommeil. Somnolente, presque grise, je me dis vaguement que cet état pourrait être très dangereux si on était blessé dans un lieu isolé... mais le plus important était de dormir.

Zal apparut à la porte, le visage blême. L'orthopédiste le rassura, lui affirma que ce n'était rien de grave. Nous causâmes pendant quelques instants, puis Zal m'embrassa sur le front et retourna auprès de son patient en psychothérapie, qu'il avait laissé en plan dans son cabinet voisin. L'orthopédiste, après m'avoir posé une légère attelle en plastique, me conseilla de me reposer et d'appliquer de la glace sur mon poignet. Il me prescrivit des comprimés contre la douleur et me donna rendez-vous à son cabinet dans deux jours. Linda m'aida à me rhabiller et me ramena à la maison, avec une bonne provision d'un antalgique puissant capable de calmer n'importe quelle douleur.

Étant donné que j'avais pris un analgésique avant de quitter l'hôpital, je me sentais le cœur léger. Quel soulagement ! Ce n'était rien de grave, après tout, quelques jours de gêne, pas plus. Mais quand nous arrivâmes chez moi, les effets du premier analgésique s'étaient dissipés et je recommençai à souffrir affreusement.

Linda me prépara un en-cas et m'aida à me déshabiller. Je me mis au lit, soutenue par des oreillers sous chaque membre, en pensant que le sommeil aurait tôt fait de me guérir. Linda me quitta, sachant que Philippe, notre locataire, un étudiant français, n'allait pas tarder à rentrer et s'occuperait de moi. Je pris un nouveau calmant et ne tardai pas à m'endormir.

Lorsque je me réveillai, je me sentais encore très mal mais Philippe était là, qui préparait le dîner à la cuisine. Zal arriva avec un magnifique bouquet et je me levai pour descendre dîner. La soirée se passa sans trop souffrir.

La nuit, cependant, fut épouvantable. Je me réveillais constamment. Je m'aperçus que je ne pouvais plus bouger sans souffrir atrocement dans tout « le » bras ; ce n'était plus le mien. Je criais malgré moi quand je tentais de changer de position, ce qui déclenchait des élancements douloureux dans tout l'avant-bras. Au milieu de la nuit, un de mes hurlements réveilla Zal. Mon rêve parlait de mort, comme en avertissement : une de nos connaissances qui s'était suicidée était de retour en ville. De toute évidence, j'avais l'impression d'être sérieusement blessée.

Lorsque le jour se leva enfin, j'étais incapable de me redresser ou de me rallonger sans aide, tant la douleur était insoutenable. Les analgésiques l'atténuaient à peine. Ma main et mon avant-bras étaient monstrueusement enflés, méconnaissables. Zal s'arrangea pour qu'une cousine vienne me tenir compagnie, avec son bébé. J'étais torturée par des crampes mais je les diminuais au maximum en m'appliquant à rester parfaitement immobile.

La nuit suivante, je me réveillai de nouveau toutes les trois heures, mais Zal et moi trouvâmes un moyen de mieux me soutenir, en utilisant un long coussin replié qui me permettait de dormir à moitié assise et de remuer un peu sans déclencher de douleurs. Mes rêves ne furent que des fragments incompréhensibles.

Le jeudi matin, Zal me conduisit chez l'orthopédiste en pyjama, une veste passée sur mes épaules.

— L'enflure est beaucoup trop prononcée pour la nature de votre blessure, déclara-t-il.

Il m'expliqua que c'était dû au fait que je ne bougeais pas assez le bras. Je lui rétorquai que le moindre mouvement provoquait des élancements insoutenables.

— Vous devez bouger ce bras, insista-t-il. Votre main est tendue, vous devez rompre cette tension.

Il m'ordonna de serrer le poing. Mes doigt boudinés refusaient de se plier. Je fis un gros effort pour obéir, les joues ruisselantes de larmes.

En me forçant à endurer la douleur, je parvins à plier mes doigts, et effectivement, je vis l'enflure diminuer à mesure que je serrais et desserrais le poing. On me dit de garder ma main active, de la lever au-dessus de mon cœur quand j'étais allongée et de porter l'attelle le moins possible. Mon orthopédiste me demanda de lui montrer quels mouvements, quand je m'allongeais ou m'asseyais, provoquaient les crampes mais je refusai tout net ; pour rien au monde je ne voulais les réveiller ! Il insista sur le fait que je devais porter l'attelle le moins possible et bouger mon bras souvent.

Ce jeudi, je fus aidée par une autre amie, qui fit ma toilette et prépara mes repas. Dans la nuit, je rêvai que je tombais à la mer et que je me hissais sur du béton rugueux. Le vendredi se passa un peu mieux. Je réussis même à travailler un moment, assise dans mon lit, à prendre des notes et donner des coups de téléphone. Mais à la fin de la journée, la douleur revint et je me sentis faiblir. Néanmoins, je dormis et rêvai mieux, et j'eus moins besoin de calmants.

Les jours suivants furent marqués par des douleurs intermittentes, fluctuantes, avec des moments de répit. Je me sentais toujours mieux quand j'avais mon attelle mais je l'ôtais docilement pendant plusieurs heures, je serrais et desserrais le poing, je remuais le bras. Mon sommeil, bien que chaotique, était meilleur. J'avais une faim dévorante d'aliments nourrissants. Je me remis à travailler à mon manuscrit, qui m'avait été renvoyé pour de nouvelles révisions, en espérant que cette déplaisante affaire d'entorse disparaîtrait vite.

Une semaine plus tard, le bras était moins enflé mais paraissait fragile et vulnérable à l'extrême. Je pouvais à peine le bouger. Il était encore enflammé et chaud autour du poignet et me paraissait déformé. Au temps de mes études universitaires, j'avais été modèle de mains, je posais pour des photos et des téléfilms publicitaires, où l'on voyait mes mains tourner des boutons, former un numéro de téléphone et même, une fois, porter des menottes pour l'illustration d'un roman policier. La forme de mes mains reste importante pour moi. Mais l'orthopédiste, que je continuais de voir régulièrement, me disait que la difformité apparente venait d'un reste d'enflure, et il me conseillait de continuer mes exercices.

Le moindre mouvement de ce bras causait toujours de vives douleurs. Je transportais partout avec moi un coussin ferme pour le soutenir. Je ne devais mettre l'attelle que lorsque la douleur devenait excessive. Je travaillais avec acharnement à conserver la flexibilité de mes doigts.

Dix jours après mon accident, je rêvai que j'avais le bras cassé. Ce rêve fut sans doute le coup de pouce dont j'avais besoin pour me confronter à l'orthopédiste, chez qui j'avais rendez-vous quelques jours plus tard. J'avais encore très mal dans tout le bras, bien plus que ne le laisserait supposer une simple foulure ; la zone entourant le poignet restait chaude, fiévreuse. Mon œil au beurre noir s'était effacé, mes contusions avaient disparu mais mon bras enflé, meurtri et douloureux me semblait nettement déformé et je tenais à savoir pourquoi.

— Regardez-moi ça ! m'exclamai-je dans le cabinet de consultation. Il y a quelque chose qui ne va pas du tout ! Je veux qu'on fasse de nouvelles radios !

— Je suis d'accord, répliqua-t-il en m'examinant.

Les radios prises, j'attendis les résultats dans une pièce glaciale, en grelottant d'anxiété et presque certaine de ce que serait le verdict. Je redoutais d'entendre la confirmation de mes craintes.

Quand le radiologue fixa les épreuves sur le cadre lumineux, il commenta :

— C'est une sacrée fracture complexe que vous avez là.

— C'était censé être une foulure, marmonnai-je.

— Oh non ! Regardez. Il y a deux fractures du radius et, ici, voyez comme les os du poignet sont imbriqués dans une fausse position.

— Comment est-ce que ça se compare avec les premières radios ? demandai-je.

Il les fit rechercher. Une demi-heure plus tard, elles étaient accrochées côte à côte. L'aggravation qui s'était produite entre les deux séries était visible même pour mon œil profane. Ma blessure était beaucoup plus étendue que le jour de l'accident.

— Nous avons un problème, dit l'orthopédiste qui avait pâli. Et, à sa décharge, il reconnut :

— J'ai commis une erreur. Je vous en demande pardon.

Il se lança dans de longues explications, d'où il ressortait qu'une opération immédiate était nécessaire pour réparer les dégâts ; il faudrait me recasser le bras, puisque les os avaient déjà commencé à se ressouder dans une mauvaise position. Ce serait une affaire de deux à trois mois. Il pouvait pratiquer l'opération avec un confrère. Je pris sur-le-champ la résolution qu'il ne me toucherait plus jamais ! J'étais furieuse, terrifiée et choquée. J'avais toujours pensé que j'avais le bras cassé et il ne m'avait jamais écoutée ! Il voulait expliquer la situation à mon mari, aussi me demanda-t-il de revenir à son cabinet avec Zal, le plus tôt possible. Et je devais maintenant garder l'attelle constamment et surtout ne pas remuer le bras du tout.

J'allai à pied jusqu'au cabinet de Zal, complètement désemparée. Après le départ de son patient, je le mis en pleurant au courant de la situation. Nous retournâmes chez l'orthopédiste. Je sentis la main de Zal trembler de colère dans la mienne pendant qu'il écoutait l'exposé du problème. Je déclarai que je voulais une seconde opinion. L'orthopédiste nous donna quelques suggestions, en nous conseillant de ne pas perdre de temps.

Nous passâmes la soirée à téléphoner à tous les médecins que nous connaissions et à des amis de la faculté, pour qu'ils puissent nous recommander un bon chirurgien de la main. A la fin nous avions établi une courte liste dans laquelle figurait à plusieurs reprises le nom de Leonard Gordon, un microchirurgien de l'université de Californie à San Francisco. L'orthopédiste plein de remords prit rendez-vous pour nous avec ce spécialiste, le lendemain même, un jeudi. Je dormis à peine et ne me souvins d'aucun rêve.

Le Dr Gordon n'était pas en mesure de nous recevoir avant le vendredi. Dans la nuit de jeudi, je dormis encore très mal et fis un cauchemar où survenait un cataclysme. Le vendredi matin, nous discutâmes avec le Dr Gordon et son équipe pendant près de trois heures afin de faire notre choix entre trois options :

1) je pouvais faire plâtrer mon bras tel qu'il était, ce qui me laisserait avec un poignet déformé et l'incapacité de retourner le bras ;

2) il était possible, sans m'ouvrir le bras, de tenter de remettre les os en place au moyen des chevilles d'un « fixateur externe », qui seraient insérées à travers la peau et les couches musculaires jusque dans l'os, en espérant que la cicatrisation serait assez solide pour les faire tenir ;

3) je pourrais subir une opération avec ouverture du poignet, remise en place de chaque os et fixation d'une plaque métallique sur le radius pour le maintenir.

Chacun de ces procédés présentait ses risques et ses chances de réussite. Nous choisîmes le troisième, qui offrait l'unique chance de rétablissement presque total ; toutefois, il présentait de plus grands risques et exigerait des mois de rééducation de la main. Cette fois, au moins, j'étais bien informée des dangers et des résultats possibles.

Le temps pressait, car mes os se soudaient de façon incorrecte. Il fallait opérer rapidement. Un solide plâtre provisoire fut appliqué autour de mon bras, et le Dr Gordon m'envoya faire faire les analyses et examens nécessaires pendant que son équipe et lui s'efforçaient d'obtenir une salle d'opération pour le soir même.

On me fit des prises de sang, une radio des poumons, on me prit un échantillon d'urine et on m'envoya faire un électrocardiogramme, en prévision de mon hospitalisation prochaine. Ma nervosité s'accrut notablement. Quand j'arrivai à la salle de l'électrocardiogramme, j'étais extrêmement agitée. La jeune technicienne tenta de me calmer mais j'en étais incapable. Les zigzags du stylet débordaient du papier. Finalement, je demandai à l'interne d'aller chercher mon mari.

La tendresse et le talent de psychothérapeute de Zal ne furent jamais autant appréciés. Il commença par me parler d'une voix apaisante, me fit fermer les yeux, me caressa le front.

— Pense au printemps, murmura-t-il. Nous voyageons dans le midi de la France. Tu vois le paysage ? Décris-le-moi.

— Des champs de lavande, bredouillai-je.

— Nous marchons dans les champs de lavande. Regarde comme ils sont beaux... les couleurs... respire leur parfum.

Ma respiration devint plus profonde, plus régulière et je me laissai bercer par le son de sa voix, la caresse de sa main sur mon front. J'entendais très vaguement le cliquetis de l'électrocardiogramme.

Il n'y avait aucune salle d'opération libre dans la soirée, aussi je fus renvoyée chez moi avec la possibilité d'être acceptée le lendemain matin en chirurgie. Je dormis d'un sommeil agité et rêvai d'une maison incendiée en cours de restauration. Dans un autre rêve, j'étais en train de causer sur la banquette arrière d'une voiture quand elle démarra subitement, et je criai : « Je ne peux pas y aller ! » Manifestement, j'espérais que mon corps serait « réparé », symbolisé par la maison que l'on restaurait, mais je ne voulais pas affronter ce qui était nécessaire, une importante opération.

Le samedi matin, on nous apprit que toutes les salles d'opération étaient retenues jusqu'à lundi et mon intervention fut donc reportée dans mon agenda jusqu'au lundi midi. Samedi soir, je rêvai que mon mari et moi devions nous faire opérer tous les deux. Nous devions nous séparer et j'entrais dans un hôpital très strict où j'étais bousculée, critiquée et où j'avais peur. J'avais laissé passer l'heure prévue pour l'opération et une infirmière désagréable me maltraitait. Les analyses pré-opératoires m'avaient déjà donné ce sentiment de déshumanisation que connaissent de nombreux patients.

Le dimanche se passa dans une espèce de flou où se mêlaient la souffrance et le plaisir. Zal me traitait royalement, pour m'aider à passer le temps, mais une profonde angoisse continuait de me tourmenter sourdement. Je souffrais depuis trois semaines et ce n'était pas fini. Cette pensée m'affolait. Dans la nuit de dimanche, je fis un rêve étonnant, au cours duquel je tombais dans un marécage, je m'en extirpais et je me retrouvais devant une créature mythologique rare, un chien bleu portant une brassière de sauvetage rouge (décrit au chapitre 5, « Le corps menacé »).

Lundi, le jour se leva enfin et nous nous rendîmes à l'hôpital. L'admission se transforma en expédition dans l'inconnu. C'était peut-être la raison de mon anxiété. Comme tout le monde, j'avais entendu parler de gens qui avaient été hospitalisés pour une intervention banale et qui n'étaient jamais revenus. Est-ce que j'allais être de ceux-là ? Et même si l'opération était réussie, est-ce que j'allais recouvrer l'usage de ma main ? Ou aurais-je une main déformée jusqu'à la fin de ma vie ? Mes os ne seraient-ils pas trop faibles pour supporter le travail de réparation ? Serais-je forcée d'endurer encore des souffrances comme celles que je venais de connaître ? Mon chirurgien lui-même n'était pas sûr du résultat... Les trois dernières semaines avaient été si pénibles que mes facultés d'endurance m'avaient abondonnée. Je n'avais pour ainsi dire pas dormi ces trois dernières nuits, depuis que j'avais appris qu'on devait me recasser le bras. J'étais pleine de ressentiment contre cette erreur de diagnostic, épuisée, brisée. Je ne voulais plus souffrir. Je voulais que tout cela se termine, je voulais redevenir moi-même. Une vague de compassion m'envahit, pour tous ces gens atteints de blessures ou de maladies plus graves.

Dans la salle des admissions, bondée, nous dûmes attendre une heure ; ce fut une épreuve pénible. Des gens arrivaient, pâles et terrifiés, d'autres pleuraient ou manifestaient une détresse extrême. Un vieillard à l'air souffreteux, armé d'une canne, était vautré sur un canapé. Une femme rougeaude, dans un fauteuil roulant, serrait sur son cœur un nounours qu'on lui avait donné, habillé d'une combinaison d'aviateur bleue, et sanglotait en répétant : « Je l'adore, je l'adore ! » Il régnait dans cette salle une atmosphère de catastrophe. J'étais accablée par les épreuves des autres, en plus des miennes.

Finalement, l'employée appela notre nom, et Zal et moi allâmes au guichet remplir les formulaires. On nous envoya ensuite au salon d'attente des familles où notre fille, étudiante en médecine, nous rejoignit un moment. Même mes proches, qui bavardaient entre eux, me paraissaient très loin de moi. On me tenait la main, on était plein d'attentions envers moi, mais je me sentais seule. Bien sûr, ils essayaient de me distraire en discutant de choses et d'autres, mais j'avais l'impression que personne ne savait ce que j'allais affronter. J'étais frustrée, au point que je finis par m'écrier :

— J'ai besoin de toute votre attention, maintenant !

A ce moment, on nous demanda de descendre à la salle de préparation pré-opératoire ; dans l'ascenseur Zal me tenait la main, qui était aussi glacée que la sienne. Une fois dans le bloc opératoire, on me fit entrer dans une petite alcôve fermée par un rideau translucide jaune où on m'aida à me déshabiller et à enfiler la blouse d'hôpital. Cette inquiétante lumière jaune me fit penser à l'un des souvenirs d'enfance de Virginia Woolf : sa chambre dans la maison du bord de mer, qui lui donnait l'impression d'être dans un grain de raisin.

Il me sembla qu'une bonne douzaine d'infirmières et d'assistants masqués en blouse verte passaient le nez entre les rideaux pour me demander mon nom et quelle opération on devait me faire, et à quel bras. Cette précaution est destinée, semble-t-il, à éviter tout risque que l'opération pratiquée ne soit pas celle qui était prévue.

Quand l'anesthésiste vint me faire part des avertissements d'usage, sur les dangers de l'anesthésie générale, Zal ne le laissa pas continuer. En qualité de psychothérapeute qui a parfois recours à l'hypnose, il sait que je suis extrêmement sensible à la suggestion et il pensait qu'il vaudrait mieux pour moi que je n'entende pas parler de ces risques. L'anesthésiste bavarda alors gaiement avec nous pendant encore un moment, puis il m'informa que j'étais prête à passer en salle d'opération. J'avais remarqué qu'il jetait de temps en temps un coup d'œil au-dessus de ma tête, mais je n'avais pas compris qu'il observait mes réactions sur un écran de contrôle. Il m'expliqua qu'une étude récente avait démontré qu'un quart d'heure de conversation décontractée avec un patient, juste avant l'opération, était plus relaxant qu'une pré-médication et donnait lieu à moins de complications possibles. Ma tension artérielle avait baissé à un niveau acceptable.

Mon chariot s'ébranla et je fus poussée dans un long couloir ; je lâchai finalement la main de Zal. J'étais seule pour de bon. J'avais encore un peu peur, mais moins, à présent que l'événement était imminent. Je me rappelai mon rêve du chien bleu avec sa brassière de sauvetage rouge, la créature mythologique devenue réelle. C'était sûrement de bon augure pour l'épreuve à venir.

Arrivé dans la salle d'opération, mon chariot s'arrêta sous une double rangée de lumières aveuglantes ; il y avait partout des chromes et du verre vert pâle. Je jetai un coup d'œil à une grande pendule noire et blanche, au mur ; elle marquait 13 h 30. Les yeux marron et souriants d'une infirmière se penchèrent sur moi, au-dessus d'un masque, et je me sentis réconfortée, parce que son regard me rappelait celui de ma cousine préférée. Quelqu'un d'autre fixait le cathéter dans mon bras droit. Quelques paroles encourageantes furent échangées et tout devint noir. Ce n'était pas une sorte de fondu enchaîné, de plongée progressive dans l'inconscient.

C'était plutôt comme si on avait coupé le courant. Le monde autour de moi cessa d'exister.

Les premières heures suivant l'opération furent épouvantables. J'étais à moitié réveillée, plongée dans un brouillard grisâtre, avec l'impression qu'on m'avait endormie l'instant d'avant. J'appris par la suite que l'opération avait duré deux heures et demie. Au milieu de cette brume, j'entendis des voix pressantes :

— Ouvrez les yeux. C'est fini. Regardez-moi. Tout s'est admirablement passé...

Je vomis ; je me sentais affreusement mal. Il y avait une zone de douleur imprécise tout autour de mon bras gauche, qui était placé au-dessus de mon cœur et soutenu par une pile d'oreillers. Je n'arrivais pas à garder les yeux ouverts. Je percevais vaguement des gens autour de moi qui plaçaient un tuyau dans ma bouche pour en aspirer les vomissures, un brouhaha général, des lumières. Je m'entendais gémir et je remuais sans cesse les jambes, cherchant en vain une position confortable.

Quelque part dans cet univers vague, je sentais une respiration oppressée, la mienne, comme si je devais à chaque fois soulever un poids très lourd. Je pensai que c'était simplement l'effet de l'anesthésie. Mais autour de moi on paraissait s'agiter. Des voix inquiètes me posaient des questions :

— Avez-vous du mal à respirer ? Est-ce que c'est comme les crises d'asthme de votre adolescence ? Y a-t-il des cardiaques dans votre famille ?

De toute évidence, quelque chose n'allait pas. On me mit un comprimé sur la langue.

— Ça va mieux ? Est-ce que ça vous brûle ? Constatez-vous un changement ?

Je ne sentis aucune différence après le premier comprimé, ni après le second. Progressivement, le poids s'allégea. Quelqu'un me faisait une prise de sang. Quelle quantité m'avait-on prélevée au cours de ces derniers jours ?

Lentement, la nausée se dissipa. J'émergeai de la grisaille et parvins à garder les yeux ouverts pendant plus d'une fraction de seconde. Le chirurgien et l'anesthésiste apparurent, insistant sur le fait que j'avais parfaitement supporté l'opération, que mes os étaient bien plus solides qu'ils ne l'auraient cru et que tout s'était magnifiquement passé.

Je commençai bientôt à me sentir mieux — en comparaison — et je pus même m'asseoir et manger un peu, au dîner ; et, beaucoup plus tard, prendre un petit déjeuner. J'étais très étonnée de me trouver encore en salle de réveil, entourée de gens qui gémissaient et vomissaient. On m'y garda pendant les vingt-quatre heures qui suivirent l'opération. La lumière était éblouissante. Je ne dormis pas du tout de la nuit. J'étais épuisée et extrêmement inquiète.

Pendant ce temps, la situation avait changé. On m'apprit qu'il y avait eu une légère modification dans mon électrocardiogramme.

— Si nous n'avions pas regardé l'appareil juste à ce moment-là, cela nous aurait échappé, me dirent les médecins. Mieux vaut être trop prudent que pas assez.

Un cardiologue fut appelé en consultation et il examina mon dossier en fronçant les sourcils. De nouvelles analyses de sang furent prescrites, pour voir si le cœur avait été endommagé. Chacune de ces analyses, dont on devait attendre les résultats pendant plusieurs heures, était équivoque. Au-dessus d'un certain niveau, on aurait effectivement diagnostiqué que mon cœur avait été endommagé, mais j'étais juste sur la limite.

Des heures plus tard, après moult concertations entre spécialistes et l'administration de quatre unités de potassium, on jugea bon de m'envoyer en cardiologie « pour plus de prudence ». Le cardiologue m'expliqua qu'à son avis je souffrais d'une légère affection cardiaque latente, et que nous ne pouvions pas courir le risque de me ramener tout de suite en service orthopédique, par vigilance. On était passé d'une douleur dans le bras à une question de vie ou de mort. Ainsi donc, le lendemain de mon opération, un appareil de contrôle cardiaque sur la poitrine, mon bras hissé vers le ciel, je fus emmenée vers la phase suivante de mon éprouvante hospitalisation.

Au service de cardiologie, je fus accueillie par une amie chargée de mes biscuits préférés, de citron pour mon eau et d'un livre pour me faire la lecture. Comme on était maintenant en fin d'après-midi, Zal était retourné à son cabinet et à ses patients. Quand l'infirmier poussa mon chariot dans un espace semi-privé, je protestai, car il était prévu que je sois dans une chambre particulière. Mais aucune n'était libre en cardiologie. Mon amie persuada quelqu'un de créer une liste d'attente pour la première chambre qui se libérerait, avec mon nom en tête ; puis elle revint me tenir compagnie et me distraire jusqu'à l'arrivée d'une autre amie.

Après leur départ, je sombrai dans le nadir de mon épreuve. Je sonnai l'infirmière pour demander le bassin. Une aide-soignante maussade surgit ; elle mit une demi-heure à revenir avec le bassin qu'elle me fourra sous les fesses sans ménagement, en heurtant mon bras opéré ; puis elle disparut en me laissant sur le bassin. Il m'était impossible de le retirer moi-même. Mon bras gauche était dans le plâtre et le droit était relié à la perfusion. Finalement, le bassin se remplit et déborda. Quand cette même aide-soignante revint, je lui demandai de me mettre un drap sec et elle disparut encore. Cette fois, je dus attendre deux heures, dans une mare d'urine. Il ne servait à rien de sonner. Ma compagne de chambre était occupée par ses visites et ne faisait pas attention à moi.

Quand Zal arriva enfin, j'étais hors de moi. Moi, une femme en pleine possession de ses facultés ou presque, intelligente et généralement pleine de ressources, je me retrouvais incapable de me débrouiller ! J'étais furieuse... immobilisée, avec mon bras opéré maintenu en l'air, l'autre relié à la perfusion, et le moniteur cardiaque toujours posé sur ma poitrine. Non seulement j'avais peur et je souffrais, mais j'étais forcée de mariner pendant des heures dans mon urine. Si je pouvais être réduite à cet état pitoyable, comment faisaient les vieux et les faibles ? Tout patient a besoin d'un défenseur.

Je me plaignis amèrement à Zal, qui partit chercher l'aide-soignante et la ramena lui-même, en insistant pour qu'elle change mes draps sans attendre. Quand l'assistant du chirurgien arriva, je lui exprimai également mon indignation. Il m'expliqua qu'il n'y pouvait rien parce que ce service n'était pas de son ressort. C'était exaspérant ; l'orthopédiste voulait me venir en aide, mais le cardiologue avait la préséance et il n'était pas là. Zal promit de me trouver une infirmière privée, dans la matinée, si je le désirais ; il ne voulait pas me laisser seule mais, pour cette nuit encore, je devais m'y résigner, et il rentra se coucher à la maison.

Je n'avais pas tenu compte de la compagne de chambre. Cette virago regardait la télévision en zappant toutes les dix secondes. En même temps, elle mangeait une par une les chips que ses visiteurs lui avaient apportées. Clic - crunch - clic - crunch... Et j'étais là dans mon brouillard de morphine, à regarder les reflets de la télévision danser au plafond, sans avoir la force d'élever la voix pour la prier de baisser le son de la télé qui marchait à plein volume.

Enfin, peu après minuit, un visage amical apparut, se pencha sur moi et me demanda si je me sentais capable d'être transportée dans une chambre particulière.

— Oh oui ! Je vous en prie !

Cette nouvelle infirmière de service avait vu la demande écrite. Une chambre se trouvait libre mais si j'attendais le matin, elle ne le serait plus.

Des infirmiers vinrent déverrouiller mon lit et le pousser dans le couloir, en passant devant le dragon qui, près de la porte, faisait toujours tonitruer sa télévision, entourée de miettes de chips.

— Eh bien, annonça-t-elle. J'en ai encore chassé une autre. Et de trois !

Son rire triomphant s'éteignit quand nous fûmes entrés dans un lieu délicieusement obscur et silencieux. Avec un fort sédatif, je dormis enfin et commençai à me rétablir.

Les quarante-huit heures suivantes sont confuses. Toujours sous sédatif, je voyais vaguement des visiteurs aller et venir, je contemplais pendant des heures un tableau de fleurs au mur, ou bien je regardais par la fenêtre les nuages changer de forme au-dessus des sapins agités par le vent. Je fis mes premiers pas chancelants jusqu'aux toilettes, avec mon plâtre lourd en suspens au-dessus de ma tête. Ce fut divin de me laver la figure et les dents pour la première fois depuis plusieurs jours. Le soir était le moment le plus pénible. La douleur augmentait toujours à la tombée de la nuit et le moniteur cardiaque qui pesait sur ma poitrine réussissait à m'angoisser continuellement.

Le troisième jour après l'opération, on me fit marcher de long en large dans le couloir pour que mon cœur puisse être observé dans l'effort. Zal me soutenait d'un côté pour contrebalancer le plâtre, posé sur ma tête afin qu'il reste plus haut que mon cœur. Les indications du moniteur cardiaque continuaient d'être bonnes. En fait, il n'y avait pas eu le moindre changement depuis cette brève fraction de seconde qui avait paru indiquer un problème éventuel.

Je me sentais néanmoins très faible et je ne tenais pas sur mes jambes. Mon état général était bien meilleur mais, malgré moi, je pleurais plusieurs fois par jour. Les piqûres de morphine avaient été remplacées par des comprimés de codéine contre la douleur ; il ne me vint pas à l'idée que mon état de faiblesse pouvait être attribué aux médicaments. Je ne sais si c'était le traitement, l'angoisse ou le manque de sommeil, mais je me sentais vraiment bizarre. Il y avait maintenant six jours que je n'avais pas réussi à dormir vraiment : trois mauvaises nuits à la maison, après avoir appris que je devais être opérée, et trois autres à l'hôpital, où je ne m'étais souvenue d'aucun rêve — ce qui pour moi était une rareté.

Dans la journée, je pratiquais docilement deux exercices. Comme les personnes qui ont subi une anesthésie générale ont besoin de dilater leurs poumons pour se débarrasser des mucosités accumulées au cours de leur opération, on m'avait donné un spiromètre, un appareil en plastique formé d'un cylindre contenant une boule, et relié à un long tuyau. Je devais souffler dans le tuyau et m'efforcer de faire monter la boule le plus haut possible dans le cylindre gradué. Au cours des premières heures qui suivirent l'intervention, il m'était impossible de souffler assez fort pour soulever la boule, et j'étais prise de violentes quintes de toux à chaque tentative. Mais, avec persévérance, j'essayais de la faire monter plus haut, trois ou quatre fois au début de chaque heure. Le quatrième matin, je constatai moi-même une réelle amélioration de ma capacié pulmonaire.

L'autre exercice consistait à remuer les phalanges qui dépassaient de mon plâtre. Comme les muscles immobilisés s'atrophient rapidement, je devais m'exercer le plus souvent possible à replier les doigts sur le rebord du plâtre. Je pouvais à peine les remuer parce que mon bras était excessivement enflé, un muscle et un ligament ayant été sectionnés au cours de l'opération pour visser une plaque de métal sur le radius. Pourtant, au prix d'un effort considérable, je réussissais à plier les doigts, en m'évertuant à le faire dix fois de suite au début de chaque heure. Je suis sûre que ces exercices de respiration profonde et de mobilité des doigts contribuèrent à hâter ma guérison, en me donnant quelque chose à faire par moi-même, pour m'aider.

Le quatrième jour, je devais quitter l'hôpital si le cardiologue était d'accord. Ce fut une matinée très affairée. Je me réveillai dès cinq heures du matin, impatiente de rentrer chez moi. Zal arriva vers huit heures, pour être présent lors de la visite du cardiologue. Celui-ci continuait de penser que j'avais une maladie cardiaque latente, bénigne ; il y avait environ soixante-dix pour cent de chances que ce soit le cas, nous dit-il. Sur les quatre tests d'enzymologie, deux étaient équivoques et deux normaux. Le seul examen qui le convaincrait que mon très bref arrêt cardiaque n'indiquait pas quelque chose de grave, c'était un test d'effort

Avant qu'il ne donne son accord pour mon départ, je dus prendre rendez-vous avec lui pour ce test. Il consentit alors à me laisser rentrer chez moi avec une bonne provision de trinitrine en cas de vives douleurs au cœur.

Mon chirurgien passa plus tard pour voir comment j'allais, et il fut d'accord pour me laisser partir. Quand je lui répétai ce qu'avait dit le cardiologue, il s'exclama :

— C'est ridicule ! Ce n'était qu'une petite réaction à l'anesthésie.

Tel était le consensus de l'opinion médicale. Je sentais que le chirurgien avait raison. Jamais je n'avais eu le moindre ennui du côté du cœur, mais l'autorité du cardiologue m'avait impressionnée et alarmée.

La suite des événements révéla que je n'avais pas le moindre problème cardiaque. Je passai le test en question quelques semaines plus tard, non sans anxiété, et il fut totalement négatif. Une fois la preuve fournie par ses propres instruments, le cardiologue voulut bien convenir que je n'avais pas de problème cardiaque, qu'il s'était agi d'une petite réaction à l'anesthésie et que je pouvais faire tout ce que je voulais. Je passai tout de même ce mois-là dans la crainte d'une maladie du cœur. Si j'avais vraiment été cardiaque, il y aurait eu de quoi faire un infarctus !

Les formalités de départ étant accomplies, je fus libérée ; l'assistant-chirurgien me délivra du plâtre lourd, refit les pansements de la plaie chirurgicale et me mit un plâtre plus léger. Une amie vint m'aider à faire mes bagages. Un infirmier m'expliqua les signes que je devais guetter et qui pouvaient indiquer des problèmes. Tout changement de couleur, en particulier la lividité, toute modification de mes sensations telle qu'un engourdissement, toute baisse ou élévation de la température, toute augmentation ou diminution de l'enflure devaient être immédiatement signalés. Il m'aida à m'habiller, à rassembler mes affaires, m'installa dans un fauteuil roulant et me poussa jusqu'à la voiture de mon amie. Quel soulagement ! J'avais l'impression d'être libérée de prison.

Une fois à la maison, une autre amie fidèle ne tarda pas à arriver et toutes deux m'aidèrent à me déshabiller et à me mettre au lit, avec tout ce qu'il me fallait à portée de mon bras valide. L'une d'elles installa un interphone rudimentaire, pour que je puisse parler à ceux qui étaient en bas à la cuisine ; elle m'apporta aussi toute une collection de romans sur cassettes, pour me faire passer le temps. L'autre prépara un délicieux repas. Nous déjeunâmes toutes les trois, moi au lit soutenue par des coussins, et nous fûmes prises de fou rire au souvenir de quelques-unes des mésaventures du retour. C'était presque une séance de théraphie de groupe !

Et puis, comme j'étais fatiguée, l'une d'elles me fit la lecture. Toutes deux s'en allèrent à la fin de l'après-midi et une troisième amie dévouée vint s'installer pour une semaine à la maison, pour s'occuper de moi, faire la cuisine, m'aider à faire ma toilette et à m'habiller. Zal se chargea du service de nuit ; il me faisait du thé ou lisait à haute voix, jusqu'à ce que l'analgésique fasse son effet.

Ce premier soir à la maison, après un dîner revigorant, je m'endormis vers 21 h 30 et, aux alentours d'une heure du matin, je fus réveillée par un violent cauchemar. J'avais l'impression que j'allais mourir d'un instant à l'autre. C'était une vraie crise d'angoisse.

Que se passait-il ? Pourquoi cette terreur ? Quel rapport y avait-il entre ce rêve abominable et ce qui se passait ? Moi, onirologue réputée, un des premiers experts du monde dans le domaine du rêve, voilà que j'avais un cauchemar ! Au secours !

EXERCICES SUR LES RÊVES :
EXPLORATION DE VOTRE HISTOIRE

Ce chapitre raconte donc ma propre histoire, autrement dit ce qui m'est arrivé, ce que j'éprouvais éveillée ou endormie, et comment ces pensées et émotions ont influencé ce qui a suivi. Il est important de pouvoir parler aux autres lorsque nous sommes perturbés par un accident ou un événement. En le racontant, en nous rappelant ce que nous avons ressenti et ressentons encore à ce sujet, nous commençons le processus de récupération. Garder sa souffrance pour soi retarde la guérison. En revanche, si nous exprimons notre douleur physique et nos réactions émotionnelles, nous arrivons à nous « désensibiliser » de notre malaise et à nous rétablir. Mon histoire continue plus loin. Pour le moment, c'est à vous de raconter la vôtre[1].

1. Racontez votre histoire

Si votre corps a récemment subi un traumatisme, il vous sera assez facile de retrouver les réactions émotionnelles qu'il aura provoquées. Pensez à ce qui a abouti à ce moment difficile. Si vous n'avez eu ni accident, ni opération, ni maladie, revenez en pensée à un temps plus ancien, même à vos maladies d'enfance. Rappelez-vous l'époque où votre corps souffrait.

Sur une nouvelle page de votre journal onirique, écrivez votre aventure ou, si vous ne pouvez pas, faites-la rédiger par quelqu'un. Racontez ce qui est arrivé, qui était présent, où et quand cela s'est produit, comment et pourquoi, d'après vous, cet événement est arrivé. Mentionnez ce que vous ressentiez physiquement et quelles étaient vos réactions émotionnelles à la blessure ou à la maladie. Selon certains chercheurs, le simple fait de transcrire la douleur noir sur blanc peut diminuer votre anxiété et vous mettre sur la voie de la guérison.

2. L'image de la perte

Quelle a été pour vous la partie la plus bouleversante de ce que vous avez expérimenté ? Était-ce la perte de contrôle ? La découverte de votre vulnérabilité ? La perte d'une partie du corps ? La perte de votre sexualité ? Vous voir flétrir ? Qu'est-ce qui vous a procuré le plus grand sentiment de perte ? Cette perte est presque toujours plus émotionnelle que physique. Ce sera sans doute difficile de l'exprimer par des mots. Pourtant, le simple fait de la nommer diminue son pouvoir de vous blesser.

En revivant le traumatisme que vous avez subi, laissez se former dans votre esprit une image qui résume votre perte. Cette image fera peut-être partie de l'événement, elle sera peut-être symbolique ou sera inspirée par un rêve en rapport avec ce qui vous est arrivé. Notez-la ou dessinez-la dans votre journal.

3. Trouver une signification à la perte

Si votre blessure ou votre maladie avait une signification, quelle serait-elle? Par exemple, je me suis cassé le bras à un moment où mes rêves me conseillaient vivement de « lever le pied », me disaient que je « roulais trop vite », que je « manquais d'équilibre ». Mon accident m'a forcée à m'arrêter et à faire une réévaluation de ma façon de vivre.

Y a-t-il eu quelque chose de positif dans votre accident ou votre maladie ? Qu'est-ce que c'était ? Transformez en proverbe les réponses à ces questions. Le mien était : « Qui va trop vite a vite fait de tomber. »

Illustrer une aventure traumatisante vous aide à faire diminuer l'anxiété qu'elle a provoquée. L'image doit évoquer non seulement ce qui s'est passé, objectivement, mais aussi les sentiments éprouvés. (Dans un autre dessin que j'avais fait, on voyait la date et l'heure du tremblement de terre que j'avais vécu, les secousses subies — murs s'écroulant, chute de livres, objets cassés — ainsi que ma vive réaction émotionnelle.) Lorsque vous dessinez un événement traumatisant, vous commencez à évacuer la peur résiduelle.

1. Visualisation curative de l'angoisse post-traumatique : mon centre vital

dessin de Patricia Garfield

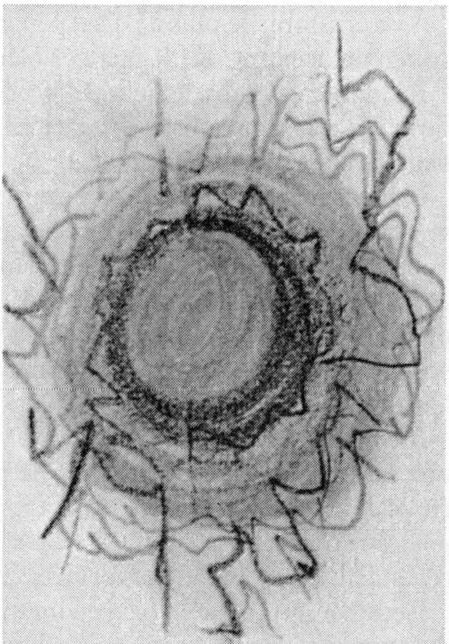

Après avoir exprimé vos réactions émotionnelles à un événement traumatisant, vous devez vous recentrer. Rappelez-vous ce que vous ressentiez avant cet événement. Y a-t-il un profond noyau interne qui n'a pas été touché ? Voyez si vous pouvez le retrouver et le représenter par un dessin. Si votre centre vital vous paraît complètement perdu, réinventez-le.

Ce croquis montre comment, en surface, je suis sérieusement perturbée par le récent tremblement de terre. A l'intérieur, il y a un centre doré, chaud et lumineux, dont le souvenir me réconforte. Quelle est votre propre image vitale, et que révèle-t-elle de vos pensées et de vos sentiments ? La dessiner vous aide à vous ressaisir et contribue au processus de guérison.

Trouver une signification à un traumatisme physique, cela ne veut pas dire que nous l'avons *causé* ou souhaité. C'est simplement une façon de nous rappeler qu'il y a une leçon à tirer de tout événement douloureux.

4. L'image de la plénitude

Installez-vous confortablement. (Vous préférerez peut-être qu'une personne vous lise ces instructions, ou les écouter sur une cassette.) Respirez profondément plusieurs fois, et détendez vos muscles. Fermez les yeux ou regardez dans le vague. Relaxez-vous. Laissez votre respiration devenir lente et régulière.

Commencez ensuite à examiner votre corps par la pensée. Que votre regard mental parcoure le paysage de votre corps, à l'extérieur et à l'intérieur. Trouvez la région ou le point de votre corps qui vous semble le plus à l'aise, peu importe sa taille. Dans quelle zone vous sentez-vous le mieux ? Gardez votre attention sur elle.

Examinez-la mentalement. Considérez la forme de cette sensation agréable, sa couleur, sa texture. Caressez doucement, par la pensée, cette zone de bien-être.

Laissez-vous envahir par cette impression réconfortante. Voyez-la se développer. Revenez en pensée au temps où tout votre corps vibrait de santé. Savourez cette plénitude, cette unité de tout le corps que procure la santé. Vous êtes peut-être enfant, voire bébé, ou bien, plus âgé, vous pratiquez un sport dynamique, vous dansez, vous nagez, vous faites l'amour. Vous vous sentez merveilleusement vivant.

Bientôt, vous allez voir ou sentir un symbole, une forme, un motif exprimant cette sensation de plénitude. Regardez apparaître le symbole qui représente votre bien-être total. Il appartient peut-être à votre passé, ou bien c'est une image surgie d'un de vos rêves. Laissez-la devenir nette, vive. Gravez-la dans votre mémoire.

Cette sensation de bien-être vibrant peut faire à nouveau partie de votre vie. Elle sera sans doute évoquée de diverses façons, mais elle peut revenir participer à votre vie actuelle. Pour le moment, conservez-la simplement dans votre esprit. Chérissez-la. Absorbez-la. Sentez comme elle vous détend. Laissez les souvenirs de cette époque venir vous reconstituer et vous revigorer.

Progressivement, quand vous serez prêt, ouvrez les yeux. Sentez l'effet réparateur de vos souvenirs. Gardez en mémoire votre symbole de plénitude et, si possible, dessinez-le.

5. Fortifiez-vous par le plaisir

Vous êtes peut-être incapable, pour le moment, de faire les choses qui vous procuraient de la joie par le passé. Mais il doit bien y en avoir au moins une que vous pouvez faire actuellement. C'est peut-être tout simple, trois fois rien. Par exemple, le parfum de certaines fleurs qui vous rappelle d'heureux moments. Ou bien relisez un poème que vous aimez, écoutez une œuvre de votre musicien favori. Pendant les dix prochaines minutes, faites quelque chose que vous aimez[2]. Faites-vous plaisir.

A partir d'aujourd'hui, gardez-vous chaque jour au moins dix minutes — puis quinze, puis vingt — pour vous faire plaisir. Quelles que soient votre souffrance, vos tâches, il y a sûrement quelque chose que vous êtes capable de faire. Accordez-vous une pause-plaisir quotidienne. Vous rendrez un grand service à votre corps et à votre esprit.

3.

LES SEPT STADES DE GUÉRISON

Chaque stade d'une maladie et du retour à la santé s'inscrit dans notre imagerie onirique. Nos rêves résonnent de sonnettes d'alarme quand nous sentons venir les ennuis ; l'angoisse les assombrit dans les périodes critiques. Souvent réprimés par la médication durant une opération ou par la chimiothérapie, nos rêves se rattrapent ensuite, une fois le traitement diminué ou supprimé. Lorsque nous avons de la fièvre, nos rêves sont agités, mais ils deviennent calmes et lumineux quand nous commençons à guérir. Nos rêves annoncent la convalescence et ils finissent par rayonner d'images nouvelles au fur et à mesure que la santé se rétablit. C'est ainsi que les métaphores oniriques de notre corps se modifient constamment au cours de notre rétablissement.

J'ai observé sept périodes oniriques autour d'un accident ou d'une maladie ; elles vous sont présentées dans ce chapitre. Nous verrons enfin comment explorer et comprendre les métaphores corporelles des rêves. Dans les chapitres suivants, vous apprendrez quelles images sont caractéristiques de chaque étape du rétablissement et comment évaluer ces phases. Vous trouverez des exercices particuliers qui aideront votre imagination — le pouvoir de votre esprit rêveur — à accélérer votre guérison et à mieux vous comprendre.

Premier stade : rêves d'avertissement

Les accidents surviennent par hasard. Le mot accident vient du latin *accedere*, survenir. Nous n'avons le plus souvent aucun contrôle sur ce qui provoque un accident. Le télésiège se rompt au cours d'un trajet où il transportait plusieurs personnes; un chauffard ivre prend l'autoroute à contresens et percute une voiture familiale; un tremblement de terre secoue les fondations d'un immeuble qui s'écroule sur tous ses occupants; la grue géante d'un chantier de construction s'effondre sur des passants. Les victimes ne reçoivent aucun avertissement, n'ont aucune chance d'échapper à l'accident, aux blessures ou à la mort.

De même, nous choisissons rarement de tomber malades. On passe la nuit dans un hôtel où le système de climatisation fait circuler un air pollué; on boit un verre d'eau non potable qui vous donne la typhoïde; on embrasse un enfant dont la rougeole se déclare le lendemain; une personne atteinte d'un virus vous éternue au nez... Ces événements et mésaventures imprévus ne sont la faute de personne.

Vulnérabilité aux accidents et aux maladies

Il y a pourtant des moments où nous sommes tous plus ou moins exposés aux accidents et aux maladies et où nos rêves nous donnent l'alerte. Beaucoup de gens connaissent la déprime « post-projet ». Un publicitaire s'est donné énormément de mal pour décrocher un contrat, un auteur dramatique a dû se dépêcher pour terminer une pièce à temps et doit ensuite surveiller les répétitions, la générale... Tous deux auront tendance à s'effondrer ensuite. Les périodes au cours desquelles vous mangez mal, manquez d'exercice ou dormez insuffisamment, celles où vous êtes accablé de soucis, surmené, celles où vous venez tout simplement de terminer un important travail sont les moments où vous risquez le plus d'avoir un accident ou de tomber malade. Vos rêves tirent souvent le premier signal d'alarme. Et ils vous apportent parfois une chance d'éviter le pire.

Soyez particulièrement sur vos gardes chaque fois que vous êtes surmené, préoccupé ou soucieux. Pamela Silverman, directrice d'une importante clinique de la main, à San Francisco, dit que beaucoup d'hommes qu'elle a eu à soigner avaient une femme ou une compagne enceinte de leur premier enfant. La préoccupation que cette situation causait à ces hommes les distrayait de leur travail et les rendait vulnérables aux accidents. Une des femmes que j'ai interviewées s'était grièvement blessé une main, se sectionnant un nerf, le jour où elle avait ramené de l'hôpital son mari victime d'une crise cardiaque. Elle lui préparait un sandwich avec un couteau parfaitement aiguisé et elle était dans un tel état de nervosité qu'elle s'était coupée. Les conditions de surmenage, d'anxiété, de négligence de sa santé apparaissent clairement dans nos rêves et ceux-ci peuvent nous aider à nous protéger.

La saison, le climat, les conditions extérieures comme la pollution, la salubrité douteuse, ont aussi une influence sur la santé. Des chercheurs ont signalé que des événements traumatisants — la mort d'un conjoint, un divorce, etc. — nous rendent également susceptibles de tomber malades[1]. Mais ces circonstances pénibles n'ont pas le même effet sur tout le monde. C'est notre réaction émotionnelle aux incidents traumatisants qui nous rend plus ou moins vulnérables. Notre état psychologique a son influence sur notre faculté d'affronter les difficultés. En observant régulièrement nos rêves, nous verrons dans quelle mesure les effets d'un événement extérieur nous font du tort, et comme y remédier.

Voici quelques rêves prémonitoires types, qui ont précédé l'accident ou la maladie du rêveur :

- le rêveur conduit trop vite une voiture sans freins,
- un immeuble s'écroule sur des ouvriers du bâtiment,
- le rêveur est averti par un sage qu'il doit ralentir,
- le rêveur, accroché à un rebord de fenêtre, s'évanouit,
- la maison du rêveur est cambriolée et endommagée,
- le rêveur voit ses parents morts,
- une tempête terrible arrive avec des nuages noirs et du vent.

En général, ces rêves indiquent *trop de précipitation* (voiture sans freins), *la limite de l'épuisement* (ouvriers ensevelis, personnage qui s'évanouit), des *dégâts à venir* (maison endommagée), un *danger qui menace* (tempête à l'horizon).

Les Grecs de l'Antiquité accordaient beaucoup d'attention à certains rêves qui leur semblaient prédire une maladie : ils les appelaient *prodromes*, du grec *pro*, avant, et *dromos*, courir, c'est-à-dire avant-coureur. En termes médicaux, les prodromes sont les symptômes précédant une maladie. Il y a plus de deux mille ans, Hippocrate, ce médecin grec considéré comme le père de la médecine, pensait que certaines images oniriques particulières pronostiquaient de futures affections. Ces rêves sont probablement des réactions cérébrales à d'infimes sensations corporelles amplifiées dans le sommeil. Nous verrons bientôt que les symptômes de maladies apparaissent souvent dans les rêves longtemps avant qu'ils puissent s'observer à l'état de veille. En apprenant les signes oniriques courants de la bonne et de la mauvaise santé, en découvrant les images qui, dans vos propres rêves, représentent la maladie et l'amélioration, vous aurez l'occasion de reconnaître chaque nuit les signes avertisseurs. Si vous rêvez par exemple que vous conduisez une voiture à trop vive allure et que les freins lâchent, vous devrez ralentir un peu votre mode de vie effréné, sous peine que votre corps finisse par vous lâcher.

Deuxième stade : le rêve-diagnostic

Les rêves fournissent parfois un diagnostic d'une remarquable précision, comme lorsque j'ai rêvé que je me cassais le bras alors qu'on me répétait que ce n'était qu'une entorse. Mon cas n'est pas unique. Nos rêves ont le pouvoir, par moments, de filtrer les symptômes déroutants et de les synthétiser en indices donnant un diagnostic clair.

Si les rêveurs s'entraînent à rechercher dans leurs rêves des signes de danger, ils auront la possibilité de se faire soigner dès cet instant, ce qui hâtera et facilitera la guérison. Des médecins conscients de la valeur des « rêves-diagnostics » devraient créer sur cette base une médecine préventive. Eux-mêmes et leurs équipes pourraient apprendre à reconnaître tous les rêves qui présentent des signes inquiétants.

Une femme a rêvé une nuit d'un « démon de la maladie » qui la forçait à s'asseoir sur un tuyau brûlant [2]. Dans son rêve, elle sentait la douleur cuisante entre ses jambes et cela la réveilla. Le même rêve se reproduisit quelques nuits plus tard. Un psychanalyste aurait fort bien pu donner à ce rêve une interprétation sexuelle, en associant le tuyau brûlant à un phallus, et en observant qu'elle avait une attitude négative ou maladive à l'égard du sexe. Mais elle consulta plus simplement son médecin qui diagnostiqua une cystite aiguë, ou inflammation de la vessie.

Notez comme ce rêve a informé la rêveuse sur la localisation exacte de son infection. Il représentait sa douleur par une brûlure, ce qui était bien l'effet causé par la cystite. Le rêve allait jusqu'à évoquer le fonctionnement de cette partie du corps en créant l'image d'un tuyau pour évoquer le canal urinaire par lequel se vide la vessie. Les images de douleur récidivantes, comme celle-ci, sont très importantes à observer.

Voici un autre exemple de rêve-diagnostic, fait par un homme : il tombait d'une jetée entre deux piles de dock. Un yacht était amarré à côté et le bateau l'écrasait contre les piles[3].

Cet homme s'était plaint d'une « sensation de palpitation » au creux de l'estomac, depuis son retour de vacances ; il mentionna ce rêve à son médecin. En se fondant sur cette vision, le médecin prescrivit un électro-cardiogramme qui révéla un infarctus latent du myocarde, confirmé plus tard par les analyses en milieu hospitalier. Les deux principaux indices étaient l'immersion du rêveur et la sensation d'écrasement. Nous verrons tout à l'heure comment l'eau en quantité excessive, dans un rêve, indique une rétention d'eau dans le corps, un état caractéristique chez ceux qui ont une maladie de cœur. La constriction douloureuse associée aux crises cardiaques est nettement présente dans ce rêve.

Étudiez bien vos rêves pour y guetter les indices de troubles tels que :

- chaleur extrême,
- froid intense,
- excès d'eau,
- sécheresse,
- démangeaisons,
- douleur.

Faites particulièrement attention aux rêves indiquant une blessure grave, une constriction douloureuse, un effort physique provoquant une perte de respiration, ou une sensation de noyade. Si ce genre de rêve est particulièrement impressionnant et/ou s'il se reproduit, il serait bon de vous faire pratiquer un bilan de santé.

Faites aussi très attention aux images oniriques de :

- personnes, animaux ou plantes qui sont blessés ou qui meurent,
- immeubles ou objets endommagés ou détruits,
- blocage d'un flot normal de liquide,
- appareils ou machines en panne ou cassés.

Dans l'ensemble, tous ces rêves montrent *une détérioration* (objets en panne ou cassés, personnes ou animaux blessés ou mourants) et de *mauvais fonctionnements* (machines ou appareils en panne). Ces images ont naturellement des implications psychologiques, mais elles représentent aussi des indices sur votre état de santé physique. Nous pouvons tous apprendre à étudier nos rêves, à reconnaître les signes qu'ils nous envoient et à nous faire soigner en conséquence.

Troisième stade : le corps menacé

Chaque fois que l'intégrité de notre corps est menacée, le cerveau, en rêvant, interprète la situation sous forme de crise. Si nous avons subi une blessure grave ou attrapé une maladie, si nous devons affronter une opération, nos rêves nous en offrent une version dramatisée. Peu importe que l'opération soit destinée à guérir d'un problème, le rêveur se représentera souvent la chirurgie comme une agression par le couteau, la balle ou le phallus, une attaque par un guerrier sauvage ou un fauve.

Quand on m'a dit que l'on devait me recasser le bras pour réduire correctement la fracture, j'ai rêvé qu'il y avait une catastrophe dans une grande ville, avec dix millions de victimes; heureusement, je faisais partie des rares survivants. Dans une partie de notre esprit, une opération est considérée comme une attaque brutale contre notre corps.

Vous avez d'autres exemples de rêves faits par des personnes attendant d'être opérées dans les jours suivants :

- on coupe du bœuf en morceaux,
- quelqu'un scie une planche,
- des nuages noirs cachent le soleil,
- un grand incendie détruit une ville,
- des gens guettent le rêveur pour lui trancher la gorge,
- une mort sanglante dans un accident de voiture.

Ces rêves-là indiquent en général la *peur du bistouri* (le bœuf découpé, la planche sciée, la gorge tranchée), ou encore la *dépression* (nuages noirs cachant le soleil).

D'autres images oniriques, en période de « crise » physique, mettent régulièrement en scène la partie du corps qui est atteinte, ainsi que toutes les sensations de chaleur, de froid, d'humidité, de sécheresse ou de prurit qu'elle subit, et toute perturbation de son fonctionnement. Les accidents qu'on revit sont courants.

Les fractures, les plaies ouvertes, les déchirures musculaires et les amputations sont fréquemment représentées par des immeubles en ruine, des objets cassés, des vêtements déchirés. Dans un des rêves de cette période, je me suis vue vêtue de loques pleines de trous ; j'envisageais de faire raccommoder le vêtement mais jugeais préférable de le jeter. Ma pensée, dans le rêve, devait comparer les cassures de mon corps à des déchirures dans le tissu. Je voulais tout recommencer avec « du neuf ».

Beaucoup de rêveurs hospitalisés ressentent une perte d'identité. Leurs rêves contiennent souvent des images de perte de papiers d'identité, de passeport, de sac à main, de portefeuille. Ayant été dépouillés de ce qu'ils avaient sur eux et immatriculés, comme des prisonniers ou des gens internés, ils ne savent pas ce qui va leur arriver. Ils ne sont plus eux-mêmes mais un corps malade ou momentanément handicapé.

Si vous avez à subir une opération, ou si vous souffrez d'une maladie grave, rappelez-vous que les rêves-catastrophe ne sont qu'une étape dans un processus plus vaste. Il est normal de faire des cauchemars lorsqu'on est gravement malade. Plus tard, vous constaterez que les rêves reviennent à des sujets plus heureux et, si vous le leur permettez, ils pourront même vous apaiser et encourager votre rétablissement.

Parmi les images effrayantes qui sont caractéristiques de ce stade, il y en a tout de même quelques-unes qui expriment l'espoir. Les rêves de réparation ou de reconstruction d'objets cassés représentent généralement un espoir d'amélioration à la suite de l'opération. Certaines images sont entièrement positives, comme le chien bleu à la brassière rouge (que j'évoquerai tout à l'heure). Apprendre à les reconnaître et à les écouter est un excellent moyen de nous soutenir pendant la crise, et d'accélérer le processus de guérison.

Quatrième stade : après la phase critique

Par anxiété, beaucoup de personnes affrontant une crise physique dorment mal. Si vous êtes sur le point de subir une opération, vous n'allez pas beaucoup rêver pendant les deux ou trois nuits précédant et suivant l'intervention. L'opération elle-même transforme le jour en nuit et bouleverse les cycles corporels normaux. Ensuite, la plupart des patients se trouvent dans un état de stupeur, à cause des effets de l'anesthésie générale ou des douleurs post-opératoires et des calmants qu'on leur administre. Après une opération complexe, il faut souvent deux ou trois semaines pour retrouver un sommeil normal et les rêves qui l'accompagnent. De même, les effets annexes des traitements chimiques atrophient la faculté de rêver. D'ailleurs, à ce stade, les gens se moquent bien de rêver ou non ; ils sont bien trop occupés à survivre.

Beaucoup de traitement médicaux suppriment le rêve. Quand nous prenons des analgésiques, nous somnolons par intermittence ; tous les barbituriques modifient les cycles du sommeil et affectent notre faculté de rêver. En plus du bouleversement des cycles du sommeil, provoqué par les médicaments, les personnes hospitalisées dorment généralement mal, tantôt parce qu'elles souffrent, tantôt parce que le bruit que fait la personne qui partage leur chambre, ou le va-et-vient des infirmières, les empêche de dormir. La privation de sommeil vient s'ajouter à des circonstances déjà pénibles. On s'agite, on est sujet à des crises de colère ou de larmes. Le décor est planté pour des cauchemars violents.

A mesure que les analgésiques sont diminués, le cerveau expérimente ce que l'on appelle le « rebond » du sommeil paradoxal. Ce phénomène est un état produisant des rêves d'une intense activité, souvent terrifiants. C'est le résultat normal d'une suppression de rêves pendant plusieurs nuits. Le cerveau a besoin de compenser cette inhibition du rêve. Quand vous avez été privé de sommeil et que vous avez l'occasion de récupérer, vous commencez par dormir quelques heures d'un sommeil profond, reposant ; des rêves chaotiques suivront. Si vous êtes averti que les rêves de cette phase particulière peuvent être d'horribles cauchemars, cela devrait vous aider à les accepter avec moins de détresse. Ils passeront vite. Il se peut même que vous réussissiez à modifier le cauchemar en cours, à l'aide de stratégies anti-cauchemars, ou bien en redevenant lucide pendant le rêve (techniques décrites aux chapitres VI et VIII). Le rebond du sommeil paradoxal est le signe que votre cerveau essaie de retrouver son fonctionnement normal.

Voici quelques exemples de rêves qui surviennent après une crise :

Image onirique	*Crise récente*
• la rêveuse est violée par deux inconnus	hystérectomie
• la porte du garage est enfoncée au bulldozer et la voiture est volée	avortement
• le rêveur voit une personne décédée ou des animaux morts	anesthésie générale
• chagrin à la suite d'une perte	ablation d'un organe
• répétition d'une blessure traumatisante	blessure de guerre, accident de voiture, catastrophe, cataclysme.

En général, les rêves post-chirurgicaux dépeignent la *destruction ou les blessures infligées au corps par l'opération* (images de viol et destruction de la porte du garage). Les personnes qui ont subi une ablation quelconque se la représentent dans leurs rêves par *la perte ou le vol d'objets* (fœtus/voiture volée, organe/objet perdu). Les rêves de cette période symbolisent aussi de façon spectaculaire la *peur de mourir* (images de personnes décédées ou d'animaux morts). Les patients comparent souvent l'inconscience de l'anesthésie générale à une sorte de mort. Ne vous affolez pas si vous rêvez de morts ou de personnes, voire vous-même, mourantes après une opération. A ce stade, la mort et la « rediffusion » des traumatismes sont des sujets de rêve courants.

En plus des rêves de mort ou de cadavres, les personnes qui viennent de subir un traumatisme physique rêvent fréquemment, aussi, d'animaux blessés ou morts. Eileen, une femme d'un certain âge qui venait d'avoir une hystérectomie suivie de complications, est restée trois jours dans un service de soins intensifs où elle fit un rêve épouvantable : « Je contemplais un champ en pente, sur le versant d'une colline, me raconta-t-elle. Je sortais et je voyais des animaux morts qui gisaient un peu partout. Certains étaient des bêtes sauvages, d'autres de petits animaux, comme des lapins. J'étais tellement bouleversée que je suis vite rentrée dans le bâtiment. » Encore une fois, l'état d'inconscience associé à l'incision chirurgicale (ressentie comme une blessure) est assimilé à la mort. Dans les rêves, les animaux représentent fréquemment la force vitale fondamentale. Près de deux semaines après son intervention, Eileen avait encore du mal à parler de cette image. Ces rêves sont très effrayants pour le patient qui ne comprend pas qu'ils sont caractéristiques.

Il arrive souvent, également, que nous ressentions une certaine tristesse. Nan, une veuve âgée qui était tombée en traversant la rue, et qui s'était fracturé un bras et le col du fémur, avait les idées confuses et se sentait découragée. « Chaque fois que je ferme les yeux, me dit-elle, je vois des saules pleureurs partout, beaucoup de vert et d'or. Ils sont peut-être tristes aussi, parce que je suis tombée, tristes à cause de moi. » Autrefois, son mari était toujours auprès d'elle quand elle allait mal, mais à présent elle devait affronter ses difficultés seule. Le saule pleureur était pour elle une image d'éveil mais, tout de même, une métaphore de son propre chagrin, de la tristesse de sa situation. Comme cette image la troublait, elle essayait de ne pas fermer les yeux et se privait ainsi de sommeil, qui est pourtant le meilleur remède curatif naturel. Ne vous étonnez pas si certaines de vos images oniriques révèlent que vous vous apitoyez sur vous-même. C'est également une réaction normale.

Les rêves d'angoisse post-traumatique, à la suite d'une catastrophe, sont universellement terrifiants. La somme de blessures subies et la situation extrême où l'on se trouve projeté déterminent l'intensité et la durée de ces cauchemars. Il existe des méthodes pour combattre ces mauvais rêves (voir au chapitre VI, « Après la phase critique »); on peut apprendre à modifier le rêve en intervenant consciemment dans le rêve même. Hippocrate disait : « Prier est certes une bonne chose, mais tout en invoquant les dieux, il faut s'aider soi-même[4]. » Nous allons voir comment l'intervention active à l'intérieur du rêve est la clef de la modification des cauchemars.

Nous continuons de rêver des parties atteintes de notre corps, de mettre en scène les sensations de constriction, de douleur, de chaleur, de froid, de démangeaison qu'elles subissent, ainsi que leur fonctionnement plus ou moins perturbé. A ce stade, les rêves évoquent souvent des soins, du matériel ou du personnel hospitaliers. Eileen, dont la plaie chirurgicale était refermée par des agrafes, me disait : « Je me fais l'effet d'être le monstre de Frankenstein. » Le bras ou la jambe encastrés dans du plâtre, les attelles, les sutures, les fils, les chevilles, les cathéters sont particulièrement représentés dans nos rêves, ainsi que les sensations qu'ils provoquent.

Il est important de prendre conscience du fait que les rêves influent sur l'état du corps. Les patients sont fréquemment en proie à des cauchemars, comme dans les exemples cités plus haut, pendant les trois ou quatre jours suivant l'intervention. Ces mauvais rêves sont extrêmement stressants et risquent même d'aggraver l'état de l'opéré. Ils représentent les efforts du patient pour maîtriser sa situation difficile et résoudre les conflits qui peuvent résulter de son traitement. La résolution de ces conflits dans les rêves explique en partie pourquoi les patients ont tendance à être moins anxieux durant la seconde moitié de leur hospitalisation. Des chercheurs ont constaté que les patients sont extrêmement angoissés pendant la première moitié de leur hospitalisation, beaucoup plus qu'au cours de la seconde moitié[5].

Idéalement, les membres du personnel hospitalier, ou du moins ceux qui sont spécialisés en psychologie, devraient être tenus au courant des rêves post-chirurgicaux des patients, savoir les déchiffrer pour informer les malades des réactions normales, et être préparés à administrer des « premiers secours » contre les cauchemars. C'est durant cette période d'angoisse qu'il est essentiel de faire très attention aux rêves des patients. Le psychologue Robert Haskell, de l'université de Nouvelle-Angleterre, affirme que « les rêves (des patients) devraient être considérés comme faisant partie du traitement tout autant que l'alimentation[6] ». Si c'était le cas, il serait possible d'éviter l'aggravation résultant des cauchemars, qui est caractéristique à ce stade.

Nous n'en sommes pas encore là, cependant, et les rêveurs doivent compter sur eux-mêmes pour se préparer à ce qui les attend et faire face à leurs cauchemars. Ils peuvent aussi partager leur expérience avec d'autres personnes qui sont dans la même situation.

Cinquième stade : rêves de guérison, rêves curatifs

A mesure que nous retrouvons la santé, plusieurs panneaux indicateurs apparaissent dans nos rêves. Nous pouvons même connaître une guérison complète *dans* le rêve. Lentement, le blessé ou le malade remarquera, parmi les cauchemars et les mauvais rêves, l'intervention de nouveaux éléments. Les thèmes négatifs du rêve peuvent persister pendant un certain temps, selon la nature du traumatisme ou les possibilités de rétablissement complet, mais des images positives commencent à signaler le début du retour à la santé. Il se peut que, pendant un temps encore, les deux motifs se confondent.

Les images oniriques indiquant le retour à la santé sont souvent des choses « neuves ». Hippocrate a dit la chose succinctement : « Les objets nouveaux indiquent un changement[7]. » Voici quelques exemples de rêves annonciateurs de l'amélioration et du début de la guérison :

- le rêveur voit d'une fenêtre un magnifique panorama,
- le rêveur tient par la main plusieurs personnes en danger,
- le rêveur, au volant d'une voiture, évite un accident,
- le rêveur conduit avec adresse et précision sur une route dangereuse,
- images d'herbe verte et de riches pâturages,
- les arbres sont en fleur,
- le rêveur plante un jardin,
- le rêveur cueille des fleurs,
- restauration d'une vieille demeure ou construction d'une maison neuve,
- le rêveur retrouve une montre perdue,
- le rêveur admire un chiot nouveau-né,
- le rêveur regarde des animaux jouer avec insouciance,
- la rêveuse essaie une nouvelle robe élégante,
- le rêveur retire des éclats coupants d'une jambe blessée,
- le rêveur accepte les conseils d'une personne secourable.

Certains de ces rêves de retour à la santé sont des métaphores du *corps remis à neuf* (vieille demeure restaurée, montre retrouvée, robe neuve, plantes qui poussent, naissance d'animaux). D'autres représentent *la reprise de contrôle du rêveur sur la vie* (éviter une collision, manœuvrer avec adresse sur une route dangereuse, nettoyer une jambe blessée). Deux images indiquent qu'on *se sent soutenu ou aimé* (le groupe qui se tient par la main, la personne secourable qui donne des conseils). Une dernière enfin représente le *regain d'énergie* (les animaux qui jouent avec insouciance).

Durant toute cette période de rétablissement, la partie du corps qui est atteinte intervient dans les rêves ; nous percevons très bien son état actuel et son aspect. Alors que j'étais encore dans le plâtre, j'ai rêvé que je voyais mon bras délivré de son carcan, très amaigri mais bien formé, qui se déplaçait gracieusement. Quelques jours plus tard, quand on m'a enlevé le plâtre, j'ai vu mon bras bien formé, comme dans mon rêve, bien que je ne puisse pas encore trop le remuer. Plus tard, j'ai rêvé que je me grattais le dos avec mon bras réparé, un mouvement dont j'étais incapable dans la réalité. Peu de temps après, j'ai pu effectuer ce geste. Il se peut que dans les rêves le cerveau se souvienne des mouvements du corps lorsqu'il était en pleine santé, et nous aide à réaliser ce qui a d'abord été rêvé.

Des chercheurs ont relevé des cas de personnes rêvant qu'une partie de leur corps était malade, et découvrant à leur réveil que c'était effectivement le cas. Il y a eu par exemple plusieurs cas de personnes qui rêvaient que leurs jambes étaient paralysés et constataient en se réveillant que c'était vrai ; la veille, pourtant, leurs jambes avaient paru tout à fait normales. Ils avaient perçu dans leur rêve un mauvais fonctionnement du corps, qui avait persisté à l'état de veille. En revanche, nous entendons rarement parler d'un rêve de guérison qui s'est concrétisé pendant la nuit.

Néanmoins, certaines personnes ont rapporté des histoires étonnantes de guérison onirique. Le cas le plus spectaculaire est celui d'une guérison totale survenue au cours d'un rêve. Une femme avait le bras paralysé depuis un certain temps ; une nuit, elle rêva que son chien était attaqué par une bête féroce, qu'elle se mettait à frapper avec son bras invalide[8]. A son réveil, elle fut stupéfaite de s'apercevoir que la paralysie l'avait quittée et qu'elle pouvait remuer son bras normalement.

Autre cas, celui d'une jeune femme souffrant d'arthrite et qui a vu son état s'améliorer dans un rêve[9]. Auparavant, elle rêvait souvent qu'elle avait les bras emprisonnés dans une camisole de force représentant la restriction de ses mouvements. Mais quand elle rêva qu'elle glissait sur de la glace et parvenait facilement à se relever, elle découvrit au matin que son arthrite s'était beaucoup améliorée.

Les recherches sur les relations entre rêve et santé ont le tort de privilégier trop souvent l'aspect négatif. On dira par exemple que les hypertendus font des rêves de conflit, pleins d'hostilité[10], que les asthmatiques se voient victimes d'une image de mère autoritaire[11]. Des arthritiques et des migraineux ont décrit des rêves d'agressions orales, telles que des morsures[12]. Peut-être négligeons-nous les puissantes ressources curatives de nos rêves.

Au lieu de rester bloqués par des descriptions négatives, nous ferions mieux d'examiner attentivement les cas de personnes qui ont pu guérir, en accomplissant, dans le cadre du rêve, les mutations nécessaires. Nous pouvons enseigner aux hypertendus comment exprimer leur colère en rêvant, plutôt que de les étiqueter comme « coléreux » et de passer à autre chose. Nous pouvons également apprendre aux asthmatiques comment, dans leurs rêves, renoncer à leur rôle de victime ; comment affronter et surmonter les dangers qu'ils y rencontrent.

Si la capacité, en rêve, de remuer librement un bras paralysé précède sa guérison dans la réalité, enseignons aux paralytiques à avoir recours le plus souvent possible, dans leurs rêves, à leurs membres invalides. Les possibilités qu'offre le rêve volontaire et lucide pour améliorer notre état de santé et nos aptitudes physiques sont considérables. *S'il est vrai que le bon fonctionnement de notre corps dans le rêve précède sa guérison réelle, il est impératif de nous mettre à « pratiquer » dans nos rêves le comportement d'un corps en bonne santé.*

Sixième stade : rêves de convalescence

Il n'y a pas de ligne de démarcation bien nette entre les rêves de guérison et de convalescence ; on observe plutôt un déplacement progressif des centres d'intérêt. La convalescence est le dernier stade de la guérison. Elle viendra plus ou moins vite selon la gravité des troubles. L'énergie et la mobilité sont sans doute encore limitées, mais la personne blessée ou malade commence à rêver plus normalement.

Certains sujets de rêve se raréfient. Les personnes qui ont été blessées ou malades peuvent encore revoir en songe leur accident ou leur opération, mais cela devient de moins en moins fréquent. Les cauchemars sont rares. Quand ils surviennent, ils se rapportent souvent aux conflits causés par le retour à la vie normale et à la crainte de ne pouvoir retrouver toutes ses facultés.

D'autres thèmes s'imposent progressivement. Le processus de guérison et la disparition des symptômes se reflètent encore dans les rêves. Des images oniriques caractéristiques de la phase de rétablissement apparaissent plus souvent : vêtements neufs et bâtiments restaurés, jardins florissants et vie libre et insouciante des animaux, nouvelles naissances animent alors le paysage onirique.

Si les régions génitales n'ont subi aucun dommage, d'agréables rêves érotiques commencent à apparaître au fur et à mesure que la personne récupère sa vitalité. Une femme qui avait été opérée des genoux était impatiente de reprendre une activité sexuelle et s'y sentait prête, mais la douleur toujours présente dans sa jambe freinait sa pleine participation à ces ébats. Son corps exprimait sa disponibilité retrouvée, malgré ses genoux, dans des rêves d'étreintes passionnées. Elle disait qu'elle avait « d'incroyables rêves sexuels où elle faisait l'amour avec un homme qu'elle ne connaissait pas ». Une femme qui se remettait d'une pneumonie se trouva assaillie par des rêves d'un érotisme enchanteur annonçant le renouveau de son énergie normale.

Les rêves de retour d'appétit suggèrent aussi la reprise de forces. Eileen, cette femme d'un certain âge qui avait eu une hystérectomie, avait été mise au régime liquide trois jours avant son opération et fut ensuite nourrie par perfusion pendant quelque temps. Si son premier rêve après l'intervention fut horrible, plein d'animaux morts, le deuxième fut plus encourageant. Une semaine environ après l'intervention, au cours de son séjour à l'hôpital (neuf jours en tout), elle rêva qu'elle se trouvait dans un grand restaurant avec trois autres personnes, autour d'une table carrée élégamment dressée avec une nappe blanche et des fleurs roses, attendant l'arrivée d'un délicieux repas. « Je sentais presque les bonnes odeurs des plats », me confia-t-elle. Il est évident que ce rêve symbolise en partie le désir d'aliments solides mais contient aussi des images suggérant l'espoir : les fleurs roses, la nappe blanche, la fine cuisine à venir.

Les rêves mettant en scène des pensées optimistes sur un corps qui a retrouvé sa santé — toilettes neuves, construction d'immeubles, plantations ou animaux nouveau-nés — ont besoin d'être étudiés et renforcés. Nous allons voir comment dessiner ces images et les utiliser en visualisations pour accélérer la guérison qu'elles évoquent.

La convalescence est caractérisée par des rêves intégrant la partie blessée ou malade du corps dans une nouvelle image corporelle. Voici quelques exemples de rêves de convalescence :

- la rêveuse décide d'avoir un bébé,
- la rêveuse fait l'amour avec plaisir,
- les vêtements s'ornent de la cicatrice chirurgicale,

- les vêtements s'adaptent à la partie du corps qui a subi une ablation,
- le rêveur participe à une cérémonie mystique,
- le rêveur est efficace à son travail.

En général, les thèmes oniriques de la convalescence indiquent *le regain de l'énergie* (faire l'amour), *l'efficacité retrouvée* (bien faire son travail), *une nouvelle image corporelle* (vêtements ornés d'une cicatrice ou s'harmonisant avec une ablation), *de l'optimisme pour l'avenir* (désir d'avoir un enfant, cérémonie mystique). Ces rêves évoquent davantage les tâches et les intérêts futurs, plutôt que la souffrance et la peur passées.

Septième stade : rêves de santé

Quand nous avons récupéré notre santé, nos rêves reviennent aux préoccupations ordinaires : nous nous débattons avec notre conjoint, nos parents, nos enfants, nos collègues. Nous nous efforçons de réussir dans notre travail, de résoudre nos problèmes quotidiens, de développer nos talents, d'être créatifs, d'accroître notre joie de vivre. Nous rêvons de nos craintes et de nos espérances pour l'avenir.

Arrivés à ce stade, nous avons intégré l'état de notre nouveau corps dans nos rêves. Au cours des phases précédentes, nous nous repassions sans cesse nos blessures ou nos maladies. Ensuite, en allant mieux, nous avons pu modifier volontairement les images de nos songes. Finalement, notre comportement, notre état redeviennent normaux. Nous acceptons la nouvelle image de notre corps et nous rêvons d'autre chose.

De quoi rêve la personne en excellente santé? Hippocrate a répondu à cette question il y a plus de deux millénaires. Il disait que voir en rêve les images suivantes indiquait la santé :

> « *Voir le soleil, la lune, le ciel ou les astres purs et lumineux, chacun selon leur apparence ordinaire, est bon...* [13]
>
> « *Voir et entendre clairement ce qui est sur la terre, marcher fermement, courir aisément, vite et sans crainte, voir la terre lisse et bien travaillée, les arbres florissants, avec beaucoup de fruits, cultivés, des fleuves qui suivent normalement leur cours, avec de l'eau pure, ni plus ni moins qu'il ne convient, les sources et les puits de même...* [14] »

Autrement dit, *quand les rêveurs sont en bonne santé, leurs rêves parlent d'un corps qui se meut normalement et avec assurance ; de même, la nature est florissante et équilibrée.* Les vêtements et les chaussures que la personne porte en rêve lui vont bien, lui plaisent et ne sont ni trop grands ni trop petits[15]. Les objets sont nets, brillants et transparents, et non plus sombres, ternes et sales[16].

Notez toutes vos images positives dans votre journal de rétablissement. Imprégnez-vous d'elles, dessinez-les, revoyez-les une fois réveillé. Regardez-vous vivre dans ce monde bien ordonné. Les exercices proposés dans chaque chapitre vous guideront.

Les personnes qui relèvent de maladie ou de blessures célèbrent souvent d'une manière symbolique leur retour à la santé. Certains de ces comportements sont de simples « rafraîchissements », une coupe de cheveux, une manucure. D'autres personnes « en finissent » avec quelque chose, par exemple elles écrivent ou rendent visite au médecin contre lequel elles ont un grief, pour lui exprimer tout ce qui n'a pas été dit.

D'autres « conclusions » symbolisent la transformation en personne bien portante. Je suis fascinée par ces gens qui se livrent à de véritables rites de guérison, comme cet homme qui a fondu les attelles métalliques de son bras cassé pour en faire une sculpture, cette femme qui a transformé le matériel de son traitement en décorations de Noël ou cette autre qui a fait un plat gastronomique avec les haricots qui lui avaient servi de poids pour la rééducation de son poignet fracturé. En transformant ce qui était associé à la souffrance en objets d'art ou en aliments, ces hommes et ces femmes triomphent de leurs douleurs et célèbrent concrètement leur guérison, leur retour à la vie, leur renaissance.

Le délicat équilibre du corps

Le paysage onirique idéal décrit par Hippocrate n'apparaît que rarement dans les rêves des dormeurs d'aujourd'hui. Qu'on soit malade ou en bonne santé, la vie exige des réajustements constants. Nous nous élevons et nous volons, nous glissons et nous tombons, et puis nous nous relevons ; éveillés ou endormis, nous nous évertuons à garder le juste équilibre.

Lorsque vous avez été blessé ou malade, votre répertoire onirique s'est enrichi de nouveaux symboles. Si vous devez garder des cicatrices ou une infirmité définitives, elles s'intègrent dans vos rêves à votre image corporelle. Ne vous inquiétez pas si un élancement occasionnel, une cicatrice douloureuse, ou un jour de pluie qui réveille une vieille névralgie, font réapparaître des rêves de l'accident. Chaque fois que vous avez peur, que vous vous sentez vulnérable, impuissant, en perte de contrôle, vous pouvez retrouver dans vos rêves l'accident, l'hôpital ou l'opération.

Mais vous avez aussi une force nouvelle, la certitude que vous êtes capable de survivre. Vous connaissez les difficultés du voyage. Vous avez découvert l'importance de chaque instant de la vie. Vous pouvez soutenir les autres à votre tour et les guider.

Aphorismes

Supposons que nous puissions avoir quelques phrases brèves et significatives pour résumer ce que nous savons des correspondances entre l'imagerie onirique et l'état du corps... Cette idée m'est venue après la lecture d'anciens aphorismes médicaux de l'Antiquité. J'avais appris que les anciens Grecs composaient des adages transmettant en termes concis des préceptes médicaux. Certains de ces aphorismes clefs étaient gravés sur les murs intérieurs du temple du rêve à Cnide, dans ce qui est aujourd'hui la Turquie occidentale[17].

Gravées dans la pierre, ces pensées servaient de référence aux médecins et aux prêtres de ce temple. Elles étaient célèbres dans le monde antique sous le nom de « sentences de Cnide ». Les maximes originales ont été perdues mais certaines, croit-on, figurent parmi les aphorismes d'Hippocrate. Son plus célèbre est « La vie est brève, l'art est éternel[18] », plus connu dans sa traduction latine, *Ars longa, vita brevis...*

Je voulus m'essayer à condenser l'information que j'avais glanée sur les images qui représentent le corps, et la présenter sous forme d'aphorismes. Les résultats servent d'introduction aux nombreuses métaphores corporelles que vous allez trouver dans cet ouvrage. Vous pourriez vous servir de ces distiques pour interpréter vous-même les métaphores que vous notez dans votre journal. N'oubliez pas, toutefois, que chaque rêveur a ses propres variantes. (La fin de ce chapitre propose un guide pour découvrir vos métaphores personnelles.)

Un corps souffrant est en rêve un avertissement.

Sur la poitrine une sensation pesante : congestion pulmonaire latente.

Blessures par balles ou coups de couteau reçus : signes inquiétants d'une douleur aiguë.

Sensation d'oppression jusqu'à la douleur : indique peut-être une maladie du cœur.

Incendies et insolations : poussée de fièvre, inflammation.

Givre, neige ou pluie glacée : le sang circule avec difficulté.

Noyade ou inondation : excès d'eau et rétention.

Terre aride et plantes desséchées : tissus corporels déshydratés.

Tuyaux tordus, canaux bouchés, baisse des eaux : fractures des os, occlusion des vaisseaux.

Bébés et floraison, jolie mode nouvelle : le matin est porteur de très bonnes nouvelles.

Les exercices suivants vous aideront à découvrir les principes évoqués par vos propres images oniriques.

EXERCICES SUR LES RÊVES : DÉCOUVREZ VOS MÉTAPHORES CORPORELLES

1. Choisissez un rêve à étudier

Parcourez votre journal onirique et choisissez un rêve qui vous semble se rapporter à ce qui se passe dans votre corps. Si vous êtes actuellement blessé ou malade, cherchez une action qui s'associera avec la partie du corps atteinte. Si vous n'en trouvez aucun qui convienne, choisissez le rêve qui vous intrigue le plus.

2. Soulignez les allusions directes à des parties du corps

Examinez le texte du rêve choisi et soulignez ou encadrez toute partie du corps citée.

Exemple : vous avez choisi « ma main » dans le texte en question.

3. Posez-vous des questions sur cette partie du corps

A. Comment est-ce que je me sers de cette partie du corps ? (Ou comment s'en sert le personnage du rêve ?)
B. Que lui arrive-t-il ?
C. Est-ce un comportement normal ?

Si votre réponse à la question C est « oui », vous n'avez probablement pas besoin de poursuivre cette image pour vous renseigner sur votre état, encore qu'elle puisse vous donner des indications d'ordre psychologique. Si la réponse est « non », alors une étude de cette image vous sera bénéfique.

Hippocrate pensait que la répétition dans les rêves des actions et réflexions de la journée indiquait la santé. « Mais, lorsque les rêves s'opposent aux actions du jour, et qu'il s'y produit un combat ou des disputes, cela indique un trouble dans le corps ; si le combat est violent, un trouble violent ; s'il est modéré, un trouble plus faible[19]. » Si dans votre rêve l'utilisation de ce membre, ou ce qui lui arrive, est bizarre, contraste avec son usage normal, posez-vous cette nouvelle question :

D. Comment décrire ce membre simplement, comme à un enfant ?

Si vous expliquiez à un enfant ce qu'est cette partie du corps, que diriez-vous ? En quoi diffère-t-elle des autres ?

Exemple de description d'une partie du corps

Je fabrique des choses avec mes mains. Je prends soin de moi avec elles. Je m'en sers pour toucher les personnes que j'aime. J'écris des livres et je peins des tableaux avec ma main droite. On m'a toujours dit que j'avais de belles mains parce que mes doigts sont longs et fuselés. Quand j'étais à l'université, j'étais mannequin pour les mains.

Posez-vous de la même façon des questions sur d'autres images clefs du rêve. Comment décririez-vous un objet, un animal, un individu particuliers à un enfant qui ne les connaît pas ? Quelles sont leurs principales caractéristiques ? Comment diffèrent-ils d'autres objets ou animaux similaires ? C'est la méthode du psychanalyste suisse Carl Jung[20] pour aider les rêveurs à découvrir la signification de leurs images. Les définitions n'ont pas besoin d'être objectivement exactes, mais vraies pour le rêveur.

Les images de vos rêves sont des commentaires sur votre état d'esprit ou de santé, parfois sur les deux. En répondant aux questions A à D, vous saurez si l'image de rêve est :

- un commentaire psychologique sur votre vie actuelle,
- une représentation directe d'un trouble de santé,
- une représentation symbolique d'un trouble de santé.

Nous allons explorer ces possibilités dans les chapitres suivants, et voir comment comprendre votre propre symbolisme. Pour commencer, voici trois brefs exemples de rêves, comportant chacun une main ou un bras, et revêtant chacun une signification différente.

Exemple de sujet : l'horloge

« Ma main droite est placée sous une grande et lourde horloge. » Dans ce rêve, je n'avais ni douleur ni malaise, je notais simplement sa position. Je ne mets pas normalement ma main sous une horloge, cela ne m'est jamais arrivé. L'image de rêve était donc contraire à un comportement normal. Ma main droite diffère de la gauche en ce sens que je m'en sers pour écrire et pour peindre. Une horloge de ce type diffère d'une simple pendule en ce sens qu'elle est extrêmement lourde et que, si ma main se trouvait dessous, elle serait écrasée, sinon entièrement détruite.

L'image m'a fait rire parce que, au moment où j'ai eu ce rêve, j'étais « lourdement » pressée par le temps pour terminer un article. Le concept abstrait de temps s'était traduit dans le rêve par une énorme et lourde horloge. L'image devait me rappeler le « poids » du temps qui pressait et la nécessité d'écrire plus vite. C'était une métaphore de ma situation du moment, un commentaire psychologique mais pas une information sur l'état de mon corps.

Le diagramme

« Je vois un homme qui trace un diagramme d'une fracture. Je reconnais celle de mon bras. » (Cette image corporelle faisait partie d'un long rêve qui sera décrit au chapitre IV, « Rêves d'avertissement et de diagnostic ».) Pour moi, un diagramme explique la structure de quelque chose et son fonctionnement. Le diagramme d'une fracture était une métaphore de mon bras gauche ; *dans le rêve*, je reconnaissais que c'était mon bras cassé. Cette image onirique était en opposition avec ce qu'on m'avait assuré dans la réalité, c'est-à-dire que je n'avais qu'une entorse et non une fracture. Mon corps savait quelque chose que mon médecin ignorait.

Les arbres givrés

« Je vois des arbres aux branches recouvertes de glace. » Cette image faisait partie d'un rêve décrit en détail au chapitre V, « Le corps menacé ». Forte d'une longue expérience d'études oniriques, je sais que les rêves assimilent souvent les bras et les doigts à des branches et brindilles d'arbres. Je compris que les « branches » glacées de mon rêve étaient une métaphore représentant mes doigts, engourdis par un ralentissement de la circulation dû à une lésion des nerfs. L'image du rêve comparait mes doigts glacés aux brindilles couvertes de givre. Cette métaphore symbolisait avec précision une sensation physique ; elle m'avertissait de faire quelque chose pour éviter que l'état de ma main ne s'aggrave.

Les images oniriques symbolisant des parties du corps — ici les brindilles tenant lieu de doigts — ne sont pas toujours faciles à reconnaître, mais en travaillant sur vos rêves vous découvrirez de plus en plus de choses sur votre symbolisme propre. Vous établirez des rapports entre ces métaphores et la réalité de votre état, psychologique ou somatique. Ces découvertes vous seront précieuses.

4. Relevez toutes les métaphores qui apparaissent dans le rêve

Est-ce qu'elles vous semblent comporter des allusions directes ou symboliques à votre corps, un commentaire psychologique sur votre vie ou une combinaison des deux ?

Il n'y a aucun moyen d'être absolument certain qu'une métaphore est physique, psychologique ou les deux à la fois. A moins que vous sachiez être atteint de la maladie évoquée par l'image onirique, vous devez garder l'esprit ouvert aux deux possibilités. Considérez votre rêve des deux points de vue : (1) il pourrait être un commentaire sur votre état psychologique actuel ou (2) un avertissement de problèmes physiques qui couvent. Si le rêve est un commentaire psychologique, il vous donnera sans doute une impression d'exactitude. Vous sentirez qu'il s'applique parfaitement à votre état d'esprit et votre situation actuels, vous reconnaîtrez sa justesse. Si c'est un avertissement d'ordre physique, seule la suite des événements vous apportera la preuve que le rêve était prémonitoire. Il est sans doute préférable de tenir compte de l'avertissement plutôt que d'attendre pour voir si vous allez tomber malade ou vous blesser.

5. Notez avec précision de quelle partie du corps il s'agit dans le rêve

Au chapitre 1, j'ai signalé que les rêves sont susceptibles de révéler trois choses :

1. la nature et la localisation de la partie atteinte,
2. les sensations symptomatiques, mêmes infimes,
3. le fonctionnement de cette partie du corps.

Dans cet exercice, nous travaillons à localiser la partie du corps qui est perturbée. Plus tard, vous serez invité à explorer les sensations et le fonctionnement de la partie atteinte, et nous verrons comment utiliser ces images pour améliorer votre état.

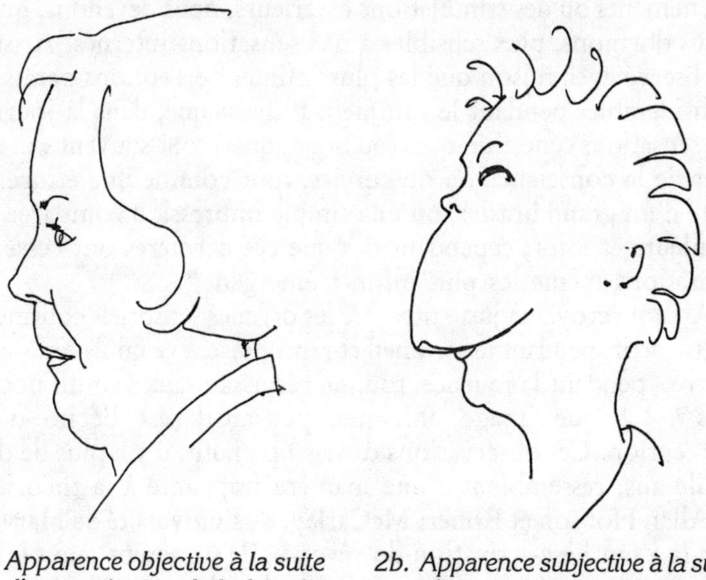

2a. Apparence objective à la suite d'une opération de la bouche

2b. Apparence subjective à la suite d'une opération de la bouche

dessins de Patricia Garfield

L'apparence objective d'une personne à la suite d'une blessure ou pendant une maladie est parfois très différente de ses sensations subjectives. Durant le jour qui suivit une opération de la bouche, l'enflure de ma lèvre supérieure, de mes joues et de mes pommettes était en fait plutôt modérée, comme on le voit dans le dessin 2a. En revanche, mes sensations subjectives étaient bien plus spectaculaires, comme sur le dessin 2b. J'avais l'impression que ma lèvre supérieure était énorme, mes gencives me faisaient mal, mon œil me paraissait bouffi et presque fermé. Je me sentais pitoyable et affreuse à voir, comme le montrent les cheveux ébouriffés du dessin.

Ces sensations exagérées sont les éléments qu'il faut exprimer en illustrant votre blessure ou votre maladie. Vous trouverez sans doute plus facile de dessiner d'abord la situation réelle et de dramatiser ou de caricaturer ensuite ce que vous ressentez. Comme pour les métaphores oniriques, les images exagérées dépeignent des émotions et des sensations physiques. Les exprimer par le rêve ou le dessin vous aide à trouver un soulagement.

Lorsque quelque chose ne va pas, dans un point ou un autre de notre corps, nous percevons ces troubles sous forme d'image onirique. Sans doute parce que nous ne sommes pas distraits par des événements ou des stimulations extérieurs, nous devenons, quand nous dormons, plus sensibles à nos sensations internes. Aristote a observé avec raison que les plus infimes perceptions paraissent considérables pendant le sommeil. Il disait que, dans la journée, les sensations cénesthésiques (ou organiques) sont souvent « ... rejetées de la conscience ou obscurcies, tout comme une étincelle à côté d'un grand brasier, ou une simple impression comparée aux douleurs et joies ; cependant dès que ces dernières ont cessé, les sensations même les plus infimes émergent[21] ».

Aristote croyait à juste titre que les organes sensoriels continuent d'être actifs pendant le sommeil et reproduisent ce qu'ils ont « enregistré » pendant la journée, tout en réagissant aux stimuli nocturnes[22]. Chaque image onirique, pensait-il, est l'écho d'une perception. Ces observations d'Aristote, faites il y a plus de deux mille ans, ressemblent d'une manière frappante à la théorie de J. Allan Hobson et Robert McCarley, de l'université de Harvard, sur la « synthèse-activation du rêve[23] ». Ils suggèrent que « le cerveau est d'abord branché (activé), pendant le sommeil, et ensuite produit et intègre (synthétise) ses propres informations sensorielles et motrices[24] ». Autrement dit, le cerveau se remet en marche périodiquement et invente une histoire — un rêve — à propos de ses sensations.

Quelle que soit l'explication du mécanisme du rêve, la plupart des chercheurs sont d'accord pour penser qu'un quelconque processus corporel interne se traduit en symbolisme onirique. C'est particulièrement vrai lorsque l'état du corps s'écarte de la normale. Voici quelques exemples clairs de troubles corporels apparaissant dans des rêves :

Image onirique	***État physique***
• cage d'escalier rose couverte d'égratignures	mal de gorge
• le rêveur est empalé	hémorroïdes
• le rêveur mange des cornichons ou du chou cru en salade	brûlures d'estomac
• la maison du rêveur est en feu	ulcère à l'estomac
• le rêveur mange de la pizza et son ventre éclate	perforation d'ulcère
• le rêveur est blessé au ventre au cours d'une guerre	appendicite
• le rêveur se noie dans une eau sale et jaunâtre	bronchite
• un homme portant le monde se tient sur le torse du rêveur	pneumonie
• un homme tire une balle dans la tempe gauche du rêveur	migraine
• une meute de chiens-loups dévore quelqu'un	arthrite
• quatre malfrats tirent sur le rêveur en plein cœur, provoquant une hémorragie	crise cardiaque
• le rêveur est sur la tombe d'un conjoint, des mains lui serrent la gorge et lui étreignent le cœur	crise cardiaque

Ces exemples de rêves authentiques comportent des images dépeignant *directement la partie du corps atteinte* (anus, ventre, estomac, poitrine, tête, gorge, cœur) ; d'autres représentent *la partie du corps par un symbole* (cage d'escalier rose : la gorge du rêveur ; maison en feu : estomac du rêveur; la personne dévorée par les chiens-loups est le rêveur lui-même). La plupart de ces images révèlent la localisation des troubles tout en dramatisant les sensations ressenties dans cette partie du corps.

Notez comment la même image onirique peut servir à des usages différents : nous avons vu au chapitre I qu'un escalier représente parfois la colonne vertébrale, les marches représentant les vertèbres. Dans d'autres rêves, monter un escalier symbolise des rapports sexuels; la forme de la cage évoquant le vagin et l'ascension des marches correspondant à l'élan du rapport sexuel. Dans le précédent exemple, c'est la gorge douloureuse que symbolise cette cage d'escalier rose. *Une image de rêve n'a pas de signification invariable.* Elle dépend des associations du rêveur et de l'élément mis en valeur : les marches, les égratignures sur les parois, etc.

De même, au chapitre I, j'ai expliqué que dans les rêves la maison représente souvent le corps du dormeur. Il arrive cependant qu'il ne s'agisse que d'une partie du corps, comme dans l'exemple ci-dessus où elle symbolise l'estomac et ses brûlures. D'autres fois, la maison peut évoquer le mode de vie du rêveur.

Il n'y a pas de règles précises permettant d'interpréter de façon infaillible les images oniriques. Il vous faudra procéder à vos propres associations d'idées, en notant quelles sont les qualités et les fonctions que vous mettez en valeur. Le symbolisme de vos rêves est un langage qui n'appartient qu'à vous.

6. Relevez les sensations que vous avez ressenties

Observez de quelle manière les images oniriques correspondent au genre de douleur éprouvée. Les « égratignures » sur les murs de la cage d'escalier correspondant à une irritation, le pieu dans l'anus à la douleur provoquée par les hémorroïdes. La sensation d'un poids sur la poitrine caractérise les désordres pulmonaires, grippe, bronchite, pneumonie ou angine. L'enfant de huit ans qui a rêvé d'un homme portant le monde debout sur sa poitrine souffrait de pneumonie. Il avait une forte fièvre et ce rêve se répéta trois fois avant qu'il guérisse et se sente soulagé du « poids du monde ». Du point de vue psychologique, il se sentait « oppressé » par sa maladie; c'en était « trop pour lui ».

Les brûlures d'estomac et l'ulcère se traduisent dans le rêve par les aliments épicés que mange le rêveur, les cornichons, la salade de chou cru et la pizza[25]. Un jeune homme a rêvé que son ventre éclatait alors qu'il mangeait de la pizza, la nuit même précédant sa perforation d'ulcère. Cette douleur cuisante est également évoquée par des images d'incendie, la maison en feu dont rêvait un patient atteint d'un ulcère[26]. Le rêveur appelait au secours mais personne ne venait le sauver, et il se réveilla absolument terrifié.

Notez comment la sensation de douleur intense est représentée par des blessures. Un officier russe en pleine santé rêva qu'il était à la guerre et recevait une balle dans le ventre ; il voyait nettement sa blessure au bas de son abdomen, à droite. A son réveil, il se sentit fiévreux et alla consulter son médecin qui diagnostiqua une appendicite[27]. Une adolescente avait rêvé qu'un homme s'introduisait dans sa chambre ; elle tentait de lui échapper en s'enfermant dans la salle de bains mais il lui tirait une balle dans la tempe gauche. Elle se réveilla avec une forte migraine en ce point précis[28].

Les rêves de constriction douloureuse sont particulièrement importants à relever. Dans notre liste d'exemples, l'homme qui rêvait que quatre assaillants lui tiraient des balles dans le cœur voyait le sang s'écouler de ses blessures et mourait ; ce rêve se terminait par une séquence où un géant cherchait à l'étrangler[29]. A son réveil, il avait une douleur au cœur et dans la gorge. Son cardiologue constata qu'un infarctus avait provoqué un épanchement sanguin dans l'apex et la paroi antérieure de la gorge. La femme qui rêvait qu'elle se recueillait sur la tombe de son mari quand des mains squelettiques venaient soudain lui serrer la gorge et le cœur eut aussi une crise cardiaque[30]. Les rêves de constriction de la gorge et du cœur sont caractéristiques des troubles cardiaques.

Il est prudent, évidemment, de tenir particulièrement compte des images de rêve communiquant des sensations de pression, de douleur ou de brûlure dans une partie du corps précise ; nous devons également nous demander si d'autres sensations anormales n'y sont pas associées, comme des impressions de chaleur, de froid, de démangeaison. (Dans le chapitre suivant, vous trouverez un guide pour vous aider à étudier ces sensations.)

Lorsque la « pression » est une métaphore purement psychologique, elle se réfère à des situations « trop lourdes à supporter », accablantes, insoutenables. De même, des coups de couteau évoqueront peut-être des blessures émotionnelles, comme dans les expressions : « il m'a piqué au vif » ou « tu me brises le cœur ».

7. Relisez les métaphores que vous avez notées dans votre journal

Décrivez la façon dont elles s'appliquent à votre cas, tant d'un point de vue physique que psychologique, en tenant compte des avertissements donnés dans le quatrième exercice.

8. Transformez ces métaphores en aphorismes

En découvrant les principes de votre propre symbolisme, vous voudrez peut-être en faire des distiques faciles à se rappeler. Essayez de décrire l'image dans le premier vers et, dans le second, ce qu'elle implique pour vous. C'est un bon moyen de prendre pleinement conscience de vos symboles récurrents.

Vous commencez maintenant à connaître votre langage des rêves. Au chapitre suivant, vous verrez comment vous pouvez appliquer ces premières notions aux avertissements et aux diagnostics que vous offrent vos rêves quand vous êtes en danger.

4.

RÊVES D'AVERTISSEMENT ET DE DIAGNOSTIC

La veille du jour où je suis tombée et je me suis cassé le bras, j'avais fait un rêve d'avertissement très net. Le lundi avait été une folle journée. Je mettais la dernière main à mon livre en cours. Après avoir travaillé pendant tout le week-end, j'étais éreintée. Depuis quelques mois, d'ailleurs, sans cesse sous pression, je travaillais contre la montre, non seulement au livre mais à une affaire d'impôts et à une grande fête que je préparais en secret pour l'anniversaire de mon mari, avec des invités venant de diverses régions des États-Unis, que je devais héberger. Le problème d'impôts était finalement réglé, la fête avait eu un succès fou. Finalement, ce lundi, j'avais achevé de corriger la bibliographie de mon livre, tapé des étiquettes, fait photocopier le manuscrit et j'étais allée le poster. En plus de cela, il y avait toutes les obligations ménagères, les courses au marché, chez le cordonnier, le teinturier, le quincaillier, le papetier, la pharmacie et la librairie. J'en avais fait bien plus que d'habitude parce que j'avais l'intention de m'offrir le lendemain toute une journée de congé que je devais passer avec une amie. Je finis tout de même par me détendre dans la soirée, en regardant la télévision avec mon mari après le dîner, mais j'eus du mal à m'endormir ; j'étais trop tendue. Je m'étais sentie en pleine forme dans la journée, mais mes rêves m'indiquèrent des dangers. Au point fort du premier rêve :

> Une amie de la famille — une femme d'un certain âge, très maternelle — me gronde gentiment mais fermement. Elle dit que dernièrement je me suis mal conduite. Elle me reproche

d'avoir trop couru à droite et à gauche, d'être trop dispersée et de ne pas assez m'occuper de ma vie spirituelle. J'accepte cela parce que je respecte son opinion.

L'avertissement se répéta dans le second rêve de la nuit :

> Je monte dans une voiture et trouve une clef dans l'autoradio. Quand je retire la clef, j'entends dire à la radio que je suis protégée par un esprit, dans un pays étranger où j'ai vécu autrefois, mais pas nécessairement ici. Je retire une fleur fanée, qui était dans la radio avec la clef. Je la jette dans l'herbe pour qu'elle se régénère. Je me demande comment m'assurer la protection de cet esprit dans ma nouvelle résidence.

Ces rêves auraient dû me rendre plus prudente, le lendemain. Le thème principal — trop d'activité et un manque de protection — était très clair. Malheureusement, je n'y ai pas pris garde et je me suis laissé entraîner, toute à la joie de la journée. Je suis partie de chez moi de bonne heure pour rejoindre mon amie et j'ai fini par me retrouver à l'hôpital. Pressée de finir mon livre, travaillant depuis des semaines sous tension, j'ai négligé d'écouter mes rêves qui me conseillaient clairement de ralentir. Je suis allée me jeter la tête la première sur le trottoir. J'espère que ce chapitre vous aidera à reconnaître ce genre de message et à savoir réagir.

RÊVES D'AVERTISSEMENT

Le cas de Rita Dwyer

Rita Dwyer doit la vie à un cauchemar récidivant que faisait son collègue[1]. Il y a une trentaine d'années, Rita était chimiste et s'intéressait à la recherche. Son travail consistait à synthétiser et à expérimenter des carburants à haute énergie qui étaient dangereusement instables. Ed Butler, son cochercheur, et elle étaient employés ensemble depuis leur sortie de l'université. Ils étaient heureux d'être des pionniers de la recherche dans le nouveau domaine des systèmes de l'aérospatiale. Rita et Ed étaient des amis proches, mais sans liens sentimentaux. Les chercheurs spécialisés dans les rêves paranormaux ont souvent constaté que la communication télépathique est facilitée lorsque deux esprits ont des points communs et des affinités, ce qui était le cas pour Ed et Rita[2]. Leurs laboratoires, sur leur lieu de travail, étaient contigus.

Lorsque Ed commença à faire ces cauchemars répétés, dans lesquels Rita était blessée par une explosion et il la sauvait, il s'inquiéta. Il jugea préférable de ne pas lui parler de ces mauvais rêves, pour ne pas l'alarmer. Malheureusement, un jour, ils se réalisèrent. Ed était dans son laboratoire quand il perçut le bruit étouffé d'une explosion proche. Il entendit les hurlements de Rita et se précipita vers le laboratoire voisin, cligna des yeux dans la fumée et les vapeurs chimiques. Il vit un pied qui dépassait des flammes.

Il se précipita sur Rita, et la traîna par la porte vers la douche de sécurité. Là, il tira sur la chaîne des urgences et libéra des litres et des litres d'eau sur le corps brûlant de son amie ; dès que les flammes furent éteintes, il la porta dans un autre laboratoire et courut téléphoner à une ambulance. Quand il revint, elle était soutenue par un technicien du labo.

Rita se rappelait le liquide en feu et l'appareil qui lui explosait au visage. Ensuite, elle n'avait plus rien vu à cause des dégâts subis par ses lunettes de sécurité. Ses mains et ses bras étant en feu, elle n'avait même pas pu se servir de sa blouse blanche pour étouffer les flammes. Elle avait appelé au secours et, certaine qu'elle allait mourir, elle avait murmuré une prière. Tout à coup, sa douleur parut disparaître, elle entendit un bruit bizarre qui l'emportait dans un tourbillon noir.

Quand Rita revint à elle, elle était dans les bras du technicien. Elle ne savait pas du tout comment elle avait été retirée du brasier. On la transporta d'urgence à l'hôpital, où elle resta longtemps dans un état critique et fut ensuite soignée pendant de longs mois. Sa survie fut jugée miraculeuse. Des infirmières s'occupaient d'elle vingt-quatre heures sur vingt-quatre, sous la direction d'un chirurgien plastique spécialiste des grands brûlés. Seuls quelques membres de la famille et un ami proche eurent le droit de lui rendre visite. Elle apprit par la suite que c'était Ed qui l'avait sauvée, ainsi que les cauchemars qu'il avait faits.

Rita, comme d'autres qui ont subi un traumatisme grave, a revécu cette explosion dans ses cauchemars pendant des années. Nous verrons dans des chapitres ultérieurs comment cet accident a changé la vie de Rita, et comment ses rêves l'ont conduite à la guérison psychologique.

Le rêve prémonitoire

Les rêves prémonitoires aussi précis que ceux de Ed sont rares mais ils existent vraiment. Ed pensait que la rapidité de sa réaction avait été un réflexe conditionné par ses rêves, et que leurs terrifiantes images l'avaient préparé à sauver la vie de Rita.

Si vous faites un rêve très inquiétant, sur vous-même ou une personne qui vous est proche, que devez-vous faire ? Vous pouvez toujours commencer par vous poser ces questions :

1. Votre rêve était-il exceptionnellement net ?
2. L'atmosphère émotionnelle de ce rêve était-elle différente de celle de vos rêves habituels ?
3. Votre rêve se situait-il dans un endroit connu, avec beaucoup de détails réalistes ?
4. Est-ce que ce rêve s'est reproduit ?
5. Y avait-il des images de communication, par exemple des téléphones ou des fils téléphoniques[3] ?
6. Avez-vous la « sensation » particulière que votre rêve était prophétique ?

Si votre réponse est oui à un certain nombre de ces questions, il convient de redoubler de prudence. Vous voudrez peut-être changer vos plans ou prendre des précautions. Il serait stupide de courir le risque que cette intuition se révèle fondée. Ce genre de rêve peut nous aider à protéger quelqu'un ou à éviter une catastrophe.

Si vous faites un rêve prémonitoire, ne manquez pas de le noter comme tel dans votre journal. Certains rêveurs qui en font constamment, et qui les voient plus tard confirmés dans la presse, découpent la « preuve » et la collent dans leur journal. Étudier les caractéristiques des rêves qui se révèlent avoir été prémonitoires vous aidera à reconnaître ce genre de songe à l'avenir. La plupart d'entre nous, toutefois, ne reçoivent que de simples messages oniriques les invitant à « ralentir » ou à « accélérer », à « démarrer » ou à « cesser », des avertissements se rapportant à notre comportement quotidien. Le cas de Brenda est caractéristique.

Les poumons noirs de Brenda

Cette jolie femme d'une trentaine d'années était une fumeuse invétérée quand elle fit un certain rêve.

> Ma sœur et moi regardons des radios de nos poumons, qui sont noirs. Je me suis réveillée dans un état épouvantable.

Peu de temps après ce rêve, Brenda cessa définitivement de fumer. Je crois que son rêve l'a aidée à éviter de sérieuses complications. Lorsque nous écoutons les avertissements de nos rêves, comme l'a fait Brenda, nous ne pouvons pas savoir si les symptômes (perçus par l'esprit au repos) auraient effectivement amené quelque chose de grave. Aucune importance. Mieux vaut agir et bien se porter que de négliger un avertissement onirique et tomber malade.

Les ronds de fumée de Nellie

Nellie aussi faisait des cauchemars alarmants à propos de son tabagisme. Pendant des années, elle faisait régulièrement ce rêve :

> Je me promène dans un cimetière froid et conventionnel particulièrement sinistre. Je vois un cube de verre fumé, opaque. En m'approchant du cube, je vois à l'intérieur une dalle, comme un chariot d'hôpital, avec une femme dessus. Je m'aperçois alors que je suis cette morte, avec des cheveux longs. Il y a des radios des poumons au-dessus de sa tête (ma tête).

Nellie s'est dit que le cube de verre fumé représentait son propre thorax. En s'en approchant, elle voyait une projection dans l'avenir. Ce rêve continue de se reproduire parce qu'elle n'a pas encore tenu compte de l'avertissement. J'espère qu'elle en tiendra compte à temps.

Les rêves comme ceux de Brenda et de Nellie sont des rêves d'avertissement types. C'est à nous de leur obéir ou non. Et si nous souffrons déjà ou que nous sommes malades, nos rêves nous disent quelquefois pourquoi.

Le tabac, incidemment, aurait un effet défavorable sur le rêve. Des chercheurs ont étudié sept grands fumeurs, qui furent examinés dans un laboratoire du sommeil, tantôt au cours d'une période où ils fumaient, tantôt au cours d'une période d'abstinence de tabac[4]. On découvrit que, durant les nuits de la période d'abstinence, la durée du sommeil paradoxal avait nettement augmenté, et les rêves étaient plus marquants. Ceci donne à penser que le tabac avait diminué la quantité normale de sommeil paradoxal, que l'abstinence permettait de compenser par un effet de rebond.

RÊVES DE DIAGNOSTIC

J'ai fait le rêve suivant dix jours après mon accident. Je l'ai scrupuleusement noté dans mon journal et, plus tard, il m'a fourni la possibilité de reconnaître un véritable rêve de diagnostic. Il s'est produit à la suite d'une série de rêves très particuliers à propos d'un rite confus auquel je participais en exécutant une danse d'initiation, avec des pas compliqués, je me glissais dans une file de danseurs qui allait de balcon en balcon, et qui s'arrêtait pour former de merveilleuses figures. Tout cela faisait partie d'un cycle de cérémonies d'admission dans un domaine de connaissances spéciales.

> Dans mon dernier rêve de la nuit, je comprends un profond secret sur la signification de la vie. Nous ne faisons qu'un. C'est vrai, je le sais. Je figure dans une histoire excessivement complexe. A un moment donné, toutes les parties se rassemblent et je peux comprendre tout le tableau.
>
> Je suis avec un groupe de personnes devant un grand hôtel où un homme — une des deux autres personnes qui connaissent aussi le secret — explique un problème dont souffre quelqu'un, une fracture de quelque chose.
>
> En le regardant dessiner sur un bloc à pince j'ai une révélation : « Vous ne vous rendez pas compte ?! *C'est mon bras cassé !* » (Théoriquement, ce n'est qu'une luxation mais je le sens vraiment cassé.) Je m'exclame : « Nous ne sommes qu'un ! Tout est lié. Tous les événements qui arrivent sont reliés les uns aux autres. » L'homme le soupçonnait depuis longtemps mais refusait de l'admettre.
>
> Puis l'homme remplit un camion de femmes pour une promenade nocturne dans la montagne. Les femmes occupent tout l'intérieur, et laissent tout juste assez de place à l'homme pour qu'il s'allonge à la place du conducteur. Il enfile un carrick, une double cape de style Sherlock Holmes. (Est-ce un indice ?) J'ai peur qu'ils aient un accident et qu'ils soient tous tués, à cause de quelque chose qui s'est passé auparavant.
>
> L'autre personne qui connaît le secret, une femme, arrive avec des gens. Je lui dis : « Je sais. Tout est lié. Vous le savez aussi. » Elle pleure, elle se tord les mains ; elle en sait plus que

moi mais ne veut pas y croire. Je comprends que tout est important ; tout ce qu'on fait influence autre chose. Le camion commence à gravir la côte et je vois des choses en tomber ; je dis : « Maintenant, on dirait un corbillard. Vous acceptez de courir ce risque ? » Je me réveille très mal à l'aise.

En m'éveillant de ce rêve, j'étais très inquiète. J'avais appris que les scènes d'« initiation », dans mes rêves, correspondaient souvent pour moi à des prédictions ou de la voyance. Ce rêve m'a convaincue que je me « baladais » avec un bras cassé.

Mais nous étions un vendredi et je n'étais pas suffisamment sûre de mon fait pour demander à voir mon médecin pendant le week-end, alors que j'avais rendez-vous avec lui le mercredi suivant. Il avait été catégorique en me disant que je n'avais qu'une entorse, et il affirmait que je créais moi-même ma souffrance en ne me servant pas assez de ce bras. J'avais horriblement mal mais moins qu'au début, aussi je décidai d'attendre. Je ne me voyais pas lui décréter que mon bras était cassé, alors que je me basais simplement sur un rêve.

Comment savais-je dans le rêve que mon bras était cassé, et qu'est-ce qui m'en a donné la conviction à mon réveil ? Les indices abondaient : dans le rêve « j'apprenais un secret » ; les deux personnages qui le connaissaient aussi « refusaient de l'admettre » ou « en savaient plus que moi ». Dans mon symbolisme onirique, la cape ou la casquette à double visière de Sherlock Holmes correspondent toujours à un indice. J'avais peur pour le groupe de femmes parce qu'elles semblaient se diriger vers un danger (la route de montagne en pleine nuit), peut-être mortel (le corbillard). Les images de ce rêve me criaient qu'il y avait quelque chose que je ne voulais pas affronter, un indice important, un danger en rapport avec mon bras cassé. De plus, disait le rêve, tout faisait partie d'un schéma ; cela devait signifier, entre autres choses, que les images oniriques étaient liées aux événements de ma vie réelle. Avec le recul, il est évident que c'était stupide d'avoir attendu ne serait-ce que quelques jours de plus. Mon poignet était difforme, brûlant et enflé ; quand je retirais l'attelle, comme on me conseillait de le faire le plus souvent possible, je souffrais le martyre. Pour tenir, durant ces quelques jours, je devais me bourrer de calmants.

Au cours des nuits suivantes mes rêves présentèrent les images suivantes :

- un four qui avait besoin d'être nettoyé,
- un orage menaçant,
- une marquise annonçant le « Rocky Horror Show », qui se détachait de la façade d'un cinéma et manquait de peu de nous écraser, mon mari et moi,
- un bâtiment cambriolé, où on est entré par effraction,
- une mère qui manquait de se faire renverser par un camion, puis tombait ; le contenu d'un verre de sang jaillissait de sa tête.

Il est certain que ces images évoquaient pour mon corps un danger dépassant une simple foulure. Je m'étais effectivement cogné fortement la tête dans ma chute, et il avait dû y avoir une hémorragie interne parce que presque tout mon visage n'était qu'une ecchymose.

Les personnes blessées ne se rendent pas toujours compte qu'il est très important de se faire écouter par son médecin. Il arrive souvent que nous n'ayons pas suffisamment confiance dans nos propres impressions pour exiger que nos idées soient prises en considération. Nous cédons trop facilement à l'autorité qui colle une étiquette sur la situation sans s'occuper de nos propres perceptions. Nous avons tendance à traiter de mensonge les rêves qui nous présentent les choses telles que nous les ressentons. Quand nous sommes grièvement blessés au point de nous désintéresser de tout, nous sommes encore plus impuissants à nous défendre. Nous avons alors besoin de nos proches et de nos amis pour qu'ils prennent notre défense et fassent respecter nos droits, en veillant à ce que nous recevions les soins nécessaires.

Si jamais je me retrouve un jour dans une situation où une blessure ne réagit pas au traitement, j'exigerai des radios supplémentaires dans les huit jours. Et je ferai en sorte que toutes les radios soient examinées et comparées en ma présence. Si jamais il m'arrive encore de souffrir le martyre, j'insisterai pour qu'on me fasse d'autres examens et qu'on change mon traitement.

Que se serait-il passé si j'avais raconté mon rêve de bras cassé à mon médecin ? Rien du tout, à part un sourire indulgent pour mon inquiétude disproportionnée, j'imagine. Pourtant, le jour viendra peut-être où les médecins écouteront non seulement les rêves de leurs patients mais les réclameront. J'ai finalement acquis la certitude que nos rêves contiennent certains diagnostics des plus sûrs.

Est-ce qu'un médecin familiarisé avec le rapport entre les rêves et la blessure ou la maladie aurait été capable de faire un diagnostic plus rapide et plus juste ? Les médecins peuvent-ils réellement apprendre à identifier la maladie en analysant les rêves du patient, en plus de l'examen clinique ? Vous constaterez, en vous familiarisant avec vos propres symboles oniriques de santé ou de maladie, qu'il est souvent possible de savoir à quel moment votre corps a besoin de remèdes. L'idée que les rêves sont de précieux instruments de diagnostic est vieille comme le monde et nous pouvons encore en tirer un enseignement.

Racines chinoises du diagnostic onirique

Dans la Chine ancienne, tout médecin complétait son examen en demandant au patient de décrire ses rêves. Les rêves étaient considérés comme des indices vitaux indispensables à la résolution des problèmes physiques. En fait, dans ce que l'on croit être le plus vieil ouvrage médical du monde, *The Yellow Emperor's Classic of Internal Medicine*[5], il y a un chapitre consacré aux rapports entre certains rêves et la maladie.

Ces idées sont extrêmement anciennes. L'Empereur Jaune, peut-être légendaire, aurait vécu en 2696-2598 av. J.-C. Ce texte se veut un dialogue entre ce grand sage et son ministre, évoquant les rêves, la santé et les traitements traditionnels en Chine depuis des siècles. Les historiens pensent que le livre a été écrit vers 1000 av. J.-C., et nous savons en tout cas qu'il existait en 200 av. J.-C., puisqu'il est cité dans d'autres documents de l'époque.

Dans la Chine antique, la santé était considérée comme une harmonie ou un équilibre entre deux forces, le *yin* et le *yang*, la discordance provoquant la maladie et parfois la mort. Beaucoup d'Occidentaux sont aujourd'hui au courant du concept selon lequel le *yang* est la force la plus active : flamboyante, brûlante et sèche ; le *yin* est plus passif : aqueux et frais. Selon cette tradition, pour être bien portant il faut que ces deux forces s'équilibrent.

En appliquant cette idée aux rêves, par exemple, les anciens Chinois pensaient que rêver de « marcher dans de grandes eaux qui causent grand peur » indiquait que « le yin était dominant[6] ». Ce qui veut dire que les rêves où il y a beaucoup d'eau révèlent un excès de sécrétions corporelles (trop de *yin*) et une énergie vitale insuffisante (pas assez de *yang*). Rêver de grands incendies « qui brûlent et cautérisent» révèle que «le *yang* prédomine», ce qui signifie que les rêves de feu indiquent que le corps est fiévreux, sec et ses fonctions suractivées (trop de *yang*). Quand les deux forces s'opposent, on fait des rêves où le *yin* et le *yang* se détruisent, se blessent ou se tuent mutuellement. On pensait que la congestion des poumons inspirait des rêves «de chagrin et de pleurs». Rêver de s'envoler était associé à une «tension élevée prédominante» et les rêves de chute à une «tension basse prédominante».

De telles idées paraissent sans doute bien exotiques et floues aux Occidentaux d'aujourd'hui mais, quand elles sont traduites en termes familiers, elles deviennent compréhensibles. J'ai déjà mentionné que les chercheurs contemporains, par exemple, ont observé des rêves de noyade (dans de «grandes eaux») chez des patients cardiaques dont la rétention d'eau est excessive (ou quand le *yin* est dominant). Nous pouvons découvrir, cachés dans ces textes millénaires, des enseignements inestimables pour notre médecine moderne.

Racines grecques et romaines des rêves de diagnostic

Les plus anciennes cultures croyaient que les rêves révélaient ou prédisaient l'état de santé du rêveur et proposaient parfois des remèdes.

La science des rêves dans la Grèce antique : Esculape

Le culte d'Esculape, dieu de la Médecine, fut pratiqué pendant près de mille ans, de la fin du VIe siècle av. J.-C. jusqu'au Ve siècle de notre ère[7].

Selon la légende, Esculape (Asklepios en grec) était le fils d'Apollon, le dieu du Soleil, et d'une mortelle nommée Coronis, ce qui veut dire foncé, noir comme le corbeau. On pensait donc que ce dieu conjuguait le rayonnement lumineux des cieux, hérité de son père, et les ténèbres terrestres venant de sa mère. Il contrôlait aussi bien les puissances célestes que tectoniques (dangereuses forces terrestres). Il y a de nombreuses versions du mythe. Selon l'une d'elles, Coronis avait été infidèle à Apollon en épousant un mortel et, pour la punir, elle fut tuée, alors qu'elle était enceinte, par la sœur d'Apollon, qui la mit sur un bûcher funéraire. Quand les flammes montèrent, elle accoucha et mourut. Apollon arracha le bébé au cadavre de sa mère et le confia au centaure Chiron qui l'éleva dans la montagne et lui enseigna les secrets de la médecine. Esculape devint un guérisseur si habile qu'il ressuscitait les morts. Ce talent, réservé aux dieux, suscita la colère de Zeus qui le foudroya. Après quoi il proclama Esculape dieu de la Médecine et l'installa au ciel où il forme la constellation Orion. En réalité, Esculape devait être un guérisseur si vénéré qu'il fut haussé au rang de divinité.

Les prêtres et disciples d'Esculape érigèrent des temples du rêve où le peuple venait demander au dieu de lui indiquer en songe des moyens de guérison. Au moins quatre cents de ces temples furent construits dans les îles grecques et sur le littoral de l'Asie Mineure (aujourd'hui la Turquie occidentale). En 1984, j'ai visité les ruines de certains de ces temples du rêve à Épidaure, Corinthe et Éphèse, et la beauté de ces sites m'a beaucoup impressionnée.

Lorsque les civilisations grecque et romaine étaient à leur apogée, des malades se rendaient en pèlerinage à ces temples magnifiques. Ils se purifiaient dans des sources sacrées, offraient aux dieux des sacrifices et des prières, psalmodiaient et chantaient des hymnes, assistaient à des concerts et des représentations théâtrales et participaient à divers autres rites, avant de dormir du « sommeil du temple », à l'intérieur du sanctuaire, dans l'espoir de faire un rêve curatif.

Ces pratiques peuvent paraître étranges aujourd'hui, mais une étude attentive révèle tout ce qu'elles peuvent apporter aux blessés ou aux malades. Elles suggèrent des méthodes pour demander des solutions à nos rêves, comme nous allons le voir.

Hippocrate

Au chapitre 3, j'ai cité quelques pensées d'Hippocrate (qui aurait vécu de 460 à 377 av. J.-C.) sur les rapports entre les rêves et l'état de santé. Ce médecin célèbre suivait et enseignait la tradition séculaire des disciples d'Esculape, à laquelle il avait ajouté ses propres observations, en soulignant la valeur d'un examen très approfondi du patient[8].

Hippocrate nous conseille de noter nos rêves chaque fois qu'ils s'écartent de leurs thèmes habituels, et de faire attention à ceux qui évoquent un excès ou un manque de chaleur ou d'humidité. Dans ce sens, ses idées se rapprochaient du *yin* et du *yang* des Chinois. (Nous verrons, au chapitre suivant, comment appliquer certains des préceptes d'Hippocrate à nos rêves.)

Aristote

Nous avons également vu au chapitre 3 qu'un des plus grands penseurs du monde occidental, le philosophe grec Aristote (384-322 av. J.-C.), a exprimé, dans son bref traité sur les rêves, sa croyance que nos organes sensoriels continuent d'être stimulés pendant le sommeil[9]. Il pensait que toute personne est plus au diapason de ses infimes sensations internes pendant le sommeil qu'à l'état de veille. Ses principes gardent toute leur valeur pour les rêveurs d'aujourd'hui.

Prenons par exemple le cas d'Ashley, qui souffrait depuis un mois d'une grave infection pulmonaire. Elle se croyait complètement remise quand elle fit un rêve contenant les images suivantes :

- elle mange des biscuits au chocolat (qui ne lui sont pas conseillés),
- le plafond de sa cave se fissure et s'écroule,
- une femme tombe et se blesse,
- elle pense que cette femme a eu une crise cardiaque,
- elle compose le numéro de police-secours,
- de l'air *froid* entre par la fenêtre, présageant une tempête,
- elle fait entrer dans la maison deux petits canards *grelottants*,
- son mari a mauvaise mine et se frappe *le torse*,
- elle met de l'ordre dans l'armoire à pharmacie.

Le rêve d'Ashley était plein d'images d'un danger imminent, exagéré et très dramatique. Les images récurrentes de froid, associées au « torse », indiquent que ses propres poumons sont encore très fragiles et souffrants. La tempête qui menace et le plafond de la cave qui s'effondre signalent aussi des fondations instables (dans son corps comme dans la cave du rêve) ainsi que des ennuis à venir.

Chaque fois que des images se répètent dans un même rêve, ou dans plusieurs à la suite, elles fournissent des indices sur la signification du songe. *Les images récurrentes suggèrent non seulement la répétition de pensées et d'émotions mais aussi de sensations cénesthésiques.* Le rêve unique d'Ashley contenait un grand nombre d'images indiquant une mauvaise santé.

Effectivement, dans les huit jours, Ashley fit une rechute et dut de nouveau s'aliter pour deux semaines. Son rêve n'était-il qu'un avertissement ou exprimait-il la permanence de l'infection ? Impossible d'en être certain. Avec des soins préventifs basés sur son rêve, Ashley aurait pu éviter la rechute.

Aristote pensait que les maladies que nous couvons sont plus évidentes quand nous dormons et rêvons que lorsque nous sommes éveillés. Si cela est vrai, ce que je crois, nos rêves contiennent des rapports nocturnes quotidiens sur notre état de santé. Nous devons prêter une grande attention à ces prévisions.

Galien

Galien, qui vécut de 129 à 199, fut un des plus illustres médecins de l'Antiquité. Il naquit à Pergame, une ville grecque de la côte occidentale d'Asie Mineure (aujourd'hui Bergama, en Turquie). Pergame était célèbre pour son grand temple d'Esculape. Sa présence influença Galien pendant toute sa vie[10].

Fils d'un célèbre architecte nommé Nikon, Claude Galien commença à étudier la philosophie à seize ans. Un soir, son père rêva que le dieu Esculape lui apparaissait et lui ordonnait de faire étudier la médecine à son fils. Nikon obéit et n'épargna pas une obole pour faire instruire le jeune homme par les plus grands médecins de l'époque, lui paya des voyages à Rome et dans d'autres centres médicaux. Galien se lança dans ces études avec passion.

Au cours des années suivantes, il fit de nombreuses découvertes médicales importantes. A l'époque, la dissection du corps humain était interdite. Pour étudier l'anatomie, Galien se servit des animaux de la ferme de son père, à la saison de l'abattage. Plus tard, il soigna les blessures des gladiateurs et put ainsi apprendre beaucoup de choses sur le fonctionnement du corps humain. Il établit que les artères charriaient du sang et non de l'air comme on le croyait depuis quatre siècles. Il démontra comment le cœur fait circuler le sang. Il fit plus de découvertes en anatomie et physiologie que quiconque avant lui. Il écrivit beaucoup, et la traduction latine de ses ouvrages (celle qui nous est parvenue) emplit vingt-deux volumes. Ses idées apparaissent dans toutes les branches de la médecine pratiquée durant les siècles qui suivirent, et on retrouve leur influence dans la recherche médicale plus récente, par exemple dans les travaux de William Harvey, le médecin britannique qui découvrit le principe de la circulation sanguine.

Toute sa vie, Galien fut guidé par ses rêves. A vingt-sept ans, il tomba gravement malade d'abcès subdiaphragmatiques (une accumulation d'humeurs infectées situées dans la cavité abdominale, sous le diaphragme et au-dessus du foie[11]). Il se rendit au temple d'Esculape où il fit deux rêves, qui lui indiquèrent comment guérir de son infection. Il rêva qu'il devait ouvrir une artère de sa main, entre le pouce et l'index, et laisser le sang s'écouler jusqu'à ce que le flux s'arrête spontanément. Il pratiqua lui-même cette opération en faisant confiance au rêve, et il guérit.

Les rêveurs qui ne sont pas médecins doivent observer ce genre de rêves avec une extrême prudence ; celui de Galien synthétisait probablement ses grandes connaissances médicales. Ouvrir une artère pour drainer l'infection, c'était en effet le traitement approprié pour les abcès, mais de nos jours cette chirurgie est pratiquée sur le lieu même de l'infection [12].

Galien cite deux autres rêves qui furent cruciaux pour lui. A trente-huit ans, il était le médecin personnel de Marc-Aurèle, l'empereur romain [13]. Il rêva qu'Esculape lui défendait de suivre Marc-Aurèle à la guerre. Et Galien ne l'accompagna pas, que ce fût ou non par respect pour l'ordre du dieu. Plus tard, à quarante-huit ans, il avait rassemblé des observations qui, à son avis, révélaient les secrets de la vision. Il hésitait à publier la totalité de son traité d'anatomie et de fonction des yeux, quand il rêva qu'il était blâmé pour ne pas l'avoir fait. Il fit donc paraître l'ouvrage complet. Ses patients étaient souvent soignés par des remèdes ou des traitements basés sur leurs rêves, une pratique qui ne serait guère approuvée aujourd'hui.

Comme Hippocrate avant lui, Galien croyait à l'utilité des rêves dans le diagnostic des états maladifs. Il faisait confiance à la théorie, courante à son époque, selon laquelle le corps contenait « quatre humeurs » : la bile jaune, la bile noire, la lymphe blanche et le sang rouge. Le déséquilibre entre ces quatre humeurs causait la maladie. Les rêves de feu, croyait Galien, indiquaient un déséquilibre causé par un excès de bile jaune. Les rêves de fumée, de brume, de brouillard ou de ténèbres évoquaient un excès de bile noire. La neige, la glace et la grêle indiquaient une surabondance de lymphe froide (blanche). Les rêves de sang suggéraient, de même, la nécessité d'une saignée. Les rêves d'excréments révélaient la putréfaction des intestins. Il nota que les patients qui souffraient de suées rêvaient souvent qu'ils plongeaient dans de l'eau chaude, ou bien qu'ils y étaient immergés.

Galien pensait que rêver de boire avait un rapport avec la soif, rêver de victuailles avec la faim, et que les rêves érotiques d'un homme venaient de ce que ses organes génitaux étaient pleins de sperme. Il déclarait : « Il semble que, pendant le sommeil, l'âme se retire au plus profond du corps, se détache des sensations extérieures et ne ressente que ce qui se passe à l'intérieur du corps. Aussi le dormeur a-t-il l'impression que tout ce qu'il désire est déjà présent[14]. » C'était le concept, longtemps avant Freud, de l'assouvissement du désir dans le rêve.

Artémidore

L'ancêtre de tous les interprètes des rêves est un philosophe grec nommé Artémidore Daldianos, né au IIe siècle de notre ère à Éphèse[15]. Contemporain de Galien, il habitait à quelques centaines de kilomètres de Pergame, où vivait ce dernier. Il voyagea dans tout le monde civilisé, pour collectionner et classer par catégories les rêves des autochtones et des spécialistes des rêves. Son but était de proposer un ensemble uniforme de lois expliquant ce que révèlent ou prédisent les rêves ; il écrivit cinq livres appelés l'*Oneirocritica*, du grec *oneiros*, « rêve prémonitoire ». La plupart des dictionnaires contemporains du rêve sont basés sur ses travaux mais, souvent, sans que les concepts en soient bien compris.

Artémidore ne disait pas simplement que rêver d'une certaine chose était de bon ou de mauvais augure, comme le font le plus souvent les auteurs modernes de dictionnaires des rêves. Il tenait compte de l'âge, du sexe, de la profession, des habitudes personnelles, des finances, de la santé du rêveur, ainsi que des coutumes du pays où le sujet avait été élevé ; il attachait à tout cela une grande importance. Un interprète de rêve, estimait-il, ne peut pas appliquer la même règle à la même image rêvée par des dormeurs différents ; il doit prendre en considération les croyances et la condition du sujet... un principe qui est encore valable aujourd'hui.

Études russes sur le rêve-diagnostic

Il existe au moins un chercheur russe contemporain qui applique certaines de ces idées de l'Antiquité, sur la conscience qu'a le rêveur de ses fonctions corporelles, à un système de diagnostic. A l'Institut neurochirurgical de Saint-Pétersbourg, le psychiatre Vassili Kasatkine et ses assistants auraient sauvé la vie de nombreuses personnes, en se servant de leurs rêves pour diagnostiquer des maladies physiques longtemps avant qu'elles puissent être décelées par les analyses conventionnelles[16]. J'ai été fascinée de travailler avec des traducteurs sur des passages clefs de son œuvre.

Kasatkine a rassemblé une collection de mille six cent quarante-deux rêves recueillis auprès de deux cent quarante-sept patients souffrant d'une grande diversité de problèmes de santé, allant d'affections mineures, dentaires ou dermatologiques, à des tumeurs cérébrales. Il nota que quatre-vingt-dix pour cent de ces rêves étaient très pénibles, mais que cinquante-quatre pour cent seulement contenaient une réelle sensation de douleur physique. L'abondance de rêves et leur caractère pénible ne dépendaient pas toujours de la gravité de la maladie. Des patients ayant une tumeur cérébrale, par exemple, rêvaient moins que des personnes souffrant d'affections plus bénignes.

Kasatkine observa des modifications dans le contenu des rêves un peu avant l'apparition d'une maladie, dont elles précédaient souvent les symptômes cliniques. Ces changements persistaient pendant toute la maladie et ne disparaissaient qu'une fois le patient totalement remis. La nature de ces déplacements dans le contenu des rêves variait selon le degré et la durée de la maladie, la partie du corps concernée et l'évolution particulière de l'affection.

Les rêves annonçant l'apparition d'une maladie étaient généralement effrayants, voire cauchemardesques. Ils comportaient des scènes de guerre, de feu, de combats, de blessures atteignant la partie du corps où la maladie allait se déclarer. Le sang, la viande crue, des cadavres, des tombes, de la saleté, des eaux boueuses, des aliments avariés, un terrain montagneux, des chutes, des images d'hôpital étaient typiques de ces rêves, souvent chargés d'angoisse, d'accablement, de terreur ou d'une impression de solitude. Les rêves progressaient parallèlement à l'évolution de la maladie. Quand les symptômes s'aggravaient, le contenu du rêve aussi, et quand ils s'apaisaient leurs images devenaient moins déplaisantes.

Dans les cas de petits troubles localisés, tels qu'un furoncle, le rêve était moins agressif et dépeignait des changements de forme, de couleur et de température, ou éventuellement des démangeaisons dans la région touchée. Lors d'affections plus graves, le rêve était traumatisant, violent. Dans presque tous les cas, les images représentaient l'organe ou la partie du corps atteints, en y associant les sensations douloureuses.

Kasatkine en déduisit que les rêves de blessures corporelles sont les plus inquiétants : ils annonceraient, souvent, une maladie grave. Ainsi, les rêves répétés d'une blessure en pleine poitrine révéleraient une crise cardiaque prochaine, et une blessure au ventre serait le signe d'une maladie du foie ou des reins.

De plus, il pense que chaque maladie suit un schéma onirique différent. Il espère mettre au point un système de détection précoce de la maladie basé sur les rêves, et recommande aux personnes qui rêvent de façon répétée d'une même partie du corps de consulter leur médecin sans tarder.

Études américaines sur le rêve-pronostic

Le concept de rêve de diagnostic commence à peine à être reconnu aux États-Unis. Robert Smith, professeur de médecine et de psychiatrie à l'université d'État du Michigan, est l'un des chercheurs qui s'y intéressent. En employant une technique d'interview bien structurée, le Dr Smith a interrogé sur leurs rêves quarante-neuf patients hospitalisés pour de graves maladies [17] du cœur ou des poumons, des tumeurs malignes, des infections diverses, etc. Ces rêves furent mis en parallèle avec l'issue de la maladie : rétablissement et retour à la santé, ou rechute et mort.

Smith et ses assistants ont découvert que certaines images annonçaient leur pronostic. Les hommes dont les rêves contenaient des allusions à la mort ou à l'agonie étaient ceux qui risquaient le plus de rechuter et de mourir. Les femmes qui rêvaient de séparation, de départ étaient celles pour qui le danger de rechute ou de mort était le plus grand [18]. Le pronostic le plus pessimiste correspondait aux patients qui avaient peu ou pas de souvenirs de leurs rêves, découverte signalée par d'autres chercheurs. En revanche, une absence de références oniriques à la mort ou à la séparation était associée à une condition stable ou à une amélioration.

Un autre chercheur, le médecin onirologue Abraham Kardiner, a décrit des rêves de mort présageant l'aggravation de l'état des patients qui souffraient de maladies coronariennes [19]. Les malades dont l'état empirait rêvaient continuellement de mort et de destruction et finissaient même par cesser de rêver. Chez ceux qui allaient mieux, au contraire, les rêves s'écartaient progressivement des images de mort ou de destruction.

Les patients étaient-ils avertis de l'issue de leur maladie, à un niveau inconscient qui s'exprimait dans les rêves ? Ou bien ces images d'agonie et de mort étaient-elles une réaction à la gravité de leur cas, sans être nécessairement une prédiction ? Comme Kardiner, j'ai constaté que les patients relevant d'une opération rêvaient souvent de personnes mortes ou mourantes, et pourtant la plupart se rétablissaient fort bien. Si un thérapeute onirologue travaillait avec ces patients sur les images négatives, pour les aider à les combattre, cela augmenterait-il leurs chances de guérison ? Oui, j'en suis persuadée. Nous avons beaucoup à apprendre dans ce domaine.

Rêve-diagnostic de Freud

Sigmund Freud, le père de la psychanalyse, a rapporté un rêve qui semble annoncer le cancer de la mâchoire qui l'emporta[20]. Au petit matin du 24 juillet 1895, Freud, âgé de trente-neuf ans, se réveilla en sursaut d'un rêve qu'il faisait alors qu'il était en vacances[21]. Dans *L'interprétation des rêves*, qui est devenu un classique, Freud l'a choisi comme rêve type pour illustrer sa théorie selon laquelle les rêves sont l'expression des désirs refoulés. (On en trouvera le récit complet dans les notes de référence[22].) L'image centrale est celle où Freud examine la bouche de sa patiente Irma :

> « Alors elle ouvre bien la bouche, et je constate, à droite, une grande tache blanche, et d'autre part j'aperçois d'extraordinaires formations contournées qui ont l'apparence des cornets du nez, et sur elles de longues escarres d'un blanc grisâtre. J'appelle aussitôt le Dr M. qui à son tour examine la malade et le confirme*. »

Vingt-huit ans après ce rêve, Freud consulta un stomatologue qui diagnostiqua une « leucoplasie papillaire proliférante (plaque blanche) de la voûte palatine antérieure droite (le côté droit du palais, près du nez)... *(Histolog. carcinoma)* ». Cette correspondance entre les symptômes d'Irma dans le rêve et ceux de Freud bien des années plus tard fut notée par une psychologue de San Francisco, Jill Caire, dans une importante communication : « Exemple holographique d'un schéma psychosomatique : le rêve type de Freud réinterprété[23]. »

On peut fort bien objecter que le rêve de Freud ne pouvait être prémonitoire d'une maladie incurable, si longtemps à l'avance. On peut estimer que ce n'est que par une singulière coïncidence que son rêve décrivait un état qu'il présenterait lui-même vingt-huit ans plus tard.

* Freud, *L'Interprétation des rêves*, trad. d'I. Meyerson, PUF (NdT).

Pourtant, examinez les faits. A l'époque du rêve, Freud est soigné par un confrère et ami, Wilhelm Fliess, oto-rhino-laryngologiste. Freud souffrait alors d'une sinusite chronique. Fliess avait conseillé l'application locale de poudre de cocaïne par aspiration nasale. Incidemment, ce fut Freud qui fut le premier à constater les propriétés analgésiques de la cocaïne, sans toutefois se rendre compte du danger d'accoutumance.

Fliess avait également soigné Freud par plusieurs opérations mineures dans les fosses nasales. Or, à l'époque, il était grand fumeur de cigares. Bien qu'on n'eût pas encore établi de rapport entre le tabac et le cancer, Fliess conseilla vivement à son ami de ne plus fumer. D'ailleurs, Freud sentait bien que la fumée irritait les muqueuses de son nez et de sa bouche, mais il se croyait incapable d'arrêter de fumer, parce qu'il était persuadé que la nicotine était nécessaire à ses facultés créatrices. Il pensait aussi que l'acte de fumer était un substitut à la masturbation. Il refusa donc de renoncer au tabac.

Si Freud ne remarqua la douloureuse enflure de son palais qu'en 1917, soit vingt-deux ans après le rêve en question, et si le cancer ne fut diagnostiqué avec certitude qu'en 1923, vingt-huit ans après, il avait déjà subi de petites opérations du nez et de la gorge à l'époque du rêve. Il n'est donc pas interdit de supposer que l'inconscient de Freud, médecin, était capable de diagnostiquer ses symptômes du moment et de les projeter dans un lointain avenir. Cette conjecture est étayée par le fait que, dans le rêve, Irma se plaignait des symptômes qu'il devait lui-même ressentir plus tard :

> « Si seulement vous saviez quelles douleurs je ressens dans la gorge, l'estomac et l'abdomen... ça m'étouffe. » Je fus alarmé et la dévisageai. Elle me parut pâle et bouffie. Je me dis qu'il devait y avoir après tout un trouble organique qui m'échappait.

Les symptômes qu'Irma décrivait dans le rêve ne faisaient pas partie de ses maux réels. Freud commenta : « Les douleurs dans la gorge et l'abdomen, ainsi que la constriction de la gorge, ne jouent pratiquement aucun rôle dans sa maladie[24]. » Ces symptômes étaient pourtant exactement les mêmes que ceux qu'il allait ressentir plus tard. Il finit par subir trois importantes opérations destinées à extraire des parties cancéreuses du palais, et plus de trente excisions mineures. Sur la fin de sa vie, il fut obligé de porter une prothèse qui le gênait beaucoup pour manger et pour parler.

Le rêve d'Irma fournit à Freud plusieurs précieuses informations psychologiques sur lui-même. L'état de la bouche d'Irma, dans le rêve, lui rappela certains soucis qu'il avait de sa propre santé, en particulier celui de l'effet à long terme de l'usage de la cocaïne pour réduire l'enflure des fosses nasales. Cependant, si Freud reconnaissait dans ce rêve la menace, pour lui-même, d'une maladie grave, il n'en parla à personne et, à notre connaissance, ne changea rien à ses habitudes.

Dans le cas suivant, un homme, contemporain celui-là, a pris très au sérieux le rêve qu'il a fait à propos de sa gorge.

Des tortures à la gorge

Nous avons vu que les rêves amplifient des sensations minimes pendant notre sommeil, qui peuvent signaler les prémices d'une maladie. Bernie Siegel, un chirurgien de l'université de Yale qui a travaillé avec succès sur ce qu'il appelle des « cancéreux exceptionnels » — ceux qui survivent de façon inespérée — rapporte le cas des rêves de diagnostic de Marc Barasch, un journaliste frappé d'un cancer de la glande thyroïde. Barasch se rappelait deux rêves terrifiants qu'il avait faits avant que des signes de sa maladie apparaissent. Dans un de ces rêves, des tortionnaires plaçaient des charbons ardents sous son menton.

> « Je sentais distinctement la chaleur qui commençait à me brûler la gorge et je hurlais, ma voix devenait de plus en plus rauque, un cri d'animal désespéré, tandis que les charbons me rongeaient le larynx[25]. »

Encore au lit après ce rêve, et dans un état de choc, Barasch reçut un coup de téléphone de son amie, au Colorado, qui venait de faire un cauchemar horrible, où elle était avec lui dans un lit qui se remplissait de sang. « Qu'est-ce que ça veut dire ? » Barasch n'hésita pas, il savait : « Ça veut dire que j'ai un cancer, un cancer qui me ronge la gorge. » Les étroites relations d'intimité entre Barasch et son amie avaient probablement stimulé ce partage télépathique de sa détresse.

Ce diagnostic onirique fut confirmé quelques mois plus tard

quand Barasch se décida enfin à consulter un spécialiste, les douleurs devenant perceptibles même dans la journée. Entre-temps, il avait fait un autre rêve où des sorciers formaient un cercle autour de lui, et lui plantaient des seringues dans ce qu'il appelait, dans le rêve, le « cerveau du cou ». Les deux rêves le montraient blessé à la gorge. Comme l'a constaté Kasatkine, de telles images constituent un diagnostic très parlant.

Le médecin de Barasch, cependant, se montra sceptique et ne voulut pas croire que les rêves révélaient une maladie. Il prit son patient pour un hypocondriaque... jusqu'à ce que les résultats du bilan de santé, quelques semaines plus tard, confirment la gravité de sa condition. Heureusement, les rêves de Barasch avaient tiré la sonnette d'alarme à temps, ce qui lui permit de se faire soigner dès les premiers symptômes. Notre meilleure chance de résister à une maladie grave, c'est de la combattre le plus tôt possible, et c'est là que nos rêves sont notre première ligne de défense.

Le ver coupable

Une autre personne qui prit au sérieux le diagnostic de son rêve, également décrit par Bernie Siegel, était une infirmière, malade depuis des semaines sans qu'on puisse déterminer la nature de son mal. Elle fit le rêve suivant :

> « Un coquillage s'ouvrait et un gros ver se dressait à l'intérieur. Une vieille femme le montrait du doigt et disait : "Voilà ce qui ne va pas chez toi."[26] »

Quand la malade se réveilla, elle était certaine d'avoir une hépatite, une maladie du foie provoquée par un virus contenu dans des produits alimentaires. Étant infirmière, elle savait que l'hépatite A est causée par un abus de coquillages pêchés dans des eaux polluées. Son esprit rêveur s'était ainsi représenté le virus. Les analyses confirmèrent le diagnostic onirique. Lorsque nous reconnaissons le « coupable » dans nos rêves, nous pouvons l'identifier une fois réveillés.

Jung établit un diagnostic d'après un rêve

Les diagnostics des rêves sont parfois si précis que c'en est difficile à croire. En 1933, Carl Jung fut prié par un confrère médecin d'interpréter le rêve d'un de ses patients, au sujet duquel il ne donna aucune information.

> « Quelqu'un, à côté de moi, ne cessait de me poser des questions sur le graissage d'une machinerie quelconque. On suggérait le lait comme le meilleur lubrifiant. Je pensais apparemment que de la vase visqueuse serait préférable. Et puis on drainait une mare voisine, et on découvrait dans la vase deux animaux d'une espèce disparue. L'un était un minuscule mastodonte. J'ai oublié ce qu'était l'autre[27]. »

Jung diagnostiqua un problème organique, un blocage de la sécrétion cérébro-spinale, probablement dû à une tumeur. Et c'était le cas. Il est d'ailleurs remarquable qu'un homme possédant des connaissances médicales et qui comprend le symbolisme onirique puisse rendre un diagnostic aussi juste basé sur un raisonnement complexe. Toutefois, si peu de gens sont capables de déterminer ce dont souffre le rêveur, tout le monde peut repérer la métaphore d'une mécanique en panne qui a besoin de lubrifiant. L'image à elle seule suggère un dysfonctionnement d'une partie du corps. Si les médecins apprenaient à bien connaître le symbolisme onirique, il leur serait possible de mieux déceler les problèmes médicaux des patients. En attendant, nous pouvons apprendre à utiliser nos rêves.

EXERCICES SUR LES RÊVES : SACHEZ RECONNAÎTRE LES AVERTISSEMENTS

1. Passez en revue les rêves notés dans votre journal pour y chercher les indices d'une prémonition

Il serait sans doute bon de relire les questions concernant les caractéristiques du rêve prémonitoire. Si vous avez observé des événements, dans votre environnement immédiat, ou dans le monde en général, qui vous semblent confirmer le rêve prémonitoire, ajoutez une note à cet effet dans votre journal. Le cas échéant, collez la coupure de presse à la suite de votre récit. Essayez d'analyser ce qu'il y a d'unique dans vos rêves prémonitoires, comparés aux rêves courants. Et ne vous inquiétez pas si vous ne faites pas de rêves prémonitoires ; ils sont relativement rares.

2. Repérez les éventuels avertissements concernant votre santé

Pensez à un moment récent où vous avez été malade ou accidenté. Relisez le récit des rêves que vous avez faits juste avant cet incident. Y avait-il des signaux d'alarme que vous auriez pu remarquer ? Si la réponse est oui, notez-les en les soulignant, par exemple au crayon rouge. Vous pouvez aussi faire une liste de ces « signes » sur une page à part. Passez régulièrement en revue ces signes ou images pour les reconnaître quand ils se représenteront dans vos rêves. Tenez votre liste à jour, pendant quelques mois. Vous créerez ainsi un instrument utile pour les années à venir.

3. Observez les images oniriques que vous avez notées dans une période de forme exceptionnelle

Pensez à un moment récent où vous vous sentiez particulièrement à l'aise dans votre corps. Examinez les rêves que vous avez notés à ce moment, ainsi que ceux qui ont précédé cette période. Qu'est-ce qui caractérise ces images ? Encore une fois, il serait bon d'en faire une liste. Elle se révélera également utile pour vos exercices sur les rêves. Chaque fois qu'une de ces images de bien-être apparaîtra dans vos rêves, ce sera un excellent signe.

4. Guettez tout changement de métabolisme

a. Rythme trop lent

Un indice important sur notre état de santé se trouve dans le taux d'activité de nos images oniriques. Les scènes de nos rêves traduisent parfois le rythme de nos processus corporels fondamentaux. Je crois que lorsque notre métabolisme devient trop rapide ou trop lent, les personnages de nos rêves deviennent plus actifs ou indolents.

Quelle est l'allure normale d'activité dans les personnages de vos rêves ? Relisez les rêves que vous avez rapportés dans votre journal. Est-ce que les personnes qui y figurent vous semblent aussi actives qu'elles le sont habituellement ? Notez tous les cas de lenteur ou de rigidité insolites chez les personnes dont vous rêvez.

Il arrive parfois, mais c'est assez rare, que l'on rêve de personnages inactifs ou rigides au début de troubles du métabolisme.

Exemple de métabolisme ralenti : les statues de cire

Avant de sombrer dans le coma, Élizabeth, âgée de la soixantaine, avait fait de nombreux rêves l'avertissant que son métabolisme était dangereusement bas[28]. Pendant plusieurs mois, avant de tomber gravement malade, elle rêvait de personnages d'une rigidité effrayante. Dans l'un de ces rêves, elle entrait dans une cuisine où les personnes assises avaient l'air de mannequins de cire. Dans un autre, elle voyait des gens assis tout raides sur une pelouse et dans un troisième, des cadavres assis dans le salon d'un funérarium.

Quand Élizabeth me parla de ces rêves pour la première fois, nous ne les étudiâmes que d'un point de vue psychologique et nous conclûmes qu'elle avait le sentiment de ne pas participer pleinement à la vie. Avec le recul, l'avertissement physique est facilement reconnaissable.

Un jour, Élizabeth fut découverte dans un état de coma profond. Elle fut transportée d'urgence à l'hôpital où l'on procéda à des tests pour tenter d'établir un diagnostic. Elle finit par émerger de son coma mais en pleine confusion mentale ; elle faisait des gestes répétés des mains. Après plusieurs jours d'examen, il fut déterminé que son taux de calcium était dangereusement bas. Elle souffrait de myxœdème, une affection potentiellement fatale, résultant d'une rétention des sécrétions due à une insuffisance thyroïdienne. L'administration par perfusion de calcium et d'extraits thyroïdiens lui rendirent en quelques jours ses facultés mentales. Ses rêves de personnages curieusement inactifs avaient mesuré le ralentissement de son métabolisme.

Devenue octogénaire, Élizabeth est plus énergique qu'elle ne l'était il y a des années. Ses rêves reflètent la restauration de sa santé et sont pleins de personnages en mouvement. Si la signification des silhouettes mortellement inertes avait été comprise plus tôt, bien des souffrances lui eussent été épargnées.

Exemple de métabolisme ralenti : la femme pétrifiée

Une autre femme eut moins de chance. Le neurologue Oliver Sacks, dans son fascinant ouvrage *Awakenings* (*Cinquante ans de sommeil*[29]), raconte les rêves d'une femme, victime d'une maladie du sommeil (encéphalite léthargique). En 1926, Rose R. était une jeune femme de vingt et un ans en pleine santé, active et gaie, quand elle fut subitement atteinte d'une forme de maladie du sommeil.

La phase aiguë de cette affection fut précédée d'une suite de rêves terrifiants qu'elle fit la nuit même. Ces cauchemars avaient un thème central : dans l'un d'eux, la dormeuse était immobilisée, dans un autre elle était emprisonnée à l'intérieur d'un château inaccessible qui avait la forme de son corps. Dans un troisième, Rose rêvait qu'elle était devenue une statue de pierre, vivante et consciente. Elle rêva aussi que le monde s'était arrêté de tourner et qu'elle sombrait dans un sommeil si profond qu'elle ne pouvait plus se réveiller. Finalement, elle rêva d'une mort qui était en quelque sorte différente de la mort.

Au matin, la famille de Rose eut du mal à la réveiller. On la supplia de se lever, on lui demanda ce qu'elle avait. Rose demeura inerte. Elle ne pouvait pas répondre. Ses rêves devenaient réalité.

Le médecin local diagnostiqua une catatonie et déclara qu'elle irait très bien après une semaine de repos et une bonne alimentation nourrissante. Mais elle ne se remit jamais. Elle regagna un peu l'usage de la parole, par phrases brèves seulement, et la capacité de faire quelques mouvements brusques avant de se « figer » de nouveau. Elle pouvait décrire les rêves qu'elle avait faits juste avant de tomber malade. La famille de Rose la soigna tendrement pendant près de dix ans, à son domicile. Ses frères et sœurs avaient quitté la maison et ses parents se faisaient vieux, quand la maladie de Parkinson se déclara : elle eut besoin de soins médicaux à plein temps. Elle fut admise dans un hôpital de New York où Oliver Sacks fit sa connaissance quarante ans plus tard : elle fut soignée pendant un temps à la L-dopa mais ne put finalement être guérie[30].

Si les rêves d'Élizabeth et de Rose ont en commun ces images d'inertie tragique, ils présentent d'importantes différences. Élizabeth voyait des personnages de cire ; Rose était elle-même changée en pierre. Rose s'identifiait à la rigidité de la pierre, dans ses rêves du château et de la statue ; Élizabeth prenait de la distance et ne voyait cette rigidité que chez d'autres. De plus, les rêves d'Élizabeth se succédèrent sur plusieurs mois tandis que les cauchemars de Rose furent concentrés en une seule nuit.

L'exemple de ces deux femmes représente des cas extrêmes de changements des fonctions corporelles. Il est peu probable que vous en fassiez un jour de semblables mais, si cela vous arrive, prenez-les au sérieux. Nous n'avons pas de récits des rêves que Rose fit durant la période qui précéda sa crise. Présentaient-ils des images de rigidité croissante ? Si oui, ce que je juge plausible, est-ce qu'une reconnaissance des signes de danger fournis par les personnages immobiles aurait permis la prévention de l'attaque brutale ? Nous avons beaucoup à apprendre sur les implications de l'immobilité dans nos rêves ; mais nous avons au moins cette certitude : si, dans un rêve, le dormeur lui-même devient étrangement inerte et rigide, nous devons envisager la possibilité d'un ralentissement métabolique. Un bilan de santé total est à conseiller, surtout si le rêve d'immobilité se répète ou augmente en intensité. Le plus souvent, toutefois, ce genre de rêve signifie que l'on se sent emprisonné émotionnellement plutôt que physiquement.

Signification des rêves d'emprisonnement

On rêve parfois d'être pris au piège ou paralysé pour des raisons psychologiques, alors qu'on se porte très bien physiquement. Un homme à qui j'ai parlé, par exemple, rêvait constamment d'être enterré vivant. Quand il parvint à mettre fin à sa vie conjugale désastreuse, ces rêves cessèrent. Être enterré vif était une métaphore onirique représentant son impression d'être emprisonné par son mariage. Une femme d'un certain âge que j'ai interrogée, également malheureuse en ménage, rêvait qu'elle était enfermée dans un cachot. Dans un autre rêve, son mari la poussait dans le four de sa cuisinière avant d'ouvrir le gaz. Des images aussi horribles sont en rapport avec une impression d'emprisonnement affectif plutôt qu'avec une affection physique imminente. Comme toujours, il convient d'envisager les deux causes du rêve, psychologique et physique.

Nous venons de voir comment la perception, par le corps, d'un métabolisme dangereusement ralenti peut apparaître dans les rêves. Et s'il devient trop rapide ? Dans quel genre de rêves cela se traduira-t-il ?

b. Rythme trop rapide

Quand une personne prend trop de médicaments, cela se manifeste par des rêves de personnages excessivement actifs, surtout, bien sûr, s'il y a des stimulants parmi ces remèdes.

Exemple de métabolisme accéléré : l'homme changé en animal

Oliver Sacks, toujours dans son livre *Cent ans de sommeil*, décrit le cas d'un certain Léonard L., un homme d'une grande intelligence qui avait souffert d'une encéphalite et qui était presque totalement « pétrifié » ; c'est l'une des premières personnes que Sacks traita au L-dopa[31]. Au bout de deux semaines de traitement, Léonard se sentit renaître ; il pouvait marcher et parler couramment. Deux mois plus tard, il commença à se sentir « survolté », avec, dans la journée, un excès d'agressivité et de pulsions sexuelles.

Dans ses rêves, Léonard était « un homme des cavernes, massif, armé d'une massue invincible et d'un phallus invincible, un dieu dyonisiaque débordant de virilité et de puissance, un merveilleux homme-animal sauvage, affamé, doué d'une omnipotence royale, artistique et génitale ». Ces sentiments devinrent envahissants et persistèrent, qu'il soit endormi ou éveillé. Il dut finalement être interné. Éveillé, Léonard était surexcité, frénétique, maniaque ; la nuit, il faisait constamment des rêves érotiques et des cauchemars. On supprima ses médicaments et il retomba dans l'état d'immobilité et de mutisme qu'il présentait avant la prescription de ces remèdes, qui a d'ailleurs été remarquablement joué par Robert De Niro dans un film récent.

Tout traitement médical est complexe. Étant donné que nos images oniriques sont sensibles aux moindres modifications survenant dans notre corps, y compris celles qui sont provoquées par un médicament, nous pouvons les utiliser comme une jauge, pour savoir si le dosage est trop fort ou trop faible, et le faire corriger au besoin.

Signification des rêves d'hyperactivité

Chaque fois que j'« en fais trop », mon inconscient va m'inspirer des rêves d'activité effrénée, par exemple des ouvriers travaillant à la hâte pour terminer une construction. Si j'arrive à réagir à temps aux avertissements, il m'est possible d'éviter des ennuis. Ces rêves d'hyperactivité suggèrent le plus souvent un état de stress plutôt qu'ils dénoncent un métabolisme dont le rythme s'accélère ou des médicaments trop puissants.

5. Faites un bilan quotidien de vos rêves

En passant en revue vos rêves de la nuit, cherchez particulièrement si :

- les personnages oniriques sont rigides ou inertes,
- les personnages font preuve d'une activité excessive ou effrénée,
- certains personnages, dont vous-même, sont malades ou infirmes.

N'oubliez pas que, lorsque vous rêvez d'une infirmité ou d'une maladie physique chez vous-même ou un autre personnage du rêve, il y a trois possibilités :

1. *L'image onirique de mauvaise santé est une métaphore de votre état psychologique.* Vous pouvez par exemple rêver d'un aveugle si quelque chose d'important n'a pas été « vu » ou a été négligé.
2. *Les images de maladie représentent d'infimes sensations physiques courantes.* Dans ce cas, il se peut que vous rêviez d'un aveugle alors que vous avez réellement des troubles de la vision ou une simple fatigue oculaire. Souvenez-vous que les rêves exagèrent. Une telle image avertit le dormeur d'avoir à consacrer à ses yeux des soins préventifs.
3. *L'image est à la fois métaphore et expression d'une sensation physique.* Vous pouvez rêver d'un aveugle lorsque non seulement vous avez une mauvaise vue, mais vous ne vous en souciez pas assez.

Lorsque la sensation rejoint la métaphore : exemple des ongles cassés

Molly, une veuve d'âge mûr, s'était cassé un ongle dans la journée. C'était un petit problème agaçant mais sans aucune gravité. Cette nuit-là, elle rêva :

« Tous mes ongles se cassaient, les uns après les autres. J'étais bouleversée. »

Intriguée par ce rêve, Molly me demanda ce qu'il pouvait bien signifier. Je lui demandai de me dire ce qu'est un ongle, très simplement, comme si elle l'expliquait à un enfant. Elle me répondit :

— Un ongle, c'est quelque chose qui recouvre le bout du doigt et qui le protège. On peut aussi se servir de son ongle comme outil.

— Votre rêve semble donc indiquer qu'une chose qui vous protégeait généralement (les ongles) et qui vous est utile n'est plus active en ce moment. Y a-t-il eu un changement récent dans votre vie, qui vous donnerait l'impression d'être plus vulnérable ?

Le visage de Molly s'éclaira, comme celui d'une personne qui vient subitement de voir le rapport entre un symbole onirique et la vie réelle.

— Mon frère est en voyage, s'exclama-t-elle avec stupéfaction. Je vis seule. Quand il est là, je me sens en sécurité. Je peux lui téléphoner n'importe quand, si j'ai besoin de lui. Et maintenant il est loin de moi, pour plusieurs semaines !

Le rêve de Molly était une combinaison d'une sensation réelle, provoquée par son ongle récemment cassé, exagérée et dramatisée (tous ses ongles se cassent : émotion disproportionnée) et le malaise causé par l'absence de son frère protecteur. Ayant perdu son mari, Molly comptait beaucoup sur l'homme qui lui était le plus proche. Son rêve exprimait sans doute aussi l'inquiétude que l'absence temporaire de son frère puisse devenir permanente, la laissant donc seule et sans protection.

Depuis les troubles graves du métabolisme jusqu'à des incidents sans importance comme des ongles cassés, nos rêves reflètent nos émotions essentielles, souvent ignorées.

L'apparition d'une maladie ou d'une infirmité, des signes d'hyperactivité ou d'indolence chez un de vos personnages oniriques ou chez vous-même devraient vous amener à vous poser une question : « Est-ce que j'ai eu dernièrement un problème de santé dans ce domaine ? » Si votre réponse est oui, et si les conséquences risquent d'être importantes, un bilan de santé ou un changement de comportement s'imposent peut-être. Si vous faites ce genre de rêve, surveillez attentivement votre état de santé dans les jours qui suivent pour voir si des symptômes semblables à ceux du rêve apparaissent. Si, en revanche, vous n'avez constaté aucun trouble dans la partie du corps évoquée par le rêve, cherchez le sens métaphorique que pourrait avoir cette image. Que vous suggère ce rêve sur votre condition psychologique ? Prenez des mesures pour corriger tout excès ou manque dans votre vie réelle. Continuez de surveiller vos rêves, guettez toutes les images corporelles récidivantes.

Nous allons maintenant voir comment les rêves se modifient lorsque notre corps traverse une période difficile, voire critique.

5

LE CORPS MENACÉ

Une grande catastrophe. Je nous vois, mon mari et moi, dans une ville où rugit un gigantesque incendie. Des centaines de gens montent une côte en courant, pour tenter de voir ce qui se passe. Un avion a atterri pour évacuer la population. La porte est ouverte mais je refuse d'y monter parce que je vois que nous serions bientôt pris au piège et encerclés par le feu. Plus tard, nous sommes réfugiés dans une cave et nous entendons une énorme explosion à la surface. Je sais qu'il y a dix millions de morts; nous survivons, en sécurité sous terre.

Journal onirique de l'auteur,
deux nuits avant son opération.

Quand le corps est menacé par une blessure, une opération ou une maladie, l'inconscient interprète la situation comme une crise. Savoir que les cauchemars sont une réaction naturelle à une crise physique diminuera sans doute votre angoisse.

Ma propre frayeur a été traduite par un scénario terrible et gigantesque. Le soir où j'appris l'erreur de diagnostic et la nécessité probable de me recasser le bras, j'étais dans un tel état de choc que je ne gardai aucun souvenir de mes rêves, et je dormis d'ailleurs bien peu. Ma tête était dans un tourbillon. La nuit suivante, mes rêves représentèrent la catastrophe que je viens de décrire. Je me suis réveillée en sanglotant à cinq heures du matin.

Les rêves de cataclysme, naturel ou causé par l'homme, comme dans mon cauchemar, surviennent généralement, comme ici, au stade critique d'une maladie grave ou d'une blessure. L'inconscient interprète la menace contre l'intégrité du corps comme une menace contre la vie elle-même. Oliver Sacks, le neurologue, s'était blessé à la jambe au cours d'une randonnée et il crut entendre l'employé des admissions, à l'hôpital, lui dire : « Exécution demain ». Il savait que ce qu'on lui disait était plutôt : « Opération demain », mais il avait entendu cela à travers les brumes de sa fièvre et de son inquiétude[1]. Sur le plan émotionnel, une opération lui faisait l'effet d'une agression contre son corps.

Dans mon rêve, cette menace prenait la forme d'un grand incendie qui ravageait toute une ville, puis d'une explosion qui faisait des millions de morts. En réalité, l'inflammation provoquée par la fracture rendait mon bras brûlant. Sans aucun doute, cette sensation avait provoqué des images d'incendie dans mon cauchemar. Mon inquiétude réelle était exprimée par « des centaines de gens » qui accouraient pour voir. Il semblait bien y avoir une issue de secours, l'avion, mais je savais que c'était dangereux. Je me retirais au contraire plus profondément en moi-même, « dans une cave ». De cet abri, j'entendais au loin la destruction de millions de personnes dans une épouvantable détonation que je savais provoquée par l'avion ou l'incendie.

La nouvelle que j'avais à subir une importante opération était comparée dans mon rêve à une explosion. Sous terre, avec ma famille et quelques amis, je survivais. L'image suggérait que je me sentais capable de surmonter la catastrophe qui s'était abattue sur moi. Comme toujours, les rêves exagèrent et dramatisent la situation réelle.

SYMBOLISATION DE LA PARTIE DU CORPS ATTEINTE

Lorsqu'on a un accident ou que l'on tombe malade, la partie du corps atteinte est présente dans les rêves, directement ou symboliquement. J'ai expliqué au chapitre 1 que les bâtiments, les véhicules, les machines, les vêtements et autres objets représentent fréquemment diverses parties du corps en bonne santé. Par conséquent, quand nous avons une fracture, que nous nous déchirons un ligament, un tendon, un muscle ou que nous devons subir une amputation, l'accident est souvent traduit dans le rêve par quelque chose de cassé dans un immeuble, une automobile, une machine, ou par des vêtements en lambeaux.

Écroulement d'une construction

La rampe d'escalier qui cède : côtes cassées

Sue, la soixantaine, s'était fracturé deux côtes mais semblait se rétablir sans problèmes. Quelques semaines après l'accident, cependant, elle fit trop d'efforts en soulevant des objets lourds, chez elle. La fracture se rouvrit. Cette nuit-là, elle rêva :

> « Il y a un tremblement de terre. Je sors et je vois une fissure brune s'ouvrir dans le sol. Les briques de la terrasse tombent. J'essaie de me retenir à la rampe du perron de service. La rampe droite cède. Je tombe dans une fosse. Quand je me réveille, j'ai mal aux côtes. »

Ici, l'inconscient de Sue assimile d'abord son corps au sol qui se fissure. Ensuite, alors qu'elle tente de se raccrocher à la rampe, celle-ci s'écroule. En réalité, c'étaient ses côtes droites qui cédaient. La fosse dans laquelle elle tombe représentait sans doute la situation inquiétante où elle se sentait entraînée.

Le membre ou l'organe atteint seront symbolisés tantôt par la destruction d'une partie de la maison ou de l'immeuble, tantôt par l'écroulement de la construction elle-même.

Dans mon propre cas, c'était une ville entière qui était détruite.

Objets abîmés

Des meubles ou des outils cassés, un matériel ou un équipement de mauvaise qualité... ces images apparaissent souvent pour symboliser des blessures ou des déficiences corporelles. Un homme qui devait subir bientôt l'ablation d'un vaisseau sanguin, à cause d'un problème circulatoire à la jambe, rêva d'objets défectueux dans onze des quatorze rêves qu'il fit avant l'intervention[2]. Parmi ces images figuraient une chaudière démontée pour être réparée, un lit d'hôpital cassé, une tuyauterie rouillée et une fosse septique bouchée. Beaucoup de dormeurs comparent, dans leurs rêves, leur système vasculaire à de la tuyauterie. Une femme qui devait subir une ablation de la vésicule biliaire rêva d'une maison sans façade, de tentures déchirées dans un musée, et de pochettes de disques en piteux état, représentant apparemment la paroi stomacale[3].

Voitures en panne

Il arrive souvent que dans les rêves les troubles corporels soient assimilés à des problèmes mécaniques d'automobile. Cet homme qui avait de l'artérite à la jambe rêva d'une voiture ou d'un camion dont le débrayage fonctionnait mal[4]. Un autre homme qui devait être opéré d'un ulcère à l'estomac rêva d'une auto enchaînée à un lit ; il essayait de la dégager[5]. L'image devait représenter sa sensation d'être prisonnier de sa maladie, plutôt que la partie du corps elle-même. Un troisième, chez qui on devait réduire une luxation de la hanche, rêva que la voiture dans laquelle il était, lancée à pleine vitesse, basculait dans l'eau à l'extrémité d'une jetée. Nous verrons plus loin comment les rêves de vitesse symbolisent souvent le sentiment de perte de contrôle du rêveur, ainsi que les fonctions perturbées de son corps.

Quand le rêveur tente de réparer des objets détériorés ou de reconstruire un matériel détruit ou endommagé, cela indique un effort pour surmonter la crise physique réelle. L'attitude du rêveur est pleine d'espoir, bien plus que si, dans ses rêves, il succombait dans l'écroulement d'un immeuble, ou s'il ne faisait rien pour réparer une panne.

Signification psychologique des rêves de maisons ou d'objets endommagés

Quand une personne bien portante rêve de bâtiments, d'automobiles, de machines ou d'objets en panne ou cassés, cela pourrait être le signe d'une dégradation possible de sa santé. Souvent, toutefois, de tels songes chez le rêveur bien portant se réfèrent à des rapports affectifs perturbés. Une femme sur le point de divorcer rêva d'une bibliothèque qui se disloquait et ne tenait plus qu'avec des crochets. Les rêves d'immeubles secoués et détruits par un tremblement de terre ne sont pas rares quand l'amour « chancelle » entre deux amants.

Nous voyons donc que la structure des immeubles, des machines et des véhicules symbolise souvent notre corps, et qu'il est important de faire attention à ces images révélatrices. Surveillez-les tout particulièrement quand vous avez un problème de santé. Même si vous vous sentez bien, elles peuvent faire de la lumière sur une situation émotionnelle qui nécessite votre attention.

IMAGES ONIRIQUES CORRESPONDANT AUX PRINCIPAUX SYMPTÔMES

Les rêves des blessés et des malades reflètent aussi les sensations présentes dans la partie du corps atteinte, et révèlent son fonctionnement perturbé. Nous allons examiner de plus près ce concept.

Rêves de feu ou de chaleur = fièvre

Une chaleur excessive dans un rêve indique peut-être une inflammation ou de la fièvre. Dans mon rêve, cité au début de ce chapitre, je voyais un immense incendie détruire une ville ; dans un autre rêve de la même période, une maison gravement incendiée était en cours de reconstruction. Ces images de feu étaient sans aucun doute provoquées par l'inflammation de mon bras fracturé. En travaillant avec d'autres personnes, blessées ou malades, j'ai découvert que l'inflammation et la fièvre sont souvent représentées par des images de flammes. D'où mon aphorisme :

Incendies et insolations,
Poussée de fièvre, inflammation.

Rêves de cheveux en feu = maux de tête

Ashley, par exemple, rêva, alors qu'elle souffrait d'une sérieuse migraine, que ses cheveux étaient en feu. Le flux des vaisseaux sanguins de la tête et du cou s'était modifié, engendrant une intense sensation de chaleur. De même, les migraineux dessinent souvent des flammes autour de la tête pour représenter leur douleur cuisante[6].

Rêves de plats épicés = brûlures d'estomac

Les patients souffrant de brûlures d'estomac rêvent qu'ils mangent des plats très épicés provoquant des sensations de brûlures : choucroute, harengs, cornichons ou pizza[7]. Un homme qui avait des maux d'estomac rêva qu'il buvait du vinaigre.

Rêves de maisons en feu = fièvre ou brûlure

Un patient souffrant d'un ulcère à l'estomac rêva que sa maison était en feu. Diverses affections physiques, dont les ulcères, sont stimulées durant le sommeil paradoxal[8].

Artémidore a signalé au IIe siècle le cas d'un homme rêvant que son père mourait dans l'incendie d'une maison. Peu après, lui-même succomba à une forte fièvre probablement causée par une pneumonie[9]. Jung cite un cas à peu près semblable[10]. Hippocrate pensait que les rêves de « terre noire ou calcinée » n'étaient pas bons parce qu'il y a « danger d'attraper une maladie violente, ou même fatale, car ils indiquent un excès de sécheresse dans la chair[11] ». Ces cas sont des exemples de maladies très graves ; le plus souvent, cependant, les rêves de feu ne sont inspirés que par une fièvre passagère ou une inflammation momentanée.

Rêves d'objets brûlants = chaleur corporelle

Outre les images d'incendie, de cheveux en feu et d'aliments épicés, d'autres objets brûlants représentent parfois une chaleur corporelle intense chez le dormeur. Une femme qui avait, sur le dos de la main droite, un abcès sur le point de crever, rêva qu'un voisin la touchait à cet endroit précis avec une cigarette allumée[12]. Il m'est arrivé, alors que j'avais mal à la gorge, de rêver qu'un démon m'enfonçait une fourche rougie à blanc dans le cou, en frappant le point exact où j'avais le plus mal.

Les victimes de brûlures dessinent souvent des images dominées par un soleil éclatant ou des scènes de plage en été[13]. Ces dessins semblent avoir un rapport avec des sensations de brûlure sur la peau des patients, de même que le feu dans les rêves se rapporte à des sensations d'intense chaleur interne.

Rêves d'antidote aux symptômes

Lila, une jeune femme approchant la quarantaine, éprouva un jour des démangeaisons sur tout le corps, et se sentit très mal. Pensant qu'elle faisait une crise d'urticaire, elle alla consulter son médecin qui ordonna des analyses. La nuit suivante elle fit ce rêve : « J'ai la gale. Il y a une tache brune remplie de pus sur mon front ; elle a la forme d'une borne d'incendie. »

Le lendemain, son médecin lui téléphona pour lui annoncer qu'elle avait la varicelle. Bientôt, une tache purulente apparut sur son front, à l'endroit exact dont elle avait rêvé, ainsi que de nombreuses éruptions sur tout le corps ; Lila, en dormant, avait probablement senti se former cette future éruption et l'avait comparée à la gale, qu'elle avait déjà eue auparavant.

Pendant toute sa varicelle, sans forte fièvre, elle rêva deux fois

« de rues en feu et d'immeubles qui s'écroulent, et il y avait peut-être une inondation ». Les immeubles qui s'écroulent sont un symbole typique au cours d'une maladie ; ils représentaient probablement son sentiment d'effondrement. En revanche, l'image de la borne d'incendie est tout à fait inhabituelle. Lila se fournissait peut-être les moyens d'éteindre le feu (la fièvre) qu'elle sentait se répandre à travers son corps. Ce genre d'image idiosyncratique a son importance.

Chaque fois qu'un de nos rêves contient une image contrastant avec le symptôme physique réel, ou de nature à réduire l'anxiété générale, notez-la soigneusement. Dans le rêve de Lila, la borne d'incendie et l'inondation possible sont des images qui vont à l'encontre de l'incendie en cours. Je les appelle des *images de réorientation*. Elles servent d'antidotes à l'affection. (A la fin de ce chapitre, vous apprendrez à les utiliser.)

Signification psychologique des rêves de feu et de chaleur

Si les rêves de feu chez le dormeur malade ou blessé sont en rapport avec la fièvre ou une inflammation, chez le rêveur bien portant ils suggèrent une excitation sexuelle, ou bien ils indiquent que le dormeur est « enflammé » de passion ou « brûle de rage » pour une raison ou une autre. Ils peuvent également signifier qu'on est « tout feu tout flamme » pour un projet. Les sentiments passionnés produisent souvent des rêves de chaleur extrême.

Rêves de glace ou de froid = mauvaise circulation

Si certaines régions corporelles sont parfois brûlantes, d'autres peuvent donner l'impression d'être anormalement glacées, par suite d'une déficience de température. S'il y a eu une lésion nerveuse qui ralentit la circulation dans cette partie du corps, un froid excessif apparaît presque immanquablement dans les rêves. D'où mon aphorisme :

Givre, neige ou pluie glacée,
Le sang circule avec difficulté.

Rêve de branches givrées = doigts glacés

Malgré des sensations de fébrilité dans mon poignet cassé (officiellement « foulé »), qui comprimait le nerf cubital, mon petit doigt et mon annulaire étaient glacés et engourdis. Ce symptôme aussi apparaissait dans mes rêves ; une semaine environ après mon accident, vers la fin du rêve où je roulais en voiture dans un paysage de palmiers, où des immigrants pauvres vivaient dans des cases de bois temporaires, le décor changeait :

> « Mon mari et moi roulions alors parmi des arbres givrés. C'est incroyable. Il y a des branches dénudées couvertes de glace. En soufflant parmi ces milliers d'arbres, le vent fait un bruit étrange, gémissant. Mon mari conduit prudemment mais la voiture fait une brusque embardée et tombe en panne. Allons-nous rester coincés dans cet endroit horrible, glacial, plein d'arbres gelés ? »

Ici, mes doigts étaient comparés aux branches couvertes de glace. Cela contrastait vivement avec la région chaude pleine de palmiers qui représentait l'inflammation. Le vent gémissant symbolisait probablement ma peur de rester « coincée » dans cette déplorable condition. Comme les pauvres immigrants du rêve, mon « abri » était insuffisant.

Rêves d'objets froids = mauvaise circulation

L'image de la glace est dans les rêves un symbole caractéristique d'un ralentissement de la circulation. L'homme qui souffrait d'artérite dans une jambe, provoquant des crampes nocturnes, des pieds froids et une mobilité limitée, rêva qu'il gravissait péniblement, en voiture, une côte verglacée [14]. Son rêve contenait plusieurs références à la neige, la glace et le froid ; quand il me parla ensuite de ce cauchemar il me dit que la glace avait « deux pieds » d'épaisseur, faisant ainsi involontairement allusion à ses propres pieds glacés.

Les femmes qui ont eu le malheur d'avoir un enfant mort-né ont souvent fait des rêves de froid associé avec l'enfant à naître, avant d'apprendre la mort de leur fœtus. Le psychologue Robert Van de Castle décrit le rêve d'une femme enceinte qui voyait son bébé sur la table de consultation, et l'obstétricien qui cessait son examen parce que l'enfant était trop froid [15]. Il s'avéra en fait que le fœtus était mort. Dans un autre cas rapporté par Van de Castle, une femme enceinte rêva que sa mère avait mis le bébé au réfrigérateur, où elle le découvrait complètement glacé. Plus tard, cette femme accoucha d'un enfant mort-né[16]. Ces femmes percevaient inconsciemment, semble-t-il, la froideur anormale du fœtus qu'elles portaient. Il est évident que les rêves de froid et de bébé n'ont pas tous cette funeste signification pour les femmes enceintes, mais ils peuvent être un signal. Ce sont là des cas extrêmes ; la cause est généralement moins tragique.

Signification psychologique des rêves de froid et de glace

La neige, le givre et toutes les autres manifestations du froid dans les rêves soulignent souvent une « froideur » émotionnelle dans l'environnement du rêveur, ou des frayeurs qui « glacent le sang ». En termes psychologiques les rêves de neige, de glace ou de froid suggèrent la peur d'une situation « dangereuse » ou « glissante »[17].

Toutes ces images hivernales peuvent également signifier un froid interne causé par une mauvaise circulation. Et elles sont souvent provoquées bien plus simplement par une trop basse température dans la chambre, ou une couverture qui aura glissé du lit.

En revanche, si vous rêvez de neige et de glace après une blessure, le rapport avec une mauvaise circulation semble plus net. Cherchez ce à quoi le froid est associé dans votre rêve, et si cela correspond à une région de votre corps. Si la réponse est oui, il serait bon d'en parler à votre médecin. Vous aurez aussi intérêt à pratiquer des visualisations spécifiques (comme celles qui sont expliquées à la fin de ce chapitre) en rapport avec la région touchée.

Rêves d'excès d'eau = œdème ou mucosités

Une surabondance de sécrétions dans les tissus corporels suscite souvent des rêves d'eau à profusion. D'où mon aphorisme :

Noyade ou inondation
Excès d'eau et rétention.

Les sensations d'excès de liquide ou d'excès de chaleur dans le corps se combinent quelquefois en une seule image, comme dans le rêve de cette femme fiévreuse qui voyait une piscine pleine d'eau bouillante.

Deux états suscitent apparemment des rêves d'excès d'eau : l'œdème (rétention d'eau) et une condition pulmonaire produisant beaucoup de mucosités. Un tel état peut susciter des rêves de noyade ou de gêne respiratoire. Les patients qui ont eu une crise cardiaque doivent particulièrement faire attention aux rêves de noyade, qui risquent d'indiquer une dangereuse rétention d'eau.

Les rêves où l'on se noie sont également associés, souvent, à un excès de sécrétions, provoqué par les maladies pulmonaires chroniques, bronchite, pneumonie, ou par de sérieuses infections de la poitrine. Un malade souffrant d'une forte bronchite rêva qu'il marchait avec des amis sur une mauvaise route de montagne, où il avait du mal à suivre leur allure ; il tombait dans une rivière et commençait à se noyer dans une eau sale, jaune et saumâtre. Il crut mourir et se réveilla affolé avec un mal de tête[18]. L'eau sale et jaunâtre symbolisait les expectorations épaisses du rêveur.

Robert Bosnak, un analyste jungien de Cambridge, décrit le triste cas d'un de ses patients, Christophe, qui avait contracté le sida[19]. Tandis que sa santé se détériorait, il attrapa une pneumocystose (une forme de pneumonie très grave qui frappe souvent les victimes du sida) mais il parvint à la combattre. Au début d'une de ses séances de psychothérapie, il raconta : « Je rêve beaucoup d'eau, en ce moment... j'ai fait deux rêves à la suite avec de l'eau polluée... » Dans un de ces rêves, l'eau d'un lac était « visqueuse » et pleine d'« immonde vase verte », qui lui rappelait des moments où il ne pouvait pas respirer, quand il était à l'hôpital. Dans l'autre rêve, il était séparé d'une très belle femme par de l'eau « visqueuse ». Ces rêves peuvent se situer sur de nombreux plans de signification mais, pour ma part, il me semble que sur le plan physique, cet homme symbolisait l'infection de ses poumons. D'ailleurs, peu de temps après ces rêves, Christophe fit une rechute de pneumocystose ; la troisième finit par le tuer.

Si l'état des asthmatiques est rarement mortel, ils rêvent aussi d'excès d'eau, parce que leur réaction à l'histamine provoque un surcroît de sécrétions. Une jeune femme souffrant d'asthme rêva d'un homme qui cherchait à tuer d'autres femmes, en leur tenant la tête sous l'eau pendant trois minutes pour les asphyxier. Elle se réveilla, la respiration sifflante et oppressée[20]. L'eau de son rêve était une métaphore de l'excès des sécrétions dans ses propres bronches.

J'ai été stupéfaite de découvrir, au cours de mes recherches sur les rêves et la santé dans des documents de l'Antiquité, qu'Hippocrate avait décrit cette même signification de l'excès d'eau dans les rêves il y a plus de deux mille ans. Il appelait cela un état de

« mucosités humides » parfois associées à des rêves de fortes pluies, d'orages, de tempête ou de grêle. « Si le rêveur se voit plonger dans un lac, dans la mer ou une rivière, ce n'est pas bon signe car cela indique un excès d'humidité[21]. » Les grosses suées associées à la fièvre, notait Hippocrate, provoquent parfois des rêves d'immersion ou de noyade. J'ai moi-même observé cela chez une jeune femme qui avait une forte fièvre et transpirait abondamment. Hospitalisée pour un cancer du sein, Jo rêva qu'elle se noyait dans un lac qui portait son propre nom de famille.

Hippocrate faisait encore observer : « Voir la terre inondée par un fleuve ou par la mer est signe de maladie, car il y a trop d'humidité dans le corps[22]. » (Nous verrons plus tard comment un symbolisme onirique négatif de ce genre peut être utilisé pour créer des visualisations adaptées, afin de neutraliser les excès.)

Signification psychologique des rêves d'excès d'eau

Les images d'eau envahissante peuvent aussi indiquer que le dormeur se sent débordé par la situation ou par des sentiments mal contrôlés. Une femme rêva qu'elle était submergée par de hautes vagues alors qu'elle se débattait dans une situation amoureuse qui la dépassait.

Rêves de sécheresse = sécrétions insuffisantes

Lorsque les tissus manquent de sécrétions, on fait des rêves de terre aride ou calcinée, de choses brûlées ou desséchées. D'où mon aphorisme :

Terre aride et plantes desséchées,
Tissus corporels déshydratés.

J'ai déjà mentionné que de grands brûlés dessinent souvent des scènes d'été torrides, de soleil, de sables brûlants, qui sont des métaphores de leurs sensations de chaleur insoutenable et de sécheresse exagérée. Un patient dont le liquide céphalo-rachidien circulait mal rêva d'une machine en panne qui avait besoin d'être graissée[23].

Deux jours avant de subir une opération, l'homme qui souffrait d'artérite à la jambe rêva qu'il essayait d'escalader des rochers dans un lit de rivière en partie asséchée[24]. La rivière à moitié asséchée me semble symboliser la circulation réduite dans cette jambe. Il disait aussi qu'il trébuchait et butait contre des pierres « grosses comme ses pieds », ce qui constitue une autre allusion à sa jambe malade.

La sensation de sécheresse, de soif, survient parfois lorsque le dormeur a réellement la bouche sèche, pour avoir mangé un plat trop salé ou très épicé. Freud décrit un rêve qu'il pouvait susciter à volonté quand il se couchait assoiffé après avoir mangé des olives et des anchois ; il rêvait qu'il buvait des litres et des litres d'eau afin de calmer sa soif[25].

Signification psychologique des rêves de sécheresse

Les rêves de personnes déshydratées ou de choses désséchées sont relativement rares. Si vous faites un de ces rêves alors que vous êtes bien portant, cherchez si une partie de votre corps n'a pas « perdu son tonus » ou donne l'impression d'être « toute flasque ».

Les images d'objets brûlés ou carbonisés, de paysages arides peuvent apparaître en conjonction avec une hausse de température excessive ; d'un autre côté, le rêveur dort peut-être dans une chambre surchauffée ou juste à côté d'un radiateur.

Si, quand vous êtes blessé ou malade, vous faites des rêves d'objets brûlés ou de personnes déshydratées, voyez si cela ne correspondrait pas à une lubrification insuffisante ou à une sécheresse excessive d'un organe.

ACTIVITÉS PHYSIOLOGIQUES PERTURBÉES

Mauvaise circulation, mauvaise digestion

Les tuyaux, les tubes, les conduites, les fils électriques, les canaux, toutes ces structures sont souvent associées au mouvement des liquides et de l'énergie dans le corps du rêveur, par le système sanguin et les nerfs. Les canaux correspondent souvent aux vaisseaux sanguins, mais peuvent représenter d'autres réseaux corporels. La tuyauterie, les tuyaux d'arrosage symbolisent fréquemment le canal séminal du sujet masculin. Les fils sont plutôt associés aux nerfs. Les corps se déplaçant dans l'eau, rivières ou ruisseaux, peuvent être des métaphores de la circulation sanguine.

Comme pour bien d'autres cas, Hippocrate a observé ce phénomène il y a des siècles. « Quand les rivières n'ont pas leur niveau normal, c'est qu'elles évoquent la circulation du sang ; une montée du niveau trahit un excès du flux sanguin, un niveau bas une insuffisance sanguine[26]. » Il dit aussi : « Une eau trouble révèle une digestion perturbée », et « les sources et citernes évoquent des ennuis du côté de la vessie[27]. » Il pensait qu'une « mer turbulente indique des maux d'estomac[28] ». Si nous rêvons de cours d'eau, ou d'autres liquides, surtout si le flot est pollué, excessif ou insuffisant, nous devons envisager la possibilité d'une insuffisance de nos sécrétions.

J'ai souvent noté des rêves de flux anormal en relation avec la menstruation. Lorsqu'il m'est arrivé d'avoir des règles très abondantes, j'ai rêvé d'un lavabo qui débordait, et dont je n'arrivais pas à fermer le robinet.

Les hommes symbolisent parfois le passage de sperme dans leur urètre par une pompe à essence et son tuyau. Trop d'essence dans le rêve, ou trop peu, pourrait être une information importante sur d'éventuels problèmes dans cette partie du corps ; quant aux femmes qui rêvent de faire le plein à la pompe, c'est souvent aussi un symbole de rapports sexuels. De même, certains rêveurs représentent quelquefois le sperme, dans leurs rêves, par un liquide circulant dans des tuyaux et des robinets.

Signification psychologique d'un trop-plein ou d'une insuffisance de liquide

Psychologiquement, les rêves d'un trop-plein de liquide, ou au contraire d'assèchement, suggèrent une surabondance ou une déficience d'énergie dans la vie courante. Quand nous sommes bien portants, les images de liquide qui déborde suggèrent peut-être une situation provoquant une émotion excessive. Les images de faible débit d'eau peuvent indiquer une situation qui paraît insuffisante à nos besoins.

Blocages

Quand un blocage se produit dans l'écoulement naturel d'un liquide corporel, cela apparaît souvent dans les rêves comme un obstacle, par exemple des rochers émergeant d'un cours d'eau à moitié asséché. Un homme affligé d'ulcère à l'estomac chronique, et qui devait être opéré, rêva qu'il était en haut d'une échelle et tentait de récupérer un ballon coincé dans les fils téléphoniques. Cette image correspondait à l'ablation de l'obstacle (la balle) dans son estomac, impliquant une intervention sur le nerf (les fils) responsable de cette gêne[29]. Ses rêves contenaient aussi des images de ruelles et de passages étroits, étranglés ; on pensa qu'ils symbolisaient une restriction de son canal gastro-intestinal[30]. Un troisième, qui venait d'être opéré d'une tumeur avancée du côlon, rêva d'une boîte à ressort dont le système était bloqué[31]. Les chercheurs qui travaillaient avec ce patient pensèrent que les tubes bouchés faisaient allusion aux intestins, qui avaient été « fermés » par une colostomie.

Implications émotionnelles d'un blocage dans les rêves

Psychologiquement, la présence d'un obstacle, dans les rêves, indique une frustration de nos projets ou de notre capacité d'action. Les gens représentent souvent en rêve des relations sentimentales difficiles par une machine qu'ils ont du mal à faire fonctionner. Les personnes bien portantes qui rêvent de ne pouvoir donner un coup de téléphone sans tomber sur un faux numéro ou avoir la communication coupée symbolisent généralement les difficultés qu'elles ont à communiquer, dans la réalité, avec un personnage qui occupe une place importante dans leur vie. Les répondeurs ont récemment fait leur apparition dans les rêves, comme chez cet homme qui rêvait qu'il trouvait sur son appareil un message brouillé de son père. Ces mésaventures, chez les rêveurs bien portants, suggèrent des problèmes d'ordre émotionnel plutôt qu'un blocage physique. Ces images sont des métaphores d'une relation difficile avec une autre personne.

Rêves de véhicules en panne = déficience corporelle

Rêves de panne d'essence = baisse des réserves d'énergie

Les automobiles, les camions, les avions, tous les véhicules représentent souvent le corps du rêveur en bonne santé (voir au chapitre 1). A présent, nous allons voir comment, lorsque votre corps fonctionne mal ou qu'il a besoin de soins, ces véhicules peuvent apparaître en rêve dans un état défectueux ou une situation dangereuse. Le niveau d'essence est une importante métaphore de l'énergie vitale.

Lorsque mon mari Zal, par exemple, qui se rappelle rarement

ses rêves, devait se faire opérer d'une hernie, il rêva d'un vol aventureux dans un vieux coucou, alors qu'il partait au combat ou qu'il en revenait, et il s'apercevait subitement que son réservoir n'était plus qu'à moitié plein. Il avait probablement assez d'essence pour son vol, mais il était soucieux.

Zal, qui avait soixante ans passés, était sans doute « vieillot » comme l'aéroplane de son rêve, mais cela ne l'empêchait pas de relever avec entrain les défis de l'existence. Il pensait que ce type d'avion était « extrêmement maniable, excitant et romanesque » et il associait l'essence avec les ressources d'énergie. « Une jauge, disait-il, mesure l'énergie qui vous reste. » Zal comprenait que ces images se rapportaient à sa prochaine opération et à sa crainte de ne plus avoir assez de ressources physiques. Dans son langage onirique, il exprimait son anxiété par l'inquiétude de ne pas avoir assez d'essence pour terminer son vol. Le rêve lui disait que les ressources étaient à moitié épuisées mais qu'il en restait probablement assez pour la mission. Effectivement l'opération se passa bien — il y a de cela plus de quatre ans — et Zal repartit du bon pied, plus en forme que jamais.

Chaque rêveur aura son symbolisme onirique particulier et ses métaphores personnelles. Pour beaucoup, c'est une automobile qui représentera le mouvement ou l'état de leur corps.

Rêves de réservoir vide = énergie épuisée

Christophe, le patient de Robert Bosnak qui mourait du sida, fit un rêve dans lequel le cabriolet qu'il conduisait était sur le point de tomber en panne sèche[32]. Il voyait le compteur d'essence tomber à zéro. Finalement, la voiture tombait en panne et s'arrêtait, symbolisant une énergie vitale épuisée. Le rêve des freins qui lâchent est plus fréquent.

Rêves de voitures trop rapides = perte de contrôle

Brad, un homme venant de dépasser les soixante-dix ans, devait se faire poser une prothèse de la hanche, car la marche était devenue pour lui excessivement douloureuse. Pendant les deux semaines précédant l'intervention, il fit quatre rêves qu'il me raconta. Il eut le suivant huit jours avant l'opération :

> « Je suis assis à l'avant, dans une auto. Joe (un de mes anciens camarades, un homme d'affaires trop rusé, d'ailleurs nous ne

sommes plus amis) est au volant. On roule sur une longue jetée, de plus en plus vite, et arrivés au bout, on passe par-dessus bord. On met très longtemps avant de toucher l'eau. Nous remontons tous les deux... Mon Dieu, je dois nager jusqu'à la côte, au moins 800 mètres ! Des gens nous montrent le poing. Le rêve se dissout. »

Dans ce rêve Brad représentait son corps — l'automobile — comme échappant à tout contrôle ; quelqu'un d'autre, une personne qu'il n'estime pas digne de confiance, conduit trop vite. L'image du saut au bout de la jetée, dans de l'eau profonde, suggérait un danger d'épuisement mortel. Mais Brad refaisait surface pour affronter la longue nage vers la sécurité. En décrivant cela, il commentait : « J'ai été un nageur de compétition, dans le temps. Maintenant, je ne suis plus que l'ombre de ce que j'étais. » La colère que son infirmité lui faisait éprouver était symbolisée par ces gens qui lui montraient le poing. Le rêve indiquait que Brad essayait de s'arranger avec sa colère et sa peur de l'opération imminente. Les images prévenaient qu'il aurait à lutter longtemps pour retrouver la terre ferme. Six mois après l'intervention, Brad marchait normalement, sans canne. Il avait réussi ce long trajet à la nage.

Rêves d'autos sans freins = perte de contrôle

Beaucoup de rêveurs ont recours à l'image de la voiture pour représenter leur corps et leur situation dans la vie réelle, quel que soit leur âge. Rosie, qui n'avait que six ans, fit ce cauchemar terrifiant d'une voiture incontrôlable, après être rentrée chez elle à la suite d'une pneumonie qui avait nécessité une semaine d'hospitalisation :

> « J'étais dans la voiture de maman et je n'aurais pas dû être là. Les freins se sont cassés et la voiture s'est mise à rouler à toute vitesse. Brusquement, il y avait une grande sorcière dans une voiture rouge toute brillante. J'avais peur de ne jamais pouvoir retourner près de maman. » (Ce rêve a tellement effrayé la petite fille qu'elle est allée chercher un réconfort dans la chambre de sa mère.)

Ici, la petite rêveuse indique non seulement qu'elle sentait que son corps et sa situation dans la vie échappaient à tout contrôle,

3a. Maladie : à l'hôpital avec une pneumonie
dessin de Rosie Schoneberg

Dans ce dessin d'une maladie, Rosie, six ans, montre ce qu'elle éprouvait au cours de la semaine qu'elle passa à l'hôpital pour une pneumonie. Sa mère (le personnage plus petit assis sur la gauche) tient la main de l'enfant, et son visage a une expression souriante, rassurante. La petite fille, plus grande que sa mère, se dépeint comme le centre de sa propre vie. Le visage de Rosie est triste mais sa mère et elle sont reliées.

mais encore qu'elle était responsable de ce qui arrivait, comme si c'était par sa faute que les freins étaient « cassés ». La mère de Rosie, qui dormait sur un lit de camp dans la chambre de sa fille pendant la durée de son hospitalisation, était extrêmement mécontente du traitement et des soins donnés à sa fille, et elle avouait elle-même qu'elle était devenue « hystérique » vis-à-vis du personnel hospitalier. La sorcière du rêve de Rosie représentait peut-être la mère aux émotions « incontrôlées ». Dans ce cas, il n'était pas surprenant qu'elle veuille retrouver sa maman bien connue ainsi que son état de santé normal. Notez comment Zal, Brad et même Rosie ont symbolisé le long chemin du rétablissement par une distance physique.

3b. *Cauchemar suivant l'hospitalisation : la voiture folle*
dessin de Rosie Schoneberg

Ce dessin représente un autre plan des sentiments de Rosie, son cauchemar, déjà décrit, après son retour de l'hôpital. Sa respiration était pénible, les conditions hospitalières l'avaient effrayée. Elle s'est dessinée dans la voiture dont les freins avaient lâché, un rêve type symbolisant la maladie physique et le sentiment que l'on a perdu le contrôle de sa propre vie.

Vous remarquerez que la voiture de Rosie s'éloigne de sa mère (la grande silhouette barrée, sur la gauche). La femme au chapeau pointu est la sorcière qui apparaissait subitement dans le cauchemar de Rosie. Pendant l'hospitalisation de la petite fille, sa mère avait été furieuse contre le personnel, qu'elle accusait de mal soigner son enfant; elle disait elle-même qu'elle « devenait hystérique ». La sorcière représentait probablement le mauvais côté d'une mère perdant son calme, qui fait peur à tous les enfants. Ici, c'est la sorcière et la mère qui sont en contact et la sorcière se tient entre Rosie et sa mère « normale ». La colère dont Rosie avait été témoin lui avait fait craindre de « ne jamais pouvoir retourner près de maman ». Ce cauchemar combinait la peur de la maladie, de l'hospitalisation et du comporte-

ment de la mère. Quand Rosie se réveilla, sa maman était là, rassurante, pour rendre confiance à sa petite fille.

En dessinant leurs cauchemars, les rêveurs désamorcent l'angoisse exprimée par l'imagerie onirique, et entament le processus de reprise de contrôle.

Si vous devez vous faire opérer, observez comment vos rêves traduisent la situation. Vous êtes presque certain d'y retrouver votre corps, d'une façon ou d'une autre, directement ou symboliquement. Il peut être un véhicule, une maison, une machine. Que vous inspire votre rêve sur l'état de cette image du corps, la situation générale, les difficultés du voyage et les probabilités de l'arrivée à bon port ? (Vous trouverez à la fin de ce chapitre d'autres suggestions pour mieux comprendre de tels rêves.)

Rêves d'insectes et de déchets = invasion de toxines

Dans les rêves, les maladies prennent parfois la forme d'insectes. Un homme souffrant d'ulcères à l'estomac rêva de « mites du bois » ou de « mangeuses de bois » sur le toit de sa maison, qui risquaient d'endommager ou de détruire ses arbres [33]. Les mites du bois étaient une métaphore des ulcères acides qui lui « rongeaient » la paroi stomacale.

Le psychiatre russe Vassili Kasatkine cite le cas d'un certain « patient N. » souffrant de gastrite chronique qui, au moment de ses crises, faisait des rêves qui le dégoûtaient. Dans l'un d'eux, il était dans un sauna rempli d'excréments et il avait la nausée ; dans un autre, il mangeait du poisson cru avec un assaisonnement répugnant ; lors de son accès le plus douloureux, il rêva qu'il tirait de sa gorge des mucosités dont les racines étaient couvertes d'araignées et de vers, et plus tard qu'il marchait le long d'une rivière polluée charriant des poissons morts et pourris vers la côte [34]. Après chacun de ces cauchemars, le patient se réveillait avec la nausée, probablement déjà ressentie durant son sommeil.

Les rêves d'insectes sont presque toujours déplaisants.

Implications émotionnelles des insectes et des excréments dans les rêves

Psychologiquement, les rêves d'insectes ou d'excréments peuvent traduire les sentiments du rêveur à l'égard de personnes ou de situations qui le « font chier » ou qu'il trouve « merdeuses ». Parfois, ces images révèlent un trouble mental plus grave.

Nous avons vu comment les problèmes de santé peuvent être représentés par les rêves. Nous allons maintenant nous intéresser aux réactions oniriques des personnes hospitalisées.

RÊVES D'HOSPITALISATION

En général, les gens réagissent à une hospitalisation par un sentiment de perte dans trois domaines : le contrôle, l'identité et la dignité. Le plus souvent, les patients ont peur de l'opération prévue ou d'autres procédures médicales. Ils espèrent qu'ils retrouveront bientôt leur état normal. Chacun de ces soucis devient un sujet de rêves pour la personne hospitalisée.

Les procédures préopératoires peuvent être par elles-mêmes une cause d'agitation, en particulier quand une urgence nécessite l'intervention chirurgicale. A la suite d'un accident ou de la découverte d'un état critique, le corps tout entier est d'abord en état de choc, puis de tension pénible. Les opérations, bien que prévues, demeurent une menace pour l'intégrité du corps, mais elles nous laissent la possibilité de faire une valise, de modifier notre agenda, de demander à des amis ou parents de se relayer auprès de nous et, dans l'ensemble, on exerce tout de même un certain contrôle de la situation.

Perte de contrôle

Le choc de l'accident est la plus vive menace contre le corps. Nous avons vu comment les rêves de véhicules en perte de contrôle sont courants à ce stade. Constamment, les victimes d'accidents traumatisants disent : « C'est arrivé si vite ! Ça s'est passé en quelques instants[35]. » Cette soudaineté de la blessure peut causer une confusion mentale, on ne sait pas exactement ce qui s'est passé, on se sent désorienté et parfois dissocié de soi-même[36].

Au-delà du rideau

Nan, une femme de plus de quatre-vingts ans, fit une chute en traversant la rue qui provoqua la fracture d'un bras et du col du fémur, ainsi que de nombreuses contusions. Elle fut immédiatement hospitalisée et le chirurgien annonça qu'il l'opérerait le lendemain. Habituellement très alerte et d'esprit vif, elle fut prise de confusion dans les idées au cours de la nuit suivant son accident, peut-être à cause du somnifère qu'on lui administra. Elle me raconta qu'elle s'était réveillée en pleine nuit et avait vu des fleurs et un rideau de séparation : « Tout à coup, j'étais tout à fait certaine que ma maison était derrière ce rideau. J'arrachai tout ce qui recouvrait mes jambes, la perfusion et le reste et je me mis à crier : "Où suis-je ? Ce n'est pas ma maison !" »

Il est probable que cela arriva à Nan alors qu'elle était dans un demi-sommeil, juste avant de s'endormir profondément ; l'apparition d'images oniriques est fréquente durant cette période hypnagogique. J'ai déjà cité Nan et rapporté qu'elle essayait de ne pas s'endormir, pour ne pas rêver de saules pleureurs, métaphores de sa tristesse. En dépit de tous ses efforts, elle s'assoupissait et ne savait plus ensuite où elle était. La nuit est bien souvent le plus mauvais moment pour les patients, ou pour toute personne anxieuse, surtout quand on se sent désorienté et abandonné.

Tous les jeunes qui sont soudain victimes d'un accident se sentent perdus, surtout s'ils sont fiévreux et sous l'effet des médicaments. Ne vous alarmez pas si jamais cela vous arrive. Ne vous laissez pas aller au découragement. Détendez-vous de votre mieux et vous retrouverez bientôt vos repères. Les visualisations actives et les images positives sont les meilleurs moyens de reprendre le contrôle de soi.

Visualisations apaisantes

Quand j'ai appris que j'allais être opérée dans quelques heures, je réussis à calmer mon angoisse en imaginant des champs de lavande, ce qui avait un effet profondément reposant. Si jamais vous devez affronter une crise, essayez de vous remettre en mémoire la scène la plus apaisante et la plus belle que vous puissiez évoquer. Rendez-la présente avec tous vos sens : voyez-la, entendez-la, respirez-la, touchez-la et même goûtez-la...

Ce que vous imaginez et ce que vous rêvez exerce une influence sur vos battements de cœur, sur vos sécrétions et sur le fonctionnement de tous vos systèmes. En visualisant mentalement des images paisibles, vous pouvez dans une certaine mesure neutraliser l'agression de menaces perçues ou réelles contre votre intégrité physique. Vous découvrirez qu'en utilisant certaines images de vos rêves, vous arriverez à éviter de trop fortes perturbations émotionnelles.

Le rapport esprit/corps de Rossi

Ernest Rossi est un clinicien et un hypnothérapeute de Los Angeles qui a longuement travaillé sur les rapports entre l'esprit et le corps. Les chercheurs ont identifié, dit-il, un mode d'influence en trois phases par lequel l'esprit exerce son influence sur les cellules :

(1) quand nous imaginons un tableau, une image, ou quand nous ressentons une émotion, le lobe frontal du cortex cérébral engendre des impulsions nerveuses ;

(2) ces impulsions sont filtrées par les régions émotionnelles du système limbique ;

(3) les impulsions nerveuses sont alors converties en impulsions chimiques appelées neurotransmetteurs[37].

Ainsi, l'information du cortex pénètre dans l'hypothalamus sous forme de signaux nerveux, et en ressort sous forme de substances biochimiques. Ces neurotransmetteurs circulent dans le système sanguin à la recherche de récepteurs dans les tissus et organes, où ils s'insinuent comme une clef dans une serrure et déclenchent une réaction locale. De cette façon, l'esprit exerce son influence sur les fonctions biochimiques de tous les principaux organes et des tissus, par l'intermédiaire du système nerveux autonome. Autrement dit, ce que nous pensons, imaginons ou ressentons produit un effet particulier sur le fonctionnement de notre corps, influence qui devient d'une importance extrême pour le bon rétablissement d'une maladie ou d'une blessure.

Les émotions, les pensées et les images positives ont des corrélations biochimiques spécifiques qui influencent notre corps et ses fonctions. En concentrant notre attention sur diverses régions de notre corps, nous modifions réellement la circulation du sang, nous dilatons ou contractons nos vaisseaux sanguins. A la fin de ce chapitre, vous trouverez plusieurs suggestions sur ces exercices et, dans les suivants, sur la façon d'utiliser vos pouvoirs internes pour améliorer votre condition physique.

Reprendre le contrôle

La clef, pour combattre le stress, est de conserver le contrôle dans une certaine mesure. Plusieurs études ont démontré que plus le degré de contrôle que les gens pensent avoir sur leur vie est élevé, moins ils risquent de souffrir de stress émotionnel[38]. La capacité de prendre ses décisions augmente le contrôle de soi. Une personne hospitalisée sans préavis perd le contrôle de nombreux aspects de sa vie. Utiliser notre imagination nous permettra de retrouver la maîtrise de la situation.

Perte d'identité

Le sentiment de dépersonnalisation est une autre réaction courante à une blessure suivie d'hospitalisation ; la perte de sa dignité survient généralement plus tard.

Le chien bleu avec la brassière rouge

La nuit précédant mon opération, mes rêves m'ont présenté de nombreuses images de destruction et de danger, dont la perte de mes papiers d'identité. Je raconte ici le milieu d'un très long rêve complexe que j'ai fait[39] :

> « En retournant au château, je suis stupéfaite de voir un animal qui a été souvent décrit mais dont personne ne croit qu'il existe, une créature mythique. C'est un grand chien bleu qui porte une brassière de sauvetage rouge. Il en reste peut-être encore trois ou quatre. Je suis si étonnée de voir de mes propres yeux cette incroyable créature que je laisse tomber toutes mes affaires dans un bourbier le long de la route. Je tombe dedans aussi. Je réussis à en sortir, mais quand je me retourne pour attraper mon sac, mes billets d'avion et d'autres choses, tout a sombré dans le fond. »

Ce rêve se terminait sur une note plus positive (décrite plus loin). Vous remarquerez que l'un des thèmes de ce rêve précédant mon opération est une reconstitution de mon accident. Les blessés représentent souvent leur accident dans leurs rêves, parfois par des reconstitutions exactes ou par des déformations de la réalité. J'étais tombée sur un trottoir, pas dans un bourbier. En substituant le bourbier au trottoir, mon esprit créait une métaphore qui soulignait mon impression d'être « embourbée » dans une situation difficile et inextricable. Ici, cet accident causait la perte de mes objets de valeur. Les billets d'avion, pour moi, représentent la possibi-

4. Image de réorientation : le chien bleu avec la brassière de sauvetage rouge

dessin de Patricia Garfield

Faire le dessin d'un rêve (ou extrait de rêve) positif vous fournit une image concrète sur laquelle vous pouvez concentrer votre énergie curative. Le chien bleu avec la brassière rouge était pour moi un signe d'espoir, dérivé de ce rêve que j'avais fait avant mon opération. Repérer dans les rêves les images positives, les décrire et se concentrer sur elles, permet d'apaiser ses craintes et de garder espoir, un peu comme le soutien qu'apporte aux croyants une statue de saint. Ces dessins peuvent servir de base à nos réflexions ou à nos exercices de visualisation. Comme elles nous viennent de nos profondeurs émotionnelles, elles ont pour nous un extraordinaire pouvoir curatif.

lité d'aller et de venir librement. Quant à mon sac, il contient tous mes papiers d'identité, mon argent, mon maquillage et mes cartes de crédit.

Quand on rêve, comme moi, de la perte de papiers d'identité, on illustre la perte d'identité si courante chez les patients. Je n'étais plus une psychologue, experte en onirologie, écrivain, consultante, femme aimée et aimante, mère, je n'étais plus qu'une patiente affrontant l'inconnu, la souffrance et peut-être même la mort. C'est une impression que connaissent beaucoup de patients.

Si vous allez subir une opération ou si vous êtes gravement malade, n'oubliez pas que les rêves de catastrophes ne sont qu'un stade d'un processus plus vaste. Les cauchemars sont normaux lorsque nous sommes sérieusement malades. Les rêves reviennent plus tard à des sujets plus heureux et, si vous le leur permettez, ils vous apaiseront et vous aideront à guérir plus vite.

Ne vous étonnez pas si vous rêvez de partir en voyage, surtout si vous êtes réellement en train de faire une valise pour un séjour à l'hôpital. Vous partez en voyage pour l'inconnu. Les pages suivantes sont en quelque sorte une carte routière qui vous indique ce chemin du retour.

L'identité retrouvée

Rappelez-vous qui vous êtes. Vous n'êtes pas simplement un membre blessé ou un organe malade. Vous êtes vous-même — un être humain complet à part entière — et cela même si vous êtes handicapé ou mutilé. Ne vous laissez pas traiter injustement ou avec désinvolture. Travailler avec votre symbolisme onirique personnel est un moyen fondamental de rester en contact avec vous-même, et de ne pas oublier votre identité et votre unicité. (Voir, dans le guide à la fin de ce chapitre, des suggestions de travail onirique, dessins et visualisations.)

CRAINTES ET ESPOIRS SYMBOLISÉS DANS LES RÊVES

La peur d'être incisé

Affronter une opération est une cause de stress. On doit faire face alors à une double menace : la blessure corporelle et la mort possible. Les hommes et les femmes réagissent généralement à cette crise avec angoisse, sentiments de dépendance ou colère (ou les trois ensemble); d'autres en niant la gravité de la situation. Il y a une période d'agitation interne pendant laquelle le patient tente de mobiliser ses défenses contre l'anxiété. Une étude sur des patients devant subir une opération révéla que beaucoup étaient préoccupées par des fantasmes de châtiment, de mutilation ou de mort. Dans les rêves, le patient s'efforce de maîtriser ses craintes du stress.

Au cours de cette étude très rigoureuse, les chercheurs Louis Breger, Ian Hunter et Ron Lane ont classé les rêves de cinq patients pendant les quatre nuits précédant une opération prévue[40]. Ces patients dormaient dans le laboratoire, où on les réveillait tout de suite après la période de sommeil paradoxal. Il en résulta quarante-neuf récits de rêves précédant leur intervention, qui furent comparés à quarante-cinq autres rêves qu'ils firent dans les trois nuits suivant l'opération. Ces rapports furent de nouveau comparés à ceux de deux sujets de contrôle qui ne devaient pas être opérés.

Rêves de couteaux et de scies = peur du bistouri

Comme nous l'avons vu précédemment, les patients destinés à l'opération rêvent souvent d'instruments coupants. Cette imagerie représente, croit-on, la peur du bistouri, parce qu'elle est bien plus fréquente avant l'opération qu'après. L'action de couper, combinée avec des objets défectueux ou endommagés, apparaît dans quatre-vingt pour cent des rêves « pré-opératoires » rassemblés par Breger et son équipe, contre seulement cinquante-trois pour cent des rêves faits après l'opération.

Les patients rêvaient d'éléments en rapport avec la chirurgie — médecins, malades, hôpitaux, matériel médical ou opérations — avant leur opération bien plus qu'après (quarante-deux pour cent contre treize pour cent[41]). Les dormeurs qui ne devaient pas être opérés ne rêvaient pratiquement pas d'instruments coupants, d'objets défectueux ou de personnel et de matériel hospitaliers[42].

Espoirs de rétablissement

Les rêveurs qui doivent passer sur la table d'opération se représentent le résultat espéré tout comme ils symbolisent la partie du corps souffrante et leur crainte de l'incision. Les rêves préopératoires ne sont donc pas tous désagréables. Voici la conclusion de mon rêve du chien bleu :

« Je ne suis pas trop inquiète de la perte de mes affaires et je continue de marcher dans le parc du château, où je croise de nombreuses personnes portant des animaux bizarres, dont un avec un pelage vert, et un lapin à très longs poils avec une raie au milieu ; il semble y avoir une fête ou un festival en plein air avec des spécimens de tigres au nez de clown. Je me glisse dans un passage étroit, aidée par une femme.

« Plus tard, je suis à l'intérieur du château avec Zal, interviewée par des journalistes, et cette attention me plaît. Je leur dis que j'ai perdu mon sac contenant mes billets d'avion et autres objets indispensables. Je sais, d'une façon ou d'une autre, qu'ils seront remplacés quand l'article paraîtra. Un coiffeur me donne de superbes cartes postales du château et de son parc, avec de magnifiques panoramas que je n'ai pas encore vus. »

Cette scène finale apporte une résolution. Je sentais que je retrouverais ce que j'avais perdu. Quant aux animaux dans les rêves, ils se rapportent souvent à la vie animale du rêveur, à ses instincts, à sa vitalité fondamentale. La mienne paraissait florissante.

Je crois que même dans la pire des situations, dans le pire des cauchemars, il y a des éléments d'espoir. Pour bien rêver, nous devons rechercher ces éléments dans nos songes. Ces images, aussi intangibles qu'elles puissent paraître, sont suffisamment puissantes pour nous mettre en contact avec nos ressources intérieures et nous soutenir. Pour moi, l'image du chien bleu avec sa brassière rouge contenait cet espoir.

J'associe le bleu avec les éléments : la mer et le ciel, l'eau et l'air, ainsi qu'avec les choses spirituelles ; c'est une couleur irréelle chez un chien. Pour moi, le rouge est la couleur du sang, du feu et des émotions violentes, de la sexualité et de la colère, ainsi que de la Croix-Rouge et des secours. Ensemble, le bleu et le rouge me transmettent un sentiment de vitalité physique et spirituelle. Le souvenir de cette image, tandis que mon lit était poussé dans la salle d'opération, m'a aidée à rester calme et confiante. Tout comme j'avais survécu, la nuit précédente, au cataclysme qui avait fait dix millions de morts, mon dernier rêve avant l'intervention contenait des éléments d'espoir.

Rêves de cheveux vigoureux = pensées d'espoir

Fiona, une femme qui approchait de la cinquantaine, souffrait depuis quelque temps de la mâchoire. Elle venait de se faire soigner un canal racinien, mais elle ressentait une douleur sous la racine de la dent : elle avait un abcès qui ne guérissait pas. Le dentiste estima que l'os du maxillaire pourrissait sous l'effet de l'infection et qu'il fallait immédiatement nettoyer cette région.

Fiona redoute particulièrement les soins dentaires, et elle était donc très angoissée dans la nuit qui précéda l'intervention. Celle-ci devait être pratiquée sous anesthésie générale. Elle rêva :

> « Toute la nuit, j'étais dans le fauteuil du dentiste et je sentais la roulette. Mais quand il a eu fini je me suis réveillée (dans le rêve) et je me suis regardée dans la glace. J'avais un nouveau visage. Pas une seule ride, j'avais l'air d'avoir seize ans. Non seulement mes dents étaient superbes, mais j'avais les cheveux tout bouclés et volumineux, vigoureux, souples, tout ce que j'ai toujours voulu dans ma vie réelle. J'étais radieuse. Cela valait bien la peine d'avoir supporté toutes les douleurs et la peur. Le résultat était merveilleux. »

Ce rêve encourageant a sans doute aidé Fiona à aborder l'opération plus positivement. Il exprimait indubitablement son souhait que quelque chose de bon résulte de l'intervention, en plus de la guérison de sa gencive : un visage frais et neuf, une belle peau, de beaux cheveux. Après plusieurs autres petites séances pénibles, Fiona en eut fini avec cette épreuve. Ce rêve la soutint certainement dans les moments difficiles.

Rêves de voitures et vêtements neufs = espoir d'un corps neuf, régénéré

Le souhait d'un corps embelli, fortifié, est courant chez ceux qui doivent affronter une opération. Ces désirs prennent souvent la forme de vêtements neufs, d'immeubles restaurés, de machines réparées, de nouvelles voitures et autres remplacements et reconstitutions. L'homme qui devait être opéré d'un ulcère à l'estomac rêva qu'il allait acheter une nouvelle voiture [43]. Les femmes représentent souvent leurs souhaits d'un corps embelli après l'opération par des rêves de toilettes neuves. Une jeune femme citée dans l'étude de Breger devait être opérée de la vésicule biliaire, avec la possibilité d'une ablation. Elle était trop grosse, un état fréquemment associé aux problèmes de la vésicule[44], et elle espérait que l'opération lui permettrait de maigrir. Dans un de ses rêves précédant l'intervention, une femme taillait de l'étoffe pour se faire une robe ; dans un autre, la rêveuse portait déjà « des habits différents »[45].

J'ai cité un de mes rêves pré-opératoires où je me voyais vêtue de guenilles, symbole de mon corps « en lambeaux ». Faire du lèche-vitrines, acheter un costume neuf, se faire une robe, recevoir un vêtement en cadeau, toutes ces images se rapportent à l'espoir d'un meilleur corps et, peut-être, d'une meilleure vie après son opération. Couper, repriser et coudre se rapportent à l'acte chirurgical en soi ainsi qu'à la reconstitution de l'étoffe corporelle, qui est également symbolisée à l'occasion par la restauration ou la reconstruction d'immeubles. Guettez attentivement ces thèmes dans vos rêves.

EXERCICES SUR LES RÊVES : EXPLORATION DE VOTRE SYMBOLISME PROPRE

1. Cherchez dans votre journal onirique les images suivantes :

- chaleur excessive ou feu,
- froid, glace, neige, grêle, verglas,
- excès d'eau ou d'autre liquide,
- sécheresse,
- écoulement trop rapide ou trop lent d'un liquide,
- blocages,
- insectes ou immondices,
- structures ou machines en panne, ou cassées,
- êtres ou animaux blessés, malades, mourants ou morts,
- images d'espoir,
- images de réorientation.

2. Méditez et revivez ces images d'un double point de vue physique et psychologique

Vous trouverez peut-être utile de revoir les passages de ce chapitre sur la « symbolisation de la partie du corps atteinte », la « symbolisation des symptômes », ainsi que le paragraphe « Mauvaise circulation ». Notez vos découvertes dans votre journal onirique.

3. Choisissez un rêve et analysez-le méthodiquement

Répondez aux questions suivantes.

Exemple : rêves de voitures en difficulté

Si vous vous trouvez dans un autre véhicule qu'une auto, disons un camion, un car, un avion ou un bateau, adaptez vos questions en conséquence. Demandez-vous en quoi ce véhicule diffère des autres du même type.

La personne aux commandes

1. Qui est au volant ?
2. Si ce n'est pas vous, comment est cette personne (prétentieuse, imprudente, folle) ?
3. Où êtes-vous assis (au volant, ou bien sur l'autre siège avant, la banquette arrière, le plancher) ?
4. Qui sont les autres passagers (s'il y en a) ?

Le personnage qui est au volant représente l'aspect de vous-même qui domine en ce moment. Votre place dans le véhicule indique comment vous évaluez votre position. Demandez-vous si d'autres passagers sont des gens que vous associez à un secours, une menace, du stress ou autres attitudes.

État et fonctionnement du véhicule

5. Dans quel état est le véhicule ? Quels sont sa marque, sa couleur, sa taille, son état ? Subjectivement, comment vous apparaît-il ? Grand et difficile à conduire ou grand et luxueux ? Petit et inconfortable ou petit et très maniable ?
6. Comment fonctionne-t-il ? Les freins sont-ils en bon état ? Est-ce qu'il va trop vite ou trop lentement ? Est-ce que la direction répond bien ? Y a-t-il des pièces défectueuses ? Avez-vous assez de carburant ?

Les réponses à ces questions sont souvent en rapport avec les sentiments que vous éprouvez à l'égard de votre corps ou de votre attitude actuelle. Rouler trop vite sans pouvoir se servir des freins, c'est signe que vous vous surmenez. Aller trop lentement et n'avoir plus beaucoup d'essence dans le réservoir indique une perte d'énergie. Une direction qui ne répond pas, ou mal, c'est le contrôle de vous-même qui vous échappe. La panne suggère une déficience physique ou des relations difficiles avec quelqu'un.

État de la route

7. Quel est l'état de la route ? Est-elle boueuse, verglacée, glissante, pleine d'ornières, montante, descendante ? Est-ce une autoroute, une route ordinaire ou un chemin de campagne ?
8. Quel est le contexte ? Êtes-vous sur terre, dans les airs, sur l'eau ? Pleut-il ou neige-t-il ? Y a-t-il des obstacles sur votre chemin ?

Les réponses à ces questions suggèrent vos sentiments au sujet des conditions et des obstacles. La glace et la neige indiquent souvent des situations traîtresses, instables ou épineuses. La boue est souvent la métaphore d'un problème où l'on s'est « embourbé ». Les ornières, les obstacles et la côte indiquent des conditions difficiles, fatigantes. L'autoroute signifie la facilité pour certains rêveurs et une source de stress pour d'autres. Si la route est inadaptée au véhicule, par exemple un énorme poids lourd à remorque sur un chemin de campagne, quelque chose n'est pas à sa place chez le rêveur.

But, destination

9. Y a-t-il une direction, une raison, un but à ce voyage ? Êtes-vous dans la bonne direction ? Coincé dans une ornière ? Avez-vous manqué un tournant ?
10. Quelle impression vous fait ce voyage ?

Les réponses à ces questions se rapportent à votre but actuel. Quitter la route ou rester coincé dans une ornière signifie que vous vous heurterez à des difficultés dans votre projet. Manquer un tournant représente une bonne occasion ratée. Même si la route est difficile, vous pouvez quand même arriver à destination. Si vous êtes content de faire ce voyage, votre projet en vaut la peine ; si ce voyage vous pèse, il révèle peut-être votre réticence à accomplir un devoir pénible.

Revivez votre trajet

Supposez que la voiture (ou autre véhicule) de votre rêve représente votre corps en mouvement, dans la vie réelle. Que vous indiquent vos réponses sur l'état actuel de votre corps ou de votre mode d'existence ? Y a-t-il des conditions que vous n'aimez pas ? Visualisez une manière d'améliorer la situation. Qu'est-ce qui manque ? De quoi avez-vous besoin pour améliorer la situation ? Consacrez deux minutes à imaginer votre véhicule et la route que vous suivez dans de meilleures conditions. Ayez recours à toute votre imagination, voyez la scène, entendez-la, vivez-la.

4. Dessinez l'événement qui vous hante

Aussi surprenant que cela puisse paraître, un des meilleurs moyens de surmonter les séquelles psychologiques d'un incident traumatisant est de le dessiner. La plupart des gens réagissent en s'exclamant : « Je ne veux pas le dessiner ! Je ne veux même pas y penser ! » Les art-thérapeutes persuadent souvent un patient de dessiner son accident ou sa maladie en lui assurant que son dessin pourra être déchiré aussitôt après. Mettre l'incident sur du papier, l'extérioriser, vous aide à vous en débarrasser.

En ma qualité de psychologue, je sais que raconter un événement douloureux ou difficile, dans un lieu discret et rassurant, à une personne en qui l'on a confiance, peut entamer le processus de désensibilisation du patient à sa souffrance. Cela désamorce la colère et l'anxiété. Dessiner une douleur à l'épaule (ou ailleurs) peut réellement diminuer son intensité. L'exprimer par exemple sous forme de zigzags rouges, orangés et noirs permet de l'« évacuer » en partie. Vous pouvez ensuite jeter le dessin si vous le désirez. Certaines personnes se retrouvent tellement apaisées après l'avoir fait qu'elles préfèrent le garder. Une suite de dessins exécutés tout au long d'une guérison est un témoignage fascinant d'un voyage émotionnel autant que physique[46].

Pour essayer ce système vous-même, munissez-vous de papier blanc et d'une boîte de crayons de couleur, ou de feutres. Dessinez la scène traumatisante comme vous vous la rappelez et selon la façon dont vous avez réagi sur le moment. Montrez tout ce que vous voulez montrer. Dites-vous que c'est une scène dramatique dans une pièce de théâtre ou un film, mais faites-en votre propre histoire. Datez le dessin et notez les pensées qui vous viennent à l'esprit tandis que vous y travaillez. Ensuite, déchirez-le ou gardez-le, comme vous voudrez. Et souvenez-vous que vous n'avez pas besoin de savoir bien dessiner pour bénéficier de cet exercice ; l'essentiel est d'exprimer vos sentiments et sensations.

5. Dessinez la partie du corps concernée

Si vous avez le temps, il serait bon aussi de dessiner la partie de vous qui est blessée ou malade, ou ce que vous ressentez dans

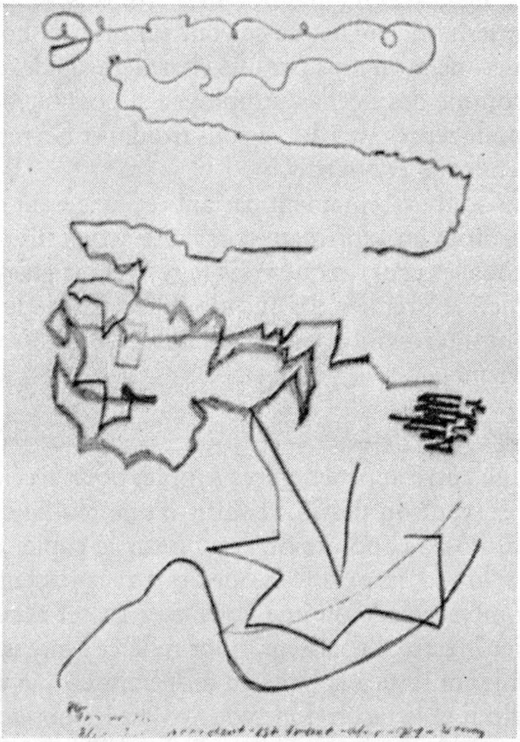

5. Accident : poignet fracturé

dessin linéaire de Patricia Garfield

Les personnes qui ont été blessées dans un accident ou qui tombent soudain gravement malades peuvent se faire une idée générale de la situation en représentant ce choc par une ligne concrète, comme il est indiqué ci-dessous dans « Tracez votre ligne de vie ».

Ce dessin montre ma ligne de vie telle que je la voyais trois semaines après mon accident. Il se lit de bas en haut. Je marche normalement — le trait ondulé tout en bas — quand subitement ma vie est bouleversée par ma chute et je me casse le bras. Cet accident est représenté par des traits en dents de scie. Lorsque j'ai fait ce dessin, je savais qu'il allait être nécessaire de me recasser le bras pour m'opérer. L'interruption de la ligne est l'image de la perte de conscience à laquelle je m'attendais. Je prévoyais que le rétablissement serait difficile, comme le montre le tracé saccadé, mais qu'ensuite tout redeviendrait normal, ce qui est symbolisé par la ligne mince et harmonieuse, vers le haut de la page. Ce dessin m'a aidée à relativiser l'opération prochaine comme faisant partie d'un processus plus vaste.

cette région. Le dessin n'a pas besoin d'être ressemblant. Le premier dessin de mon poignet cassé était un bloc de bois relié aux os — en bois — de mon bras par une charnière rigide, et les doigts pendaient comme des ficelles. Employez si possible des couleurs différentes pour représenter les régions froides et fiévreuses, la douleur et les endroits engourdis.

Ces dessins sont extrêmement parlants et suggèrent des moyens de se rétablir, tout en exprimant le malaise actuel. Ils enregistrent également tous les progrès que vous faites vers la guérison totale. Si vous gardez le premier dessin, n'oubliez pas de le dater. Des comparaisons intéressantes pourront ainsi être faites avec les images qui suivront.

Tracez votre ligne de vie

Il existe une autre approche, très simple, pour accélérer la guérison en se servant du dessin. Il suffit d'une feuille de papier et d'un crayon. Posez la pointe du crayon sur le papier et laissez-le se déplacer selon les impressions que vous avez ressenties lorsque vous êtes tombé malade ou que vous avez eu cet accident. Vous pouvez varier le tracé, l'épaisseur, pour refléter l'intensité de votre émotion. Puis continuez la ligne en montrant ce que vous éprouvez aujourd'hui et la façon dont vous voyez les obstacles à venir. Trouvez dans votre dessin un moyen d'aller de l'avant. Si une intervention est prévue, représentez-vous en train de subir l'opération, et après. Comment sera la rééducation ? Que vous arrivera-t-il alors ? Mon dessin montrait une ligne courbe avec une brusque explosion (la fracture) suivie par des traits en dents de scie (la douleur) et puis un blanc (l'opération et l'inconnu) ; la ligne repartait ensuite avec un sursaut qui s'aplanissait progressivement, et redevenait harmonieuse. Faites le trait de votre propre histoire[47]. Datez le dessin et rangez-le. Vous verrez par la suite si votre « vision » est confirmée.

6. Racontez par écrit votre blessure ou votre maladie

Naturellement, nous ne sommes pas toujours en mesure de dessiner, à la suite d'une blessure ou d'une maladie. Raconter le problème par écrit a également un effet thérapeutique. Le résultat sera le même si vous l'enregistrez au magnétophone ou si vous le dictez à quelqu'un. Des chercheurs ont prouvé que le simple fait de décrire un événement traumatisant permet de diminuer l'angoisse.

Alors si votre blessure ne vous permet pas de dessiner, écrivez votre histoire ou racontez-la au magnétophone, décrivez-la à un ami à qui vous demanderez de prendre des notes.

7. Dessinez votre cauchemar

Si vous avez été troublé par un cauchemar, survenu soit avant une opération, soit pendant le séjour à l'hôpital, ou même chez vous au cours de votre maladie, dessinez-le. Cela vous permettra de le désamorcer, et diminuera son pouvoir de vous hanter. Ne manquez pas d'y faire figurer les principaux personnages et le décor. Représentez l'action. Selon les rêveurs, cela se traduira par une reconstitution exacte ou approximative, ou encore ce sera purement symbolique. Quel que soit votre choix, montrez le pire moment du rêve. C'est le meilleur moyen de commencer à faire évoluer votre problème. Datez aussi ce dessin et conservez-le.

8. Trouvez et utilisez votre image de réorientation

Les images de nos rêves sont puissantes parce qu'elles prennent naissance dans les profondeurs de nos émotions. Quand nous trouvons dans un rêve une image qui nous intrigue, qui nous fascine ou qui nous émeut, nous détenons un trésor. Jung appelait « numineuses » les images oniriques qui contiennent un pouvoir pour le rêveur. Ces images sont souvent idiosyncratiques, bizarres, sans queue ni tête, illogiques, mais elles ont un sens symbolique parfait. Elles sont presque comme ces icônes miraculeuses, dont on dit qu'elles dégagent un peu de l'énergie ou de l'esprit du saint qu'elles représentent.

Les scènes oniriques positives qui m'ont marquée me permettent de réorienter mes émotions. Le chien bleu avec la brassière rouge était pour moi une de ces images. Je le gardai présent à ma mémoire tandis qu'on m'emmenait vers la salle d'opération ; il m'apporta une sensation de calme et de confiance. Si vous devez affronter le bistouri, surveillez bien vos rêves et cherchez-y l'image capable de vous apaiser et de vous rassurer.

Si vous êtes malade, vous pouvez utiliser l'image de réorientation pour vous aider à combattre vos symptômes. La borne d'incendie dans le rêve de Lila venait s'opposer aux rues en feu que suscitait sa fièvre. En imaginant la borne d'incendie ouverte, son eau jaillissante inondant les rues en flammes et éteignant le feu, elle aurait pu diminuer la température de son propre corps et le rafraîchir.

De telles images ne sont pas simplement des fantasmes. Elles sont efficaces, notre corps y est réceptif parce que c'est en lui qu'elles se sont formées. Notre imagination influe littéralement sur nos fonctions corporelles. En les visualisant régulièrement, avec précision, nous nous aidons à retrouver la santé.

Cherchez dans vos rêves une image, même insignifiante, qui vous paraît agréable ou rassurante, et prenez-la comme image de réorientation. Si vous avez le temps ou l'envie, faites-en un croquis. Il n'a pas besoin d'être « bon », il suffit qu'il exprime le sentiment que l'image vous a inspiré, et qu'il vous la rappelle. Le simple fait de dessiner vous permet de vous concentrer sur l'image et d'en compléter la signification. Si vous préférez, cherchez une photo ou un dessin qui évoque cette impression réconfortante. Une fois que vous lui aurez donné une forme concrète, gardez-la à votre chevet, pour pouvoir mieux la visualiser quand vous en aurez besoin.

Maintenant, voyez cette image à l'intérieur de votre corps, sentez comme elle le soigne, l'apaise, calme ses malaises. Insérez-la dans vos cauchemars. Ayez conscience de sa valeur, car cette image venue de votre inconscient a beaucoup à vous enseigner. Pour surmonter vos difficultés, il est capital de chercher à comprendre votre personnalité profonde, et de prendre conscience de votre propre pouvoir.

6.

APRÈS LA PHASE CRITIQUE

Je suis absolument seule et très effrayée. Tout à coup je vois un homme dans une cabane et je vais lui parler. J'ai peur des gens et des choses que j'ai vus, entre autres une canalisation fendue ou disjointe qui provoquait des vibrations sourdes dans le trottoir. Je m'aperçois que j'ai peur d'avoir une crise cardiaque et de mourir.

Puis je vois mon père (qui est mort d'une crise cardiaque à l'âge de soixante-deux ans). Il ne se ressemble pas du tout mais je sais que c'est lui ; dans le rêve, il a des cheveux bruns avec une mèche blanche sur le devant. Quand je le vois, je m'élève dans les airs en survolant une espèce de voie de chemin de fer. A mesure que je m'élève, je deviens invisible, un fantôme. Je suis convaincue que cette image, après celle de mon père, signifie que je suis sur le point de mourir.

Journal onirique de l'auteur,
quatre nuits après l'opération

Voilà le premier rêve que j'ai fait à mon retour de l'hôpital. C'était la quatrième nuit après l'opération de mon poignet gauche, pratiquée sous anesthésie générale, et mon premier sommeil ininterrompu, c'est-à-dire de 21 h 30 à une heure du matin, où je me suis réveillée en sursaut, terrifiée, à la suite de ce cauchemar. Sur le moment, il ne m'est même pas venu à l'idée qu'il était caractéristique de ma situation.

Avec le recul, il est évident que mon cerveau, ayant obtenu un répit de sommeil profond, compensait les précédentes nuits sans rêves. Dans mon affolement, j'avais oublié que c'était normal et qu'il fallait s'y attendre. Lorsqu'il y a eu privation de sommeil paradoxal pendant une certaine période, son « activité » devient ensuite plus intense, les mouvements oculaires sont plus saccadés encore que d'habitude, et les rêves presque toujours désagréables.

De plus, une nouvelle menace était apparue : la possibilité de troubles cardiaques. Je me sentais très mal, ce qui me parut être un symptôme inquiétant. Je ne me rendais pas compte que mon état de fébrilité était provoqué à la fois par les analgésiques, les suites de l'anesthésie générale et la morphine postopératoire. La suppression de cette dernière peut à elle seule provoquer une reprise brutale du sommeil paradoxal. Ce fut seulement des mois plus tard que je compris à quel point mon cauchemar était typique des suites d'une opération.

THÈMES ONIRIQUES TYPES APRÈS CHIRURGIE OU TRAITEMENT

Les réactions oniriques au stress de la chirurgie ou du traitement médical pour une blessure ou une maladie se rassemblent en plusieurs catégories générales :

- peur de la mort,
- sensation d'être attaqué,
- répétition de la scène traumatisante,
- peur d'une rechute ou d'une nouvelle blessure,
- symptômes, troubles de fonctionnement, liés à la blessure,
- modification de l'image corporelle.

Si vous faites ce genre de rêves, souvenez-vous qu'il s'agit d'une réaction typique et parfaitement normale.

Rêves indiquant la peur de la mort

Mon cauchemar, la nuit de mon retour à la maison, était une expression de ma peur de la mort, une angoisse que connaissent beaucoup de patients après une intervention chirurgicale. Dans ce rêve, la cabane représentait mon corps souffrant et maltraité. La « canalisation fendue ou disjointe » et les « vibrations sourdes dans le trottoir » évoquaient à la fois ma fracture et les battements de cœur amplifiés par mes craintes et par les analgésiques. La rencontre avec mon père décédé provoquait mon élévation dans les airs et je devenais invisible, spectre à mon tour. C'était cette image qui me terrifia, parce que je ne volais pas avec plaisir, comme cela m'arrive généralement, mais je quittais la terre comme si j'étais déjà morte. La voie de chemin de fer me faisait penser à une destination inévitable avec peu d'espoir d'évasion. Ce rêve m'alarma réellement.

Pendant le reste de la nuit je continuai de rêver abondamment, mais ces rêves devinrent de moins en moins terrifiants. Dans l'un d'eux, il y avait une chienne blessée, mourante, qui se retournait contre sa maîtresse et la mordait. Avant de mourir, malgré tout, elle mettait bas un chiot que la femme soignait tendrement. Dans une autre scène, une femme tombait et se faisait mal au dos, mais on la soignait jusqu'à ce qu'elle se rétablisse. Le lendemain matin, je me sentis rassurée quant à l'éventualité d'une mort prochaine. Bien que j'aie gardé une certaine appréhension pendant des semaines, jusqu'à ce que le test cardiaque se révèle négatif, le sommeil bienfaisant et réparateur, alterné avec des rêves complets, avait déjà commencé à me guérir.

Plus tard, pendant ma convalescence, alors que je m'entretenais avec de nombreux patients, victimes d'accidents et de maladies, qui avaient subi des opérations et autres traitements traumatisants, je compris que mon cauchemar n'était pas unique. En fait, si les détails étaient particuliers à mon cas, le ton émotionnel était le même. Je n'étais pas seule. Et chaque rêveur s'était senti aussi isolé que moi. La peur de mourir est une réaction courante quand on est gravement malade ou blessé.

Rêves d'agression par des hommes ou des bêtes

J'ai déjà évoqué le fait que la chirurgie est souvent symbolisée dans les rêves par une agression brutale ou mortelle, qui peut prendre l'aspect d'une agression sexuelle ou d'une attaque par des personnages menaçants ou des animaux.

Rêves de viol répété = douleur dans les organes génitaux

Mimi, une femme d'une quarantaine d'années, venait de subir une hystérectomie. Quand elle se réveilla de l'anesthésie, « je sentis, dit-elle, une grosse chose amorphe et rouge qui partait de mes seins, descendait et sortait de mon corps. J'avais l'impression d'être enceinte de quatre mois». Cette sensation contribua sans doute en partie aux cauchemars qu'elle fit alors qu'elle était encore à l'hôpital. Voici le premier :

> «Je suis avec un ancien ami de la fac qui me force à faire l'amour avec lui de cinquante façons différentes. Je ne peux absolument rien faire pour me défendre.»

Dans un autre, toujours durant son hospitalisation :

> «Deux jeunes inconnus me violent. Un épisode horrible suit l'autre. Je peux à peine bouger.»

Il est évident que Mimi avait l'impression que son corps avait été brutalement envahi. Elle n'avait jamais été violée dans la vie réelle, ni dans aucun rêve. La sensation qu'elle comparait, éveillée, à une grossesse était interprétée dans son rêve comme une douleur causée par un viol.

Rêves d'accouchement difficile = douleur dans les organes génitaux

Bejay, qui a le même âge que Mimi, venait aussi de subir une hystérectomie à cause d'un fibrome, mais elle représenta sa douleur postopératoire par une métaphore onirique différente :

> «Je suis allongée et j'accouche de quelque chose. Je n'arrête pas de pousser, j'essaye d'expulser cette chose hors de moi et quand, finalement, elle commence à sortir de mon vagin je vois que c'est la moitié d'une aile d'automobile! Les bords sont déchiquetés et coupants. C'est gros, beaucoup trop gros, comment est-ce que je vais la faire sortir de moi?»

L'esprit de Bejay attribuait en rêve les sensations abdominales et génitales douloureuses, ainsi que les gaz douloureux, à l'accouchement difficile d'un objet énorme aux bords durs et coupants.

Quand l'intégrité de l'image corporelle a été ébranlée, par exemple à la suite d'un accident ou d'une opération, il faut apprendre à intégrer sa nouvelle image corporelle, avant de pouvoir retrouver complètement la santé. (Nous verrons dans des chapitres suivants comment cela s'est passé pour Mimi.)

Le chirurgien / chien méchant = métaphore de la douleur postopératoire

Les plaies chirurgicales sont parfois assimilées dans les rêves à des blessures infligées par des bêtes sauvages. Nina, qui a la cinquantaine, est infirmière et souffre d'arthrite rhumatoïde. Elle a dû subir l'ablation de nodules d'une de ses mains, puis, quelque temps après, de l'autre. Quand elle m'a montré les résultats de l'opération, trois semaines plus tard, elle a commenté[1] : « On dirait que j'ai été attaquée par un pit-bull, alors qu'en fait c'est le Dr X. »

Après l'avoir entendue comparer l'intervention chirurgicale à l'attaque d'un chien particulièrement dangereux, je fus très intéressée d'apprendre que Nina avait un chien (pas un pit-bull mais un schnauzer) et que dans un de ses rêves elle le cherchait parce qu'il avait disparu. Elle me dit que le schnauzer était une race très sensible, qui réagissait aux émotions de ses maîtres. « Il pose sa tête sur mes genoux quand je pleure ou quand je suis triste », dit-elle. Rêver de la disparition de son chien suggère que Nina avait perdu le contact avec ses propres sentiments. Elle se sentait mutilée et douloureuse après l'opération que son inconscient comparait à l'attaque d'un chien méchant.

Quand les rêveurs assimilent le travail du chirurgien à une agression brutale, ils se rendent généralement compte que l'opération est nécessaire à leur santé et à leur bien-être. En rêver comme d'une attaque contre le corps est une réaction *émotionnelle* à l'intrusion des instruments chirurgicaux.

Rêves de bêtes sauvages = peur des catastrophes naturelles

Les bêtes sauvages et les assassins sont probablement choisis par le cerveau rêveur pour représenter l'élément traumatisant à cause de leur force sauvage, imprévisible et incontrôlable[2]. Cela reste vrai, que la douleur soit causée par un accident, des incisions chirurgicales ou une catastrophe naturelle.

Un homme de Caroline du Sud, traumatisé par le cyclone Hugo en 1989, rêva qu'il était poursuivi d'abord sur terre puis dans les airs par un alligator volant[3]. En général c'est plutôt le rêveur lui-même qui est doté de cette capacité, et cet alligator *volant* exprimait la sensation d'impuissance totale du rêveur pendant la catastrophe qui l'avait traumatisé.

Beaucoup de gens ont été troublés par des cauchemars après le tremblement de terre de San Francisco de 1989[4]. Dans le premier rêve que je fis après ce séisme, je voyais tout s'écrouler autour de moi ; c'était une reconstitution directe des premiers jours. L'imagerie, dans le second rêve de séisme, contient des signes de changement :

> « Je suis debout sur une parcelle de terrain gazonné. Tout à coup, le sol se met à onduler et à bouger sous mes pieds, et je me rends compte que ce que j'avais pris pour de l'herbe est en réalité le pelage d'un animal. Je suis en grand danger d'être renversée. »

Dans ce rêve, le tertre herbeux ordinaire, élément de la vie quotidienne, devient un terrain secoué par le séisme et enfin une bête dangereuse et velue qui pourrait constituer une menace directe. Néanmoins, cette transformation même, faisant de l'événement un fantasme plutôt qu'une reconstitution de la réalité, signifie qu'inconsciemment je commençais à aller de l'avant, à accepter la catastrophe, à progresser dans la vie. La peur était encore présente mais moins réelle.

Pourquoi ceux qui ont subi un événement pénible se tourmentent-ils avec des cauchemars qui leur font revivre leur épreuve parfois de façon plus effrayante encore ? Pourquoi prend-elle des formes symboliques ?

ANGOISSE PATHOLOGIQUE APRÈS UN ÉVÉNEMENT TRAUMATISANT

Lorsqu'on se retrouve dans des circonstances terrifiantes ou brusquement menaçantes, cela provoque souvent en nous une réaction qui nécessite une écoute professionnelle. Cette angoisse pathologique peut survenir si une personne que vous aimez — ou vous-même — a frôlé la mort ou échappé de justesse à une blessure très grave. Cela peut vous arriver si vous avez été directement traumatisé — par exemple en cas de tentative de meurtre ou de viol — ou indirectement. Être témoin d'un cataclysme est traumatisant aussi, quand on voit sa maison ou son quartier subitement détruit par un incendie, un bombardement ou une catastrophe naturelle comme le tremblement de terre de San Francisco, ou si l'on voit une autre personne grièvement blessée ou tuée dans un accident ou une scène de violence, comme ces petits écoliers de Californie qui virent leurs camarades abattus par un fou armé d'une mitraillette.

La personne qui s'est trouvée dans une situation aussi perturbatrice peut en faire par la suite des cauchemars terrifiants, la revivre subitement en flash-back dans la journée, ou avoir des crises d'angoisse lorsqu'elle se trouvera dans des circonstances qui lui rappellent cette situation. Pendant des jours, après ma chute, j'ai « vu » le trottoir se soulever vers mon visage et j'ai revécu la scène malgré moi, d'une façon très réaliste. Il fallut de longues semaines, même après la guérison complète de mon bras et de ma main, pour que je puisse passer par le quartier de mon accident sans éprouver de l'angoisse. Les personnes qui ont été plus gravement atteintes que moi en gardent souvent une phobie durant toute leur vie.

Certains essaient d'éviter de penser à ces souvenirs pénibles, et cherchent à éviter les activités qui le leur rappellent. Il n'est pas rare que certains moments, certains détails se soient effacés de leur mémoire. Parfois, ils se désintéressent d'activités qu'ils avaient naguère appréciées, ou perdent un don, un talent qu'ils avaient. Ils essaient de se préserver de nouvelles souffrances émotionnelles en se détachant des autres, en devenant incapables d'aimer ou en s'imaginant qu'ils ne vivront pas très longtemps.

Les personnes qui subissent cette réaction nerveuse ont parfois aussi des insomnies et deviennent irritables, ou bien elles ont du mal à se concentrer. Les sautes d'humeur, les ulcères de l'estomac, les migraines, la fatigue, les sinusites sont des effets fréquents. Au début, les traumatisés se sentent souvent égarés, désorientés, et sont constamment sur leurs gardes ; ils se laissent bouleverser par des contrariétés mineures et réagissent parfois somatiquement à tout incident qui ressemble à l'événement traumatisant.

Ceux qui ont vécu le tremblement de terre de San Francisco en 1989 réagirent violemment aux petites secousses mineures qui suivirent, et même au passage d'un poids lourd, n'importe quelle vibration leur rappelant le séisme. Les anciens combattants, les victimes de tortures, les anciens déportés et les survivants d'autres catastrophes ont fréquemment de sévères réactions psychologiques. Ils deviennent, et peuvent rester, irritables et anxieux. Même les personnes qui ont vécu des événements moins douloureux sont parfois suffisamment perturbées pour que la réaction nerveuse persiste.

Il est tout à fait naturel d'éprouver ce genre de malaise et d'angoisse durant les quelques jours ou semaines qui suivent un traumatisme. Si toutefois les symptômes persistent plus de deux mois ou reparaissent quelques mois plus tard, il serait sans doute bon de consulter un psychothérapeute.

Plusieurs des personnes que j'ai interrogées, et qui avaient été blessées dans des conditions traumatisantes, revivaient leur accident dans leurs rêves. C'était comme si le disque s'était rayé sous l'effet du choc, et rejouait sans cesse le même événement. D'après les psychologues, cette répétition serait une tentative pour intégrer l'incident, accepter l'inacceptable, avant d'être capable de reprendre le fil de la vie.

Quand votre accident vous poursuit

Un souvenir tyrannique

Peter, qui s'était sectionné les nerfs et l'artère de la main gauche lorsque la scie circulaire avait « fait un écart », se plaignait de violents cauchemars qui mettaient en scène son accident avec tous les détails, et souffrait de flash-back dans la journée [5]. Lorsqu'il était éveillé, m'a-t-il raconté, il chassait ces souvenirs pénibles : « Je l'enferme dans une case avec d'autres mauvaises pensées, comme des ex-femmes. » La nuit, cependant, il n'avait plus cette ressource. Il était assailli par le même cauchemar, de plus en plus fréquemment. « C'est ça, justement, qui m'inquiète. Il va falloir que je fasse quelque chose », me confia-t-il.

La tondeuse enragée

On peut souffrir de réaction nerveuse à n'importe quel âge. Billy, neuf ans, avait eu ses orteils et le dessus de son pied coupés par une tondeuse à gazon électrique. Son rétablissement physique, après l'opération réparatrice, était bon mais il se réveillait en hurlant. Il décrivait d'affreux cauchemars à répétition dans lesquels la tondeuse, tapie dans un placard de la maison, se préparait à en sortir pour l'attaquer.

Les engins maléfiques

En m'entretenant avec de nombreuses personnes qui avaient été gravement blessées par des engins mécaniques, je découvris que les hommes comme les femmes transformaient souvent dans leurs rêves la machine qui les avait blessés en monstres qui leur voulaient du mal.

Dee, dont une main avait été grièvement blessée quand son gant s'était pris entre les rouleaux d'une machine industrielle, avait fait trois violents cauchemars où toutes les machines se liguaient et convergeaient vers elle comme pour la dévorer[6]. La troisième fois, Dee prit conscience que c'était un mauvais rêve et réussit à se réveiller. Elle m'expliqua qu'en fait, chaque machine était vissée au sol et ne pouvait se déplacer. Pourtant le rêve était si réaliste qu'elle ne pouvait se résoudre à retourner à l'usine où l'accident lui était arrivé. (Dee a pu atténuer ses craintes grâce aux exercices de visualisation décrits à la fin de ce chapitre.)

Cette rêveuse amplifiait une situation déjà extrêmement traumatisante.

La machine folle

Cette façon de dramatiser une situation déjà horrible, en la rendant plus terrifiante encore, est une caractéristique courante des rêves qui suivent un accident de ce genre.

Comme Dee, George fut assailli de cauchemars au sujet de la machine qui l'avait blessé. Il avait failli perdre sa main gauche dans un accident du travail ; la machine qu'il utilisait échappa à son contrôle, écorna deux os de son poignet, sectionna neuf tendons des doigts et le nerf médian. George eut une longue et très pénible convalescence, avec peu d'espoir de retrouver l'usage complet de sa main.

Dans le premier rêve que George fit après son opération, il se servait normalement de sa main gauche, en serrant le poing. On comprend que cet homme dans la force de l'âge ait trouvé sa situation rageante. Les cauchemars suivants étaient des reconstitutions exagérées de l'accident. Dans l'un d'eux, cette même machine lui tranchait complètement la main, qui ne tenait plus que par un lambeau de peau. Dans un autre, l'engin :

> « ... ruait, sautait de la table et s'empêtrait dans ma manche, en creusant un profond sillon le long de mon bras. En me

débattant contre elle avec mon bras droit, j'avais deux doigts coupés à la main droite».

Quand je demandai à George ce que cela signifierait pour lui de blesser aussi sa main droite, il me répondit «Ma vie serait finie». Comme il était droitier, tant qu'il conservait l'usage de cette main il restait suffisamment valide. Dans d'autres rêves de la même période, George entendait la machine dans son sous-sol, qui tournait et tournait par terre comme une folle, incontrôlable.

Un important changement dans la convalescence de George survint quand il acquit une protection contre cette machine déchaînée, comme nous le verrons dans «Méthodes pour vaincre les cauchemars».

Reconstitution de l'accident

Une équipe de thérapeutes et de médecins de la main a découvert que les blessés qui avaient des flash-back et des cauchemars exacts de leur accident reprenaient leur travail plus tôt que ceux qui les dramatisaient malgré eux[7].

Environ la moitié des soixante et un patients servant de sujets à cette étude avaient des flash-back où ils se sentaient menacés de blessures plus graves encore que celle qu'ils avaient subie ; à peu près un tiers avaient des flash-back exacts, comme les cauchemars de Peter, et seulement un peu plus de dix pour cent avaient des flash-back où ils se voyaient encore plus mutilés, comme George dans son rêve terrifiant[8].

Les chercheurs déduisirent de leur étude que chaque catégorie de flash-back répondait à un besoin psychologique différent[9]. Les flash-back fidèles à la réalité avaient un but positif. Le patient cherchait à changer l'issue de l'accident, à prévenir ainsi la blessure. Ces sujets semblaient retrouver plus vite la maîtrise de la situation et se sentaient capables d'éviter à l'avenir ce genre d'accident. Ceux qui avaient des visions «dramatisées» de l'événement étaient de plus en plus anxieux et tendaient à éviter les situations considérées comme «à risques». Ils se sentaient à la merci d'un nouvel accident.

Plus nous avons l'impression de maîtriser ce qui nous est arrivé, accident ou maladie, et mieux nous pourrons éviter de tels accidents, nous adapter à notre situation et reprendre une vie normale. Prendre conscience du rôle important que nous jouons dans notre guérison est déjà un progrès dans cette voie.

Quelle que soit la façon dont vous avez réagi dans vos cauchemars ou vos « visions » de l'accident, vous commencez à reprendre le contrôle de la situation dès l'instant où vous parvenez à rendre plus positif le contenu du rêve.

Exprimer ses émotions

Il est essentiel de ne pas refouler ses sentiments. Don perdit plusieurs doigts le jour où un de ses camarades de travail mit une machine en marche sans voir que la main de Don était sur le passage des lames. Après une opération et des greffes de peau, Don fut tourmenté par des cauchemars qui lui faisaient revivre l'accident, pendant six des neuf nuits qu'il passa à l'hôpital. Dans la journée il essayait de parler aux infirmières, de leur expliquer ce qu'il éprouvait, mais elles n'avaient jamais le temps d'écouter toute l'histoire.

Ce fut seulement lorsque son amie, qui n'habitait pas en ville, fut en mesure de venir, que Don pu décrire en détail l'accident, exprimer toutes ses réactions émotionnelles, et il fut délivré de ses cauchemars. Alors qu'il tenait, dans sa main valide, celle de son amie, et qu'il en vint à l'instant où il avait entendu ses os se casser, il sentit « frémir » la main de la jeune fille. Il me confia : « J'ai su ainsi qu'elle m'écoutait vraiment et ça changeait tout. »

Les blessés ont besoin de parler de leur accident et de leurs cauchemars ; ils ont besoin d'extérioriser leurs sentiments et leur angoisse, de les confier à une personne compatissante. Sinon la douleur reste en eux, étouffée, et nourrit des cauchemars pendant des années.

Quand Bobby, un petit garçon qu'un accident avait rendu infirme, se réveilla d'un cauchemar en sanglotant, l'infirmière de nuit lui dit de se rendormir et de ne pas déranger les autres enfants. Peut-être était-elle trop occupée, ou indifférente, ou encore n'avait-elle aucune idée de ce que l'on pouvait dire à un enfant pour le calmer après un mauvais rêve. Heureusement, l'infirmière de jour trouva le temps d'écouter Bobby lui raconter comment, dans son rêve, son père était tué à la guerre. Raconter simplement un cauchemar, c'est le premier pas vers la victoire. Après avoir fait celui que j'ai décrit au début de ce chapitre, j'ai réveillé mon mari pour le lui raconter. La guérison psychologique est aussi importante que la guérison physique. Tout comme moi, Don et Bobby avaient trouvé un soulagement grâce à une oreille compatissante.

Beaucoup de grands blessés, de grands malades ont l'impression que le monde est devenu un endroit terriblement dangereux.

Rêves révélant un sentiment de vulnérabilité

Au début, cette peur est souvent justifiée. Une personne qui s'est cassé un membre a besoin d'être prudente et de veiller à ce que l'os ne soit pas heurté ou fatigué. Une plaie chirurgicale à vif a besoin d'être protégée de toute irritation ou pression. Parmi les convalescents à qui j'ai parlé, plusieurs m'ont avoué leur peur de la foule. Se trouver parmi des centaines de personnes, comme au cinéma ou dans un stade, réveille leur crainte d'être de nouveau blessé. Même une simple course dans un magasin ou au marché peut donner des sueurs froides à certains convalescents. A ce stade, il est bon de porter un appareil protecteur, une attelle, une écharpe, pour signaler aux autres qu'il vous faut un certain espace. Le mieux est encore de se faire accompagner. Si une personne qui a été blessée continue d'être excessivement prudente au-delà de sa guérison physique, c'est le signe que quelque chose n'a pas été résolu au niveau psychologique[10].

Ces peurs d'être à nouveau blessé deviennent alors le sujet des rêves. Pendant les deux premiers mois environ qui suivent une intervention chirurgicale importante, on a réellement besoin d'un environnement protégé. Soutenu par des parents, des amis et des collègues, on retrouve ses propres talents, on en découvre de nouveaux et, progressivement, on reprend sa vie normale et on se suffit à soi-même. Mais ce sont les efforts personnels dans cette voie qui sont les plus efficaces.

Rêves indiquant la crainte d'une rechute

Une des peurs qui guettent toute personne qui vient d'être gravement malade ou blessée est la crainte de la rechute.

Édith restérilise les biberons

Édith, une femme qui venait de subir une angioplastie d'urgence pour dégager une artère bloquée, fit le rêve suivant peu après son retour de l'hôpital. En tenant compte de ce qui lui est arrivé plus tard, je ne peux que me demander si, tout en exprimant son ressentiment contre sa maladie, son rêve n'était pas prémonitoire.

« Ma mission est de récolter du lait maternel pour les bébés de familles pauvres, qui en ont besoin. Ma petite-fille, ou un bébé de son âge, joue avec le lait maternel, alors que ses mains sont sales. Je suis tellement en colère que j'essaye de lui donner une tape et de la pincer. Je suis vraiment furieuse d'avoir à restériliser les biberons. »

Dans ce rêve, Édith tournait sa colère contre elle-même, sa « vilaine enfant » qui l'obligeait à se remettre à nettoyer les biberons ; sa « méchante petite-fille » lui causait des ennuis. « Si j'avais fait plus d'exercice, si j'avais mangé plus sainement... » Les blessés et les malades rêvent souvent qu'ils regrettent de ne pas s'être mieux conduits dans le passé. Édith m'a même confié, avant de me parler de ce rêve : « Maintenant je vais être une gentille fille. » Quand je lui demandai de m'expliquer en quoi le lait maternel est différent du lait ordinaire, elle me répondit : « C'est un aliment de vie, comme l'oxygène. » Le lait de son rêve était manifestement une métaphore du précieux oxygène dont elle avait besoin pour bien fonctionner ; il était contaminé par la partie irréfléchie d'elle-même, ce qui la mettait en colère. Les dormeurs se reprochent fréquemment dans leurs rêves leur maladie ou leur accident.

Édith avait passé des tests satisfaisants une quinzaine de jours après l'intervention chirurgicale. Pourtant, six semaines environ après la première crise, elle commença à ressentir de nouveau les mêmes symptômes. Les examens révélèrent que c'était la même artère qui se refermait. La « restérilisation » des biberons, dans le rêve d'Édith, prévoyait peut-être la nécessité d'avoir à subir bientôt une nouvelle angioplastie.

La colère, comme la peur de la rechute, fait partie des rêves postopératoires. Ne vous étonnez pas si vous avez un jour à vous arranger avec ces deux puissantes émotions.

L'homme au marteau

Gilda Radner, la délicieuse artiste de music-hall aujourd'hui décédée, fut atteinte d'un cancer des ovaires deux ans après son mariage avec le comédien Gene Wilder. Dans son livre, *It's Always Something*[11] (« C'est déjà quelque chose »), Gilda racontait courageusement sa lutte contre une maladie qui lui laissait peu de chances de guérir. Bien qu'elle finît par en mourir à quarante-deux ans, deux ans et demi après le premier diagnostic, elle fit de nombreuses découvertes sur le sens d'une vie et d'un amour pleinement vécus, et qui valent la peine d'être transmises.

Elle nous dit la peur qu'elle éprouvait quand elle rentra chez elle, au bout de trois semaines d'hospitalisation, après avoir subi une hystérectomie totale [12]. Plus d'un an après, elle paraissait aller très bien. Elle en avait fini avec la chimiothérapie et les rayons, ainsi qu'avec les autres traitements. Sa santé paraissait se rétablir, sa carrière progressait à merveille et son moral était au beau fixe. Et puis tout à coup, une de ses amies du groupe de thérapie mourut d'un cancer. La tristesse que lui causa la perte de cette amie ranima probablement ses craintes pour elle-même, car à ce moment-là elle rêva :

> « Un homme très maigre aux orbites creuses, en blouse d'hôpital, se tenait sur notre lit, un marteau à la main pour assommer Gene (son mari) et Sparkle (leur chien). Je courais et sautais sur le lit pour le retenir. Il se tournait vers moi et me jetait violemment le marteau à la tête. Avec une grande dextérité, je l'attrapais au vol. Et puis je me suis réveillée [13]. »

Gilda ne faisait aucun commentaire sur ces images oniriques mais il est évident que l'homme maigre aux orbites creuses était le spectre de sa maladie et de sa mort ; elle s'était décrite à peu près de la même façon à la suite de son hospitalisation. Cette ombre menaçait les êtres qui lui étaient les plus chers, et qui symbolisent sans doute ici son moi profond. Elle les défendait avec « une grande dextérité ». Sa réaction était une courageuse tentative de lutte contre la rechute qui finit par la tuer. Au moment de ce rêve, Gilda semblait victorieuse et les analyses sanguines, faites quelques jours plus tard, étaient normales.

Une nouvelle prise de sang, trois semaines plus tard, révéla des changements inquiétants. On s'aperçut alors que l'optimisme des précédentes analyses était dû à une erreur d'ordinateur et que cette rechute était déjà présente au moment du rêve. Mais, en attrapant au vol le marteau du cancer, Gilda était encore activement engagée dans son combat. Nous aurions tous besoin d'un tel courage.

Quelques conseils pour mieux vivre votre épreuve

1. Racontez votre expérience

Vos amis comprendront votre besoin de parler de ce qui vous est arrivé et de ce que vous en ressentez. En partageant vos émotions avec eux, vous réduisez l'impact psychologique.

2. Notez-la

Si vous n'avez pas d'amis près de vous et s'il vous est possible d'écrire, décrivez noir sur blanc votre accident ou votre maladie. Des études ont démontré le pouvoir thérapeutique de cet effort. Si votre blessure vous empêche d'écrire, et si vous n'avez personne à qui parler, dictez au magnétophone.

3. Reprenez dès que possible votre vie normale

Reprendre ses activités quotidiennes aide à maîtriser de nouveau la situation. Le travail en lui-même peut être thérapeutique, quand il est possible. On peut éventuellement modifier ses activités, par exemple dicter au lieu d'écrire. Autant que possible, entourez-vous d'une atmosphère amicale et familière.

4. Ayez un mode de vie équilibré

Mangez des aliments sains et nourrissants, buvez beaucoup, reposez-vous et faites de l'exercice. L'activité physique contribue à diminuer le stress.

5. Aidez d'autres personnes dans la détresse

Apportez aux autres un réconfort verbal et physique, sans oublier, toutefois, que vous concentrer uniquement sur les autres peut être une façon d'éviter la prise de conscience de vos propres émotions. Les affronter vous permettra de mieux aider les autres en vous guérissant vous-même.

6. Participez à un groupe de soutien pour discuter de vos réactions

Partager son expérience avec d'autres membres d'un groupe la rend moins pénible. Cependant, si vous avez subi une blessure grave ou une perte personnelle, recherchez plutôt une thérapie individuelle ou l'aide d'un conseiller. Ne niez pas votre angoisse ou votre désarroi, car cela ne peut que les aggraver à plus ou moins long terme. Apprenez au contraire à les reconnaître et à les intégrer à mesure qu'ils se manifestent.

7. Participez à des activités enrichissantes

Ménagez-vous et écoutez vos envies. Entreprenez uniquement des projets que vous pourrez accomplir avec plaisir et facilement ; remettez à plus tard toute entreprise stressante et importante. Pratiquez la relaxation, la méditation ou la prière.

8. Affrontez le contexte de l'événement traumatisant

Quand vous vous en sentirez capable, et si c'est possible et praticable, retournez sur la scène de l'accident ou de la catastrophe, avec des amis pour vous soutenir et vous sécuriser. Cela devrait vous éviter de développer une phobie.

La plupart d'entre nous, après une expérience traumatisante, se sentent sans défense. Tout ce que vous pourrez faire pour maîtriser la situation vous aidera. Si vous avez survécu à un tremblement de terre ou tout autre cataclysme naturel, certaines activités telles que le stockage de denrées, la préparation d'une voie d'évasion, les préparatifs pour surmonter toute nouvelle catastrophe sont salutaires. Si vous êtes tombé malade et soupçonnez votre régime alimentaire ou votre mode de vie d'en être la cause, changez vos habitudes, mangez plus sainement, faites de l'exercice, cela vous donnera l'assurance de pouvoir éviter de nouveaux ennuis.

MÉTHODES POUR VAINCRE LES CAUCHEMARS

Caractéristiques des cauchemars

Quand on sort d'une situation de crise, physique ou émotionnelle, les cauchemars qui la suivent sont de deux types :

1. Poursuite ou attaque

Le rêveur est poursuivi ou attaqué. Il tente de s'échapper en fuyant ou en se cachant.

2. Menace

Le rêveur est plongé dans des circonstances angoissantes, peut-être une répétition ou une déformation de l'événement qui l'a marqué, ou un symbole de la douleur qu'il éprouve réellement.

Dans l'un ou l'autre cas, en général le rêveur est :
- terrifié,
- sans défense,
- incapable d'intervenir,
- blessé ou tué.

Fuir et se cacher

Si vous êtes victime d'un cauchemar de poursuite et d'agression, il est probable que vous réagissiez en rêve d'une manière typique, en fuyant ou en vous cachant. Nous verrons plus loin comment vous débarrasser de ces mauvais rêves.

Sans espoir ni défense

Il n'y a pas obligatoirement de « méchants » dans un cauchemar. Nous avons vu que Bejay accouchait douloureusement d'une aile de voiture aux bords coupants. Elle était une victime sans assaillant. Quand j'ai été terrifiée en rêve par des vibrations dans le trottoir, par la vue de mon père décédé ou mon ascension dans les airs comme un spectre, je souffrais sans qu'une personne définie, un animal ou une chose me fasse du mal. Ces images n'en représentaient pas moins ma douleur et ma peur du moment.

Tous les cauchemars se caractérisent par de la peur, qui va du simple malaise à la terreur pure en passant par l'inquiétude. Il y a généralement un sentiment d'être sans défense et sans espoir. Le rêveur a l'impression que rien ne peut lui éviter l'issue fatale. Ce sentiment est parfois confirmé par des images de paralysie ou de piège. La sensation d'impuissance est souvent associée à une idée de perte de contrôle. Les cauchemars de voitures sans freins ou qui tombent du haut d'une falaise soulignent l'incapacité du rêveur à changer le scénario. Souvent, le cauchemar se termine à l'instant le plus terrifiant, lorsque le rêveur est sur le point d'être rattrapé ou tué. D'autres fois, il est grièvement blessé — lui-même ou un autre personnage du rêve — il souffre, il meurt et le rêve continue malgré tout, dans le même registre.

Comment dissiper ces cauchemars

Nous pouvons intervenir dans le déroulement d'un cauchemar, ou l'empêcher de se répéter, en *changeant notre comportement dans le rêve*. Cela peut paraître impossible à qui ne l'a jamais essayé, mais c'est tout à fait faisable et de nombreux rêveurs ont appris comment y parvenir. Et ce n'est pas seulement le cours du rêve qui s'en trouve modifié, mais aussi votre attitude à l'état de veille. En apprenant à participer activement à vos rêves au lieu d'en être la victime impuissante, passive, vous développerez votre confiance en vous-même ; le sentiment d'impuissance disparaîtra et vous reprendrez peu à peu les commandes.

Si vous êtes perturbé par un cauchemar, étudiez les méthodes suivantes et essayez de les appliquer la prochaine fois que vous ferez un mauvais rêve. Elles vous seront également utiles si vous vous retrouvez un jour sans prévenir dans une situation comme la mienne !

1. Faire face aux ennemis

S'il vous arrive d'être poursuivi ou agressé par un personnage dangereux, en rêve, retournez-vous et affrontez-le. Vous pouvez réellement vous rappeler, dans votre rêve : « Je n'ai pas besoin de fuir et de me cacher. Je peux me retourner et faire face. » Vous pouvez ordonner au poursuivant de s'arrêter : « Tu n'es qu'une image onirique ! » Parfois, la simple confrontation avec les silhouettes menaçantes de vos cauchemars suffit à les dépouiller de leur pouvoir.

2. Se défendre

Psychologiquement, il vaut mieux riposter que fuir, comme nous avons tendance à le faire dans les cauchemars. C'est une réaction plus efficace, avec de meilleures chances de réussite. J'appelle ce principe : « Affronter et conquérir l'ennemi du rêve ». Cherchez du secours, si vous vous croyez incapable de repousser cet ennemi. C'est votre rêve, après tout. Vous pouvez y introduire tout ce que vous voulez, pour vous aider à résister. Tout personnage que vous jugez assez fort et assez protecteur peut être invoqué et intervenir dans votre rêve. Puisez dans vos ressources profondes. Imaginez, avant de vous endormir, l'allié auquel vous pourrez faire appel.

Dans un rêve, il est plus facile de riposter que de chercher à se concilier l'ennemi. Une fois que vous aurez découvert la possibilité de modifier un cauchemar en cours et les ressources dont vous disposez, vous pourrez éventuellement interroger vos ennemis oniriques, leur demander ce qu'ils veulent et comment vous pouvez les aider au lieu de les éliminer.

3. Se réconcilier

Certaines personnes sont troublées à l'idée de combattre la partie d'elles-mêmes qui est symbolisée dans ces rêves. Elles préfèrent aborder les présences hostiles dans un esprit de réconciliation, interroger ces images. Les rêveurs peuvent s'entendre avec les personnages menaçants, leur proposer un changement d'attitude en échange de quelque chose, engager un dialogue constructif. L'anthropologue Barbara Tedlock, qui a étudié l'interprétation des rêves avec un chaman maya au Guatemala, dit que dans ce système on conseille aux rêveurs de « compléter » leurs rêves [14]. Entrer en contact avec les figures oniriques, leur parler, leur demander conseil sont des moyens de compléter un rêve. Vos personnages menaçants peuvent devenir des présences amicales qui vous porteront secours.

4. Les intégrer

D'autres personnes s'efforceront de comprendre et d'intégrer dans leurs rêves les présences menaçantes. Stephen LaBerge, un pionnier dans le domaine du rêve lucide, rapporte un rêve qui a fait date pour lui, dans lequel il était capable de dire à un horrible géant qu'il l'aimait, en incorporant en lui-même, au cours du rêve, le personnage terrifiant [15]. D'autres encore ont nimbé leurs agresseurs d'une lumière dorée, en les transformant ainsi en images bénignes et même bienveillantes.

5. Re-rêver

Prenez conscience des différentes options que vous avez dans un rêve. Fermez les yeux et pensez à votre cauchemar. Revoyez-le exactement comme il s'est déroulé. Ensuite, imaginez ce qui aurait pu arriver d'autre. Enjolivez-le. Faites-en un rêve agréable. Si vous le voulez, faites-vous aider par des personnages auxquels vous attribuez des qualités particulières. Ou bien vous vous découvrez des ressources insoupçonnées, celles-là mêmes peut-être qui vous font défaut dans la vie quotidienne. Changez le rêve de toutes les façons que vous voudrez. Visualisez les détails, les couleurs, les formes, entendez les bruits. Et pourquoi ne pas dessiner ce nouveau rêve ?

Jung appelait ce remodelage des images oniriques à l'état de veille, comme un fantasme, de « l'imagination active[16] ». Transformer un mauvais rêve contribue à dissiper l'angoisse qu'il a provoquée, démontre qu'il y a d'autres scénarios et vous donne l'occasion de les utiliser.

6. Le rêve lucide

Devenir conscient du fait qu'on est en train de rêver est une autre approche pour dédramatiser les cauchemars terrifiants. Spontanée chez certains, cette prise de conscience dans le cadre du rêve s'appelle « rêve lucide » ; c'est une technique qui peut s'apprendre et nous servir ensuite dans de nombreux aspects de votre vie réelle. (Des suggestions pour l'étude et la pratique du rêve lucide sont données à la fin du chapitre suivant.) Si, au cours d'un rêve, vous avez conscience de rêver, dites-vous que vous n'avez plus à avoir peur. Ce n'est qu'un rêve et vous pouvez faire tout ce que vous voulez, voire en rejouer le scénario à votre façon.

Dissociation de la région blessée

J'ai déjà expliqué qu'une des réactions de défense, chez les blessés, est de se dissocier de la partie du corps qui est atteinte. Ils parlent par exemple de « la » main, au lieu de « ma » main. Devenue subitement anormale, source de douleur et d'inquiétude, elle est perçue comme étrangère et inconsciemment rejetée. Elle est considérée comme un objet plutôt qu'une extension vivante de la personne. Un des principaux buts de la rééducation est d'aider le patient à réintégrer la partie du corps blessée. En rêve, cette dissociation est exprimée par l'aspect inerte et sans vie du membre blessé ou malade, surtout s'il est effectivement engourdi, insensible.

La jambe « morte » d'Oliver Sacks

Le témoignage d'Oliver Sacks sur les cauchemars qu'il fit après avoir été opéré du tendon de son quadriceps est un exemple significatif de cette réaction[17]. Il démontre la stupéfiante diversité de l'aspect que peut prendre dans le rêve un membre ou un organe blessé. Ayant perdu toute sensation dans sa jambe, Sacks était tourmenté par des centaines de cauchemars dans lesquels sa jambe était en plastique, en marbre, en ciment ou en sable. Dans d'autres cauchemars, son plâtre était vide et fait de brume, ou bien sa jambe était une enveloppe blanchâtre. Dans d'autres mauvais rêves, Sacks voyait sa jambe pleine d'une masse toxique d'os, d'insectes et de pus. Le pire de tous ses cauchemars fut celui où sa jambe n'était qu'ombres et ténèbres, et où il lui semblait que jamais la vie ne pourrait revenir dans une jambe pareille.

Finalement, à la suite de traitements et d'exercices, il fut de nouveau capable de sentir sa jambe comme une partie normale de lui-même, et bientôt il s'en servit tout naturellement.

Se réapproprier le membre atteint

Si vous avez été blessé, essayez de rester mentalement en contact avec la région atteinte. Efforcez-vous de dire « mon » doigt, « mon » pied, « mon » sein ou toute autre partie du corps. C'est une partie de vous-même, qu'elle soit blessée, infectée ou envahie par le cancer.

Ne vous laissez pas aller à la rejeter. Si c'est un membre mutilé, vous aurez sans doute le sentiment qu'il est devenu inutile. Essayez malgré tout de l'accepter sous sa nouvelle forme. Nier son existence revient uniquement à refouler le problème.

Si vous avez totalement perdu une partie de votre corps, en raison d'un accident ou d'une amputation, vous continuerez peut-être à percevoir des sensations dans le membre manquant, ce que les amputés appellent leur « membre fantôme ». Elles ne sont d'ailleurs pas nécessairement douloureuses. J'ai entendu parler de personnes qui prenaient plaisir à imaginer que leur jambe ou leur main « fantôme » étaient massées ou caressées.

En niant la mutilation, vous risquez de retarder votre guérison, vous empêchez la région atteinte de se réintégrer, de retrouver ses fonctions et mouvements normaux. En acceptant, ou, mieux encore, en considérant avec une certaine tendresse ou indulgence cette partie de votre corps, vous augmentez ses chances de se rétablir le mieux possible.

6a. État grippal

dessin de Patricia Garfield

Ces deux images ont été dessinées au recto et au verso d'une même feuille de papier. Elles représentent les deux états opposés : maladie et santé. Celle du recto, « État grippal », est la représentation subjective de l'affection, la tête prise, le nez qui coule, les yeux brûlants et douloureux, la gorge irritée. Je suis entourée d'une brume nauséeuse verdâtre et violacée. L'image du verso, « Santé », représente mon espoir de rétablissement. Je me vois dans une étincelante lumière dorée éma-

6b. Santé

dessin de Patricia Garfield

nant d'une pierre précieuse posée au milieu de mon front ; son rayonnement dégage et guérit mes sinus, mon nez et ma gorge. Pour ce dessin du verso, j'ai employé des couleurs fraîches qui venaient s'opposer aux pénibles sensatïons fiévreuses de ma tête et ma gorge.

Représenter concrètement le bien-être auquel vous aspirez vous aide à vous dégager des symptômes envahissants que vous avez dessinés au verso.

EXERCICES SUR LES RÊVES : EXPRIMER, EXTÉRIORISER, COMBATTRE SON MAL PAR LE DESSIN

1. Surveillez vos rêves pour repérer tout changement affectant la partie du corps atteinte, ses symptômes et son fonctionnement

Nous avons vu que la partie du corps qui est souffrante apparaît constamment dans les rêves des malades ou des blessés. Elle entre en scène dès les premiers troubles et ne disparaît que lorsqu'elle est complètement guérie. Vous avez certainement déjà compris pourquoi des bâtiments et des véhicules représentent souvent le corps du rêveur et que leurs pièces ou leurs divers éléments symbolisent la région atteinte, et vous avez noté ces images qui traduisaient votre propre maladie ou blessure.

Après la phase critique, il est important de continuer à surveiller vos rêves pour guetter tout changement dans votre membre ou organe atteint, ce qui vous permettra d'évaluer la progression de votre guérison.

Exemple : Freud monte à cheval

Freud a rapporté qu'il n'avait fait qu'un seul rêve attribuable à une source somatique. Il souffrait de furoncles, dont un en particulier, « gros comme une pomme », situé à la base du scrotum et qui le faisait affreusement souffrir à chaque pas. Il s'arrangeait pour continuer de travailler normalement mais c'était de plus en plus pénible. Une nuit, il ne put s'endormir qu'après l'application d'un cataplasme sur le périnée, cette région entre les testicules et l'anus. Tout cela était dramatiquement rendu dans son rêve :

> « Je chevauche un cheval gris, d'une manière hésitante et maladroite d'ailleurs, et comme si je ne faisais que m'y appuyer. Je rencontre alors mon confrère P., en vêtement de loden, bien monté sur son cheval et qui me signale quelque chose (probablement que je monte mal). Alors je me tiens de mieux en mieux sur ce cheval très intelligent, je suis bien installé et je remarque que je m'y trouve comme chez moi. Ma selle est une sorte de coussin qui remplit complètement tout l'espace entre le cou et la croupe du cheval. Je chevauche à l'étroit entre deux camions chargés. Après avoir chevauché quelque temps le long de la route, je retourne et je veux descendre de cheval,

d'abord devant une petite chapelle ouverte qui donne sur la route. Ensuite je descends réellement devant une autre chapelle, qui est toute proche ; l'hôtel est dans la même rue, je pourrais laisser le cheval y aller tout seul, mais je préfère l'y conduire. Il me semble que j'aurais honte d'y arriver à cheval. Devant l'hôtel se trouve un groom qui me montre un billet m'appartenant et qu'il a trouvé. Il se moque de moi à cette occasion. Sur le billet, souligné deux fois : ne pas manger, puis, seconde résolution (indistinct), quelque chose comme : ne pas travailler ; à cela se joint un vague sentiment d'être dans une ville étrangère où je ne travaille pas[18]. »

Freud expliquait qu'il ne savait pas monter à cheval et que c'était bien la première fois qu'il en rêvait. Il voyait son rêve comme une négation de son furoncle et le désir de ne pas être torturé par cet abcès au périnée. Il remarquait aussi que la robe grise de son cheval était exactement de la même teinte poivre et sel que la veste de son confrère dans le rêve ; il associait cette couleur à son propre goût pour les plats très épicés qui était peut-être la cause des furoncles. Il observait aussi que ce confrère aimait « monter sur ses grands chevaux » et il décrivait un autre ami qui avait dit de Freud qu'il était « bien en selle », à propos d'une situation particulière. Le rêve combinait évidemment des éléments psychologiques avec des images inspirées par son état physique... Freud semblait se faire une prescription dans son rêve, se conseiller de travailler un peu moins et de renoncer pour le moment aux plats épicés.

Du point de vue physique, vous remarquerez que la pression créée par le furoncle enflé suggérait probablement à l'esprit de Freud endormi celle qui serait produite dans la même région corporelle en montant à cheval. Le cataplasme appliqué sur la partie douloureuse, qui lui avait permis de s'endormir, devenait une confortable selle à dosseret. (Nous avons déjà vu combien il était important de noter dans les rêves toute image semblant exercer une pression sur une partie du corps.)

Que révèlent vos rêves actuels sur le stade de votre guérison ?

2. *Choisissez une métaphore pour votre maladie ou votre blessure*

En général, l'expression picturale de vos symptômes comprend trois phases :

1. Choisir une métaphore. C'est-à-dire : « Quel effet me fait ma maladie, ou ma blessure ? » Si vous voulez, prenez dans un de vos rêves la métaphore de votre maladie ou de votre blessure.
2. Dessinez la sensation que vous éprouvez dans la partie du corps concernée.
3. Imaginez le changement positif qu'impliquera la guérison.

Chacune de ces phases contient plusieurs éléments. Vous souhaiterez peut-être lire ce qui suit et appliquer ensuite ces concepts à votre propre cas. Si pour le moment vous ne souffrez d'aucune maladie ni blessure, pensez à une région de votre corps qui vous cause parfois des problèmes. Découvrez tout ce que vous pouvez apprendre sur vous-même en appliquant la procédure suivante. Si vous avez déjà dessiné cette région douloureuse, vous pourriez faire un autre dessin représentant ce que vous ressentez actuellement, pour le comparer avec le précédent.

3. Dessinez votre membre malade ou blessé

Extérioriser sa douleur sur le papier, la symboliser, la dramatiser permet de diminuer son intensité physique. Voici comment vous y prendre :

A. Rassemblez une palette expressive

L'idéal est de s'installer une zone de travail avec du papier à dessin, une boîte de crayons de couleur, de feutres ou de crayons à mine de plomb, avec une vaste palette de nuances comprenant des couleurs chaudes et froides, fortes et faibles, foncées et claires, celles qui vous plaisent et d'autres que vous n'aimez pas ; s'il ne vous est pas commode de rassembler tout ce matériel, un simple crayon noir sur du papier blanc vaut mieux que de ne pas dessiner. L'essentiel est de représenter de façon expressive les sensations que vous éprouvez. Si vous êtes droitier et blessé à la main droite, servez-vous de l'autre, et vice versa.

B. Analysez ce que vous ressentez

Fermez les yeux un moment et concentrez-vous sur la région blessée ou malade ; efforcez-vous de la percevoir totalement, aussi pénible que ce soit. Posez-vous la question : « Comment est-ce que je sens ma blessure en ce moment précis ? » Ouvrez les yeux et prenez votre crayon.

Dans cet exemple de l'aspect objectif contrastant avec la sensation subjective, la réaction émotionnelle de Phyllis par rapport à son infection oculaire devient progressivement plus nette. Le premier dessin, l'aspect objectif, montre l'irritation, la sensation de brûlure et la démangeaison dont elle souffre. Le deuxième et le troisième dessin, les sensations subjectives, dépeignent plus dramatiquement la douleur et la tristesse associées à son affection et à son état actuel.

N'oubliez pas de noter vos réactions émotionnelles chaque fois que vous dessinez une maladie, une blessure ou un rêve.

dessins de Phyllis Clark Harvey

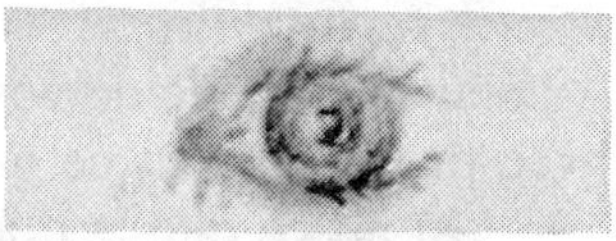

7a. Infection oculaire : aspect objectif

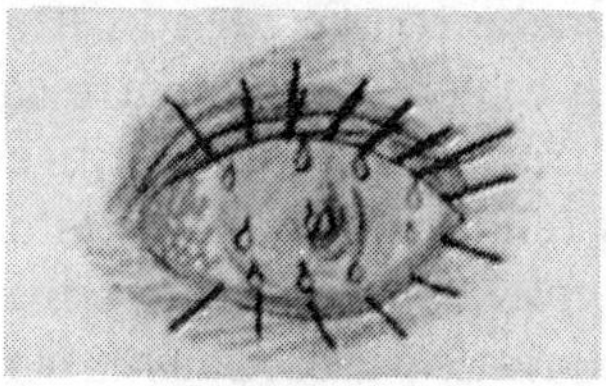

7b et 7c. Infection oculaire : sensations subjectives

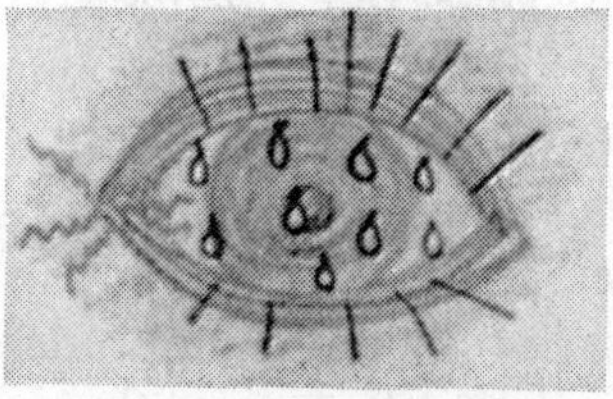

Exemples : « Ma jambe me fait l'effet d'un bout de bois gluant, depuis le temps qu'elle est dans le plâtre. J'ai l'impression que mon pied est absolument plat. Mes orteils sont enflés et bouffis. Je ne sens rien du tout dans mon gros orteil. » « On dirait que mon estomac va se répandre au-dehors, comme s'il était ouvert ou qu'un ballon avait éclaté à l'intérieur. » Virginia Woolf, la romancière anglaise, décrivait ainsi ses migraines : « des rats enragés rongent la base de mon cerveau ».

C. Dessinez la partie blessée ou malade

Représentez toute la partie du corps atteinte, dans son entier, avec ou sans le reste du corps, peu importe. Examinez les dessins contenus dans ce livre et recherchez des exemples de maladies ou de blessures. En quoi la vôtre est-elle différente, ou en quoi est-elle similaire ?

D. Représentez les sensations particulières à cette partie du corps

Essayez, à l'aide de vos crayons ou de vos feutres, d'exprimer avec précision tout ce que vous ressentez, notamment :

— Où est-ce que la douleur est la plus vive ?

— Jusqu'où s'étend-elle ?

— Quelle forme prend cette douleur ?

Faites également apparaître, le cas échéant, les sensations de chaud ou de froid, les régions enflées, les démangeaisons, les os cassés ou les tendons sectionnés, etc.

Exemples : Observez les dessins de ce type. La douleur est le plus souvent exprimée par des traits en dents de scie. La chaleur d'une inflammation est souvent dessinée dans des couleurs chaudes, et des problèmes de circulation par des couleurs froides, mais pas toujours. La victime d'une explosion, grièvement brûlée, représentait l'espoir en jaune.

E. Représentez son fonctionnement

Quand vous essayez de bouger ou d'utiliser la partie du corps atteinte, que ressentez-vous ?

Exemples : « C'est comme si j'avais une charnière rigide dans mon poignet, attachée à des blocs de bois. » « J'ai l'impression que mon cou est la base d'une ampoule électrique mal vissée. » « Ma main me fait l'effet d'une moufle avec trois doigts. » « J'ai l'impression de n'être faite que d'orteils. » « J'ai un point rouge brûlant dans le dos. » « On dirait que mon dos est une large bande tordue d'un seul côté. » « Mon torse est à vif comme du bœuf cru. » « J'ai des décharges électriques qui me remontent le long de la jambe. »

F. Symbolisez vos émotions

Quels sentiments vous inspire votre état ? Représentez-les aussi dans votre dessin. Vous pouvez vous servir pour cela de simples traits, de fonds colorés, de symboles, d'objets, tout ce qui vous paraît approprié.

Exemple : Une enfant, qui a été grièvement brûlée dans un incendie et dont le visage gardera des cicatrices en permanence, se représentait couverte de petites cicatrices se transformant en larmes.

G. Datez le dessin et commentez-le

Dans un coin ou au dos de votre dessin, écrivez votre nom et la date. Ajoutez les réflexions qui vous viennent à l'idée. Gardez-le pour de futures comparaisons. Une série effectuée sur plusieurs mois, après un accident, une opération, etc., présente généralement de flagrantes différences.

Exemple : Les grands brûlés font souvent de premiers dessins pleins de couleurs chaudes, des rouges, des orangés, ou du noir, avec des soleils éclatants, des volcans en éruption ; quand leur fièvre tombe et qu'ils commencent à se rétablir, des verts et des bleus frais apparaissent.

Cette étape est capitale et, vous le verrez, fructueuse. Vous avez eu le courage de regarder votre souffrance en face. Vous allez pouvoir évaluer les changements, les revers temporaires ou les bonds en avant. Vous avez maintenant une base concrète pour travailler sur des images curatives.

4. Laissez parler votre image

Maintenant que vous avez trouvé une image de votre blessure ou de votre maladie, et que vous l'avez dessinée, donnez-lui une voix. Imaginez que vous pouvez parler avec l'image de votre membre blessé ou malade. Que dirait-il ? Quels sont ses désirs ? Demandez-lui, comme à un enfant :

1. Quel effet cela te fait-il d'être comme tu es ?
2. Qu'est-ce que cela a de bon ?
3. Qu'est-ce qui te déplaît dans ton état ?
4. Que te faut-il pour aller mieux ?

« Écoutez » attentivement en vous les réponses à ces questions. Cette façon d'interroger les images, qu'il s'agisse de vos dessins ou de vos rêves, est extrêmement utile.

Exemple : Dee assurait que sa main blessée lui faisait l'effet d'une moufle à trois « doigts ». Parlant pour sa main blessée, elle dit que la moufle était chaude et confortable mais qu'en même temps elle était contraignante et limitée. La main blessée préférait la flexibilité d'un gant et pourtant ce degré de séparation lui faisait encore peur. (Dee avait été blessée par une machine quand son gant s'était pris dans l'engrenage, entraînant sa main.) Elle désirait des ciseaux, une aiguille et du fil pour défaire les coutures de la moufle et créer des doigts séparés. Dans son imagination, Dee entama ce processus en obéissant à son intuition.

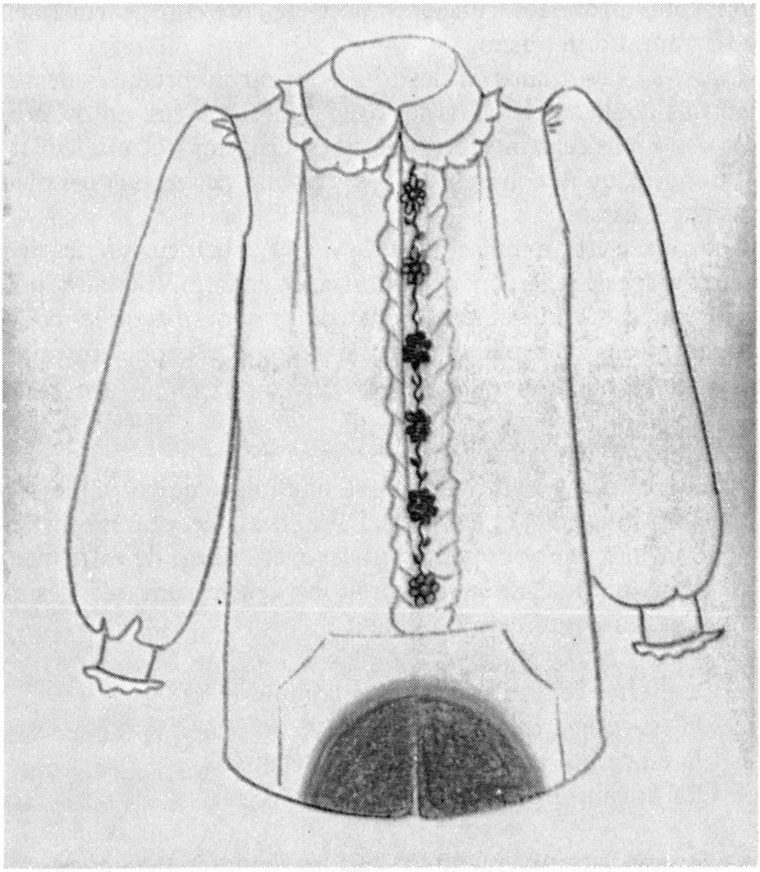

8. Image onirique curative : la blouse de la gardienne
dessin de Patricia Garfield

La blouse de la gardienne d'immeuble était une image d'un des premiers rêves que j'ai faits, après une intervention chirurgicale destinée à soigner une infection à la racine d'une dent (résection apicale). Les premiers rêves de cette nuit-là exprimaient des sentiments désagréables suscités par l'opération. L'élément le plus positif de cette série de rêves était l'image de la blouse de la gardienne, et c'est celle-là que j'ai choisi de dessiner et de douer d'une voix. Son message était qu'à présent je pouvais commencer à me garder, à prendre soin de moi, ce qui a facilité ma guérison.

« Je suis fraîche, propre et blanche. On m'enfile aisément par-dessus

5. *Demandez-vous ce qui manque et ajoutez-le*

Evelyn Simon, art-thérapeute exerçant à Phoenix, demande à ses patients, quand ils ont travaillé un certain temps à leurs dessins, de se poser les questions suivantes : « Qu'est-ce qui manque ? Que faut-il pour que ce dessin soit complet ? » Que l'on dessine un corps souffrant ou un cauchemar, ces questions sont utiles. Tout ce qui vient à l'esprit doit être ajouté au dessin. « Rétablir l'équilibre au niveau du dessin suscite le même processus au niveau corporel », affirme Evelyn Simon[19].

Exemple : Quand je me suis posé cette question à propos de mon premier dessin de ma main gauche blessée, la réponse a été évidente : « Ces blocs de bois et la charnière rigide ont terriblement besoin de flexibilité. » Qu'est-ce qui manque à votre dessin ?

6. *Apaiser l'image*

Une fois que vous aurez imaginé ce qui est susceptible de venir en aide à votre membre ou organe en difficulté, fournissez-lui cela dans votre dessin et dans les visualisations.

Ann Sayre Wiseman, art-thérapeute à Boston, a établi des méthodes fascinantes pour venir à bout des images négatives, qu'elles proviennent de cauchemars ou d'événements traumatisants. Dans son livre, *Nightmare Help* (« Pour lutter contre les cauchemars »),

---

n'importe quel vêtement parce que je suis ample. J'ai de grandes poches plaquées pour transporter toute espèce d'instruments utiles, partout où je vais.

« Je suis décorée de couleurs gaies. Le soleil levant à ma base rappelle à la personne troublée qu'un nouveau jour commence chaque matin. Les fleurs autour de mes boutonnières représentent les nouvelles pousses. On est heureux de me regarder. Je suis belle et pratique. Les blouses sont portées par les artistes. En quelque sorte, je symbolise l'art des soins.

« J'ai été portée par de nombreuses personnes durant ces temps difficiles. J'étais portée par l'assistante dentaire qui t'a caressé la joue pendant l'intervention. J'étais portée par le chirurgien qui t'a accueillie avec bonté. J'étais portée par ta fille quand elle est venue te caresser la jambe et te tenir le bras. J'étais portée par ton mari quand il t'a fait la lecture bien que sa voix soit fatiguée. N'importe qui peut me porter. Même toi. »

elle résume une de ses approches : « Dessinez le rêve. Mettez le monstre en cage. Ajoutez ceux qui viennent à votre secours... Laissez parler l'image. Trouvez une parade à l'attaque. Mettez en scène un dénouement positif et dessinez-le. Inventez-vous un refuge[20]. » C'est un bon conseil.

Ann Wiseman dit que lorsqu'on a une image de sa souffrance, émotionnelle ou physique, on a besoin d'« apaiser l'image ». Nous pouvons le faire dans d'autres dessins, ou simplement en fermant les yeux et en laissant faire notre imagination.

7. Transformez cette image par la visualisation

A. Imagerie contrastive

Pour certains rêveurs, visualiser l'opposé de ce que ressent la partie atteinte est réconfortant. Sentez la force qui emprisonne cette région. Imaginez que cette force s'écoule, tourne et prend la direction opposée. Pensez aux régions corporelles qui sont ou vous paraissent raides et imaginez-les souples et flexibles. Prenez les parties de votre corps qui sont faibles, relâchées ou instables et fournissez-leur un soutien. Accordez à la région souffrante ce dont elle a besoin.

Exemple : Maureen, celle qui sentait son dos comme une large « bande serrée tordue dans une seule direction », essaya d'inverser la torsion. Elle imagina de petits bonshommes qui tournaient une manivelle pour tordre son dos dans la direction opposée, jusqu'à ce qu'elle puisse voir de nouveau sa colonne vertébrale droite.

B. Imagerie de dissolution

« Diluer » l'intensité de la douleur est un autre procédé efficace. Imaginez que la souffrance est en train de se dissoudre, se calme et s'apaise. Les images d'eau, tiède ou fraîche selon ce qui vous convient le mieux, peuvent aussi dissiper la douleur. Certaines personnes trouvent particulièrement bénéfique une imagerie de lumière baignant la partie concernée.

Exemple : Peg, cette femme à qui le mal de dos faisait l'effet d'un point rouge et brûlant, s'imagina que ce point rouge se dissolvait, s'étalait et devenait rose pâle.

C. Imagerie directionnelle

Imaginez que coule en vous une source de ce qui est nécessaire à la région malade ou blessée. Visualisez le soleil, la lueur du feu ou toute autre chaleur réconfortante rayonnant dans des parties de votre corps qui sont trop froides ; sentez la chaleur pénétrer et les dégeler. Sur les zones fiévreuses, en revanche, faites couler un torrent de montagne, une cascade fraîche ; recouvrez-les de neige craquante...

Exemple : Les victimes de migraines ont généralement des vaisseaux sanguins contractés dans le cou alors que ceux de la tête sont dilatés. Ils sont souvent soulagés en s'imaginant que leurs *mains* deviennent plus chaudes, qu'ils les exposent à un feu de bois ou leur font tenir une tasse de chocolat ou de café fumant. Ce genre d'imagerie peut réellement apaiser la douleur physique en modifiant la circulation du sang ; les vaisseaux sanguins des mains se dilatent sous l'effet de la chaleur suggérée et font descendre de la tête l'excès de sang.

D. Imagerie colorée

Certaines personnes constatent que leur blessure ou leur infection est apaisée par la visualisation d'un bain de lumière colorée. Imaginez votre couleur préférée comme des rayons de lumière vive tombant sur cette zone. Choisissez une couleur chaude, par exemple le rose, ou une couleur fraîche comme le turquoise. Ou bien un blanc étincelant, ou encore une douce lumière dorée. Laissez ces rayons lumineux vous apporter une énergie curative.

Exemples : Dawn, qui se remettait d'une opération au visage, fut réconfortée en visualisant une lumière verte et curative brillant sur ses traits. Barrie imagina une vive lumière blanche tombant du ciel et une pure lumière bleue montant de la terre, toutes deux se confondant au niveau de la région souffrante pour la guérir.

E. Imagerie du but

Comment imaginez-vous votre guérison optimale ? Développez cette idée. Dissipez tous les symptômes inquiétants. Voyez l'organe ou le membre souffrant dans son état le plus normal et le moins douloureux possible. Visualisez vous en train de bouger et de vous servir de cette partie du corps avec aisance et grâce. Cherchez les moyens de vivre la vie avec plaisir et joie. Regardez-vous faire ce qui vous plaît.

Si vous pratiquez une imagerie positive, comme elle est décrite ici, d'une façon régulière, pendant dix minutes trois ou quatre fois par jour, surtout le soir juste avant de vous endormir, vous pou-

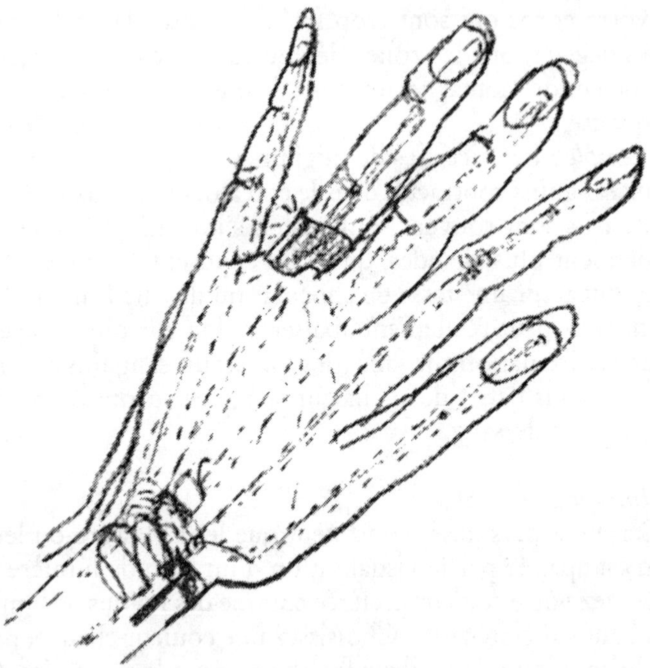

9. Visualisation curative pour une blessure à la main

dessin de Patricia Garfield

Ce dessin représente une visualisation curative que j'ai utilisée pour ma main. L'énergie afflue dans ma main, de la partie centrale de mon corps (le pointillé sur le côté droit de chaque doigt) et en repart (pointillé sur le côté gauche). J'ai visualisé mon alliance comme une source d'énergie supplémentaire émettant une lumière dorée particulière. Malgré une rigidité résiduelle du poignet, sensation traduite par le ressort serré, et malgré la plaque de métal (dessinée telle qu'elle avait été posée), mes doigts me semblent forts et capables. Dans d'autres visualisations, j'imaginais qu'une lotion rose, apaisante, pénétrait dans la région engourdie, une huile verte assouplissait les zones raides et l'os devenait ferme et solide autour de la plaque de métal.

Datez également ces dessins et gardez-les pour des comparaisons. En dessinant vos visualisations curatives, vous aidez votre imagination à se concentrer sur ce qui est nécessaire dans votre cas particulier.

vez réellement modifier votre circulation et améliorer ainsi votre état. Détendez-vous et observez votre corps. Laissez toutes les tensions s'écouler hors de vous. Glissez dans un rêve dirigé qui vous représente en pleine santé.

Comment cette guérison se révèle-t-elle dans nos rêves ? Comment pouvons-nous encourager ce processus ? Ce sont les questions que nous allons étudier.

7.

RÊVES DE GUÉRISON, RÊVES CURATIFS

La machine qui m'a blessé traverse une route de montagne juste devant moi. Je conduis une BMW et je dois donner un brusque coup de volant pour éviter la machine. Il s'en faut de peu que je tombe dans le précipice, mais heureusement les freins ne se bloquent pas. Je m'arrête juste à temps mais avec deux roues dans le vide.

Rêveur blessé,
trois mois après son opération.

George — cet homme grièvement blessé par une machine qui lui sectionna le nerf médian et neuf tendons, et écorna deux os du poignet — fit plusieurs cauchemars dans lesquels la machine lui infligeait des blessures plus graves encore (voir chapitre VI). Le rêve ci-dessus fut le premier, après son opération, dans lequel George n'était pas blessé. Il se trouvait encore en danger (avec deux roues dans le vide) et vulnérable (la machine était sur son chemin), mais il réussissait plus ou moins à se protéger.

Ce fut un important tournant dans la longue suite des rêves que George eut à la suite de son accident. Nous allons tout de suite voir ses implications.

IMAGES ONIRIQUES DE GUÉRISON

Au cours de la convalescence, les images oniriques négatives persistent, mais, parallèlement, des images positives apparaissent ; je les appelle des images curatives. A quel moment surviennent-elles, et pendant combien de temps ? Cela dépend de la gravité de la blessure initiale et de l'importance de la chirurgie réparatrice. Mon bras cassé se limitait à des fractures du radius et du poignet ; aucun muscle, pas de nerfs ni de tendons, pas plus que la peau n'avaient été déchirés lors de l'accident. Je devais me remettre de la double fracture, ainsi que de l'opération qui avait incisé la peau, les chairs, les muscles et des ligaments afin de remettre en place les os du poignet et y insérer la plaque de métal.

Les personnes qui ont subi de plus graves blessures que la mienne, qui ont eu des parties de leur corps écrasées, brûlées ou arrachées, et dont des nerfs ont été atteints, ont une convalescence beaucoup plus longue et difficile. De même, leurs cauchemars persistent plus longtemps. Les personnes atteintes de maladies ponctuelles font des rêves curatifs relativement tôt, alors que celles qui souffrent de maladies chroniques voient apparaître ces images positives durant les périodes de rémission.

Se sentir mieux protégé

Nous venons de voir que la blessure s'accompagne d'un sentiment de vulnérabilité, d'impuissance, de perte de contrôle ; il n'est donc pas étonnant que le retour à la santé soit souvent marqué par des sentiments opposés. Quand des gens qui ont été grièvement blessés ou gravement malades commencent à se rétablir, leurs rêves leur donnent le sentiment d'être en sécurité et de pouvoir maîtriser ce qui leur arrive.

La voiture maniable de George

Quand je demandai à George en quoi la BMW était différente des autres voitures, il me répondit : « C'est une bonne voiture de course, stable, qui peut vous faire gagner. Elle est bien plus maniable que les autres. » Pour George, par conséquent, son véhicule onirique était une voiture qui lui donnait une plus grande maîtrise et, ainsi, la faculté de faire front à une situation dangereuse ou délicate. Il avait maintenant des chances de « gagner » contre sa blessure.

Pour lui, la carrosserie était une carapace protectrice entre son corps et la machine menaçante, alors que dans les rêves précédents elle l'attaquait sans qu'il puisse se défendre. Cette nouvelle version était le signe que les blessures psychologiques commençaient à se cicatriser parallèlement à sa plaie corporelle. Il avait encore des « passages à vide » (les roues en suspens au-dessus du précipice), mais il avait commencé à se défendre.

Guettez dans vos propres rêves ces images positives — qu'elles prennent la forme d'un personnage protecteur ou d'un don, d'un talent, qui vous rassure sur votre capacité à créer et à agir de nouveau.

Se sentir mieux et accepter ses limites

La Cadillac sur les rails

Brad se remettait d'une opération de la hanche gauche. Le cartilage entre l'articulation de la hanche et la région pelvienne s'était déchiré, et le frottement des os lui causait des douleurs considérables. Deux semaines après la pose d'une prothèse, il commença à aller mieux. Il avait chez lui un lit d'hôpital et arrivait à se déplacer avec des béquilles. A cette époque-là, il rêva :

> « Mon ami Joe tient une pharmacie. Les affaires vont mal. Il dit qu'il s'est installé un an trop tôt par rapport au développement de cette région. (En réalité Joe a un autre genre de commerce et ses affaires vont très bien.)
>
> « Je suis dans un parking. Joe a une vieille Cadillac avec une vitre arrière tout étoilée et cassée. J'arrive dans ma vieille BMW rouge, rouillée, qui a besoin d'être repeinte. Joe va déjeuner avec deux vieux copains à lui. Je ne les accompagne pas, pour qu'ils puissent parler. Il y a un jeune homme avec des cartes de visite — toutes annotées au dos — qui travaille dans l'immobilier.
>
> « Je veux voir l'autre voiture de Joe, qui est dans le parking. C'est une vieille Cadillac décapotable avec deux tuyaux verticaux et des rails de chemin de fer ; elle a également des roues de locomotive qui ne lui permettent de se déplacer que d'avant en arrière. A l'intérieur, il y a un médecin militaire, un capitaine. »

Voilà un parfait exemple de la nécessité d'obtenir du rêveur ses associations aux images oniriques. Pour George, une BMW était un véhicule très désirable, une voiture de course performante grâce à sa bonne maniabilité et à son contrôle. Quand je posai à Brad la même question : « Qu'est-ce qui rend cette voiture différente des autres ? », il m'a répondu : « Elle est plus petite et plus chère. Je n'aime pas ce genre de voiture. Elle ne vaut pas tout cet argent. Elle manque de puissance et elle est mal assemblée. »

Il était évident que Brad s'identifiait dans son rêve avec son propre sentiment de « manquer de puissance et d'être mal assemblé ». Ajoutez à cela le fait que la voiture « était rouge, rouillée et avait besoin d'être repeinte », et nous voyons que Brad ne se sent pas encore bien remis. Cette voiture pourrait représenter aussi le corps de Brad avant son opération de la hanche, quand la marche était si douloureuse. Les phrases du rêve, « les affaires vont mal » et « trop en avance pour la région », symbolisent le même concept de rétablissement incomplet.

Les deux autres voitures du rêve apportent cependant un espoir. Brad aime beaucoup les Cadillac, il apprécie leur confort et les trouve spacieuses. Une de celles du rêve était vieille avec une vitre arrière « tout étoilée de cassures », suggérant que le rêveur se sent encore assez fragile. La suite de notre conversation a révélé que la seconde Cadillac avec ses « deux tuyaux verticaux » représentait le corps réparé de Brad.

Le bizarre arrangement de la seconde Cadillac dans le rêve de Brad avait au moins deux sources. A l'époque de ce rêve, il dormait dans un lit d'hôpital, qui avait été installé chez lui. Les barreaux, caractéristiques de ce genre de lit, pouvaient aisément évoquer des barrières de passage à niveau. De plus, la prothèse de la hanche était elle-même un mécanisme de roulement avec des surfaces lisses et glissantes mais d'un rayon de mouvement limité[1].

Il est évident qu'une personne qui a une prothèse de la hanche doit prendre certaines précautions. Quand je parlai à Brad du bizarre appareil entourant la vieille Cadillac, il me dit : « C'était restrictif, comme un bon cheval dans un corral trop petit. » Tout à coup, il comprit que le médecin militaire assis au volant lui rappelait son chirurgien. Ainsi, les roues circulant sur le court morceau de voie symbolisaient la prothèse de Brad. Lui-même, sans doute, se sentait plus ou moins comme « un bon cheval dans un corral trop petit » et sa voiture favorite lui apparaissait vieille, cabossée et restreinte dans ses mouvements ; mais elle était tout de même là, et en état de marche.

La vieille Cadillac sur les rails était une métaphore du corps de Brad avec sa prothèse. Il devait, pour guérir, accepter ses limites.

Le corps « restauré » était encore vieux, limité, mais plus spacieux qu'il ne l'était avant l'opération (la vieille BMW rouillée). Maintenant, il se sentait plus à l'aise (comme dans une Cadillac). Le fait que la voiture favorite de Brad soit à sa disposition dans le rêve, qu'il puisse abandonner l'ancienne toute cabossée qu'il n'aime pas, suggère un petit début de guérison.

Dans vos rêves, les véhicules que vous conduisez ou qui vous transportent peuvent vous donner de nombreuses indications sur votre corps, surtout si vous êtes un homme. Les femmes ont plus souvent recours à des vêtements ou à une maison. Si vous rêvez d'une voiture, posez-vous des questions sur sa marque, son modèle, ses particularités (en vous servant du guide du chapitre V). Et ne vous étonnez pas si vous voyez votre chirurgien faire du stop.

Nouvelles pousses et jeunes animaux

Les rêves de fleurs, de plantes et du printemps en général sont caractéristiques chez la personne qui est en cours de guérison. Ces images de fécondité, qui apparaissent fréquemment aussi dans les premiers mois d'une grossesse, d'un nouvel amour ou d'un projet tout neuf, sont symboliques de la renaissance psychologique et/ou corporelle.

Mes plantes poussent

L'imagerie curative commença à apparaître dans mes propres rêves le deuxième jour de mon retour à la maison, cinq nuits après l'opération. Ce fut rassurant de voir des images positives dans mes rêves après tant de cauchemars. Leur première réapparition fut la suivante :

> « J'habite un joli quartier d'une grande ville, un quartier assez ancien. Au début, je suis assise dans mon living-room et je regarde par la grande baie un petit parc triangulaire en face de notre maison. Un immeuble de pierre d'une couleur chaude se dresse de l'autre côté. C'est un plaisant changement. Je me dis que ce serait dommage d'avoir là un autre bâtiment qui apporterait une note dure dans ce charmant paysage. »

Dans les rêves, les grandes baies révèlent un changement de point de vue et ce panorama était plaisant. La couleur « chaude » symbolisait mon humeur positive. Mais le rêve ne s'arrêtait pas là :

> « L'idée me vient que nous pourrions ouvrir une souscription et y contribuer pour transformer le petit parc en un beau jardin. Il s'harmoniserait avec les bâtiments de ce quartier historique. Je remarque un restaurant appelé *L'Auberge du dîner* avec un vieux bec de gaz devant. »

Mon projet de rendre le petit espace vert encore plus joli symbolise mon espoir. Un lieu nourricier, un restaurant, faisait partie du paysage. Et le rêve continuait :

> « Sans transition, je suis sur le trottoir devant la maison, avec un ami français, et nous parlons des différences du tai-chi dans nos pays respectifs. Il me démontre un mouvement. Je lui montre le mouvement parallèle, *en effectuant un tour complet*. Cette figure consiste à lever les deux mains devant la poitrine et à tourner, les genoux fléchis. Je regarde mon poignet gauche. Je n'ai plus le plâtre et mon bras est maigre. Il aura besoin de musculation mais la forme du poignet est bonne. »

Les observations oniriques de mon poignet, qui en réalité est toujours dans le plâtre, se révélèrent tout à fait exactes par la suite, quand il fut ôté. La métaphore la plus spectaculaire était le « tour complet » montré à mon ami. Il est indéniable que mon esprit sentait en rêve un changement pour le mieux.

Le rêve se concluait par une scène dans laquelle je contemplais la jolie façade bleue et blanche de notre maison. Je causais avec une voisine qui me demandait : « Comment allez-vous ? » et je lui répondais : « Beaucoup mieux, merci. J'étais en train de penser qu'il serait bien agréable de transformer cette place en jardin. » Puis je montrais notre maison en disant : « Vous ne trouvez pas qu'un jardin compléterait l'ambiance chaleureuse et plaisante ? » Ce rêve marqua pour moi le début d'une véritable amélioration de mon état.

Comme toujours, des rêves pénibles ou inquiétants alternaient encore avec les images positives, mais au cours de ma guérison ces dernières devinrent de plus en plus fréquentes. Ces signes d'amélioration persistèrent avec d'autres images de flore en pleine croissance. Quelques jours plus tard, je rêvai que je roulais en voiture dans un parc magnifique, couvert de vastes pelouses et de grands arbres aux branches déployées. L'herbe était d'un vert tendre mais les arbres étaient encore dénudés. Une quinzaine de jours après mon opération, il y eut dans un rêve une scène où deux jeunes filles cueillaient des fleurs sur les arbres d'un jardin. Trois semaines après l'intervention, il y en eut un autre où je passais en voiture dans un joli paysage boisé, et je voyais de ravissantes fleurs bleues sur des arbres, du bleu des delphiniums. Notez comment les fleurs éclosent et se multiplient à mesure que mon état s'améliore.

Une des principales indications de la guérison en cours est ce « renouveau » positif sous ses diverses formes.

Insouciance et vitalité

La faune, dans les rêves, indique aussi une amélioration. C'est surtout vrai quand les animaux sont attendrissants et pleins de vitalité. Ils représentent l'antithèse des animaux morts ou mourants des cauchemars post-chirurgicaux. Dans un de mes rêves, pendant la semaine qui suivit mon retour de l'hôpital, je vis un bébé hibou aux plumes foncées. Le hibou représente pour moi la sagesse, d'autant plus que c'était le symbole de mon lycée. Un bébé hibou, par conséquent, suggérait l'apparition, encore timide, d'une nouvelle sagesse.

A la suite de son hystérectomie, Mimi était tourmentée par des rêves où elle était brutalement violée. Trois semaines plus tard, environ, ses rêves reflétèrent un changement positif avec plusieurs métaphores caractéristiques du rêveur en voie de guérison :

> « Je suis au téléphone avec une amie quand j'entends du bruit. Je vais à la grande baie et je contemple notre terrain. C'est une magnifique scène printanière, un grand champ, de l'herbe verte, des arbres en fleurs. Il y a des animaux qui courent et bondissent en tous sens. Je le dis à la personne qui est au téléphone, et j'appelle mon mari pour qu'il vienne voir. Une oie court après mon chat préféré. Ils s'amusent tous. Je dis à mon mari : "Comme quand tu me cours après, mon chéri." »

En même temps qu'un sentiment de retour à la santé, tel qu'il est symbolisé par les images de printemps, Mimi exprimait aussi la réapparition de sa « vitalité animale ». J'ai déjà indiqué que les grandes baies révèlent souvent un nouveau point de vue ; Mimi retrouvait ses impulsions, son désir de « jouer » avec son conjoint comme les animaux de son rêve. Après être passé par une période de souffrance, on apprécie plus intensément les petits plaisirs. L'herbe verte, les jeunes animaux joueurs et l'intérêt sexuel vont de pair et suggèrent le retour à la santé ; là encore, repérez ces images et imprégnez-vous du bien-être et de l'espoir qu'elles incarnent.

Le retour de la sensualité

Dina reprend confiance

Quand Dina, qui avait trente-cinq ans, apprit qu'elle devait subir l'ablation de l'utérus pour cause de fibromes, sa plus grande peur fut d'être ensuite « neutralisée ». Ce devait être sa première opération, si on excepte l'extraction de ses dents de sagesse. Elle s'y prépara en se renseignant autant qu'elle le pouvait. Mais elle m'avoua : « J'avais encore une peur affreuse que la documentation ne pouvait chasser, la peur de devenir un être neutre, une non-femme, un être non sexuel. Je savais qu'il me faudrait attendre de longues semaines après l'intervention pour avoir des rapports sexuels et j'avais peur. »

Cette pensée inquiétante accompagna Dina jusque dans la salle d'opération. L'intervention se déroula sans problèmes. Pourtant, une fois physiquement hors de danger, elle continua d'avoir peur. Elle était encore terrifiée lorsque, quarante-huit heures après l'opération, elle fit un rêve érotique passionné comportant un puissant orgasme. A son réveil, elle éprouva un immense soulagement. Elle savait maintenant que tout irait bien ; et son rétablissement fut remarquablement rapide. Elle reprit son travail au bout de quinze jours. Rassurée par son rêve, certaine que sa vie sexuelle n'était pas terminée, Dina put reprendre avec confiance sa vie normale.

A vrai dire, les orgasmes sont autant une réaction du cerveau que des organes génitaux. Même des personnes gravement handicapées, comme les paraplégiques et autres paralysés, connaissent ce genre d'expérience[2]. Les facteurs cruciaux semblent être l'expérience sexuelle antérieure et une bonne stimulation mentale. Le rêve de Dina lui avait apporté les images rassurantes dont elle avait besoin.

Une nouvelle image corporelle

Un des plus importants aspects de la guérison est l'acceptation progressive, dans une nouvelle image corporelle, de tous les changements provoqués par la blessure, la maladie ou l'opération. Ces transformations peuvent ainsi prendre la forme, chez les femmes, d'une magnifique toilette neuve et de bijoux.

Robes neuves et bijoux

Six semaines environ après mon opération, j'ai rêvé que j'étais dans une boutique très ensoleillée où je choisissais et essayais des robes. Mon choix se portait sur des couleurs de sorbet, rose pêche, crème, et un certain jaune chartreuse qui fait ressortir le vert de mes yeux. Quelques jours plus tard, je rêvai que j'étais chaussée de souliers ornés de boutons de roses et que je portais une couronne de roses. J'essayais de splendides bijoux de quartz rose et de jade. Je remarquai que j'avais à la main gauche une bague avec une superbe opale rose et verte, comme celle que j'avais il y a des années et qui m'avait été volée. Ces images représentaient un changement, un passage des sensations douloureuses au bien-être. L'image où ma main s'ornait d'une très belle bague était la plus importante ; ce genre d'image symbolise non seulement un corps nouveau mais le « trésor » que représente la santé. Des scènes où j'avais les deux bras dans le plâtre, ou les mains pleines d'objets fragiles en danger d'être cassés, continuaient d'apparaître, ainsi que d'autres signes négatifs ; mais j'avais là une promesse de renouveau.

Karen choisit la dame de cœur

La grand-mère et la mère de Karen avaient eu toutes deux un cancer du sein. A trente-sept ans, elle-même dut subir une ablation du sein droit, et, six mois plus tard, une intervention chirurgicale sous-cutanée au sein gauche.

Karen est psychologue et elle tient un journal onirique depuis l'âge de sept ans. Ses notes révèlent qu'après sa première mastectomie, elle avait décelé assez rapidement dans ses rêves des éléments curatifs. Dix jours après l'opération, par exemple, elle fit le rêve suivant :

« Je dois participer à un défilé. Il faut que je me prépare un costume. Je ne sais plus si quelqu'un me le suggère ou si je décide moi-même d'aller en dame de cœur. Je passe la journée à me confectionner une couronne dorée ornée de cœurs rouges. Quelqu'un d'autre doit me prêter une robe de velours, sur laquelle je placerai des cœurs.

« Ensuite, je n'y pense plus, et je ne m'en préoccupe à nouveau que quelques instants avant le défilé. La robe est là, en velours noir, et il y a de petits cœurs d'argent sur le corsage. Je me dis que je serai un mélange de la dame de pique et de la dame de cœur. Je trouve tout de même de grands cœurs rouges à y ajouter. Pendant toute cette période d'activité, il y a des dérangements, des retards. Une femme estime que j'ai tort de me déguiser en dame de cœur. J'aperçois un roi vêtu de rouge et je suis étonnée de ne pas avoir pensé qu'il y aurait un roi de cœur. Je pars juste à temps pour le défilé. »

Ce rêve montrait l'ambivalence de Karen, entre sa peur de la mort (la dame de pique) et son désir de vie et d'amour (la dame de cœur). La robe de son rêve était en velours noir, un costume sombre, avec des cœurs d'argent, signe plus positif. Il était important pour Karen d'ajouter de grands cœurs rouges à cette robe et de porter une couronne dorée. Bien que l'équilibre entre la vie et la mort semblât ténu à ce stade, disait le rêve, Karen accordait un bien plus grand poids au symbole de la vie et apercevait même la possibilité d'un conjoint, le « roi de cœur ». Et elle partait « juste à temps » pour participer au défilé de la vie.

Dans le second rêve qu'elle fit cette nuit-là, elle employait la métaphore de la construction. Dans un grand immeuble, elle découvrait que « toutes les pièces avaient été rénovées » en transformant les petits magasins qui s'étaient trouvés là. L'apparition de vêtements neufs et de pièces reconstruites indiquait que Karen commençait déjà à intégrer les changements survenus dans son corps.

Karen accepte le don d'un poncho

Deux nuits après le rêve de la dame de cœur, cette intégration se précisa. Pendant les deux premières semaines qui suivirent l'opération, les images vacillaient entre des thèmes menaçants et rassurants. Dans un de ces rêves :

« J'étais sur le flanc d'une montagne avec une jeune femme qui était à la fois la mère et l'épouse spirituelle d'un homme ressemblant au Christ. Il devait partir pour une mission dangereuse et il voulait la cacher pour qu'elle soit en sécurité. Elle était bouleversée. Elle disait qu'elle ne voulait pas passer sa vie à se cacher alors qu'il était persécuté. Elle préférait retourner au ciel, dès le lendemain ; elle déclarait que c'était son choix. Elle était très indignée qu'on veuille décider pour elle. »

Jusque-là, le rêve de Karen insiste sur le risque de mort, de « retour au ciel ». Son inconscient assimilait peut-être la persécution et la crucifixion du Christ à sa propre souffrance. Le rêve continuait ainsi :

« L'homme qui ressemblait au Christ lui apportait alors un cadeau, un beau poncho blanc, turquoise et bleu. Il le portait mais elle savait qu'il avait été fait pour elle, parce qu'il y avait dans le tissage deux espaces pour ses seins. Elle l'acceptait avec émotion et gratitude. »

Le merveilleux poncho, que la figure spirituelle portait avant de le donner à la femme du rêve, était conçu spécialement pour la rêveuse, évoquant l'émergence d'une nouvelle image du corps, différente mais radieuse. Le rêve concluait :

« Ensuite, je retrouve un ancien petit ami (ce qui est toujours excitant et risqué). Apparemment, j'ai un enfant. Je commence à descendre dans un ravin où je dois rencontrer mon ex-petit ami, mais c'est abrupt et dangereux. Je m'y retrouve prisonnière. Lui est de l'autre côté et ne peut pas m'atteindre. Un homme dans un camion vient me sauver.

« On passe alors à une jeune femme qui va mourir dans la nuit. Elle est avec moi et ma mère. Je crois comprendre qu'elle meurt de leucémie. Nous sommes tous dans une réunion d'adieu. A la fin, ma mère et moi retournons sans cesse l'embrasser, car elle va terriblement me manquer. »

Le thème de ce rêve oscillait constamment entre le risque de mort et l'engagement dans la vie. La scène finale exprime de nouveau la peur de Karen de mourir d'une maladie fatale, et la tristesse que cela lui inspire. Cependant, après ce rêve, sa guérison se précisa et elle retourna travailler avec entrain.

Il est très important de relever et de comprendre les images insolites comme celles de la dame de cœur et du poncho conçu pour la rêveuse. Le clinicien Ernest Rossi pense que les images oniriques de ce genre sont essentielles au développement de l'identité et de la conscience :

« Ce qui dans un rêve est unique, bizarre, étrange, inconnu ou intensément idiosyncratique, est l'essence de l'individualité. C'est l'expression d'une expérience psychologique originale et, par conséquent, la matière première à partir de laquelle pourront se développer de nouveaux schèmes de conscience[3]. »

Les images oniriques idiosyncratiques, dit Rossi, sont les « contours en perpétuelle évolution » de la personnalité. Je crois qu'elles se manifestent particulièrement en période de guérison et de convalescence ; elles ont besoin d'être reconnues et encouragées, surtout si elles surviennent dans une imagerie plus ou moins sinistre.

Restauration de bâtiments et matériel neuf

Nous avons vu que les rêves de matériel cassé ou en panne et de bâtiments en ruine représentent un corps souffrant. A mesure que nous guérissons, l'imagerie opposée fait son apparition dans nos rêves. Les immeubles sont restaurés, de nouvelles ailes y sont ajoutées, de nouveaux monuments sont érigés... Ces images sont des signes typiques du travail de « restauration » en cours dans votre corps qui a été blessé ou malade. J'aime tout particulièrement un rêve que j'ai fait, huit semaines environ après mon accident (cinq semaines après l'opération) ; il s'agissait de grands travaux pour la construction de rampes destinées à une nouvelle voie express ; ce dernier terme est souvent un jeu de mots dans les rêves, symbolisant la liberté de mouvement dans la vie.

Dans mon rêve de la voie express, un grand lustre que nous avions donné à réparer était livré chez nous. Je l'avais oublié mais j'étais bien contente de le revoir. Dans les rêves, les sources de lumière représentent généralement une prise de conscience, un nouvel éclairage de la situation ; elles sont presque toujours de bon augure.

Entraide

Alors que les cauchemars représentent en général le rêveur seul contre de graves dangers, les rêves de guérison le montrent au sein d'un groupe uni et amical. Cela donne à penser que, pour le moment au moins, toutes les parties du corps du rêveur s'harmonisent pour guérir.

La chaîne humaine d'Irène

Irène, par exemple, a fait le rêve suivant plusieurs mois après l'ablation d'une tumeur cancéreuse dans un sein :

> « Mon mari et moi faisons partie d'un groupe de gens, dans l'océan. Nous nous cramponnons tous à des épaves d'un bateau naufragé. Je crie : "Je ne sais pas nager !" (vrai). Un homme prend le commandement. Il demande : "Qui d'autre ne sait pas nager ?" Plusieurs mains se lèvent. Il dit alors : "Tenez bon. Nous allons former une chaîne."
>
> « Nous formons une chaîne, comme un serpent, qui monte et descend sur les vagues. L'eau est foncée mais brillante. Je me sens plus à l'aise et j'ai moins peur. Nous nous laissons porter par la mer, sur les crêtes et dans les creux. »

Irène trouva ce rêve tout à fait réconfortant. Dans la réalité, elle bénéficiait du soutien d'un mari aimant. De plus, elle s'était inscrite dans un groupe de soutien pour les victimes du cancer et elle suivait une psychothérapie. Tout en se débattant encore à la suite du naufrage, qui était sans aucun doute la métaphore de sa maladie et de son opération, elle gardait espoir. La mer, dans son rêve, était sombre et dangereuse mais « brillante » et elle n'était pas seule. Vous ne vous étonnerez pas d'apprendre qu'Irène souffrait d'un œdème, dont les sensations de boursouflure sont traduites ici par son immersion dans des vagues qui s'enflent et se creusent tour à tour. En dépit d'autres problèmes physiques qui l'accablaient, cette femme courageuse se sentait capable de se laisser porter par le « flot de la vie », comme dans son rêve, avec l'aide de compagnons secourables.

Jeux de mots significatifs

Ne négligez pas les jeux de mots, anagrammes et autres, dans vos rêves. Ils sont parfois aussi visibles qu'un immense panneau publicitaire. Je me suis réveillée un jour en riant d'un rêve où j'avais fait la connaissance d'une femme nommée Faith Hope (Foi Espérance), une personne tout à fait délicieuse.

Rencontre du «guide intérieur»

Certains rêveurs avec lesquels j'ai travaillé avaient la chance de rencontrer dans leurs rêves un guide plein de sagesse, qui les conseillait ou leur faisait des dons. Le rêve de Karen, avec ce personnage à l'aspect de Christ, qui donnait à une femme un merveilleux poncho qu'il avait porté, reflétait un peu ce thème. Elle en avait été réconfortée et encouragée dans ses efforts de guérison. Dawn aussi fit la rencontre d'un guide onirique; il lui apparut en fait pendant l'opération.

Dawn et le guide rassurant

Dawn décida, vers la soixantaine, de se faire faire un lifting. Malgré sa décision réfléchie, elle avait tout de même peur des risques encourus et du résultat toujours aléatoire. Elle entreprit de s'y préparer avec soin.

Cette femme prévoyante commença par enregistrer une cassette à écouter après l'opération. Elle contenait des passages de sa musique préférée, ainsi que la description d'un voyage à travers tout un déploiement de lumières multicolores. Dawn écouta la cassette terminée et en fut satisfaite.

A la clinique qu'elle avait choisie, chaque patient avait la possibilité de récupérer après l'opération dans une chambre seule, en toute intimité. Elle prit des dispositions pour avoir une infirmière en permanence, jour et nuit, dès qu'elle reviendrait de la salle d'opération. Cette assistante fut chargée de faire passer la cassette pendant que Dawn reprenait connaissance. Non seulement tout se passa comme prévu, mais les images évoquées par la cassette accompagnèrent Dawn durant l'opération.

Le matin de bonne heure, on lui avait administré du Valium pour la détendre. Elle fut ensuite transportée dans la salle d'opération où on l'anesthésia par injection intraveineuse de ketamine, ce qui ne produit pas une anesthésie profonde mais plonge dans une espèce de transe. Ce produit suscite parfois des rêves désagréables[4] mais ce ne fut pas le cas pour Dawn. Alors que l'opération était en cours, elle rêva :

> « Je suis dans un avion, et j'ai une place du côté de l'allée. Sur ma gauche, côté hublot, il y a un « être ». Nous sommes séparés par une espèce de rideau aux bords festonnés qui a un peu la texture d'une crêpe. Je vois, à travers ce rideau, que mon voisin est un homme très grand, presque un géant. Il a une profonde voix de baryton qui est réconfortante et rassurante. Il se tourne vers moi et me dit : "Nous partons pour ce merveilleux voyage et je serai avec vous tout le temps." Je me baisse pour essayer de passer sous le rideau, qui arrive à peu près à hauteur de la poitrine, en disant : "Je veux voir votre visage." Il répond : "Je regrette mais ces rideaux vont vous empêcher de voir mon visage. Ce sont des lambeaux de peau. Vous pouvez les toucher. » Je distingue maintenant des pores. Une lumière verte tombe sur cet homme, brille sur ses jambes.
>
> « La scène change alors et nous sommes dans un grand car de tourisme Greyhound dans les mêmes positions et avec les mêmes relations. Je dis : "Je sais qui vous êtes. Vous êtes Hilarian." Il répond : "C'est exact. Nous avons presque fini maintenant." J'entends une autre voix qui dit la même chose. Je pourrais rester dans le rêve mais je préfère me réveiller. »

Dawn me dit que bien qu'elle eût du mal à remuer les lèvres, à son réveil, elle réussit à dire : « Avant que vous me rameniez dans ma chambre, je veux voir le docteur. » Il s'approcha et se pencha sur elle, avec son masque et son calot verts, et lui dit d'une voix rassurante : « J'ai été là tout du long. » Dawn eut la curieuse impression que l'énergie du guide spirituel qu'elle appelait Hilarian se « canalisait » à travers le chirurgien. Quoi qu'il en soit, Dawn se sentit affectueusement soutenue par ce personnage durant toute l'opération.

Dawn avait déjà compris dans son rêve que l'image du rideau devait être les véritables lambeaux de sa peau incisée. Elle avait le sentiment que le passage de l'avion au car était un transfert d'un moyen de transport luxueux à un autre plus populaire. Cela marquait peut-être la fin du vol plané car en revenant sur terre, elle s'éveilla à la réalité. Notez que son guide spirituel était presque un géant. La taille des images oniriques représente fréquemment leur importance.

La lumière verte, dans le rêve de Dawn, devait être en partie inspirée par les blouses chirurgicales vertes du personnel mais plus encore par la description qu'elle avait enregistrée. Ce fut seulement quand elle l'écouta dans sa chambre qu'elle remarqua la phrase suivante : « Marcher dans la lumière verte, c'est très apaisant. » L'état d'esprit de Dawn avait été très positif. Elle avait décidé de son opération, choisi la clinique ; elle s'était préparée à en tirer le meilleur parti et les résultats étaient bons. Tout le monde n'a pas les mêmes chances.

Karen fut encouragée par la figure du Christ dans son rêve post-chirurgical. Dawn était soutenue et encouragée par son guide spirituel au cours de l'opération. Dans quelques cas assez rares, des personnes ont senti que leur guérison réelle avait commencé *pendant* le rêve.

Rêver sa guérison

June est guérie par imposition des mains

Une femme, que nous appellerons June, dont le cas m'a été décrit par une correspondante du Canada, avait souffert de migraines depuis la puberté jusqu'à cinquante-cinq ans environ. Ces maux de tête vasculaires l'accablaient de trois à cinq fois par an et l'immobilisaient toujours pendant au moins une semaine.

Au cours d'une de ces crises, qui durait depuis deux ou trois jours, June fut prise de tels vertiges qu'elle ne pouvait plus se tenir debout. C'était un après-midi, mais elle s'allongea sur son canapé et s'endormit. Au bout de quelques instants seulement, elle rêva qu'elle était..

> « ... avec une vieille femme, son mari et leur fils. La vieille femme était mourante ; June (infirmière dans la vie réelle) la soignait et passait auprès d'elle des jours et des nuits. Elle voulait partir pour s'occuper de sa propre famille mais il n'y avait personne d'autre pour prendre soin de la vieille femme ni être avec elle pendant ses rares moments de lucidité ; alors elle restait auprès d'elle jusqu'à sa mort.

« Le rêve continuait après l'enterrement. Le mari et le fils de la morte rendaient visite à June. Dans le rêve, elle souffrait d'une migraine (ce qui était réellement le cas). Les deux hommes se tenaient à côté de son lit et le fils déclarait que, puisqu'elle avait été si bonne pour sa mère, il allait l'aider. Il posa sa main sur le front de June en lui disant que plus jamais, tant qu'elle vivrait, elle ne souffrirait de ces migraines. Quand June se réveilla, le mal de tête avait disparu. »

Un an et demi plus tard, June n'avait toujours pas eu de nouvelles migraines, alors qu'en temps normal elle en aurait eu au moins cinq durant la même période. Le soulagement que lui avait apporté le guérisseur de son rêve avait persisté dans la vie réelle, peut-être à cause de sa forte réaction à la guérison onirique. Il est possible que l'imposition des mains de son propre « guérisseur interne » l'ait aidée à se détendre, à dilater les vaisseaux contractés quand elle commençait à être tendue. June, Dawn et Karen ont toutes trois été aidées, dans une plus ou moins grande mesure, par un personnage particulier, dans un rêve. Nous verrons dans un chapitre ultérieur comment rencontrer volontairement un guide onirique dans une visualisation éveillée.

Aider les rêveurs à se servir de leurs pouvoirs autocuratifs, comme June, c'est leur permettre d'utiliser les potentialités insoupçonnées de leurs rêves. Cette démarche est possible grâce à l'utilisation du rêve lucide. La faculté de devenir conscient durant le rêve permet de diriger à son gré les énergies curatives sous-jacentes. Cette perspective fascinante deviendra peut-être bientôt une réalité, grâce à l'emploi de la « lumière onirique » de Stephen LaBerge, comme nous allons le voir au chapitre suivant, « Rêves de convalescence et de santé ».

LA GUÉRISON AU NIVEAU ÉMOTIONNEL ET PSYCHOLOGIQUE

Accepter la mort

Nous finissons tous par mourir un jour. Certains partiront plus tôt, d'autres plus tard, mais il est impossible d'échapper à la mort de notre corps physique. Il y a des moments où la « guérison » est l'acceptation de l'inévitable. Quand nous choisissons de partir sereinement, avec la possibilité de dire adieu à ceux que nous aimons, en nous dirigeant vers la lumière inconnue, notre départ peut devenir un don à ceux que nous laissons derrière nous.

Les rêves de Charisse Kranes

Charisse livra une bataille de quatre ans contre un cancer des ovaires, avant de mourir à l'âge de trente et un ans. C'était une jolie femme douée d'une voix ravissante, qui chantait merveilleusement. Rabbin de profession, elle avait également une vie conjugale heureuse avec son mari, Winston, qui me donna généreusement accès au journal pictural de sa femme, après sa mort.

Je fis la connaissance de Charisse un peu plus d'un mois avant sa mort. Elle était alors ravagée par la maladie, elle ne pesait plus que trente-sept kilos, au lieu de cinquante-huit, son poids normal, mais elle se cramponnait encore à la vie ; elle avait très envie d'examiner la possibilité que ses rêves pourraient être des messages personnels. Elle avait consulté Zal, mon mari, qui est psychothérapeute, cherchant comment affronter sa maladie et la mort qui approchait rapidement. Nous ne nous rencontrâmes qu'une fois dans mon cabinet, peu avant qu'elle soit hospitalisée pour la dernière fois.

Le concert

Charisse apporta quatre rêves à notre séance, dont deux datant de la nuit du 5 mai. Dans la première scène :

> « Nous étions ensemble, maman, papa et moi. Sur le campus. Je cherchais séparément un cinéma. Finalement, à 20 h 30, nous décidions de faire la queue pour le concert des Grateful Dead. C'était une bonne idée, parce que le concert devait commencer à 20 h 30 et ainsi nous n'aurions pas à attendre. Nous nous installions, moi au milieu, papa du côté de l'allée. Il disait je ne sais quoi, que c'était idiot, et puis une fille qui distribuait de grands rubans genre Miss America lui souriait et lui en enroulait un autour de l'épaule. »

La métaphore qui me frappa le plus, dans cette première scène, c'est l'attente du concert des Grateful Dead (les « Morts reconnaissants »). Ce groupe rock a une foule de fans fidèles mais son nom prend une signification particulière chez une rêveuse gravement malade. Je demandai à Charisse : « Supposons que je sois une petite fille qui ne sait pas ce que sont les Grateful Dead. Que lui répondriez-vous ? » Elle me dit tout de suite : « C'est un groupe rock bizarre. Ils sont là depuis une éternité. Ils n'enregistrent pas. Ils ne donnent que des concerts, de temps en temps. Ils ont des fans très enthousiastes. » Et elle ajouta, à la réflexion : « C'est bien de savoir que quelqu'un est reconnaissant d'être mort, de mourir. C'est peut-être le signe que je voudrais voir la mort de cette façon. »

La mère de Charisse, qui dans le rêve était assise à sa gauche, était également morte très jeune d'un cancer. Ce premier rêve contenait donc deux images de mort. Nous avons déjà vu que les images oniriques de mort, d'agonie et de départ sont typiques des rêves de personnes mortellement atteintes. Ces mêmes images peuvent apparaître aussi dans des rêves de convalescents, mais elles cessent dès que la santé se rétablit.

L'image onirique du père de Charisse portant en sautoir un ruban genre Miss America était une référence personnelle ; Charisse ne s'entendait pas très bien avec son vieux père. Elle voyait dans le ruban de son rêve une restriction, une bride qui le « maintenait dans le rang et le pacifiait ». Cela suggérait que Charisse avait éprouvé le besoin de présenter à son père une personne du genre Miss America pour le « faire marcher droit » et le rendre heureux.

La scène finale de ce rêve se rapporte à la difficulté qu'avait Charisse à garder les aliments.

> « Une des raisons du retard (avant que commence le concert des Grateful Dead) c'était que deux petites filles essayaient avec des gobelets de carton de remplir un silo de flocons d'avoine et de farine rouge. Il y avait des vaches ou des éléphants attendant d'être nourris. Un adulte avertit que lorsque ces bêtes seraient trop affamées, elles deviendraient nerveuses et trop dangereuses pour les petites filles, mais elles répliquèrent en chœur : "Oh, nous les nourrissons toujours. Pas de problème !" ou quelque chose comme ça. Pendant ce temps une femme âgée (moi ?) finissait de remplir le silo sans aide supplémentaire. Elle utilisait une jatte en verre au lieu de gobelets de carton. »

J'ai déjà dit que dans nos rêves les animaux représentent souvent nos instincts, notre force vitale fondamentale. Mais les animaux des rêves de Charisse reflétaient également sa situation particulière. Comme le cancer s'était étendu à ses intestins, cette jeune femme avait énormément de mal à s'alimenter. Tous les médicaments qu'elle prenait et les divers traitements qu'elle suivait lui donnaient des nausées, et manger était devenu un problème majeur. Le silo à remplir était aussi une image du corps vide et sous-alimenté de Charisse.

L'image des vaches ou des éléphants attendant leur repas représentait aussi cette situation. Elle aimait les vaches, qu'elle considérait comme de « belles bêtes lentes ». Pourtant, dans son rêve, il était presque impossible de fournir de l'alimentation aux vaches ou aux éléphants. Imaginez le temps qu'il faudrait pour remplir un silo avec des gobelets de carton ! Charisse disait que ces gobelets étaient « petits, non réutilisables et destinés à être jetés puisqu'ils étaient en papier ». Dans la réalité, elle se servait souvent de gobelets de papier pour boire l'eau qu'elle transportait avec elle partout. Elle disait que la jatte de verre était « plus grande, plus pratique », mais le remplissage du silo était quand même une tâche impossible.

Alors que nous parlions de la nourriture elle-même, son symbolisme apparut. Les flocons d'avoine et la farine étaient tous deux des éléments de bouillie, c'est-à-dire la seule chose qu'elle pouvait avaler depuis quelque temps. La farine rouge, disait-elle, était « plus moelleuse que les flocons d'avoine, plus colorée, plus consistante ». Et elle ajoutait : « Des lentilles rouges, c'est pour elles qu'Ésaü a renoncé à son droit d'aînesse. » Le renoncement au droit d'aînesse était un signe inquiétant.

Le signe positif, en revanche, c'était que la femme plus âgée, peut-être elle-même, était capable de remplir le silo. Cela suggérait que la rêveuse cherchait encore activement à combattre sa maladie. Cependant, bien que la nourriture du rêve fût nourrissante, ce n'en était pas une qu'elle pouvait actuellement tolérer dans la vie réelle. Le rêve évoquait un danger : si les animaux n'étaient pas nourris, ils deviendraient vite incontrôlables. Dans l'ensemble, le rêve avertissait surtout qu'il y avait un immense besoin difficile à satisfaire.

Le jacuzzi

Dans le second rêve de Charisse, il y avait encore sa lutte pour modifier l'opinion que son père avait d'elle, et peut-être aussi l'opinion qu'elle avait d'elle-même.

> « Je me préparais pour une pièce de théâtre. Le metteur en scène était une femme. La veille, nous avions répété dans un jacuzzi de type kabuki (mais je ne m'y étais pas plongée) où il n'y avait que des femmes. Aujourd'hui, il y avait des hommes et des femmes dans le bain.
>
> « Pendant ce temps, je discute de mon costume. Nous décidons que je dois être en chemise de nuit et on me dit d'en chercher une parmi les miennes ; j'avais oublié que j'en avais tant. Je veux demander si je dois en choisir une longue ou une courte style *baby-doll.* »

Charisse définissait un « jacuzzi de type kabuki » comme le « paradis ». C'était très agréable d'être dans l'eau avec d'autres femmes nues ; elle se sentait détendue et tout à fait en sécurité parce que ce n'était pas mixte. A ce moment-là, elle était très soucieuse de sa silhouette. « Quand on est nue, on est plus exposée », disait-elle. Sa région abdominale était fortement enflée à cause de sa rétention d'eau, ce qui contribuait peut-être à l'image aquatique dans le rêve. Immergé dans le bain presque brûlant, comme dans une chaude matrice, le corps de la rêveuse était réconforté et à l'abri de tout.

Quand je demandai à Charisse de me décrire la différence entre les chemises de nuit longues et les courtes, sa réponse fut à l'opposé de ce que je pouvais attendre ; c'est la raison pour laquelle il est toujours capital de demander au rêveur ce que représente une image. En général, ils répondent que les vêtements qui découvrent ou révèlent les jambes, etc., sont plus sexy et, souvent, c'est le genre qu'ils préfèrent. Charisse, au contraire, me dit que les chemises de nuit longues étaient « pour les adultes ». Elle aimait la lingerie de luxe et avait adoré en acheter quand elle s'était mariée. Elle jugeait le style baby-doll « pour petites filles » et ne le trouvait pas confortable. « Mon père voulait toujours que je porte des chemises de nuit baby-doll », me confia-t-elle.

Ses associations d'idées avec les chemises de nuit, s'ajoutant au ruban Miss America du premier rêve, suggéraient que Charisse avait éprouvé le besoin de jouer à la femme-enfant (la baby-doll) et de réussir d'une manière traditionnelle (à la Miss America) pour plaire à son père. Dans le deuxième rêve, elle semblait dire qu'elle était prête à devenir adulte (la chemise de nuit longue). Se sentir adulte, mûr, est une bonne chose, quelles que soient les circonstances.

Le devoir à rendre

Dans la nuit du 8 mai, Charisse fit un troisième rêve très court, qu'elle nota :

> « Je ne sais plus où ça se passait, ni quand, mais voici un fragment dont je me souviens. Je faisais un devoir pour l'école. Je crois que j'écrivais à la main. Et puis il y avait une crise. Je devais le faire au traitement de texte. Bof... trop fatiguée... »

A ce stade, le niveau d'énergie de Charisse était déjà dangereusement bas. La situation de crise à l'école représentait son propre état critique. Elle décrivait la rédaction d'un devoir comme « la nécessité d'organiser ses pensées avec logique et cohérence ». Dans la « crise », elle reconnaissait un besoin de se dépêcher. Peut-être était-ce une composition trimestrielle, indiquant la fin d'une période donnée. Écrire à la main, disait-elle, c'était plus personnel et c'était ainsi qu'elle tenait son journal ; le traitement de texte était moins personnel mais plus facile et plus rapide. Charisse n'avait plus le temps d'aller lentement.

Dernier voyage

Dans la nuit du 8 mai, la veille de notre rencontre, Charisse rêva :

> « Quelque chose à propos d'animaux et de stars de cinéma dans une foire à la campagne. Des gens. Je demande à Winston — je croyais que j'étais éveillée — si mon ventre est encore distendu. Il faisait ses bagages, il partait peut-être en mission. »

Le dernier rêve que Charisse m'a rapporté contenait l'image caractéristique d'un départ en voyage. Dans sa tradition, « les missions » sont fréquemment vers Israël, que les Juifs pieux considèrent comme la « Terre promise », un havre sûr. Et Charisse nous quitta, en effet, dans le mois qui suivit ce rêve.

Résumé des thèmes oniriques de Charisse

Ainsi, une partie de cette imagerie onirique était caractéristique des personnes qui vont bientôt mourir, mais d'autres aspects étaient particuliers à sa situation et à son état. Les quatre thèmes principaux de ces rêves pourraient se résumer ainsi :

1. J'attends quelque chose qui me permettra d'être reconnaissante de mourir. Ce stade est sur le point de commencer. Je dois encore maintenir papa au pas.
2. Je veux avoir chaud, être en sécurité et réconfortée. Pourtant, je suis prête à devenir adulte.
3. J'affronte une crise. Je dois mettre de l'ordre dans mes pensées avec cohérence et rapidité.
4. La vie est comme une foire à la campagne. Est-ce que ma maladie s'aggrave ? Il va y avoir une séparation, peut-être une mission.

Les aspects des rêves de Charisse que l'on retrouve dans les rêves des personnes très gravement malades comprennent :

1. Images de mort et d'agonie

Le Dr Robert Smith, déjà cité, a étudié les rêves de patients très gravement malades, dans un hôpital[5]. Il a découvert que leurs rêves avaient un rapport étroit avec le tour qu'allait prendre leur maladie en réalité. Les hommes qui voyaient des images de morts ou de mourants étaient surtout ceux dont l'état s'aggravait rapidement par la suite et mouraient dans les deux mois. Même chose pour les femmes qui rêvaient de départ ou de séparation.

Les quatre rêves de Charisse, réunis, contiennent les deux images. En plus de celles de la mort, dans le premier, elle mentionne dans le dernier le départ de son mari, qui symbolise peut-être leur prochaine séparation.

2. Images d'animaux affamés, blessés ou mourants

Les animaux représentent en général la vie primaire du rêveur, comme nous l'avons déjà indiqué. Quand cette vie animale fondamentale est représentée dans les rêves en situation difficile, c'est l'énergie physique du rêveur qui est au plus bas. Nous avons vu que cette imagerie apparaît dans les rêves postopératoires et que certains rêveurs y « répondent » peu après par des images d'animaux vifs et insouciants ou de nouvelles naissances.

3. Images du paradis

L'image céleste de Charisse n'était pas explicite à première vue, mais elle émerge avec son association entre le paradis et le jacuzzi, et son eau bien chaude évocatrice du sein maternel. Il n'est pas rare que les gens, à l'approche de la mort, s'inventent dans leurs rêves un refuge, à la fois pour leur épreuve actuelle et pour leur « passage » à venir.

Charisse mourut finalement d'une façon remarquable. Elle fut admise pour la dernière fois à l'hôpital le mercredi 23 mai. Cette nuit-là et la suivante, de nombreuses personnes se réunirent à son chevet pour témoigner de l'inspiration qu'elle leur avait apportée par sa vision, ses services et sa magnifique voix si pure. Son mari lui affirma qu'elle avait assez travaillé. Elle pouvait se décharger de ses craintes, de sa souffrance, de son angoisse de ne pas avoir suffisamment accompli. Le vendredi matin, alors qu'on nettoyait le cathéter de Charisse, Winston eut l'impression qu'elle cherchait à se redresser, à s'asseoir, à tendre les bras vers le lit de camp qu'il s'était fait installer dans la chambre. Il se leva et se glissa dans le lit à côté d'elle. Elle s'endormit, aussi retourna-t-il dans le lit de camp et dormit aussi. Peu après, d'autres personnes présentes virent Charisse se réveiller et l'entendirent murmurer : « J'ai la foi. » Puis elle s'éteignit.

Charisse a tenu un incroyable journal pictural de ses derniers mois ; ces images sont décrites plus loin. Elles sont un précieux souvenir d'une femme aimée qui avait su accepter la mort.

Affronter l'indépendance affective

Dans le cadre d'une maladie grave ou de blessures traumatisantes, il arrive parfois que l'on doive faire face à la perte d'un soutien affectif que l'on croyait solide. Dee, par exemple, que son compagnon avait conduite à l'hôpital après son accident, quand elle avait eu la main broyée par une machine, le trouva beaucoup moins compatissant lorsqu'elle en sortit trois semaines plus tard. Il lui déclara que tout était fini entre eux et qu'elle devait trouver à se loger ailleurs. La souffrance de ce rejet fut pire que la douleur de sa main blessée.

La nouvelle voie de Rita Dwyer

Rita aussi se trouva rejetée par l'homme sur qui elle comptait, alors qu'elle était ravagée par les blessures et les brûlures de son accident du travail (décrit au chapitre 4). Chercheur scientifique, elle était à l'hôpital depuis cinq mois, à la suite de l'explosion et de l'incendie chimique où elle avait failli mourir. Les graves brûlures de son visage et de son corps n'étaient pas encore cicatrisées et elle commençait à se décourager de son rejet perpétuel des greffes de peau. Son chirurgien l'autorisa à aller faire un bref séjour chez elle, dans l'espoir que le voyage la réconforterait.

Chez elle, cependant, elle eut à affronter le choc de constater qu'elle avait subi des dégâts physiques irréversibles. A l'hôpital, elle était protégée, on avait recouvert le miroir et ses visiteurs se limitaient à sa famille et à quelques amis intimes. Une fois chez elle, en revanche, de nombreuses personnes compatissantes et pleines de bonnes intentions vinrent lui rendre visite, et lui donnèrent l'impression d'être une pitoyable victime. Ce fut alors que l'homme qu'elle aimait profondément décida de rompre leur liaison. « Sa décision m'a démolie, me dit-elle. Ce fut bien plus douloureux que mes blessures physiques. Je savais que j'étais affreuse à voir — les brûlures faciales ne sont jamais bien jolies — mais d'autres personnes qui m'aimaient voyaient au-delà des apparences, et ils étaient visiblement heureux que je sois encore en vie. Mais si celui dont l'amour m'avait paru si sûr ne pouvait pas supporter d'être avec moi, de me soutenir, de me donner l'espoir que nos rêves d'avenir se réaliseraient, comment pouvais-je tenir le coup[6] ? »

Ce fut pour Rita une épreuve épouvantable. Elle me confia : « Je retournai à l'hôpital le cœur brisé, moralement en sang. Je refoulais ma tristesse et mon sentiment d'avoir été trahie. Je voulais aller mieux mais je me demandais s'il n'aurait pas mieux valu que je meure. » Elle était déjà assaillie par des cauchemars répétés qui lui faisaient revivre sans cesse la scène de l'explosion et de l'incendie. Son traumatisme était maintenant double — émotionnel autant que physique — et il n'est pas étonnant que les cauchemars aient été suivis de rêves de rejet, dans lesquels elle cherchait en vain à atteindre l'homme qu'elle aimait.

Après plusieurs années de chirurgie réparatrice, Rita reprit tant bien que mal le cours de sa vie. Elle finit par se marier, elle eut des enfants, elle se consacra à la création d'un foyer pour sa famille.

Pourtant, elle continuait d'être troublée par ses anciens rêves de rejet. Elle avait depuis longtemps renoncé à ses fantasmes romanesques au sujet de son amour perdu, mais ces rêves ranimaient la vieille tristesse, la frustration et le désespoir.

Laisser derrière soi les vieux bagages

Finalement, les rêves de Rita l'aidèrent à guérir de la plaie émotionnelle qui continuait de la faire souffrir. Elle devint curieuse de ses rêves et elle commença à tenir un journal onirique. Après l'avoir tenu pendant six ans, Rita suivit des cours à ce sujet et se mit à lire tous les ouvrages qui s'y rapportaient. Un jour, elle décida de susciter un rêve qui l'aiderait à vivre et à affronter ses images de rejet. C'est une technique appelée « élaboration d'un rêve* » décrite plus longuement au chapitre 8, qui peut être utile à tout le monde et qui, pour Rita, fut une révélation.

> « Je suis quelque part, sur un campus ou en vacances, et il y a un match qui se dispute sur un terrain de sport, devant une espèce d'immeuble résidentiel. Je monte deux ou trois fois regarder les pompom-girls, qui ne sont pas sur le terrain mais en haut, et qu'on est en train de filmer. C'est très difficile de hisser les caméras là-haut. J'aperçois X (l'homme qui m'a abandonnée) deux fois, peut-être, et à chaque fois je lui dis bonjour, mais il se contente de dire "Salut", ou bien il répond si brièvement que c'est comme s'il m'ignorait. »

Jusque-là, le rêve de Rita reprend le thème habituel du rejet. Elle essaie de communiquer avec son amour perdu et il ne répond pas à ses avances. Mais alors les pompom-girls suggèrent qu'une partie de l'inconscient de Rita l'acclame et l'encourage. Le commentaire sur le très dur travail « pour hisser les caméras là-haut » implique que l'élaboration d'un rêve avec « point de vue » plus vaste exige un certain effort. Le rêve continuait :

> « Je ne suis pas trop voûtée ni déformée et j'entre dans une pièce où mon mari est assis sur un lit et regarde le même match

* Cette expression, *dream incubation*, a été traduite par « induction onirique » dans l'ouvrage de Patricia Garfield *La Créativité onirique*. Elle y définit ce concept pp. 36-37.

mais à la télévision ; il y a des gros plans de certaines phases du jeu, mis en regard de l'action dans son ensemble, telle qu'on la voit à l'extérieur. Je me rends compte que je veux être avec lui, sachant qu'il est un meilleur partenaire que X, et je regarde pendant un moment, mais bientôt je me dis que j'aimerais mieux regarder de l'extérieur où je pourrais voir le match en direct. »

Dans cette deuxième scène, Rita comparait son mari avec son amour perdu. Elle comprenait qu'elle préférait son mari comme partenaire dans la vie, tout en percevant qu'il avait un point de vue de l'existence plus étroit que la vue plus vaste qu'elle souhaitait pour elle-même.

Dans la suite du rêve, Rita retournait dehors où, en compagnie d'amis et de collègues, elle était heureuse de voir le terrain tout entier, avec tous les joueurs et les lignes de touche. A un moment donné, elle communiquait avec une amie au moyen d'un talkie-walkie mais elle posait l'appareil en s'apercevant qu'il était possible de se parler face à face de vive voix. Dans la dernière scène :

« Je m'en vais et j'agite la main pour dire au revoir à mon mari ou peut-être à X, qui sont tous les deux là-haut dans l'immeuble et regardent par une grande baie ou du haut d'un balcon.

« Je porte mon sac et un bagage et je vais reprendre ma voiture qui est plus petite que celles que j'ai l'habitude de conduire, peut-être un cabriolet rouge. Je comprends que je ne peux pas conduire cette voiture là où je vais, tout en haut d'une montagne, où je suis déjà allée. J'ai peut-être quelque chose à aller chercher là-bas. Je décide de laisser mon bagage dans la voiture, plutôt que de m'en charger pendant l'escalade, par un chemin bordé de hautes herbes mais très abrupt et difficile.

« Je pose mon sac par terre devant le siège avant, du côté du passager, et je le cache sous un ours en peluche afin que personne ne le voie. Je n'emporte que mon portefeuille et je verrouille la portière. Je m'en vais seule, en sachant que la montée sera dure mais que j'en suis capable. »

Dans cette conclusion du rêve, Rita semble mettre de côté ses anciennes relations avec son amour perdu, pour vivre paisiblement avec son mari. Elle disait peut-être aussi adieu à sa dépendance de ce mari. Il y avait quelque chose, disait le rêve, qu'elle devait trouver toute seule. Elle devait faire l'escalade seule, en laissant derrière elle son « bagage », symbole sans doute du fardeau émotionnel qu'elle avait porté si longtemps. Elle mettait ses objets de valeur à l'abri et n'emportait que l'essentiel. Trouver son propre chemin est toujours « une dure escalade », mais son rêve lui disait qu'elle était capable de l'entreprendre.

A partir de ce rêve, Rita reconnut qu'elle devait faire son propre chemin dans la vie, se servir de son propre angle de vision élargi et communiquer face à face, quitter le passé et aller de l'avant. Elle ne fut plus troublée par des rêves du rejet de l'homme qu'elle avait aimé. « Je pense souvent à ce rêve quand je suis obligée d'affronter quelque chose, de résoudre une question directement, seule », dit-elle. (Un autre rêve capital, extrait de ce fascinant journal onirique, est cité au chapitre suivant.)

ACCÉLÉRER SA GUÉRISON PAR LE DESSIN

Exprimer par l'art ses émotions et ses sensations

Représenter son cheminement intérieur. Étudions par exemple le journal de Charisse, qui est d'une puissante qualité d'expression.

Lors de ma seule rencontre avec Charisse, elle me montra son journal et m'expliqua certaines des images. C'est un document sur la lutte héroïque d'une femme contre la souffrance physique. Le journal comporte quarante-huit pages, la plupart avec des dessins mais d'autres pleines de commentaires, de citations bibliques ou de prières. Je vais en décrire quelques-uns.

Le premier est un autoportrait. Il montre une personne difforme, avec un abdomen, une figure et une tête agrandis, des traits bouffis, la bouche ouverte. Il n'y a pas de bras, ce qui reflète peut-être le sentiment d'impuissance de Charisse. Un grand tourment est exprimé par des gribouillis noirs et marron à l'intérieur de l'intestin, avec une paire de petits yeux orangés qui sont « témoins » de ce qu'elle ressent. L'aspect positif de cette illustration est donné par les notes de musique d'une chanson s'élevant de la bouche.

Le dessin suivant est une puissante représentation du système immunologique de Charisse. On y voit un arbre avec de profondes racines multicolores. Le cœur du tronc a presque l'aspect d'un utérus, là où se déclara le cancer de Charisse. Sur la page opposée, il y a une inscription au crayon vert printemps : « Fortement enracinée, aspirant toutes les couleurs, flamboyante, l'éblouissante et brûlante lumière blanche de Dieu au plus profond de moi, amour, sagesse, énergie ondoyant autour de moi. »

Deux autres dessins plus tardifs représentent les problèmes intestinaux de Charisse par des fuites de couleur noir, marron et gris. L'un d'eux tente de transformer les excréments en faisant pousser de petites fleurs sur une substance marron. Ces images sont suivies par des dessins de « calme », avec du turquoise, du bleu moyen, du rose bleuté et du gris pâle.

En feuilletant les quarante-huit pages, on constate une diminution d'intensité. A la page 35, le poignant appel au secours apparaît en lettres vertes et bleues. A partir de cette page, les couleurs deviennent plus pâles, les traits moins nets, en partie à cause de la perte d'énergie de Charisse, mais aussi en raison des nuances très claires qu'elle avait choisies, un vert tirant sur le jaune, du jaune pâle, du rose clair. Les formes deviennent de plus en plus simplifiées et vagues. A la page 43, il y a une vache stylisée, grise, peut-être une allusion à son rêve des vaches-éléphants. A la page 47, les mots « guéris-moi » sont en mauve. A la dernière, la page 48, il y a une inscription en toutes petites lettres dans le coin supérieur gauche, en bleu moyen, sa couleur « curative » : « Je suis, JE SUIS ». Les douze pages restantes du cahier sont vierges. Le journal de Charisse est la chronique visuelle d'une lutte courageuse.

Nous avons beaucoup à apprendre des rêves et des dessins des patients gravement malades ou mourants. En découvrant les images de la mort et leurs opposés, les signes de vie et d'espoir, nous sommes mieux à même de guider et de soutenir ceux qui sont dans cette situation.

Alex : expression artistique et thérapie

« Mon art m'a sauvé la vie », dit Alex Pellegrini alors que nous parlions de sa rémission d'un cancer de la lymphe. Avant d'être atteint d'un cancer, Alex avait été professeur de lycée et conseiller. Dans son lit d'hôpital, il commença à griffonner pour passer le temps. Avec le recul, il pense que ces premiers dessins étaient des cellules cancéreuses, de petites images abstraites qui se divisaient. Il trouva cette activité singulièrement réconfortante. Il ne

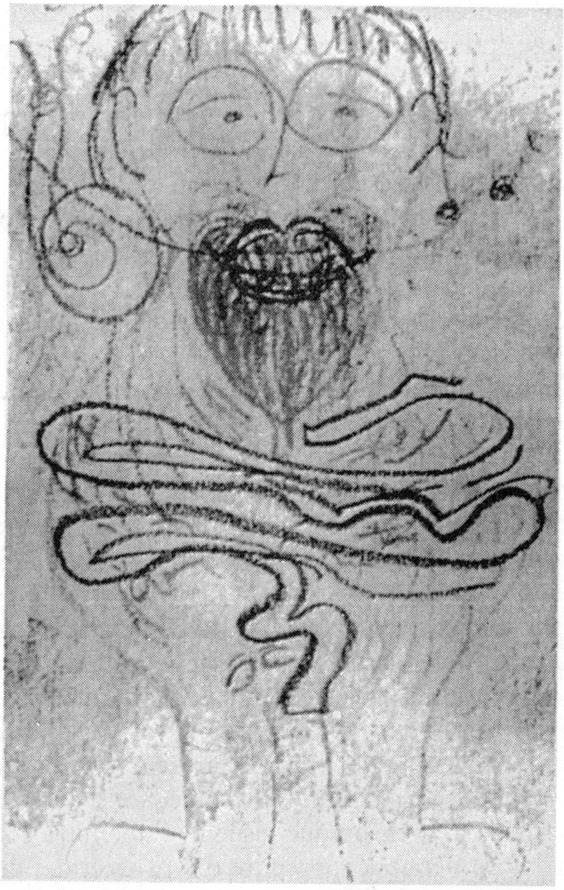

10a. Cancer des ovaires

dessins de Charisse Kranes

Dessiner ce que l'on ressent au cours d'une maladie ou après une blessure permet d'extérioriser ses émotions, de les expulser, et de se libérer de leur influence néfaste.

Cet autoportrait était un exercice curatif pour Charisse, qui était mortellement atteinte d'un cancer des ovaires qui s'était étendu à toute la cavité abdominale. Bien qu'elle fût alors d'une maigreur extrême, son abdomen était distendu, comme le montre ce ventre disproportionné. Il lui était difficile de s'alimenter, ce qui est traduit par les déformations de la bouche et de la région stomacale. Les signes semblables à des petits yeux tout en bas de l'abdomen expriment son suivit aucun programme de thérapie par le dessin mais simplement son intuition, et il prit plaisir à dessiner. Il s'aperçut que ce travail artistique était libérateur. Comme ce talent s'était révélé à l'occasion de sa maladie, il en vint à représenter son énergie curative. Durant ses neuf mois de traitement, Alex eut tout le temps de développer ses dons et son intérêt, et finit par se décider à prendre des leçons. L'art fournit un but, une nouvelle direction à sa vie. Il réévalua les plans qu'il avait faits pour sa carrière, et, quatre ans plus tard, il était artiste peintre à part entière, il exposait, on avait déjà organisé pour lui plusieurs expositions particulières.

Il est évident que la plupart de ceux qui expriment une maladie douloureuse par le dessin ne deviendront pas pour autant des artistes professionnels, mais tout le monde est capable de bénéficier, comme Alex, des effets thérapeutiques de cette pratique. Il suffit de peu de chose, des crayons, des couleurs et du papier, et la volonté d'affronter ses maux ; en les représentant, on arrive à les transformer.

Extérioriser la douleur

Beaucoup de gens répugnent à l'idée de dessiner leur douleur. Malheureusement, cette attitude ne vaut rien pour le patient qui souffre : la douleur reste la même, ou bien elle s'aggrave, ou encore elle suit son cours jusqu'à ce qu'elle disparaisse naturellement. Mais en faisant le « portrait » de ce qui vous tourmente, vous vous en libérez au fur et à mesure au lieu de le subir.

Dessins de migraines

Les migraines sont des maux de tête vasculaires, c'est-à-dire avec des contractions rythmiques et une dilatation des vaisseaux sanguins du cuir chevelu et du cerveau, produisant une douleur palpitante qui se manifeste généralement d'un seul côté de la tête[7]. Elles se caractérisent par des troubles visuels, des éclairs éblouis-

---

impression d'être le « témoin » de ce qui arrive à son corps. Pourtant, elle se dépeint en train de chanter ; elle avait une très belle voix, bien travaillée. Chanter était pour elle une activité spirituelle qui procurait un très grand plaisir à ses auditeurs. C'était important pour elle, dans ses derniers jours, de garder le contact avec quelque chose qui était une source de joie particulière.

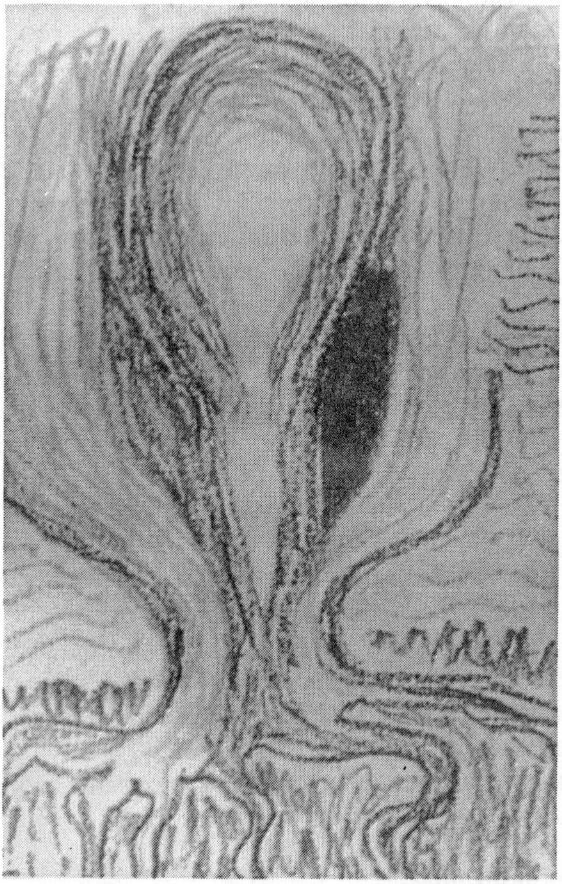

10b. Expression curative de la maladie : le moi enraciné

dessins de Charisse Kranes

Dans ce dessin, Charisse cherche à visualiser son système immunologique, fortement enraciné, tirant de la force de la terre par ses racines multicolores et de la lumière émanant du ciel. Elle imaginait « l'éblouissante et brûlante lumière blanche de Dieu au plus profond de moi » ainsi qu'« amour, sagesse et énergie » ondoyant autour d'elle. Cette image suggère que la rêveuse avait besoin de se sentir reliée, enracinée à une puissante source de vie.

En même temps, ce dessin de Charisse semble dépeindre son utérus, avec cette zone sombre et opaque d'où les cellules cancéreuses ont peu à peu contaminé l'ensemble.

sants, des lignes zigzagantes et une zone d'obscurité totale, qui précèdent souvent l'élancement douloureux. On peut aussi avoir des impressions d'odeurs bizarres, de la confusion dans les idées. Les extrémités se refroidissent. Beaucoup de migraines s'accompagnent de nausées, de vomissements, de vertiges et d'une grande sensibilité à la lumière et au bruit. Tous ces symptômes peuvent apparaître dans les rêves des migraineux.

Un des enfants avec qui j'ai travaillé pour mon ouvrage sur les rêves des enfants rêva qu'il était une balle de base-ball frappée, rattrapée et lancée des centaines de fois[8]. Il se réveilla avec un mal de tête épouvantable. Un homme qui couvait une maladie de Lyme rêva qu'il recevait un coup de marteau sur le crâne et se réveilla avec une douleur caractéristique dans la tête[9].

La thérapie par le dessin est utilisée régulièrement dans le traitement de la migraine à l'hôpital Louis A. Weiss Memorial, à Chicago. En dessinant leurs maux de tête, les patients reconnaissent ce qu'ils ressentent, ils apprennent à se confronter à des émotions refoulées, à les intégrer et, finalement, à venir à bout de leur souffrance. Les psychothérapeutes ont découvert que les patients qui arrivent à visualiser le réchauffement de leurs mains pendant une crise sont capables de diminuer la douleur et même de l'apaiser.

En mars dernier, la National Headache Foundation et les laboratoires Wyeth-Ayerst ont organisé un concours intitulé « Exprimer sa migraine »[10]. Les trois gagnants reçurent des prix en espèces d'un total de sept mille dollars. Les œuvres de ces trois lauréats et des vingt-deux autres furent exposées dans des galeries de New York et de Chicago[11]. On trouve dans les dessins de migraines exécutés par des personnes qui en souffrent les mêmes images souvent que celles qui apparaissent dans leurs rêves. Ces images oniriques comportent fréquemment un couvre-chef trop petit qui comprime la tête, ou des coups sur le crâne. De même, les dessins représentent souvent des têtes plantées de clous ou de vis, ou serrées dans un étau. Les couleurs sont vives, violentes, les lignes généralement en diagonale, hachées ou fragmentées. Cer-

---

En se concentrant sur sa personnalité spirituelle, en emplissant son esprit de pensées d'amour pendant ses heures de veille, ainsi qu'en s'exprimant dans son journal, elle put mourir paisiblement, « enracinée » dans sa foi, entourée par son mari aimant et l'affection de ses amis.

tains représentent des éclairs, des explosions dans la tête ou l'estomac, des boules de feu.

En donnant une forme externe à leur douleur, quelle que soit sa source, on peut parvenir à la contrôler. L'énergie directrice, dans un dessin, a quelque chose de particulier qui « draine » la douleur.

Exorciser l'accident traumatisant

L'épreuve du feu

Kim, par exemple, fut hospitalisé au Centre Bothin des grands brûlés, au St. Francis Memorial Hospital, après avoir été surpris par un feu de brousse que ses collègues et lui tentaient de maîtriser. Quand il s'était aperçu du danger, Kim avait couru à travers trente mètres de flammes pour échapper à l'encerclement. Ses vêtements prirent feu, il se ramassa sur lui-même et se roula par terre pour les éteindre mais il fut quand même très grièvement brûlé. Souffrant atrocement de ses brûlures externes, brûlant de rage intérieurement, contre ses collègues et le contremaître, la dernière chose que Kim avait envie de faire, c'était du dessin. Valerie Appleton, art-thérapeute, finit par persuader ce jeune homme de vingt-cinq ans de faire un tableau du jour où il avait été brûlé. « Essayez, au moins, insista-t-elle. S'il ne vous plaît pas, vous n'aurez qu'à le déchirer [12]. »

Kim dessina. Son œuvre représentait le gribouillis rouge d'une voiture de pompiers et de gros nuages de fumée. Il déchira son dessin en trois et annonça : « Bon Dieu, vous aviez raison ! C'est passé ! » Valerie Appleton explique que le dessin ou la peinture peut donner à l'artiste le sentiment de maîtriser ses propres sensations ; elle estime qu'il est important de « tracer une carte de l'accident ». Même des amputés des mains ont pu dessiner avec un feutre attaché à leur bras. Dessiner permet aux victimes d'exprimer des choses qu'il est souvent impossible de formuler par des mots.

Dans son ouvrage sur les grands brûlés, Valerie Appleton constate une progression des thèmes, à mesure que les patients se rétablissent. Les personnes récemment brûlées couvrent le papier de traits durs, violents, avec beaucop de rouge et de noir. Il y a aussi des images de chaleur avec des orangés vifs et des rouges plus clairs qui évoquent des couchers de soleil. Alors que les patients se remettent, les lignes de leurs œuvres s'adoucissent, les courbes apparaissent, les teintes deviennent plus fraîches, virent aux bleus et aux verts. Valerie Appleton note une curieuse corrélation entre le moment où les patients commencent à utiliser des couleurs froides et celui où leur fièvre tombe et où la guérison commence.

Je me demande quel effet aurait l'emploi délibéré de ces couleurs froides plus tôt. Pourrions-nous hâter cette baisse de température en leur demandant de dessiner ou de se concentrer sur des scènes de fraîcheur, par exemple un torrent de montagne ou un champ enneigé ?

J'ai eu dernièrement l'occasion d'observer l'effet d'un traumatisme à grande échelle, dans mes propres rêves et ceux d'autres personnes, et d'évaluer l'effet bénéfique du dessin dans ce cas.

Rêves et dessins de séismes

Au chapitre 6, j'ai décrit ce que fut le tremblement de terre de San Francisco en 1989, pour toute la population de la baie. Ma maison et ma famille n'ont pas beaucoup souffert, et nous n'avons pas eu de gros dégâts, mais j'ai été très angoissée à chacune des secousses plus légères qui ont suivi.

Comme je continuais d'avoir peur d'un nouveau tremblement de terre, j'ai dessiné le séisme tel que je l'avais vécu. C'était un dessin réaliste, avec mes pieds au premier plan, des murs qui tremblent, des livres qui tombent et de la vaisselle cassée. J'extériorisais l'événement paradoxalement, en le représentant comme avec une caméra. Ce n'était plus refoulé, enfermé, c'était là sur le papier et je me sentais vraiment soulagée en le regardant.

Les rêves que décrivaient les gens, après ce séisme, étaient d'abord réalistes. Progressivement, les scénarios se modifiaient. Des éléments nettement fantastiques commençaient à apparaître, signe que le rêveur intégrait l'événement à sa propre vie intérieure. Ainsi, l'impression d'une menace imprévisible, le sentiment d'impuissance passaient peu à peu.

Rassembler les morceaux

Fiona, qui avait été extrêmement traumatisée par le tremblement de terre, passa les trois nuits suivantes tout habillée. Beaucoup de gens avaient pris la précaution de garder une torche électrique sur leur table de chevet, mais Fiona était incapable de se déshabiller de peur qu'une nouvelle secousse la force à courir en pleine nuit vers un abri, avec sa famille. Plus tard, elle accepta de se déshabiller mais seulement au tout dernier moment, juste avant de s'endormir, au lieu de se mettre en chemise de nuit et robe de chambre pour regarder la télévision ou causer avec son mari, comme elle en avait l'habitude.

J'ai compris que Fiona se rétablissait enfin quand, une quinzaine de jours après le cataclysme, elle fit le rêve suivant :

> « Je regardais des débris de poterie en terre cuite. Je croyais d'abord que c'était mes délicates tasses à saké mais j'ai vu des dessins sur les morceaux. En les rassemblant j'ai constaté que c'était le ravissant dessin d'un poisson, un peu comme ceux des peintures rupestres. Ensuite, il me semblait que je reconstruisais un mur à Pompéi. J'étais capable de faire un mur superbe avec de beaux motifs, toutes sortes de représentations de la vie sous-marine, pas seulement des poissons. Esthétiquement, c'était vraiment très beau. »

Elle associait la couleur de la terre cuite avec elle-même, c'était une couleur qui lui allait bien, et qu'on voit souvent sur les fresques. La ville de Pompéï, qui, comme chacun sait, a été détruite par un volcan, évoquait ici le tremblement de terre qui avait tellement marqué Fiona. Les poissons, pour elle, sont des créatures plutôt inquiétantes qui lui faisaient peur quand elle était petite fille, parce qu'elle avait eu le bout des orteils mordillé par un poisson. Elle considère la ville où elle habite comme une cité aquatique.

Dans son langage onirique, Fiona disait : « J'ai peur qu'un objet précieux et délicat ait été irrémédiablement détruit (les tasses à saké). Mais je découvre qu'il y a un dessin qui peut me guider pour recoller les morceaux et rassembler les débris de moi-même. Cette reconstitution peut créer quelque chose de beau. »

Le dessin que fit Fiona de ce rêve particulier l'aida sans doute à consolider ce qu'elle y avait appris.

Signes oniriques de la santé qui s'altère

Nous avons déjà vu que lorsque notre santé commence à décliner, nos rêves se traduisent par certaines images :

- animal ou plante négligés, mal nourris ou mourants,
- animaux ou personnes malades, mourants ou morts,
- machines, matériel en panne,

- immeubles en ruine,
- le rêveur est menacé d'un danger ou de mort.

Ces thèmes ne signifient pas nécessairement qu'on est gravement malade ; ils reflètent l'état d'un moment, exagéré et dramatisé. Ils peuvent symboliser un état émotionnel aussi bien que physique.

Signes oniriques de la guérison

Nous avons vu également que lorsque nous commençons à aller mieux, nos rêves prédisent ou expriment les changements positifs par divers symboles :

- croissance de plantes, animaux nouveau-nés,
- découverte d'un refuge (y compris contre nos cauchemars),
- ce qui était rigide et paralysé devient flexible,
- vêtements neufs reflétant une nouvelle image corporelle,
- des personnages oniriques apportent leur soutien,
- la guérison a lieu dans le rêve.

Nous allons maintenant voir comment les utiliser.

EXERCICES SUR LES RÊVES :
LE RÔLE DES IMAGES PERSONNELLES

1. Choisissez dans votre journal un rêve contenant une image personnelle

Quelle est l'image la plus insolite, la plus fascinante, la plus personnelle de votre rêve ? Vous la reconnaîtrez à son pouvoir de vous intriguer ou de vous déconcerter. Cela peut être une image curative (voir la liste précédente).

Exemple : Pour moi, ce serait l'image onirique d'une veste faite de plumes turquoise, dans le style amérindien.

2. Dessinez, peignez ou méditez cette image

Représentez-la en couleurs, si possible. Appliquez-vous à exprimer ce qu'elle a de particulier ou d'insolite. Le dessin n'a pas besoin d'être bon ou joliment exécuté mais de montrer ce que cette image vous fait éprouver.

11. Image onirique idiosyncratique : la veste turquoise
dessin de Patricia Garfield

Ce dessin représente la veste prise en exemple plus haut. La boîte aux sept compartiments qui faisait partie du rêve symbolise sept pouvoirs différents, les centres d'énergie du corps. Les oiseaux incarnent ces pouvoirs, animés. J'en ai dessiné un certain nombre à cause des nombreuses plumes qu'il a fallu pour faire ce vêtement. La veste elle-même symbolise ces mêmes pouvoirs intégrés et utilisés par celle qui rêve. La légende exprime le message du rêve et le vœu de la rêveuse : « Ô oiseaux spirituels, vais-je porter votre veste magique ? Vais-je maîtriser vos sept pouvoirs ? »

En dessinant les images marquantes de vos rêves, et en vous interrogeant vous-même sur leurs éléments, vous verrez apparaître la signification de ce « message » essentiel que nous adresse notre inconscient. C'est souvent un changement ou une évolution qui provoquent l'émergence de ces images.

3. Tout en travaillant, observez-vous

Remarquez les détails sur lesquels vous insistez, les couleurs que vous choisissez. Que cherchez-vous à exprimer avant tout ?

4. Examinez votre dessin

Y a-t-il quelque chose qui vous frappe ? Avez-vous compris ou découvert la signification de cette image en dessinant ? Notez vos commentaires dans votre journal.

5. Analysez méthodiquement cette image

Comment classeriez-vous cet objet ? Quelle est sa forme ? Son style ? Sa couleur ? Son usage [13] ? Comparez ce que chacun des aspects de l'image a de spécial, ce qui le distingue d'autres choses semblables. Divisez l'image complexe en éléments distincts et posez-vous des questions sur chaque élément. N'oubliez pas que chaque rêveur répondra de façon différente à ces questions.

Exemple : Questions et réponses à propos de la veste de plumes :

Q. Qu'est-ce qu'un oiseau ?

R. Un oiseau est une créature capable de voler (généralement) contrairement aux autres animaux. D'autre part, il a des plumes et non des poils.

Q. Pourquoi des plumes ?

R. Elles sont conçues pour soutenir l'oiseau en vol.

Q. Qu'est-ce que le turquoise ?

R. Le turquoise est un bleu-vert intense et lumineux.

Q. En quoi le turquoise diffère-t-il des autres teintes de pierres fines ?

R. La turquoise est une pierre sacrée pour les Indiens d'Amérique, symbolisant le ciel et l'énergie.

Q. Comment peut-on définir les vêtements amérindiens ?

R. Parures et vêtements symbolisent la valeur de la personne qui les porte. Les ornements ont une signification morale et spirituelle.

Q. Qu'est-ce qu'une veste ?

R. Une veste est un vêtement servant à protéger et à tenir chaud. Elle peut facilement être mise ou enlevée, elle est commode à utiliser.

6. Essayez de synthétiser ces éléments

On peut ainsi interpréter la veste turquoise de mon rêve comme étant un vêtement rendant celui qui le porte capable d'envol spirituel. Ce serait d'un emploi commode et facile.

7. Quel effet cela ferait-il d'être cet objet (animal, personne) ?

Essayez d'imaginer ce que vous ressentiriez si vous étiez cette chose (ou personne).

Exemple : Quel effet cela me ferait-il d'être une veste de plumes turquoise ? Ou de la porter ?

Réponse : Je serais au chaud, protégé, superbe, complet, entouré d'une force spirituelle.

8. Quelle est l'implication de cette image dans votre rêve ?

Qu'est-ce que cette réponse vous apprend sur vous-même en ce moment ?

Exemple : Je cherche mon chemin pour entrer en contact avec mon côté spirituel.

Jung affirme qu'en donnant, à l'état de veille, une forme concrète au rêve, on clarifie un aspect de l'inconscient. « Lui donner une forme revient à approfondir et développer le rêve. » C'est ce qui nous permet d'enrichir notre moi conscient. (Le guide ci-dessus est basé en partie sur des suggestions de Jung[14].) Travailler avec des images idiosyncratiques, c'est-à-dire profondément personnelles, nous révèle des aspects insoupçonnés de notre personnalité. Les reconnaître, puis les accepter comme faisant partie de nous-mêmes (y compris les émotions indésirables), est une démarche indispensable pour pouvoir évoluer. La situation y est particulièrement propice lorsque nous sommes blessés ou malades.

Ce genre de travail peut être pratiqué avec toutes les autres images clefs du même rêve. Voyez ensuite comment elles se croisent et se complètent entre elles. Vous trouverez peut-être utile de consulter un dictionnaire de symboles *après* avoir donné à l'image votre interprétation personnelle. Le meilleur est le *Dictionary of Symbols and Imagery*, de De Vries[15]. Les bons dictionnaires de rêves stimulent les associations personnelles du rêveur ou révèlent des significations. Mais ne vous laissez pas abuser. N'acceptez que les suggestions qui vous donnent une impression d'exactitude quand le rapport est fait entre votre image onirique et son explication. Si la signification suggérée ne « colle » pas, rejetez-la. L'image onirique a été créée par votre propre esprit, vous seul pouvez en reconnaître la signification.

9. Dessinez votre système immunitaire

Vous avez représenté l'événement traumatisant, la partie du corps qui est souffrante, votre douleur elle-même. Il est tout aussi important de considérer votre rempart de défense, c'est-à-dire le système immunitaire. Nous n'avons pas besoin de connaître en détail toute sa complexité. Il agit automatiquement chaque fois que notre corps est blessé ou malade, mais nous pouvons l'aider en imaginant des réactions actives et efficaces.

Faites un dessin de vos globules blancs, tels que vous les imaginez. Ils sont les principaux éléments de défense de votre système immunitaire. Le dessin peut être figuratif ou métaphorique. Montrez la forme de vos globules blancs, leur taille, leur couleur et leur action [16].

10. Dessinez votre traitement

Maintenant, représentez votre traitement en train de faire effet. Cela peut être une opération, avec tout un matériel, ou bien des médicaments. Ce dessin aussi peut être littéral ou symbolique. Montrez comment le traitement agit sur votre corps. Imaginez par exemple les médicaments venant soutenir les globules blancs dans leur lutte contre l'infection. (N'hésitez pas à représenter l'action sous une forme simpliste, ou puérile. Nos forces intérieures et inconscientes, bien que très complexes, continuent de fonctionner sur un registre ludique, primitif, voire manichéen.)

11. Renforcez vos défenses

La représentation du système immunitaire en train de lutter et de vaincre le cancer est un élément primordial en psychothérapie des cancéreux [17]. Les cellules malades, par exemple, peuvent être vues comme des ordures ménagères et le système immunitaire comme une compagnie d'éboueurs vêtus de blanc qui les ramassent. Ou encore, le système peut être imaginé comme des astronautes en combinaison blanche qui tirent au fusil-laser et désintègrent les cellules cancéreuses. Là encore, ce sont les métaphores personnelles qui sont les plus efficaces.

A votre avis, qu'est-ce qui vous permettrait de guérir plus rapidement ? Vos défenses devraient-elles être plus puissantes ? Imaginez des moyens de répondre à ces besoins et dessinez-les. Peut-être certaines images bénéfiques de vos rêves pourraient-elles vous y aider ? Faites en sorte que votre dessin, une fois terminé, vous réconforte et vous soutienne. Si vous êtes blessé ou malade, répétez ces activités quotidiennement, si possible, ou au moins une fois par semaine.

Chacun de nous possède de formidables pouvoirs curatifs. Nous ignorons souvent la puissance de nos ressources. En cherchant délibérément les moyens de nous aider nous-mêmes, en stimulant par l'imagination ces pouvoirs internes, nous les aidons à exercer leur fonction curative naturelle.

8.

RÊVES DE CONVALESCENCE ET DE SANTÉ

RÊVES DE CONVALESCENCE

Lorsque nous commençons à nous rétablir, les images oniriques positives ou neutres augmentent. A ce stade, l'énergie et la mobilité sont sans doute encore limitées, mais la personne en voie de guérison fait des rêves où apparaissent de nouveau les thèmes d'avant l'accident ou la maladie. Les cauchemars qui répètent les scènes traumatisantes sont de moins en moins fréquents. Le paysage onirique se couvre de fleurs nouvelles, de plantes luxuriantes ; on rêve de naissances, de vêtements neufs, d'immeubles en construction. Les rêves de convalescence diffèrent des rêves de guérison par la profusion d'images positives et l'apparition des thèmes concernant le travail. La partie du corps qui se rétablit peu à peu continue d'être évoquée dans les rêves, cependant, jusqu'à sa guérison totale.

Au cours de la convalescence, on doit se livrer, assez souvent, à des exercices particuliers qui fixent l'esprit sur la partie du corps qui a souffert. Par exemple, les « attelles dynamiques » que je portais plusieurs heures par jour exigeaient mon attention. L'une d'elles tirait mon poignet en avant dans une position fléchie, l'autre l'étirait en arrière dans une position tendue. Je soulevais des poids en me servant de mon poignet, je pressais un jouet de caoutchouc pour lui rendre ses forces, je faisais tournoyer une barre pour le rendre plus flexible. Il y avait encore une certaine enflure résiduelle que je mesurais en plongeant mon bras et ma main opérée dans une bassine et en comparant le volume d'eau déplacée avec celui que déplaçait mon autre bras intact. Plusieurs fois par semaine, je plongeais mon bras et ma main dans de la paraffine très chaude et ils étaient ensuite massés et manipulés dans tous les sens possibles. Les angles de mes articulations étaient mesurés et comparés aux résultats précédents. Je gardais toute la nuit une contention pour la cicatrice. Rien de surprenant si mon poignet gauche continuait d'apparaître dans mes rêves !

Les cauchemars, quand il en survient pendant la convalescence, traitent plutôt des tâches qui vous attendent, de vos hésitations ou de votre impuissance à reprendre le travail, et reviennent rarement en arrière sur la douleur et la frayeur.

Les animaux de compagnie et les plantes contribuent à la guérison

Des chercheurs ont découvert que les patients se remettant d'une importante opération se rétablissent plus vite s'ils ont des animaux. La responsabilité du compagnon aimé, les soins à lui donner donnent au patient une raison de se lever et de rester en mouvement. L'affection d'un chien ou d'un chat, la beauté d'une plante en bonne santé aident aussi sans doute à passer plus agréablement les longues heures de récupération. Le simple fait de caresser un animal est apaisant. La compagnie d'un animal en général a d'ailleurs une influence positive sur le caractère[1]. Et la croissance, la santé d'une plante ont sans doute un effet encourageant sur des malades qui sentent les forces leur revenir.

Le thème du travail

Au fur et à mesure qu'ils se rétablissent, les convalescents sont lassés de rester plus ou moins immobilisés, mais ils ne sont pas encore en mesure de reprendre leur travail, qui commence alors à apparaître dans leurs rêves.

Nina ne se sent pas prête à reprendre son métier

Nina avait été opérée pour son arthrite, et se retrouvait avec une main provisoirement invalide. Étant infirmière, elle se rendait compte que sa présence était nécessaire dans le service, mais, trois semaines après son opération, elle ne se sentait pas encore prête, comme l'indique le rêve qu'elle fit alors :

« Je suis de nouveau au travail, à la recherche de diverses choses et de médicaments. Il y a trop de patients et pas assez d'infirmières. Il y a trop à faire et pas assez de temps. »

La situation ressemblait en fait à celle que Nina connaissait habituellement, mais, en temps normal, elle se sentait capable de s'en sortir. Son rêve indiquait clairement qu'elle était encore trop faible pour supporter cette tension.

Rona souhaite un travail moins fatigant

Rona, infirmière elle aussi, s'était fracturé le poignet lors d'un congé prolongé. Après l'opération de sa fracture complexe, elle dut rester trois mois sans travailler, avec rééducation quotidienne de la main. Elle finit par se demander combien de temps allait durer cette convalescence, et elle rêva, alors qu'elle se souvenait rarement de ses rêves, qu'on lui proposait un emploi avec des horaires normaux, neuf heures - cinq heures. Dans la réalité, Rona travaillait douze heures de suite, par roulement, sur trois jours consécutifs. L'idée d'un poste de huit heures était tellement incongrue qu'elle lui parut ridicule. Ceci dit, ajoutait-elle, si on me proposait cet horaire-là, je l'accepterais !

Le dieu de la Convalescence

Les Grecs anciens avaient un dieu particulier qui veillait à la période de convalescence. Il s'appelait Télesphore, nom dérivé de termes grecs signifiant « celui qui finit, qui accomplit »[2]. Selon certains mythes, Télesphore serait le fils d'Esculape. Il était représenté sous la forme d'un petit garçon, ou peut-être d'un nain, coiffé d'un bonnet ou d'un capuchon et vêtu d'une longue cape qui le recouvrait tout entier. Il était parfois placé à côté des statues du dieu guérisseur Esculape et de sa fille Hygieia (source du mot *hygiène*).

Dans certains temples du rêve, des pièces particulières étaient réservées au culte de Télesphore. Il était vénéré dans toute l'Asie Mineure, particulièrement à Pergame où l'on chantait des péans en son honneur, lors des festivals. Les patients qui venaient se rétablir dans ces sanctuaires offraient des sacrifices à Télesphore.

Cette figure du petit garçon divin apparaissait dans des rêves célèbres conçus dans ces temples antiques de la guérison[3]. Dans un de ces rêves, il prescrivait un baume salutaire que l'on devait appliquer dans le bain ; dans un autre, il serait apparu à un homme dangereusement malade, il lui aurait touché le front et l'aurait guéri.

J'aime beaucoup cette image d'un petit garçon représentant la guérison. Nous avons déjà vu que les êtres nouveau-nés, les objets neufs symbolisent pour le rêveur le retour vers la santé. Un enfant enveloppé dans sa cape de mystère peut certainement être le porteur d'une vie nouvelle.

RÊVES DE SANTÉ

A quoi ressemblent les rêves de la santé pleinement recouvrée et comment les reconnaît-on ? D'abord, au fur et à mesure, réapparaissent les thèmes qui nous occupaient « avant » : nos relations avec notre conjoint, nos parents, nos enfants, nos collègues. Nous aspirons à bien réussir dans notre travail, à nous développer et à jouir de la vie. Nous rêvons de nos craintes et de nos espoirs pour l'avenir.

Une fois notre santé bien rétablie, nos rêves abordent souvent des sujets particuliers, ceux que j'appelle les « rêves d'assimilation ». Ces images font apparaître de façon positive, dans nos rêves, les membres ou organes sous leur nouvelle forme. Voici quelques exemples :

Rêves de vêtements neufs = nouvelle image corporelle

Remariage plein d'espoir

Mimi, cette femme d'une quarantaine d'années qui avait subi une hystérectomie totale peu après son remariage, fit deux rêves extraordinaires qui marquèrent son retour à la santé. Vous devez vous souvenir que, tout de suite après son opération, elle faisait des cauchemars brutaux où elle était violée. Quatre semaines environ après l'intervention, Mimi rêva qu'elle était à l'église avec son nouveau mari, au coucher du soleil.

> « La lumière et les couleurs sont dorées. Avec la lumière derrière elles, toutes les filles ont l'air d'avoir une auréole. Je suis une mariée, comme plusieurs autres, et je me promène dans

le jardin. Nous attendons un sermon de mariage. Je baisse les yeux sur mon ventre et prends la décision d'avoir un bébé avec Judd. Je parais vraiment toute jeune et je suis belle. Je porte ma véritable robe de mariée, avec une gerbe de fleurs et un voile. »

Ce rêve exprimait sans doute le regret de Mimi de ne plus pouvoir avoir d'enfant, après son hystérectomie. Mais comme elle en avait déjà eu deux, cette décision onirique d'avoir un bébé avec son nouveau mari indique plutôt son espoir d'un avenir positif ensemble, la naissance d'un amour durable. Son ventre, qui avait été récemment le lieu d'une souffrance, devenait le procréateur de leur nouvelle vie à deux.

L'atmosphère de chaudes couleurs et de lumière dorée convient admirablement au sentiment de bonheur exprimé par Mimi et qui a persisté après son réveil. Les jeunes mariées semblables à des anges se promenaient dans les lueurs du couchant. Mimi se voyait membre de ce groupe céleste prêt à s'embarquer pour le grand voyage de la vie. Une partie de cette imagerie reflétait les activités auxquelles participait alors Mimi dans sa paroisse. Mais le rêve ne s'arrêtait pas là.

Le mariage est un puissant symbole onirique. Il suggère généralement un réengagement dans un certain but. Il indiquait dans le rêve de Mimi la détermination de réussir son nouveau mariage. La couleur et la lumière dorée, la robe de cérémonie et l'aspect juvénile de la rêveuse représentent le bien-être physique de Mimi et son espoir. Vous verrez peut-être des signes semblables dans vos rêves, au fur et à mesure de votre guérison.

Mimi rêve d'une robe de grand couturier

Une nouvelle image corporelle est indispensable à notre retour total à la santé. Nous devons accepter toutes les pertes ou changements de notre corps et les intégrer dans le nouvel aspect que nous présentons. Ce processus est parfaitement démontré dans le rêve que fit Mimi quelques jours après celui qui vient d'être décrit. C'est d'ailleurs son rêve préféré.

« Je vais avec ma famille chez un couturier qui prend mes mesures. Plus tard dans la journée, j'y retourne et la robe est prête. J'avais demandé de petites modifications du modèle, un empiècement en V, devant, quelques fronces, et un drapé.

« Tout le monde est heureux, plein de gaieté. Ma mère, mon père, ma vieille tante et ma grand-mère décédée étaient là aussi. Je suis étonnée et ravie de la voir et je lui présente le couturier. Je ramasse une brassée de roses d'une teinte vieux rose et je demande : "Vous pensez qu'elles vont avec la robe ? Est-ce que je dois les porter ?" »

L'image onirique des mesures prises indiquait que Mimi se livrait à sa propre évaluation. Remarquez comme elle fait modifier une robe de mariée de couturier, à son idée. En me décrivant la robe de son rêve elle faisait des gestes, pour l'« empiècement en V » sur le devant, qui recouvrait exactement sa cicatrice chirurgicale. En quatre semaines, elle avait transformé la « grosse douleur rouge amorphe » qu'elle avait sentie dans son abdomen après l'opération en un « empiècement » élégant sur une robe de mariée, ce qui était une magnifique image d'intégration.

La présence de la famille heureuse, dans le rêve, en particulier sa grand-mère disparue qu'elle avait beaucoup aimée, suggère que tout en elle souhaitait ce nouvel engagement.

Je demandai à Mimi : « Qu'est-ce qui rend les roses spéciales par rapport aux autres fleurs ? » Elle me répondit : « Ce sont les plus belles et les plus délicieusement parfumées de toutes les fleurs. Dans le rêve, leur couleur était extraordinaire, plus subtile, plus pure, ce n'était pas une couleur que n'importe qui aurait choisie. » Pour une grande majorité de rêveurs, les fleurs symbolisent la passion romantique. Le choix de Mimi, disait son rêve, était différent. Ses fleurs à elle (plus subtiles et plus pures) contrastaient vivement avec les cauchemars de viol du mois précédent.

Dans l'ensemble, ce rêve indiquait que Mimi avait accepté et assimilé le changement de son corps ; elle avait accepté son hystérectomie. Sa cicatrice chirurgicale était devenue une partie intégrante de sa nouvelle image corporelle. Elle était guérie.

Rita rêve d'une pièce manquante

Rita, on s'en souvient, avait failli être tuée par l'explosion d'un produit chimique, dans son laboratoire. Elle resta plusieurs mois dans un état critique. Elle dut subir de nombreuses opérations destinées à lui rendre l'usage de ses mains et à lui refaire un visage. Enfin et surtout, l'homme qu'elle aimait avait rompu avec elle à sa sortie de l'hôpital. Tandis que son état physique se stabilisait, elle essaya entre deux opérations de se refaire une vie et tenta de reprendre le travail, dans une fonction administrative que l'on avait créée pour elle. Cela lui fournissait un environnement protégé mais aucune motivation. Elle finit par épouser un homme qui l'avait aimée avant qu'elle soit défigurée et continuait de l'aimer en ces moments difficiles. Il devint son ancre.

Pourtant, Rita ne se sentait pas encore rétablie. Elle disait que, dans la journée, elle pouvait faire semblant d'être comme tout le monde et refouler ses sentiments, en acceptant le jugement du chirurgien : « Il n'y avait aucun moyen de recoller tous les morceaux et de me refaire comme j'avais été[4]. » Mais en elle-même elle souffrait du rejet et de l'insensibilité des gens qui réagissaient de façon négative à son aspect. Ces douloureux incidents refaisaient surface dans des cauchemars répétés où elle revivait l'explosion, ainsi que dans de pénibles rêves de rejet et d'incapacité.

Un entretien avec un psychanalyste ne lui fut d'aucun secours. Les exercices de relaxation et de méditation lui apportèrent cependant un certain soulagement. Plus tard, elle se renseigna sur les groupes oniriques et ce travail finit par lui amener des rêves de guérison et de réintégration. Lors d'une de ces séances, elle décida d'élaborer un rêve pour répondre à cette question : « Que vais-je faire de ma vie ? »

Rita savait déjà que son rôle de mère et de fille avait changé. Son père venait de mourir ; ses deux fils étaient dans une lointaine université et sa fille unique entrait dans l'adolescence. Elle sentait la nécessité d'une direction nouvelle. Son intérêt pour les rêves l'avait poussée à devenir membre fondateur de l'Association for the Study of Dreams. Elle voulait assister à la première conférence donnée à San Francisco en 1984 mais elle avait peur de s'aventurer seule dans cette ville, en venant de l'autre bout du pays. Elle continuait de craindre un rejet.

La question : « Que vais-je faire de ma vie ? » eut pour réponse un rêve remarquable. Dans la première scène :

> « J'entre dans un atelier avec une cousine ; nous parlons de la mort de mon père et de celle de sa mère, et aussi des maladies de nos tantes. Je rejoins trois femmes qui travaillent à une table et je termine une petite robe que je décore de petits nœuds.
>
> « Il me manque un nœud et je cherche un tissu assorti dans un grand tas qui est par terre. Ma cousine et une amie que j'ai connue au lycée me disent qu'elles vont m'aider. »

Rita dit que la robe de son rêve lui semblait être un vêtement de deuil mais d'une taille bien trop petite pour elle, plutôt destinée à une enfant. Rita, qui commençait alors à être très versée dans l'interprétation des rêves, vit dans cette robe de deuil de petite fille l'indication qu'elle était prête à laisser derrière elle son chagrin, son apitoiement et ses blessures ; l'image de deuil ne lui allait plus. Sa cousine et son amie de lycée représentaient pour elle diverses périodes de sa vie. Elle associait sa cousine à ses vingt premières années et sa camarade aux vingt années suivantes, avec une période intermédiaire où elle voyait aussi bien l'une que l'autre. Le rêve continuait ainsi :

> « Quand nous trouvons le nœud, elles veulent le fixer avec du scotch mais je leur dis qu'il doit être collé. Le scotch est dans le buffet de la salle à manger mais la colle est dans l'étude.
>
> « Plus tard, nous bavardons, nous parlons de dîner un soir avec mon amie et son mari (ex-mari) qui vivent tous deux à San Francisco. Elles m'aident à porter ma valise quand nous partons. J'ai vraiment le sentiment de poursuivre un voyage. »

Rita intitulait ce rêve « Trouver la pièce manquante ». Elle en avait fait un dessin montrant son chemin qui avait l'air, disait-elle, « d'une route de briques jaunes ». En songeant aux deux périodes représentées par sa cousine et son amie, Rita dessina une « horloge du temps » avec des moments distincts et un point d'interrogation dans le cycle actuel. Au-dessus de son horloge, elle dessina une main avec l'index pointé poussant un pion, comme sur un damier. C'était une représentation graphique : « Que dois-je jouer ? » Elle pensa que son rêve lui disait d'aller à San Francisco, où elle serait soutenue par sa vieille amie et où elle aurait l'occasion d'étudier son nouveau sujet d'intérêt.

Elle avait été tout d'abord intriguée par la référence du rêve, « la colle est dans l'étude ». Qu'avait-elle besoin d'étudier ? Qu'avait-elle besoin de coller ? En y pensant par la suite, Rita finit par se dire que la « pièce manquante » du rêve pourrait bien être la « *paix* manquante » qu'elle avait recherchée*. « Pendant ces nuits où je rêvais que je cherchais la pièce manquante, dit-elle, je cher-

* En anglais *piece* (pièce) et *peace* (paix) se prononcent de la même façon (NdT).

chais en réalité la paix qui me manquait durant la journée. En renonçant à mes efforts pour être comme tout le monde, j'ai trouvé la paix intérieure et je me suis trouvée moi-même, unique, dans ma propre imperfection[5]. »

Peut-être était-ce l'étude des rêves qui allait l'aider à « recoller les morceaux ». Comme Dorothy partant à la recherche du Magicien d'Oz, Rita voulait partir pour sa grande aventure. Pour la première fois peut-être depuis l'explosion dont elle avait failli mourir, elle se sentait en paix et bien entière. Elle entreprit le voyage et une vie nouvelle commença ; ses études oniriques l'aidèrent à accepter les immenses changements survenus dans son corps et dans sa vie active ; cela l'aida à comprendre qu'elle ne serait plus jamais la personne qu'elle avait été. Elle n'allait plus faire de découvertes chimiques ni gagner de brevets. Désormais, pensait-elle, ses découvertes se feraient dans le domaine de l'amour et des relations humaines.

L'intégration d'une nouvelle image corporelle et d'une nouvelle personnalité peut durer quelques mois, voire plusieurs années. C'est un processus qui se répète périodiquement, et auquel nous devons être attentifs.

CONCRÉTISER LA TRANSFORMATION

Un état d'esprit différent

Les personnes qui ont été blessées ou malades marquent souvent leur retour à la santé par des actions particulières (comme nous l'avons vu au chapitre 3). Ces actions sont parfois de simples « rafraîchissements ». Rona, par exemple, qui était restée plusieurs mois sans travailler à cause d'un poignet broyé, se fit faire une teinture et une nouvelle coupe de cheveux, ainsi qu'une manucure, quelques jours avant de reprendre son travail. Les thérapeutes de la main disent qu'un des signes les plus sûrs du rétablissement, chez une femme qui a été blessée à la main, c'est qu'elle recommence à se vernir les ongles ou va chez la manucure. Ces femmes, comme Rona, se sentent assez bien pour vouloir être séduisantes. Ce genre de comportement a aussi de plus profondes implications.

Nous avons vu qu'une aliénation de la partie du corps souffrante est typique, après une blessure. Le vernis à ongles signifie que la femme s'implique de nouveau dans la partie du corps qu'elle avait reniée. Il nous faut « réadopter » cette partie du corps pour nous sentir de nouveau entiers. Nous pouvons nous y aider en employant des mots qui reprennent possession du membre ou de l'organe, en disant « ma cicatrice », et ainsi de suite. Nous avons une influence sur ce qui arrive à notre corps, nous ne sommes pas simplement des récepteurs passifs de forces extérieures. Nous devons essayer d'employer des verbes actifs pour parler de nous-mêmes, et nous concentrer sur une imagerie positive[6].

Guérir, ce n'est pas seulement pouvoir de nouveau, par exemple, se servir de sa main ; idéalement, elle doit se remettre à bouger avec grâce et facilité. Ce n'est pas toujours possible, bien sûr, si un membre a été trop gravement atteint ou amputé, mais plus nous nous rapprocherons de ce but, mieux nous nous porterons. Oliver Sacks, dont la jambe avait été si grièvement blessée, marcha d'un pas raide et mal aisé quand on lui ôta son plâtre. Il resta quelque temps dans cet état, jusqu'à ce qu'un psychologue le persuade de reprendre une activité qu'il aimait beaucoup, la natation. En pratiquant ce sport, en se sentant à son aise dans l'eau, il découvrit que sa grâce naturelle lui revenait également sur la terre ferme. Sa démarche était redevenue aisée. De la même façon, toute activité qui nous plaît ou nous libère, comme la danse, la peinture, etc., est très favorable à une guérison complète.

La colère est un problème majeur pour les blessés, tout autant que la dépression. La thérapeute de la main Marilyn Armbruster explique : « Beaucoup de patients restent bloqués par leur colère et ne guérissent pas. Ils me racontent qu'ils ont attendu cent sept ans aux urgences, que le médecin a fait ceci ou cela de travers et, à chaque séance, ce sont les mêmes plaintes. Bien souvent, leur état ne s'améliore jamais. »

J'ai vu cela illustré par un jeune ouvrier du bâtiment qui avait été blessé quand le plafond qu'il plâtrait s'était effondré sur lui. Il avait été fort peu dédommagé et en avait conservé beaucoup d'amertume et de ressentiment. « Huit ans après, me dit-il, je suis encore furieux quand je plâtre un plafond. » Le pardon peut réellement être bon pour le corps comme il l'est pour l'âme.

D'autres patients prennent rendez-vous avec le médecin contre lequel ils ont un grief, auquel ils reprochent une erreur de diagnostic ou un traitement inefficace. Un simple coup de téléphone ou une lettre peut suffire à lui dire tout ce qu'on ne pouvait pas exprimer lorsque l'on était malade.

Mon mari et moi renonçâmes finalement à poursuivre en justice l'orthopédiste qui avait aggravé mon état mais, de mon côté, j'avais besoin de lui reprocher de ne pas m'avoir écoutée. Je pensais aussi qu'il était injuste que nous ayons à faire matériellement les frais de son erreur de diagnostic, en plus de mes souffrances physiques. Je lui écrivis pour le lui exposer, en détaillant les dépenses que l'assurance ne nous avait pas remboursées. Son prompt règlement, en réponse, fut satisfaisant. Je savais déjà qu'il regrettait vivement ce qui s'était passé. J'espérais qu'il serait désormais plus prudent et attentif envers ses futurs patients. Ce genre de démarche met un point final à une période difficile et vous permet de passer à autre chose.

Démarches symboliques

Certaines personnes ont recours à des actes symboliques. A la clinique de la main où j'étais soignée, j'ai été fasciné par l'attitude de certains patients que j'avais observés ou dont j'avais entendu parler. J'ai cité au chapitre 3 cet homme qui avait fondu les attelles métalliques de son bras pour en faire une sculpture ; cette femme qui avait donné toutes ses attelles, ses « moules à cicatrices » (une espèce de plastique rose appliqué sur la plaie pour aplanir la cicatrisation) et ses bandes de résille à sa fille qui en fit des ornements d'arbre de Noël ; et une autre femme qui avait utilisé des sacs de haricots comme poids pour muscler son poignet après l'opération, et qui en fit ensuite un plat savoureux.

En faisant du matériel associé à leurs souffrances des objets artistiques ou des plats appétissants, ces hommes et ces femmes triomphaient de la douleur. Ils célébraient concrètement leur renaissance, le corps neuf remplaçant l'ancien.

Cet ouvrage lui-même est un élément important de ma propre guérison. Je me suis mise à penser à ceux qui souffraient inutilement de cauchemars après leur opération, comme moi, mais qui ne savaient pas que c'était normal, et qui ignoraient que l'on pouvait modifier ses rêves. Je reprenais ainsi mon rôle de psychologue et d'onirologue. Je transformais ma douleur en don, je donnais un sens à ma souffrance en épargnant à d'autres des angoisses inutiles.

Prenez le temps de réfléchir à ce que vous pourriez faire du matériel associé à vos souffrances physiques. Ou bien y a-t-il un moyen de faire bénéficier les autres de ce que vous avez appris ?

LES ÉTAPES ONIRIQUES AU COURS DE LA GUÉRISON

Cinq périodes distinctes

En passant en revue toutes les images oniriques relevées au cours des trois mois qui suivent mon opération, j'ai vu apparaître un schéma très net. Je crois que cette suite d'étapes oniriques, au cours du rétablissement, est caractéristique de la plupart des blessures et maladies. En ce qui me concerne, ces quinze semaines — trois entre ma blessure et l'opération, plus les douze suivantes — se divisent en cinq périodes de trois semaines. La longueur peut varier selon les patients et la durée de leur rétablissement, mais le rythme demeure identique. J'ai intitulé ces cinq phases oniriques :

1. Répétition des circonstances traumatisantes
2. Amélioration accidentelle
3. Amélioration délibérée
4. Retournement de la situation
5. Réintégration

Diverses images apparaissaient durant ces cinq phases. Certaines se rapportaient directement au membre blessé : le bras gauche, le poignet et la main, surtout l'annulaire et le majeur, les doigts le plus gravement touchés. J'avais également des contusions au genou gauche et au côté gauche du front. Je note l'apparition de mon bras, mon poignet, ma main, mes doigts et mon genou quarante-six fois dans mes rêves, durant cette période de quinze semaines. (Voir Annexe K pour le détail de ces images.) D'autre part, mon journal contenait douze scènes représentant ma chute mais aucune n'était la répétition exacte de l'accident.

Chaque thème, fracture ou représentation de l'accident subissait une transformation au cours des quinze semaines. Je pense que ce même schéma se retrouve dans toute convalescence délicate.

J'appelle les cinq périodes des phases mais elles correspondent plutôt à des vagues, car elles croissent et décroissent en se recouvrant mutuellement. Le mouvement général, cependant, se fait vers l'avant, chaque phase se fondant dans la suivante. Il est très important de repérer cette évolution dans ses propres rêves, et son rythme. Voici une description de chaque phase :

1. Répétition ou dramatisation des circonstances traumatisantes

Durant cette première phase, le rêveur ou un autre personnage onirique revit le début de sa maladie, son accident, ou l'événement qui l'a marqué. Si blessure il y a, elle est souvent aggravée dans le scénario. Les cauchemars, la terreur, l'horreur sont typiques de cette période. Il peut y avoir quelques rares images où le rêveur reçoit un traitement curatif spécial. Celles-là sont positives.

Exemple : *de la blessure à l'opération (trois semaines) ; quatre évocations de l'accident, huit images du membre blessé.*

Membre blessé

La plupart des premières références à ma partie du corps atteinte étaient négatives. La peur, la terreur même étaient courantes. Dans ces rêves, mon poignet apparaissait dans son état réel, enflé et déformé. Je n'avais pas conscience de pouvoir changer cet état. Parfois, il était encore plus douloureux, comme dans ce rêve où je tombais à la mer et m'écorchais les mains en me hissant sur du béton rugueux. Cette image correspondait au frottement de mon bras dans le plâtre, quand je dormais, mais c'était pire parce que dans le rêve mes deux mains étaient blessées.

Certaines de mes images oniriques étaient émotionnellement neutres, comme cette fois où je m'étais vue portant de longs gants (impression sans doute provoquée par l'attelle qui remontait jusqu'au coude). Durant cette période, il n'y eut qu'une seule image positive, celle où je recevais un traitement magique : un homme m'embrassait le genou (probablement une réaction au picotement de la cicatrisation).

Évocation de l'accident

Les quatre rediffusions de cette période étaient toutes négatives :

1) je tombais à la mer et je me hissais sur la jetée ;

2) une marquise de marbre ou de granit rose foncé annonçant le Rocky Horror Show se détachait de la façade d'un cinéma et manquait de peu mon mari et moi ;

3) une femme manquait d'être renversée par un camion, tombait, se cognait la tête et saignait. C'était cette dernière scène qui correspondait le plus à mon cas, avec ma bosse sur le front et la meurtrissure autour de mon œil;

4) je tombais dans un bourbier et perdais mon sac mais je m'en extirpais.

2. Amélioration accidentelle : les changements se produisent fortuitement

Dans les rêves de cette phase, une amélioration survient dans les parties du corps atteintes, ou bien le rêveur découvre qu'il peut faire des mouvements qui jusque-là lui étaient impossibles. Ces modifications ne sont pas, on le voit, provoquées par le rêveur.

A ce stade, on constate une promesse d'amélioration. Si l'accident (le tremblement de terre, etc.) est vécu à nouveau, le rêveur (ou un autre personnage onirique) parvient maintenant à y échapper, bien que sans trop savoir comment.

Exemple : *les trois semaines suivant l'opération (deuxième période); cinq évocations de l'accident, huit images du membre blessé.*

Membre blessé

Durant cette période de trois semaines suivant l'opération, il y eut presque le même nombre d'images oniriques associées à l'accident mais les rêves commencèrent à se modifier. En dépit de la réduction de ma fracture, j'avais de nouvelles blessures, les incisions chirurgicales, la fixation d'une plaque de métal avec des vis, et des sutures. Les images de mon bras blessé redevinrent négatives. Dans un de ces rêves, un chien mordait une femme au bras; dans d'autres, des personnages avaient des mains blessées. Certaines images étaient neutres. Il y en eut tout de même une, positive, où je rêvais qu'on m'avait ôté le plâtre et je voyais mon bras très amaigri mais avec un poignet sans déformation. En réalité, je portais toujours ce plâtre pesant, mais, à l'intérieur, mon bras était effectivement tel que le rêve le décrivait, et c'est ainsi qu'il m'apparut quand le plâtre fut supprimé, quelques jours plus tard. Cependant, je ne pouvais toujours pas le bouger normalement.

Évocations de l'accident

Durant cette période, les images de chute commencèrent à changer aussi. Il y en eut cinq, dont trois négatives : un cauchemar où un colley tombait d'une haute corniche et se brisait les os; saignant de ses blessures, il mordait son maître et mourait. Le maître tombait à son tour et se blessait la colonne vertébrale. Également, chute d'un thermomètre, qui se cassait en cinq morceaux.

En même temps que ces rêves négatifs, des forces curatives se manifestaient déjà. Dans une première scène, je remarquais qu'un grand vase était en équilibre instable, et risquait d'être renversé : j'allais le poser en lieu sûr. Dans la seconde, j'étais assise sur un véhicule, peut-être une tondeuse à gazon, dont le siège se détachait lentement. En tombant, je me disais que je ne devais pas essayer de me retenir de la main gauche, ce qui aurait risqué de la blesser davantage. Je me retournais dans ma chute et j'atterrissais sans mal sur les fesses. Ces images oniriques, en fait, étaient plus caractéristiques de la période suivante. Une modification en cours de rêve marque un tournant majeur. Il n'y eut désormais, dans les neuf semaines restantes, plus de rêves de chutes causant des blessures.

3. Amélioration délibérée : le changement est provoqué volontairement

Dans les rêves de cette phase concernant la partie du corps souffrante, le rêveur se rend compte, le plus souvent, qu'il n'est pas forcé d'accepter les incapacités ou les limitations, tout au moins pas dans son rêve.

A ce stade, l'événement traumatisant est encore présent, mais il n'est pas rare que son déroulement soit empêché par une action délibérée du rêveur : il déplace des objets, change de position, fournit une protection ou donne un avertissement. Ces comportements sont typiques.

Exemple : *entre la troisième et la sixième semaine après l'opération (troisième période); deux évocations de l'accident, sept images de membre blessé.*

Membre blessé

Au cours de cette phase, je n'ai eu que deux rêves négatifs de mon bras blessé; dans le premier, ma main gauche était maintenue à la fenêtre, exposée, et j'avais peur; dans le second, mon bras gauche était tiré vers le trottoir et je ne pouvais pas le remuer.

Je me suis réveillée de ce dernier rêve avec mon bras étendu tout droit sur le lit, au lieu d'être surélevé comme il le devait. Il y avait tout de même une merveilleuse image positive où je portais une bague avec une belle opale rose et vert dont un homme se servait pour se signer en portant ma main à son front.

Évocations de l'accident

Deux seulement se produisirent durant cette période, toutes deux comprenant une transformation ou une protection. Dans le premier rêve, mon enfant tombait dans le grand bain, pendant une leçon de natation ; je le sauvais et il m'étonnait en demandant à continuer la leçon. Dans le second, je marchais dans une dangereuse région enneigée, pleine de chats sauvages. J'avais peur de glisser, de tomber et de ne pas être retrouvée mais cela ne m'arrivait pas. Je ramassais des mottes de terre et de glace pour me protéger au cas où les chats sauvages m'attaqueraient. Ces démarches — sauver une personne en danger ou se protéger soi-même — indiquent un regain de confiance en soi et en ses pouvoirs de récupération.

4. Retournement de situation : les images positives triomphent

Les images de guérison prédominent et prennent le pas sur les rêves de blessure. Les rêves de la partie du corps atteinte deviennent positifs et évoquent fréquemment un bon traitement ou une guérison. Le rêveur devient capable d'exécuter des mouvements jusqu'alors impossibles. Chez certains, les répétitions de l'événement marquant cessent totalement.

Exemple : *de six à neuf semaines après l'opération (quatrième période) ; aucune chute ; quatorze images du bras blessé.*

Évocation de l'accident

Le plus grand changement de mes rêves se produisit entre la sixième et la neuvième semaine après mon opération. Il n'y eut plus la moindre reconstitution de l'accident. Mon inconscient ne se préoccupait manifestement plus du passé et se trouvait d'autres sujets d'intérêt.

Membre blessé

C'est durant cette période que je fis le plus grand nombre de rêves du membre blessé. Quelques-uns restaient négatifs, certains étaient neutres mais plus de la moitié étaient positifs. Les trois négatifs étaient les suivants : la plaque de métal de mon poignet devait être ôtée; mon doigt était trop enflé pour y enfiler une marionnette miniature; j'étais piquée à la main gauche par un gros insecte noir. Vous remarquerez que ces mésaventures sont bien moins graves que celles qui figuraient dans les rêves de membre blessé des précédentes périodes. Dans le cas du doigt enflé, je comprenais que je portais une attelle et que j'avais la possibilité de l'enlever, ce qui donnerait plus de souplesse à ma main. Cette reconnaissance, dans le rêve, d'une limitation inutile était essentielle à la guérison.

Les nombreuses images positives étaient aussi surprenantes qu'encourageantes. Elles prenaient des formes diverses : dans un rêve, une porte conduisant dans un local important était marquée d'une main d'or; dans un autre, un artiste traçait une signature avec une grande aisance et beaucoup de fioritures. Il y avait deux scènes où je recevais un traitement particulier : dans la première, une femme me frottait et me massait la main avec une lotion curative; dans la seconde, une femme médecin me fabriquait une attelle. Le plus frappant dans ce rêve, c'était que je me découvrais capable de me gratter le dos de la main gauche. Cela me faisait du bien et j'étais très heureuse d'en être capable, même si dans la réalité il n'en était pas question. Ce genre d'image annonce visiblement que le retour au fonctionnement normal est pour bientôt.

5. Réintégration : formation d'une nouvelle image corporelle

A ce stade, les répétitions de l'événement perturbateur sont rares ou disparaissent complètement. Le rêveur, ou un personnage de son rêve, est témoin d'un danger menaçant d'autres personnes mais peut les sauver sans qu'il lui arrive du mal. Il y a un renversement des rôles, le rêveur passe de celui de victime à celui de sauveteur. Le malade ou le blessé ne se sent plus impuissant et sans défense, mais agit au contraire avec à-propos et courage.

Pendant cette phase, les images oniriques du membre ou de l'organe en voie de guérison s'intègrent harmonieusement au scénario symbolique de nos rêves. Cette partie du corps est assimilée; une nouvelle image corporelle se forme. Les rêves de réintégration sont toujours positifs. Ces trois dernières phases de guérison onirique ont tendance à s'interpénétrer.

Exemple : *de la neuvième à la douzième semaine après l'opération (cinquième période); une évocation de l'accident; cinq images du membre blessé.*

Évocation de l'accident

Au cours de cette période, il n'y en eut qu'une : un petit garçon risquait de tomber ou d'être écrasé quand la cheminée sur laquelle il se tenait debout commençait à vaciller. Je criais à temps un avertissement et il était sauvé. Je dois dire que plus de deux ans après mon accident, il m'arrive de le revoir en rêve mais rarement, probablement quand j'ai un autre sujet d'anxiété. Les personnages de mes rêves ne tombent que très rarement; s'ils sont en danger de chute, ils sont le plus souvent capables de se retenir ou de changer la situation.

Membre blessé

A ce stade, la plupart des images de mon bras en convalescence étaient positives. Il n'y eut qu'un seul rêve négatif, où je faisais un pansement autour de l'auriculaire d'un homme qui avait une petite égratignure. De toute évidence, l'importance de mon problème diminuait. Dans un autre rêve émotionnellement neutre, je voyais trois poignets différents : le premier trop petit et fragile, le deuxième trop gros et enflé et le troisième juste comme il fallait. Cela donnait l'impression que, comme Boucle d'Or, je pouvais choisir celui qui était « juste bien ». Certains de ces rêves étaient aussi surprenants qu'encourageants. Il y eut d'abord celui où des femmes formaient un cercle en se tenant par la main et psalmodiaient des prières de bénédiction ou d'action de grâces dans une langue disparue. Dans un autre, un homme passait sa main à travers un écran pour serrer la mienne et me remercier. Dans un troisième, je lisais un livre merveilleux sur les rêves, plein de superbes illustrations de *mudras* (des gestes des mains servant dans le bouddhisme à indiquer l'action de la divinité, généralement bienveillante).

Ainsi, dans cette période entre les neuvième et douzième semaines après l'opération, la prédominance des images oniriques positives de mon rétablissement était fermement établie. Cette condition demeura désormais stable, avec de temps en temps une image négative de mon bras, quand la douleur revenait. Parfois une image neutre se présentait mais la majorité de mes rêves de rétablissement étaient positifs et de plus en plus symboliques.

Résumé des cinq phases : images du bras fracturé

Vous noterez que les images oniriques de mon bras blessé ont commencé par être surtout négatives, sont devenues un mélange de négatif et de positif et ont fini par être en majorité positives. Leur nombre était modérément élevé au début (huit dans les trois premières semaines), atteignant un maximum (quatorze au cours de la quatrième période), et baissait ensuite (plus que neuf dans la cinquième période). Le tableau suivant montre l'apparition des images de mon bras blessé dans mes rêves :

Phases de guérison	*Membre blessé*
1. trois premières semaines (de l'accident à l'opération)	8
2. trois semaines suivant l'opération	8

12. Sensations subjectives de la main pendant la convalescence

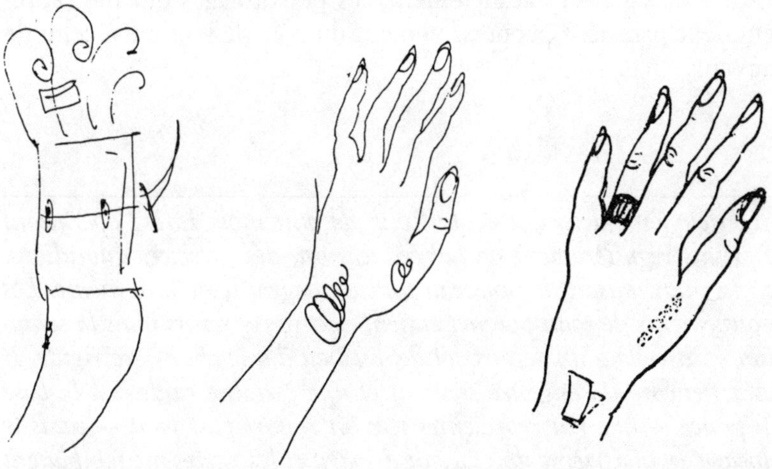

12a. Un mois plus tard *12b. Huit mois plus tard* *12c. Dix mois plus tard*

dessins de Patricia Garfield

Le processus de guérison est particulièrement clair dans une suite de dessins. J'ai fait le premier, un mois après mon opération du poignet. J'étais sans plâtre depuis trois semaines mais je ne pouvais toujours pas bouger librement. J'avais l'impression d'avoir une main en bois, attachée au bras épais par une charnière rigide. Mes doigts enflés n'étaient plus que des appendices inutilisables. Je sentais des blocages supplémentaires dans mon annulaire et mon pouce.

3.	de la 3e à la 6e semaine	7
4.	de la 6e à la 9e semaine	14
5.	de la 9e à la 12e semaine	9

Les images oniriques de la partie du corps endommagée atteignirent leur point culminant entre les sixième et neuvième semaines post-chirurgicales parce que les rêves positifs et négatifs s'y rencontraient.

Images de chute ou d'accident

Dans l'ensemble, la majorité des images négatives sont survenues aussitôt après ma fracture. Les scènes positives, où l'accident était évité, vinrent s'y mêler et finirent par prédominer, puis elles-mêmes disparurent tout à fait. Le nombre de rêves rejouant l'accident était modérément élevé au début (cinq dans les trois premières semaines), augmenta durant la deuxième période, et ne cessa ensuite de baisser. Parallèlement, les personnages qui me représentaient passaient progressivement du rôle de victime à celui de sauveur.

Le deuxième dessin, a été fait plus de huit mois après l'opération. Je faisais régulièrement de la rééducation, des exercices quotidiens, et ma main faisait de nouveau partie intégrante de moi-même. Les mouvements de mon poignet étaient encore restreints mais la sensation était celle d'un ressort solide, au lieu d'une charnière rigide. Il restait encore un engourdissement et une certaine raideur à la base du pouce — que j'ai représentés par un ressort plus petit — mais le blocage du quatrième doigt avait disparu et les autres me semblaient tout à fait valides.

Le troisième dessin a été fait dix mois après l'opération. Il montre des doigts normaux et un appareil flexible dans mon poignet (j'avais toujours, d'ailleurs, la plaque de métal vissée sur mon radius). La sensation de raideur à la base de mon pouce s'était réduite à de petits points d'insensibilité. Pour la première fois depuis mon accident, je dessinai, autour de l'annulaire, mon alliance, que je n'avais pas pu porter à cause de l'enflure de mes doigts. C'était un net retour, bien visible, à la normale.

Phases de guérison	*Scènes d'accident*
1. trois premières semaines (avant l'opération)	5
2. trois semaines après l'opération	6
3. de la 3ᵉ à la 6ᵉ semaine	2
4. de la 6ᵉ à la 9ᵉ semaine	0
5. de la 9ᵉ à la 12ᵉ semaine	1

Pour nous résumer, il semble y avoir une évolution naturelle des rêves, qui commence par répéter les circonstances traumatisantes, et mettre en scène les parties du corps malades ou accidentées ; puis vient une amélioration fortuite qui devient bientôt délibérée de la part du rêveur et finalement un retournement de situation où se forme une nouvelle image corporelle.

Quelques autres chercheurs ont constaté des étapes semblables. Ernest Rossi, un thérapeute jungien, praticien de l'hypnose et théoricien du rapport esprit-corps, m'a fait part de ses observations sur les changements d'orientation des rêves chez les personnes se remettant du tabagisme et autres intoxications[7]. L'onirologue Reed Morrison a découvert un schéma du changement dans les rêves des alcooliques et des toxicomanes en cure de désintoxication[8]. Le psychologue Stanley Krippner, qui s'occupe aussi des drogués, m'a parlé du traitement d'un patient nommé Chris, qui tenait un journal onirique durant la période où il se désintoxiquait de la cocaïne[9]. D'autres auteurs évoquent les paliers de rétablissement qui apparaissent dans les rêves d'une personne cherchant à se remettre des effets de certains abus sexuels[10]. Toutes ces approches obéissent à des principes communs. Dans chaque système, lorsque le rêveur modifie son comportement dans un rêve, il lui est plus facile d'en changer dans la vie réelle[11].

Votre propre rétablissement prendra sans doute une forme particulière, que vous découvrirez au fur et à mesure, guidé par vos rêves. N'oubliez pas, malgré tout, que vous avez la possibilité d'évoquer volontairement une imagerie de guérison, c'est-à-dire bénéfique. Vous pouvez accélérer le processus.

EXERCICES SUR LES RÊVES : ÉLABORATION D'UN RÊVE CURATIF ET RÊVES LUCIDES

1. Comparez, dans les rêves de la première période, les images de la partie du corps dont vous souffrez

Rien ne vous empêche de choisir une autre période, si vous préférez. Comptez aussi les répétitions de l'accident, s'il y a lieu. La plupart des cauchemars s'espacent et disparaissent dans les six semaines suivant le trauma. Vous pouvez également essayer d'éliminer ceux qui persistent, grâce à la méthode décrite ci-dessous aux points 4 et 5, et, s'ils continuent de vous tourmenter, il sera sans doute nécessaire d'en parler à un psychologue.

2. Relevez également la fréquence des images durant la deuxième période

Si vous utilisez deux autres périodes, elles doivent être de longueur égale. Assurez-vous que vous comptez bien le même type d'images dans les deux périodes, c'est-à-dire qu'il s'agit de la même partie du corps, que le rêve soit plaisant ou non.

3. Comparez les thèmes dans les deux périodes et évaluez le stade de guérison que vous avez atteint

Y a-t-il une réduction du nombre de ces images ? Y a-t-il une évolution du négatif vers le positif dans le contenu des rêves ? Résumez ces différences dans votre journal. A laquelle des cinq phases de rétablissement correspond le mieux l'ensemble de vos rêves ? Renouvelez de temps en temps cet exercice afin de pouvoir vous situer mentalement dans une évolution consciente et encourageante.

4. Comparez-les maintenant avec les éléments positifs caractéristiques des dernières périodes

Choisissez un cauchemar et posez-vous les questions suivantes :

A. Quand aurais-je pu pressentir le danger dans ce rêve ?

B. M'était-il possible alors de l'éviter ?

C. Pouvais-je déplacer quelque chose pour empêcher l'accident (par exemple) ?

D. Aurais-je pu me protéger avec un élément déjà présent dans le rêve ?

E. Qu'aurais-je pu ajouter au rêve pour m'aider ou me sauver ?

F. Comment modifier cette situation inquiétante par un comportement différent de ma part ?

G. Comment aurais-je pu sauver d'autres personnes menacées dans mon rêve ?

5. Refaites enfin le rêve en imagination

Visualisez les changements qui vous plaisent le plus. Puis à nouveau, juste avant de vous endormir de façon vivante et réaliste.

Changer l'imagerie onirique peut vous sembler d'un piètre réconfort si vous souffrez encore, dans la vie réelle, de votre accident ou de votre maladie, mais il n'y a vraiment aucune raison de souffrir aussi dans vos rêves. En imaginant différemment vos rêves, vous avez non seulement une chance de les modifier mais aussi de vous mettre de meilleure humeur à votre réveil. La simple visualisation des changements possibles vous encourage à affronter les aléas de votre journée. Et vous accélérez même votre guérison physique.

6. Élaboration d'un rêve sur un thème particulier

Interrogez votre cerveau « rêvant » sur un aspect précis de votre rétablissement. C'est là une version moderne de l'ancienne pratique de l'élaboration des rêves. Dans l'Antiquité, des pèlerins se rendaient aux temples oniriques pour y dormir, dans l'espoir que le dieu de la Santé leur apparaîtrait en songe et les conseillerait quant à leur problème. Il faut d'abord se préparer à rêver.

Avant l'élaboration d'un rêve

1. Formulez votre question

Nous avons vu que Rita avait choisi de concevoir un rêve pour répondre à sa question : « Que vais-je faire de ma vie ? » En voici d'autres que vous pouvez poser, selon votre cas :

Quelle direction vais-je prendre maintenant ?
Que va-t-il m'arriver ?
Comment résoudre mon problème actuel ?
Comment puis-je m'aider à guérir ?
Comment puis-je guérir ?
Suis-je prêt à retourner travailler ?
Aide-moi à me déplacer harmonieusement.

Apprends-moi ce que je dois faire.
Apporte-moi un soulagement.
Apporte-moi la paix.
Réconforte-moi.
Montre-moi comment trouver Dieu en moi?
Conduis-moi où j'ai besoin d'aller, enseigne-moi ce que j'ai besoin de savoir.

Votre question ou votre demande doit être concise et formulée avec des mots qui ont une importante signification pour vous, sur un sujet qui vous tient à cœur. Certaines personnes trouvent que la rime et le rythme les aident à garder leur formule en mémoire. La dernière demande de cette liste est ma préférée, parce qu'elle laisse la possibilité de répondre à ce qui est le plus nécessaire à ce moment précis. Vous pouvez choisir de rêver d'une certaine personne, d'un lieu, d'une activité. Vous êtres libre.

Certains onirologues s'opposent à la « mise en scène » du rêve à l'avance et à l'interrogation des personnages oniriques[12]. Ils voudraient limiter strictement l'intervention du rêveur à des visualisations après le rêve. A mon avis, tant que le rêveur considère sérieusement son rêve, l'interroger avant, pendant ou après peut être bénéfique. Quelle que soit la réponse qui remonte du plus profond de votre moi, elle n'est pas imposée par l'extérieur. La maturation volontaire d'un rêve exige de l'effort et il ne faut donc pas s'y lancer à la légère. De plus, je pense que les rêves sont une ressource naturelle. Les rêveurs doivent se sentir libres de consulter à leur gré leur moi profond.

2. Répétez votre question

Après avoir déterminé votre demande, choisissez un jour où vous n'êtes pas trop fatigué ni surmené, où vous pourrez vous concentrer sur votre propos. Regardez des photos, parcourez des livres, occupez-vous de choses qui ont un rapport avec votre but. Dans la journée, répétez plusieurs fois votre demande. Écrivez-la dans votre journal onirique, notez votre état émotionnel et vos activités du jour. Quand vous commencerez à vous endormir, fredonnez la phrase mentalement ou à mi-voix, comme une berceuse.

3. Visualisez la réponse à votre question

Imaginez la réponse à votre question ou la satisfaction de votre demande, au moment où vous vous endormez, mais laissez votre esprit ouvert à tout ce que le rêve vous apportera.

Après l'élaboration d'un rêve

4. Décrivez votre rêve, étudiez-le en le considérant comme une réponse à votre demande

Certains rêves paraissent n'avoir aucun rapport avec la demande, au premier abord. Examinez attentivement chaque image, comme cela vous a été expliqué au premier chapitre, et en considérant l'ensemble du message comme une réponse possible, vous découvrirez peut-être un rapport profond. S'il n'y a aucun lien évident entre votre demande et votre rêve, tentez votre chance une autre fois. Trois ou quatre nuits de suite sont parfois nécessaires pour produire une réponse onirique claire. Il est arrivé à des rêveurs de renoncer après plusieurs essais et puis de faire subitement un rêve avec une réponse nette et précise.

5. Fiez-vous à votre jugement, pour estimer la validité du conseil

Comme pour tous les conseils, nous devons avoir recours à notre bon sens. Si la réponse n'est pas confuse, si le conseil vous semble bon et ne peut vous faire de mal, suivez-le. Si vous êtes hésitant, si vous ne comprenez pas bien ou si vous craignez que ce conseil ne soit pas bon pour vous, consultez votre médecin ou tout autre thérapeute au courant de votre situation. Certains ont reçu dans leurs rêves des conseils remarquablement utiles sur le régime alimentaire qui leur convient le mieux ou les activités qui contribueraient à hâter leur rétablissement, ou tout simplement des visions de beauté qui les réconfortaient et leur enrichissaient l'esprit.

7. Élaboration d'un rêve lucide

La principale différence entre la maturation volontaire d'un rêve pour répondre à une question ou une demande, et celle d'un rêve lucide, c'est ce que vous faites dans le rêve lui-même. A mesure que vous travaillez sur vos rêves, vous allez finir par avoir conscience que vous rêvez *pendant* le rêve. C'est ce que l'on appelle le « rêve lucide », qui a été observé depuis Aristote[13]. Beaucoup de rêveurs se servent de cette faculté pour retourner dans le monde réel, c'est-à-dire se réveiller, sans se rendre compte que cette lucidité leur offre un pouvoir et une liberté dont on dispose rarement à l'état de veille : le pouvoir de voler, de voyager instantanément vers des pays lointains ou dans le temps, de s'entretenir avec des morts ou des amis éloignés, de faire l'amour avec la personne de leur choix. Le rêve lucide peut également fournir une occasion unique de contrôler les pouvoirs curatifs naturels du corps.

Pendant des siècles, les extraordinaires descriptions de rêves lucides étaient écartées, considérées comme de simples anecdotes. Les chercheurs s'intéressant au rêve croyaient que les rêves lucides n'en étaient pas du tout, mais plus simplement les vagabondages de l'esprit dans le demi-sommeil de l'endormissement, ou peut-être des hallucinations ou des demi-réveils. Nous savons maintenant que les rêves lucides sont de véritables rêves.

Le développement le plus important de ces dernières années, dans le domaine onirique, est la démonstration par Stephen LaBerge, de la clinique du sommeil de l'université de Stanford, que le rêve lucide est un rêve authentique. Il a pu prouver, pour la première fois, que le rêve lucide avait lieu pendant la période de mouvement rapide des yeux du sommeil paradoxal.

En 1978, en se servant de lui-même et de quelques assistants familiers du rêve lucide, il se livra à une expérience concluante. Ses sujets étaient capables d'émettre des signaux, par certains mouvements spécifiques des yeux, ou en serrant les poings selon un code morse, chaque fois qu'ils avaient conscience de rêver ; ces signaux étaient enregistrés par polygraphe dans le laboratoire du sommeil. LaBerge ne tarda pas à entraîner des dizaines de sujets à devenir lucides en rêvant, à signaler le moment où ils se rendaient compte qu'ils rêvaient, à se livrer à une activité — par exemple, chanter, compter ou voler — et à transmettre un nouveau signal une fois la « mission » onirique accomplie.

Quand le livre à succès de LaBerge, *Lucid Dreaming*, fut publié en 1985, des groupes de rêve lucide se formèrent dans tous les États-Unis. La presse s'empara du sujet et les articles abondèrent. La télévision et la radio sondèrent les implications de ce curieux état de conscience. Un événement mentionné pour la première fois par Aristote devint un scoop dans le monde moderne parce qu'il avait été scientifiquement attesté.

LaBerge met actuellement au point des prototypes de lunettes à infrarouge, qui s'éclairent quand une période de rêve commence. Une électrode, à l'intérieur des lunettes, émet une pulsation lumineuse au début du sommeil paradoxal. En utilisant cette « lumière onirique » pendant qu'ils dorment, des milliers de gens seront bientôt en mesure d'avoir des rêves lucides. Mais aucun matériel spécial n'est nécessaire pour apprendre cette technique. Voici quelques suggestions[14] :

Avant le rêve lucide

1. Fixez-vous un but

Projetez ce que vous ferez lorsque vous deviendrez lucide dans un rêve. Allez-vous vous envoler ? Faire l'amour avec une personne particulière ? Voyager dans des pays lointains ? Entrer en contact avec un autre rêveur ? Demander à vos personnages oniriques ce qu'ils représentent ? Demander à votre rêve ce dont vous avez le plus besoin ?

Votre but premier sera peut-être tout simplement de faire un rêve lucide. Vous vous aiderez si vous notez votre intention dans votre journal avant de vous endormir, comme une autosuggestion.

2. Rappelez-vous votre but

Rappelez-vous pendant la journée votre intention de rêve lucide, par une petite phrase courte que vous vous répéterez comme une litanie ou un mantra quand vous vous endormez, par exemple : « Cette nuit, je vole. » Si vous vous réveillez pendant la nuit, répétez votre intention tout en glissant à nouveau dans le sommeil.

3. Visualisez votre but

Imaginez-vous dans votre rêve en train de vous rappeler votre intention. Imaginez sa réalisation et l'effet qu'elle fera.

Pendant le rêve

1. Guettez les images oniriques effrayantes

Le moyen le plus courant de devenir lucide en rêvant, c'est d'avoir si peur qu'on se rend compte qu'on rêve ; chaque fois que vous êtes poursuivi ou attaqué, ou si quelque chose d'épouvantable vous menace, vous ou d'autres personnages du rêve, vous avez une chance de reconnaître que vous rêvez. On se rend généralement compte, notamment, qu'il s'agit du même vieux cauchemar qui revient toujours. Profitez de cette lucidité non pas pour vous réveiller mais pour continuer à dormir. Voyez ce qui arrive, sans avoir peur, ou changez le rêve à votre convenance.

2. Guettez les éléments bizarres, typiquement oniriques

Conditionnez-vous à réagir aux incongruités caractéristiques des rêves. Reconnaissez ces deux chevaux géants dans le ciel comme des créatures oniriques. Mettez à l'épreuve la réalité de votre rêve. Certains se demandent dans la journée : « Est-ce que je rêve ? » et ils vérifient leur réponse par certains mouvements, par exemple en sautant pour voir s'ils vont s'envoler (si on y arrive, c'est qu'on est en train de rêver !).

3. Guettez les changements de sensation

Par exemple

Caresse du vent

Le vent qui vous souffle au visage ou un courant d'air frais dans un rêve peuvent signaler le début de la lucidité.

Picotement de la peau

Cela peut être aussi une sensation de picotement souvent associée à l'image d'une pluie légère.

Bruit, vibration

Beaucoup de rêveurs lucides disent avoir entendu une sorte de bourdonnement vibrant ou vu une lumière palpitante avant de devenir conscients.

Répétition du scénario

Quand l'histoire rêvée semble recommencer — un phénomène que j'appelle le redoublement — c'est souvent le signe que le rêve va devenir lucide.

Filet de lumière

Un rai de lumière, ou une tache, un trou lumineux — parfois une fenêtre ouverte — apparaissent souvent aussi.

Intensité du regard

Une brusque fixité du regard, dans un rêve, peut survenir au début de la lucidité.

Modification de l'état de conscience.

Dans un rêve, les sensations d'« endormissement », de « réveil », de « transe », de « vertige » ou de « fatigue » précèdent souvent la lucidité.

Mouvements rythmiques

Les rêves lucides sont souvent provoqués par des images oniriques de danse rythmique, de pirouettes, de danse du ventre ou de natation synchronisée.

Flotter dans les airs

L'envol, le vol plané ou la lévitation sont dans un rêve un signe précurseur presque certain de la prise de conscience.

4. Analysez le rêve en cours

Refaites-vous le même rêve effrayant ? N'êtes-vous pas en train de vous suggérer ce qui se passe, par l'intermédiaire de ces symboles ? Prenez conscience de ce phénomène.

5. Attention aux miroirs

Faites particulièrement attention si vous vous trouvez en rêve devant une glace ou toute surface réfléchissante. Ces reflets sont souvent le symbole d'une autoréflexion et fournissent l'occasion de devenir lucide.

6. Conservez votre équilibre émotionnel

Une fois que vous serez devenu lucide dans un rêve, restez calme. Gardez votre équilibre, ne vous mettez pas en émoi au point de vous réveiller et ne vous laissez pas désorienter au point d'oublier que vous rêvez. Poursuivez votre but, ou laissez simplement le rêve se dérouler en tant que simple spectateur, conscient et sans peur.

Après le rêve lucide

1. Repérez les indices annonciateurs dans vos propres rêves

Si vous avez fait un rêve normal, non lucide, examinez-le pour chercher les moments où vous auriez pu vous rendre compte que vous rêviez. (Voir les indices donnés dans la précédente liste.) Quand vous faites un rêve lucide, observez quelles images ont précédé la prise de conscience. Notez-les éventuellement, sur une page particulière de votre journal onirique.

2. *Imaginez que vous serez lucide dans votre prochain rêve*
Lorsque vous vous réveillez d'un rêve ordinaire, non lucide, représentez-vous en train de reconnaître le prochain rêve comme tel.

3. *Donnez une forme réelle aux images de votre rêve conscient*
Des supports concrets vous aideront à comprendre leur symbolisme et vous rappelleront leur message. Peignez ou dessinez vos images de rêve lucide, trouvez des photos ou des tableaux qui captent leur essence. Placez ces représentations de manière bien visible, jusqu'à ce que vous pensiez avoir abordé le message de votre image onirique.

8. *Élaboration d'un rêve lucide curatif*

La méthode se modifie comme suit :

Conception

1. Déterminez ce que vous attendez du rêve et formulez-le. *Exemples :* Apprends-moi à réduire ou à éliminer ma douleur. Aide-moi à guérir. Montre-moi le chemin du bien-être.
2. Pensez durant la journée à cette demande, répétez-la avant de vous endormir.
3. Visualisez votre guérison.

Pendant le rêve

1. Prenez conscience que vous rêvez.
2. Accomplissez la guérison désirée ou laissez-la avoir lieu.
3. Acceptez le message ou le pouvoir de votre rêve.

Après le rêve

1. Valorisez toute guérison onirique que vous recevrez, que le rêve soit lucide ou non.
2. Trouvez un objet qui vous rappelle votre guérison onirique et conservez-le précieusement. Placez-le où vous pouvez le voir et vous souvenir de son message.

Le potentiel curatif des rêves lucides est énorme. Ils sont en effet infiniment plus intenses que les visualisations à l'état de veille. Nos fonctions corporelles changent pendant le rêve tout comme elles changeraient si nous étions exposés dans la vie réelle aux mêmes conditions que dans le rêve. Il arrive déjà que les visualisations éveillées d'une guérison soient propices au retour à la santé, mais les guérisons dans les rêves lucides le sont encore plus.

Nous n'avons actuellement aucune preuve scientifique que la visualisation d'un trouble fonctionnel améliore la condition physique du corps. Toutefois, nous possédons beaucoup de rapports intéressants. La psychologue Jayne Gackenbach a rassemblé un grand nombre de ces récits de rêves curatifs lucides[15]. J'en ai réuni plusieurs moi-même. Ed, par exemple, un des hommes que j'ai interrogés, et qui fait souvent des rêves lucides, m'a dit qu'il se sert fréquemment de ces rêves pour guérir de petites blessures. Il fabrique des tambours et il lui arrive de se couper en travaillant. Chaque fois qu'il s'est blessé et qu'il peut devenir lucide dans un rêve, il se rappelle d'avoir à diriger son énergie curative sur sa plaie. Quand il réussit, dit-il, cette plaie cicatrise beaucoup plus rapidement que d'habitude.

Exemple de guérison par rêve lucide :
Mattie réorganise sa jambe

En 1988, à la conférence de l'Association pour l'étude des rêves, à l'université de Californie de Santa Cruz, une jeune femme que j'appellerai Mattie a raconté comment elle avait été aidée par un rêve lucide. Elle souffrait d'une grave fracture de la cheville qui la confinait depuis plusieurs mois dans un fauteuil roulant. Elle décida un jour de se servir de sa faculté de lucidité onirique pour se guérir.

Chaque fois qu'elle avait conscience de rêver, elle s'imaginait « pénétrant dans sa cheville ». Une fois là, en regardant autour d'elle, elle voyait « tout un bric-à-brac ». Au cours de ces rêves lucides, Mattie s'appliquait à faire le ménage, à retirer de sa cheville blessée tous les détritus qui l'encombraient, des clous, des vis, des tournevis, et divers outils. Une fois réveillée, elle constatait une amélioration de son état. Bientôt, pour la première fois depuis son accident, elle put marcher.

Les récits comme ceux de Mattie et d'Ed sont naturellement très difficiles à vérifier ou à étudier. Les histoires de guérisons par rêves lucides apportent tout de même aux rêveurs souffrants l'espoir de parvenir à faciliter leur propre rétablissement par ce moyen. Nous n'avons pas grand-chose à y perdre et beaucoup à y gagner. Si cette idée vous séduit, essayez donc, la prochaine fois que vous ferez un rêve lucide, de diriger votre énergie curative vers une région corporelle dont vous souffrez. Vous serez peut-être un pionnier dans le domaine passionnant de la recherche onirique.

Dans le dernier chapitre, je proposerai une série de visualisations d'un voyage imaginaire pour visiter un temple du rêve, en me basant sur mes propres visites à ces ruines de l'Antiquité et sur ma lecture des archives historiques. Vous découvrirez peut-être que ces vagabondages de l'esprit vous aident à élaborer un rêve — lucide ou non — qui vous fournira de bons conseils ou une guérison. Vous ferez la connaissance de votre guide onirique personnel, une entité imaginaire dont les pouvoirs dépassent ce que vous pourriez imaginer. Chaque soir, votre guide vous attend.

9.

LE TEMPLE DU RÊVE

Ce chapitre est destiné à vous transporter dans un autre espace-temps pour une aventure nouvelle et enrichissante. Devenir bien portant n'est pas seulement un problème de guérison physique. Il s'agit également et surtout d'un renouveau émotionnel et spirituel. En partant vers le rétablissement d'une blessure ou d'une maladie, vous entreprenez aussi un voyage intérieur.

Vous allez être invité, dans les pages suivantes, à partir pour un voyage imaginaire, grâce à une suite de visualisations, vers un ancien temple grec du rêve[1]. Au cours de ce voyage, vous aurez l'occasion de parfaire plusieurs des aptitudes oniriques que vous avez acquises dans ce livre. De plus, cette présentation vous aidera peut-être à atteindre un niveau plus profond, l'archétype mythologique de votre imagination. Le point culminant en sera la rencontre avec votre guide intérieur[2]. Ces visualisations ont été conçues pour vous aider à invoquer les pouvoirs guérisseurs de vos rêves.

J'ai préfacé chaque étape de votre voyage imaginaire par une introduction expliquant le propos de la visualisation et comment elle s'applique à votre cas.

Peut-être préférerez-vous lire d'abord le chapitre tout entier, pour avoir une meilleure idée de sa signification. Ensuite, faites-vous lire les visualisations à haute voix, ou enregistrez vous-même tout l'ensemble sur cassette, ou demandez à une personne possédant une voix apaisante de vous l'enregistrer. Les points de suspension indiquent une pause d'environ cinq secondes. Les parties à lire à haute voix sont précédées d'un astérisque. En entendant les mots à mesure que vous visualisez, vous bénéficierez des effets conjugués de l'imagerie évoquée et de votre concentration sur le voyage intérieur.

Je conseille aussi quelques « exercices » complémentaires, à chaque étape, pour lesquels vous n'avez besoin que de quelques fournitures de base, si vous le souhaitez, pour renforcer l'effet de la visualisation. Quelques-uns d'entre eux vous paraîtront sans doute trop simplistes, mais ils sont capables de provoquer de puissantes réactions. Je vous conseille de vous y livrer dans un esprit de rite personnel. Certains sont plus efficaces avant les visualisations, d'autres pendant ou après.

Vous pouvez procéder séparément, si vous le préférez, aux visualisations et aux exercices. Mais le résultat sera probablement meilleur si vous imaginez votre voyage d'une seule traite, dans son ensemble.

Libre à vous de changer le scénario selon ce qui correspond le mieux à vos préférences ou à vos facultés. Je décris par exemple le début du voyage à bord d'un paquebot. Les personnes sujettes au mal de mer choisiront plutôt le train ou l'avion. La donnée essentielle est de partir de l'endroit où vous êtes actuellement vers une destination lointaine. Votre moyen de transport n'a aucune importance. Adaptez les exemples donnés à votre cas.

Si vous modifiez votre itinéraire, veillez à faire participer tous vos sens au nouveau : la vue, l'ouïe, les sensations tactiles et même l'odorat et le goût. Chaque visualisation doit contenir quelques bases essentielles :

1. Soyez d'humeur détendue et réceptive.
2. Voyagez dans un autre espace mental et physique.
3. Mettez-vous en situation en utilisant tous vos sens.
4. Rencontrez et expérimentez.
5. Découvrez.
6. Retour en pleine forme.

Si vous inventez votre propre visualisation, assurez-vous qu'elle contient ces six éléments, en insistant sur celui qui est le plus évocateur pour vous.

Nous allons commencer. Installez-vous confortablement, dans un endroit reposant où vous vous sentez en sécurité, et où vous ne serez pas interrompu pendant au moins un quart d'heure. Portez des vêtements confortables ; vous devez n'avoir ni froid ni trop chaud. Relâchez votre ceinture et tout ce qui vous serre. Si besoin est, mettez une couverture sur vos genoux, calez-vous avec un coussin. Fermez la porte pour être tranquille, entrouvrez la fenêtre pour une bonne circulation d'air frais. Il vous faudra en tout une heure, pour une visualisation complète.

PRÉPARATION

Il est nécessaire de mettre d'abord de l'ordre dans vos pensées et vos émotions, et de savoir exactement ce que vous désirez, ou ce dont vous avez besoin actuellement, comme pour l'élaboration d'un rêve. Notez par écrit ce que vous attendez de ce voyage intérieur.

De même, il peut être utile de trouver un objet concret représentant votre problème ou votre question. Ce peut être une représentation de la partie du corps souffrante, comme ces ex-voto qu'apportaient autrefois les pèlerins dans les grands sanctuaires, ou l'expression symbolique de votre question. La fabrication de l'objet, ou son simple dessin au trait, vous aidera à vous concentrer sur votre propos. Installez votre « objet-demande » dans votre chambre, là où vous le verrez souvent pour qu'il vous rappelle votre souhait. Regardez-le attentivement avant de vous endormir.

INVOCATION

* En Grèce, dans l'Antiquité, le dieu des Rêves, qui s'appelait Oneiros, était le fils d'Hypnos aux ailes noires, le dieu du Sommeil. Que ces deux grandes figures symboliques vous protègent dans votre voyage et vous ramènent à bon port. Vous pouvez aussi invoquer vos divinités personnelles.

Où que vous soyez, mettez-vous très, très à l'aise... Adossez-vous confortablement... Fermez les yeux... Respirez régulièrement, profondément... Sentez Hypnos vous éventer des grandes plumes de ses ailes noires... Laissez-vous emporter par les légers courants d'air... Respirez cet air frais et exhalez en vous délivrant de toute tension... Détendez votre corps mais gardez l'esprit en éveil... comme en vous réveillant dans un rêve...

(Répétez cette invocation avant chaque visualisation.)

Visualisation pour la préparation

Comme pour n'importe quel voyage, vous devez vous préparer. Observez-vous, bien détendu, chez vous, dans votre chambre... Voyez-la nettement, les couleurs, les formes. Écoutez les bruits venant de l'extérieur comme de très, très loin... Maintenant, levez-vous en imagination et commencez à faire vos bagages... N'emportez que le strict nécessaire, car c'est un voyage de l'esprit. De quoi avez-vous réellement besoin ? Regardez-vous en train de placer ces articles essentiels dans un sac à dos.

Une fois votre bagage préparé, demandez-vous ce qui vous est le plus nécessaire, en ce moment. Qu'est-ce qui vous trouble ou vous cause de l'anxiété ? Voulez-vous un conseil, sur un sujet quelconque ? Vous sentez-vous désorienté ? Concentrez-vous sur ce problème.

Quand vous aurez clairement défini ce que vous voulez savoir, avoir ou ressentir, trouvez un objet qui capte l'essence de ce désir. S'il n'en existe pas, créez-le. Voyez sa forme et ses caractéristiques... Il peut être très lourd, ou léger mais douloureux à toucher ; créez et voyez cet objet symbolique... Sentez sa texture sous vos doigts... Imaginez-vous en train de placer cet objet dans votre sac de voyage, s'il y entre. Si ce n'est pas possible, faites-en un paquet pour le transporter avec vous. Cet objet-demande est essentiel, comme offrande à votre guide intérieur. Faites-le soigneusement et emportez-le.

(Si vous observez ici une pause dans votre voyage, pratiquez les suggestions de « réveil » données au paragraphe suivant, comme chaque fois que vous voudrez vous arrêter. En repartant, répétez l'invocation et reprenez votre chemin à l'endroit où vous vous êtes arrêté.)

PAUSE

* Vous avez accompli une étape importante de votre voyage intérieur. Prenez conscience de sa signification. Revenez lentement à votre état normal. Observez-vous confortablement au repos dans votre chambre. Sentez-vous rafraîchi et régénéré par votre imagination. Étirez-vous, bâillez et revenez totalement à la réalité.

Réveillez-vous bien. Redressez-vous, asseyez-vous et notez dans votre journal ce que vous souhaitez vous rappeler de cette partie du voyage. Levez-vous et reprenez vos activités normales, en gardant une partie de votre esprit en contact avec votre paix intérieure.

LE VOYAGE

Introduction

Cette image existe depuis toujours comme une métaphore du voyage intérieur. Une traversée en mer, en particulier, symbolise l'aventure de votre propre découverte. Vous entreprenez un pèlerinage imaginaire à la recherche de votre propre centre. Le mouvement cyclique du périple, l'aller et retour, représente aussi le cours de votre vie et avant tout la recherche de la sagesse. Il y aura, naturellement, des obstacles et des difficultés en chemin.

L'embarquement et l'appareillage sont un prélude à ce voyage intérieur. Votre croisière doit vous aider à vous élever au-dessus de l'existence ordinaire pour rechercher les vérités transcendantes.

Le bateau est lui-même un symbole du corps humain transportant l'âme. Dans l'Antiquité, on baptisait un bateau avec du sang offert en sacrifice à un dieu ou un autre. Plus tard, cette pratique fut modifiée et le sang remplacé par le bris d'une bouteille de vin rouge. Aujourd'hui, c'est du champagne, mais la tradition vient de là. La proue des anciens navires était souvent ornée d'une figure servant de divinité tutélaire, pour protéger les navigateurs.

La mer sur laquelle navigue le bateau est, littéralement, la source d'où vient toute vie. Symboliquement, elle représente l'inconscient, ce vaste réservoir d'énergie vitale, de silhouettes dangereuses cachées dans les ténèbres et de trésors enfouis. Le poète Homère parle de la « mer vineuse », sombre comme du vin. Vous apercevrez peut-être, dans ses profondeurs, des monstres marins, et vous y rencontrerez un guide qui est familier de ces eaux denses. Au cours de la traversée, vous voyagez dans le temps. Quand vous touchez le port, une nouvelle terre et une nouvelle expérience commencent.

Pour compléter cette visualisation

Placez les articles suivants sur un plateau ou une table, à côté de vous, pendant que vous visualisez votre périple :
- un verre,
- une bouteille d'eau minérale bien fraîche,
- une tranche de pain complet,
- un fruit.

Faites les substitions que vous jugerez plus appropriées à votre situation. Munissez-vous aussi d'un bon coussin et d'une couverture. Si possible, asseyez-vous dans un fauteuil à bascule qui évoquera le mouvement de la mer.

Installez-vous correctement, le cou et la tête soutenus par le coussin, et couvrez-vous avec la couverture. Mettez en marche votre magnétophone ou demandez à quelqu'un de vous lire à haute voix la visualisation. Balancez-vous doucement, en vous familiarisant avec votre voyage. En vous « réveillant » au matin dans le cadre de votre visualisation, buvez un peu d'eau, prenez une bouchée de pain et un peu de fruit. Si vous avez l'intention de passer directement à la visualisation suivante, observez une pause pour vous restaurer avec ce que vous avez sur votre plateau.

Visualisation du voyage

(Répétez l'invocation, si vous repartez.)

* Vous vous voyez embarquer... Imaginez le bateau qui vous plaît le plus... Une goélette, un ancien navire à voiles, un grand paquebot. Peut-être a-t-il une figure de proue, un personnage insolite venant d'un de vos rêves. Décorez ce bateau, pour votre confort et votre commodité, de la façon que vous voudrez...

Observez-vous à bord. Il y a un coup de sifflet strident, une brusque secousse et le navire s'écarte de la jetée. Votre voyage commence.

Vous fendez rapidement les flots. Entendez le clapotis des vagues contre la coque... Sentez le souffle du vent sur votre visage... Respirez l'air salin... Regardez les silhouettes se déplaçant dans les profondeurs, vos propres profondeurs... Peut-être y a-t-il un dauphin le long du bord... Contemplez le ciel... Écoutez les cris des mouettes.

Visualisez votre journée à bord. Faites de bons repas, amusez-vous. Faites du sport, dansez, jouez au casino, nagez, tout ce que vous voudrez. Soyez vous-même. Soyez à votre aise. Prenez du bon temps.

La nuit est tombée... Les étoiles brillent. La lune dessine un chemin lumineux sur l'eau... Vous vous retirez dans votre cabine, vous vous déshabillez et vous mettez en tenue de nuit, si vous avez l'habitude d'en porter une. Vous faites votre toilette habituelle, vous vous couchez et vous éteignez la lumière. Écoutez les bruits de la nuit, des pas dans la coursive, les murmures de l'équipage, le bourdonnement des machines, le froissement soyeux de la mer sous l'étrave.

Sentez le doux balancement du navire... Vous êtes bercé, comme dans un berceau. Le bateau file vers des rives inconnues, laissant le passé loin derrière lui... La mer devient peut-être turbulente, vos rêves s'assombrissent. Le navire file bon vent et vous retournez en arrière... vous remontez le temps...

Le débarquement

Un remue-ménage vous tire de votre sommeil. Vous vous réveillez au bruit des pas précipités dans la coursive. Terre ! La terre est en vue. Vous vous levez, vous faites votre toilette et vous habillez. Vous prenez le plateau déposé à la porte de votre cabine et vous mangez les fruits et le pain. Vous buvez de l'eau pure et fraîche de la carafe. Vous rassemblez vos affaires et vous dépêchez, avec votre sac, de monter vers le pont supérieur en vous demandant ce qui se passe.

Comme l'air matinal est frais et embaumé ! Le soleil se lève tout juste au-dessus des collines derrière le port. La foule autour de vous murmure dans une langue étrangère. C'est étrange, vous semblez être la seule personne à parler votre langue. Même l'habillement vous paraît singulier. Le navire est en train de s'amarrer à un appontement primitif. Après beaucoup de claquements, de tintements et de grincements de cordages, le bateau est amarré et vous débarquez, en descendant par la passerelle de bois parmi la foule d'étrangers. Vos pieds foulent une terre nouvelle. Vous avez atteint un nouveau stade de notre aventure intérieure. *(Si vous faites escale ici, revenez progressivement à la réalité comme nous l'avons vu dans « Pause ».)*

SUR LA ROUTE

Introduction

Partir le long d'une route inconnue, c'est devenir un pèlerin. C'est un premier pas décisif. Vous allez faire route vers votre propre centre, à la recherche de la vérité. Une certaine confiance est nécessaire quand vous vous trouvez en pays étranger, confronté à l'inconnu. Votre but est de tirer une signification de votre route à travers la vie. Votre bagage ne contient que l'essentiel, vos soucis et votre offrande.

Vous aurez à escalader une montagne imaginaire. L'ascension représente une élévation émotionnelle ou spirituelle. Toute évolution vers un niveau de conscience supérieure s'accomplit laborieusement. Les difficultés de l'escalade correspondent à vos efforts de développement intérieur ainsi qu'à ceux que vous devez faire pour affronter les conditions extérieures. La chaleur et la poussière sont des sujets d'irritation. Mais il y a aussi des compensations.

Le ruisseau qui coule d'une fissure du rocher offre sa fraîcheur régénératrice. C'est la source de la vie. En vous lavant dans ces eaux, en les buvant, vous goûtez la renaissance spirituelle. Non seulement elles purifient et nettoient mais elles restaurent et rafraîchissent votre esprit.

Les cierges disposés dans une niche rocheuse représentent la lumière de la compréhension, mais il reste à les allumer. Le bâton que vous avez coupé à un arbre vous sert de support et de protection, vous aide à aller de l'avant. En entrant dans le bois sacré au sommet de la montagne, vous vous rapprochez du cœur du problème. De là-haut, vous découvrez la vallée fertile avec ses temples, où les trésors sont rassemblés. Alors que vous entamez votre descente, vous sentez dans la brise la force vivante, vitale, de l'esprit concentré au pied de la montagne. L'olivier, sur votre chemin, est un symbole de fécondité parce qu'il vit pendant des siècles et porte ses fruits en terrain aride. Dans le bois sacré, vous faites une rencontre imaginaire avec les serpents qui sont les gardiens des sanctuaires. Ce ne sont pas les serpents maléfiques de la tradition biblique mais les serpents guérisseurs qui abandonnent leur peau pour renouveler constamment la vie. Sur l'autel, la table ou le trône des dieux de ce lieu élevé, vous laisserez un petit sacrifice. Cela vous aidera à retrouver l'équilibre dont vous avez besoin.

Visualisation de la route

(Répétez l'invocation si vous repartez.)

* C'est l'aube. Vous êtes bousculé par la foule dans un petit village de pêcheurs. Les maisons blanches du port brillent d'un éclat rose aux premiers rayons du soleil. Tout le monde marche dans la même direction, en bavardant et en gesticulant. Vous demandez votre chemin à quelqu'un, en tête du groupe, mais personne ne vous comprend. Les gens haussent les épaules ou sourient et se détournent. Votre sac sur l'épaule, vous marchez avec le groupe. Ces gens doivent bien aller quelque part, vers un endroit où vous pourrez vous renseigner, car ils ont l'air d'avoir un but précis. Quand le groupe passe devant un marché en plein air, les gens s'arrêtent pour faire des achats à divers éventaires. Certains achètent des fruits, d'autres des gâteaux, un coq, des moutons. Vous trouvez dans votre poche des pièces de monnaie frappée d'un dessin bizarre et vous achetez une grappe de raisin. Vous êtes impatient de savoir où vous êtes et ce qui se passe.

Traversant le petit village, la foule arrive au bord d'une route, où l'on peut voir un panneau indicateur, blanc, portant une vieille inscription illisible. Le groupe change de direction et s'engage sur la route. Elle est étroite mais on devine tout de même que c'est une artère importante, car elle est bordée de colonnes, hautes, blanches et fines, qui disparaissent dans le lointain.

L'ascension

La foule se tait. Les sandales bruissent sur les pavés. Les gens se saluent de la tête et se sourient mais parlent moins à mesure que la route se met à monter, ce qui exige plus d'efforts. Vos souliers sont couverts de poussière, mais vous avez les pieds bien protégés des pierres que le soleil, maintenant haut dans le ciel, rend brûlantes. La grâcieuse colonnade projette de longues ombres en travers de la chaussée. La route s'élargit tandis que le village s'éloigne, derrière la foule. Vous gravissez la côte sans faiblir. Il fait un temps doux et le versant de la colline est planté de vignes. Vous êtes détendu et serein. Vous êtes en route.

Progressivement, la pente devient plus abrupte. Les colonnes disparaissent. La vigne verte fait place à des lieues de broussailles monotones. La côte est de plus en plus raide. Vous vous essoufflez. Mais l'air est vif et pur et vous grimpez avec ardeur.

Vous montez toujours... Le soleil est maintenant au milieu du ciel, brûlant, éblouissant, sec... Vous avez mal aux pieds et ils vous brûlent... Vous commencez à vous fatiguer et vous avez des vertiges de faim et de chaleur... Votre moral baisse...

Le ruisseau sacré

Tout à coup, la foule devant vous ralentit et s'arrête. Le groupe quitte la route et pénètre dans un bois ombragé. Vous ôtez vos sandales. L'herbe est fraîche sous vos pieds douloureux. Vous entendez le murmure d'une eau vive et vous découvrez un ruisseau cristallin bondissant hors d'une fissure dans la paroi rocheuse. Vous vous asseyez par terre avec les autres, vous trempez vos pieds dans l'eau glacée, vous lavez la poussière de votre visage et de vos mains. Vous vous sentez purifié. Vous joignez vos mains en coupe et vous buvez à la source, là où elle jaillit du rocher.

Vous vous reposez ensuite sur un tertre herbeux et vous contemplez les légers nuages blancs qui passent en changeant de forme à travers le ciel bleu. Vous observez les rayons de soleil filtrant entre les branches et le feuillage, au-dessus de vous. Vous écoutez le chant des oiseaux. Les autres ouvrent leurs sacs, en retirent des olives, du pain et du fromage. Vous regrettez de n'avoir acheté que du raisin mais, en partageant ce que vous avez, vous recevez de quoi assouvir largement votre faim.

Ensuite vous vous levez, vous allez marcher dans le ruisseau et vous vous étonnez de toutes les jeunes pousses d'arbre qui croissent dans l'eau. Dans la muraille rocheuse, sur la droite, des niches ont été creusées où de petites bougies ont été plantées. C'est sûrement un ruisseau sacré. Comme il doit scintiller, la nuit, quand les pèlerins allument les cierges votifs qui se reflètent en clignotant dans les eaux rapides !

Parmi les cyprès de la berge, des branches sont tombées. Vous en choisissez une, assez longue et solide pour vous y appuyer. Cela vous aidera à grimper. Vous aurez bien besoin d'un soutien. Vous arrachez de l'écorce odorante les brindilles et les feuilles. Vous vous essuyez les pieds avec un chiffon et vous rassemblez vos affaires, tandis que les autres refont leurs ballots. Ensemble, vous reprenez votre ascension.

Premier sacrifice

Vous continuez de grimper, bien heureux d'avoir un bâton. Vos mollets et vos cuisses ne tardent pas à protester. Les pierres du chemin sont pointues et brûlantes sous vos pieds fatigués. Le vent de mer frais qui souffle dans votre dos sèche la sueur. Votre petit sac devient lourd et encombrant. Le chemin monte en lacets, de plus en plus haut. La montée est ardue. Le rythme de votre respiration s'accélère.

Vous êtes maintenant bien engagé dans la garrigue qui couronne la montagne. Encore quelques pas, et vous atteignez la crête. Tout le monde s'arrête pour contempler le panorama. Tout en bas, au pied de l'autre versant, s'étend une vallée... Comme elle est belle !... La vue vaut bien la pénible ascension. Vous voyez clairement la montagne de l'autre côté. La vallée forme un bol entouré de pentes boisées... Vous apercevez des bâtiments, comme un sanctuaire, parmi les immenses platanes. C'est vers là que vous vous dirigez, c'est votre but.

Dès que vous entamez la descente, vous sentez un changement dans l'atmosphère. La brise est plus douce, plus légère, vous êtes abrité par l'enceinte des collines. Vous voyez devant vous un très vieil olivier, près du chemin, qui porte encore des fruits, même dans ce terrain sablonneux. Il est tout noueux, comme tordu par une main de géant...

Les serpents gardiens

Le chemin tourne brusquement et vous vous trouvez dans un magnifique vallon. L'air embaume le laurier et l'essence de pin. En vous approchant des arbres, vous remarquez une boucle de cordage pendant de l'un d'eux. Une corde ? Non, c'est un serpent !

Long comme un homme est grand, le serpent love son corps jaunâtre autour d'une branche basse... Il doit être dangereux... Vous ramassez une pierre pour la jeter sur la tête luisante. En vous approchant vous donnez un coup de coude à votre voisin pour le mettre en garde. Il vous saisit le bras et vous fait lâcher la pierre. Avec animation, il montre le reptile à ses compagnons et ils hochent la tête en marmonnant dans leur langue bizarre. A leurs expressions ravies, vous comprenez qu'ils sont heureux de voir cette créature... c'est donc un serpent sacré.

Vous remarquez alors d'autres serpents, très nombreux. Ils se laissent tomber des arbres et serpentent dans l'herbe comme pour accueillir les pèlerins. Chaque personne s'arrête quand le serpent s'approche. Ils sifflent et se redressent en balançant la tête, en dardant leur langue fourchue. Vous espérez de tout votre cœur qu'ils ne sont pas venimeux. Ils ne doivent pas l'être car personne ne semble avoir peur.

Il y en a même qui touchent les pèlerins. A votre horreur, l'un d'eux se love autour de votre bâton. Vous vous figez. Mais il déroule peu après son long corps mince et s'en va serpenter plus loin.

L'autel dans le vallon

La foule s'avance prudemment parmi les serpents et pénètre dans le bois. Elle vous entraîne avec elle ; vous êtes complètement désorienté. Là, dans une clairière, vous apercevez un petit autel.

Les pèlerins tirent de leurs balluchons des offrandes, fruits, petits gâteaux en forme de coupelle, tout luisants de miel. Vous prenez dans votre sac le raisin qui vous reste et vous retrouvez aussi une certaine chose dont vous pensez ne plus avoir besoin. Vous déposez tout cela sur l'autel avec les autres offrandes.

Des femmes en longue robe blanche s'avancent, sans doute des prêtresses de cet autel. Une d'elles lance un sifflement aigu et, à votre étonnement, tous les serpents répondent à ce signal et s'approchent de l'autel où les prêtresses leur donnent à manger des gâteaux au miel. Des serpents apprivoisés !

Les pèlerins, hommes et femmes, vieillards et enfants, courbent la tête et prient. Vous offrez une prière personnelle à cette divinité pour qu'elle vous protège dans vos épreuves à venir. Vous répétez votre intention.

Vous repartez dans la vallée avec les pèlerins. Vous êtes moins fatigué, rafraîchi par l'ombre verte du petit bois et encore tout étonné de votre rencontre avec les serpents gardiens.

(Vous pouvez à nouveau observer une pause ou vous arrêter ici pour aujourd'hui, en procédant comme précédemment.)

Pour compléter

Il vous faut :

- de confortables souliers de marche,
- un bâton que vous trouvez en chemin,
- de l'eau minérale,

- une grappe de raisin ou une poignée de raisins secs.

Là encore, adaptez cette liste à votre cas si nécessaire.

Partez faire une dizaine de minutes de marche, autour du pâté de maisons, par exemple. Essayez de trouver un chemin qui monte et qui descend. En marchant, concentrez-vous sur la sensation de vos pieds sur le sol. Pensez à votre voyage à travers la vie, par où vous êtes passé, le chemin que vous avez accompli, votre destination. Cherchez une petite branche avec une jolie forme ou du feuillage que vous aimez. Ramassez-la et rapportez-la chez vous.

S'il ne vous est pas commode de sortir, montez un ou deux étages. Posez délibérément votre pied sur chaque marche, en vous disant que ce sont les étapes symboliques de votre développement intérieur.

Quand vous aurez fini, lavez-vous les mains lentement et consciencieusement. Considérez que l'élimination de toute souillure est une purification de votre passé. Si possible, buvez dans le creux de vos mains. Imaginez l'eau qui vous rafraîchit intérieurement. Mangez un peu de raisin. Mâchez soigneusement chaque grain, imaginez leur cycle de vie, comment la vigne a poussé, comment les raisins sont arrivés jusqu'à vous. Sentez-les vous nourrir. Puis cherchez un objet dont vous pouvez vous passer, donnez-le ou jetez-le.

Pour une meilleure efficacité, accomplissez ces exercices après avoir écouté la visualisation de « la route ».

ENTRÉE DANS L'ESPACE SACRÉ

Introduction

Un temple est, dans un sens, le trône de la divinité qu'il honore. Sa beauté, son équilibre, ses proportions et sa symétrie représentent l'ordre des choses dans l'univers et l'ordre à l'intérieur du corps humain. Selon certaines traditions, l'autel serait le « cœur » de la divinité. Les marches de l'entrée symbolisent le voyage du pèlerin au centre de lui-même. Dans un temple, votre attitude est avant tout contemplative. Votre but est de comprendre ce que signifie, pour vous, cet espace.

Les fleurs et les arbres entourant le temple sont tous symboliques. J'ai été particulièrement intéressée de voir les pavots autour du temple d'Épidaure. Ces fleurs aux graines soporifiques étaient une annonce du sommeil divin qui allait être accordé au pèlerin.

De même, les sculptures et bas-reliefs ont tous un rapport avec la divinité adorée dans ce temple et les vœux du pèlerin. Asklepios, fils d'Apollon, était une divinité en partie solaire mais aussi, par sa mère Coronis, reliée aux profondeurs de la terre. Les emblèmes des puissances céleste et terrestre décorent le temple qui lui est dédié. Des pèlerins de tous âges et de toutes religions viennent rechercher la lumière intérieure et la faculté de comprendre les ténèbres intérieures.

En franchissant le portail, vous opérez une transition d'un domaine à un autre. Les matériaux employés dans le temple, comme la décoration extérieure, symbolisent les diverses qualités de la divinité que recherche le pèlerin. L'ivoire lisse, par exemple, représente la pureté ; l'or, la noblesse, l'incorruptibilité, la perspicacité et l'amour. La porte ouverte du temple vous invite à entrer et à apprendre les secrets qu'il contient.

Votre immersion dans l'eau est une sorte de baptême. Là, le corps et l'esprit sont rafraîchis. L'onction d'huile symbolise depuis des temps très anciens l'absorption de pouvoirs particuliers et de la bénédiction divine. Les flammes des torches et le feu sur l'autel correspondent aux éclaircissements que vous recherchez.

N'oubliez pas que si les coutumes de l'Antiquité ne sont pas les vôtres, elles peuvent malgré tout vous instruire et enrichir votre présent.

Visualisation de l'entrée dans l'espace sacré

(Répétez l'invocation, si vous repartez.)

* En sortant du bois sacré, vous apercevez dans le lointain une autre route, de même importance que celle que vous suivez. Elle vient de la plaine, comme la vôtre vient de la mer, et elle est également parcourue par les pèlerins. Certains agitent la main et saluent de loin le groupe dont vous faites partie. Vous regardez votre montre et constatez que c'est le milieu de l'après-midi.

Bientôt les deux routes se confondent et forment une large chaussée. Vous aussi, vous souriez et saluez les nouveaux venus. Au bout d'un moment, la route redevient étroite et serpente jusqu'à la base même de la vallée. Vous retrouvez les hautes colonnes qui vous guident. A un tournant de la route, vous découvrez un magnifique édifice. Il y a d'autres bâtiments derrière, et le tout est entouré d'un mur de faible hauteur. Il serait possible d'entrer en enjambant simplement ce mur, mais il est évident qu'il vaut mieux passer par l'édifice.

Il doit être important de se déchausser car tous les pèlerins s'arrêtent pour ôter leurs sandales. Quelqu'un vous fait signe, d'un geste impératif, que vous devez en faire autant. De petits enfants, des personnes âgées et même ceux qui paraissent très malades font de même. Vous vous dépêchez d'enlever vos souliers et les fourrez dans votre bagage.

Vous contemplez les majestueuses colonnes classiques du portail, en vous approchant. La plupart des bâtiments sont entourés de socles supportant des statues de marbre évoquant pour vous de vagues souvenirs d'un passé très ancien.

Tout le monde se tait, ou chuchote tout bas, alors qu'on se rapproche de la porte. Quand votre groupe passe sous l'arche, vous remarquez une curieuse inscription, rédigée dans une langue ancienne. Les lettres vous sont inconnues mais vous sentez en quelque sorte leur signification. Vous pénétrez dans un espace sacré. Vous devez en être digne.

Le portail

Vous entrez par une rampe dans un grand vestibule. Vous notez que les personnes handicapées peuvent monter plus facilement par ce couloir en pente que par un escalier. Les colonnes de marbre poli, ioniennes ou corinthiennes, étincellent au soleil. Sur la frise, les rosettes alternent avec les têtes de bœufs couronnées de fleurs. Au-dessus d'elles, sur la corniche, des palmes se déploient entre des têtes de lions et des guirlandes de feuilles. La rose, fleur du soleil, le lion avec sa crinière comme un soleil stylisé, le bœuf, la palme... un être de lumière doit être adoré dans ce sanctuaire.

Comme les dalles de marbre noires et blanches sont fraîches et lisses sous vos pieds douloureux !

Second sacrifice

Un homme de haute taille en toge blanche s'avance pour accueillir votre groupe, manifestement un prêtre ou un personnage officiel. Chaque personne lui parle à tour de rôle, avant d'être dirigée vers un des nombreux autres hommes et femmes en blanc qui attendent derrière lui. Les assistants emmènent la personne qui leur est envoyée vers un banc, sur le côté, où ils peuvent s'entretenir avec elle dans sa langue. Vous entendez le brouhaha de nombreuses langues différentes parlées toutes ensemble.

Vous êtes enfin capable de vous faire comprendre. Vous dites à votre assistant qui vous êtes, d'où vous venez et ce que vous recherchez. La figure bienveillante réagit avec compréhension.

— Et qu'as-tu apporté en sacrifice ? vous demande-t-on.

Vous décrivez l'objet que vous transportez.

— Pas encore, vous dit-on. Tu n'as pas autre chose à donner ? Nous devons savoir d'abord si tu as été appelé.

Sacrifier... quoi ? Tout ce que vous avez emporté est essentiel. Vous vous souvenez alors de votre montre. Elle est en or et fera peut-être l'affaire. L'assistant hoche la tête et vous vous levez tous les deux. Suivant ses instructions vous passez par la porte du fond et tout l'espace sacré vous est alors révélé. Vous admirez les magnifiques structures, toutes plus somptueuses les unes que les autres.

Vous êtes conduit vers un autel extérieur adjacent au vestibule d'entrée. Là, parmi les dons des riches et des pauvres, vous déposez votre montre, votre lien matériel avec le passé. D'autres personnes apportent des animaux, des pâtisseries, des fruits et autres objets.

Les sources chaudes

Pieds nus maintenant, vous suivez votre assistant le long de l'allée sacrée. Il est temps de vous rafraîchir des fatigues du voyage, vous dit-on. Vous apercevez un peu plus haut un bassin fumant, creusé dans le roc. De l'eau claire jaillit d'une corniche : une source thermale effervescente. Une alcôve vous est indiquée, à côté, pour y déposer vos affaires. On vous donne une longue tunique blanche, pour porter après votre bain. Vous ôtez vos vêtements poussiéreux et, sans être gêné par la présence d'autres personnes, vous allez vous plonger dans l'eau délicieusement chaude. Le bassin est protégé du soleil par un plafond superbement décoré mais les côtés sont ouverts à la brise légère.

D'autres personnes, hésitantes ou confiantes, se versent avec respect cette eau sur le corps, comme si c'était de l'eau bénite. Vous prenez une cruche, sur le rebord du bassin, et vous la remplissez à la source. Vous respirez l'odeur des sels minéraux qu'elle contient, un soupçon de soufre, un peu de fer. Quel divin plaisir que de se laver de la poussière de la route... Vous plongez ensuite tout votre corps, lentement... Votre tête se maintient sans effort à la surface du liquide effervescent qui vous porte tandis que l'eau sacrée vous pénètre par tous les pores... Bientôt, toutes vos douleurs s'évaporent sous l'effet de la douce chaleur... Vos soucis disparaissent avec les minuscules bulles qui viennent éclater à la surface... La paix, une paix profonde imprègne votre corps.

Votre mentor vous fait signe de sortir de l'eau. A contrecœur, vous quittez le bassin, vous vous essuyez avec une épaisse étoffe absorbante et vous vous revêtez de la longue tunique de lin blanc. Vous passez, avec d'autres, dans une salle basse où des masseurs et des masseuses oignent d'huile les pèlerins allongés à plat ventre.

Vous vous hissez sur la dalle de marbre qu'on vous indique. Vos muscles sont encore échauffés par la source chaude. On vous masse et vous frotte avec des huiles odorantes... Vous êtes réconforté par les parfums épicés... Vous savourez les mouvements calmants, la caresse, le pétrissage, le massage enchanteur... Chaque mouvement vous semble être exactement ce que vous désirez, comme si votre masseur lisait dans votre pensée... Un léger son de flûtes doubles plane dans l'air... Les derniers vestiges des douleurs de votre longue marche se dissolvent, votre corps s'épanouit, calme et reposé... Vous vous abandonnez à une profonde torpeur...

Quand vous vous relevez, vous vous sentez propre, purifié et ranimé. Vous vous essuyez et remettez votre tunique. On vous indique une porte et vous entrez dans une salle où chacun se restaure, et l'on dispose devant vous des corbeilles ou des plats de fruits frais, de pain, d'olives, de fromage et une carafe d'eau de montagne, très fraîche.

Réconforté intérieurement et extérieurement, vous vous hasardez dans la magnifique cour et, au-delà, dans le parc. Vous vous promenez d'abord lentement, en vous émerveillant de tout ce qui vous entoure. Vous découvrez un banc de pierre à l'ombre d'un grand arbre aux branches déployées et vous vous asseyez pour regarder les gens qui passent. De petits groupes de pèlerins, sur d'autres bancs plus éloignés, écoutent des lecteurs ou des musiciens mais vous restez où vous êtes. Une paix profonde vous envahit. Vous êtes vaguement conscient qu'il y avait un problème à résoudre, une question, mais vous ne vous rappelez pas très bien ce que c'était. Peu importe. Vous verrez cela plus tard. Pour le moment, vous vous reposez et contemplez les couleurs changeantes du ciel tandis que le soleil se couche.

La cérémonie dans le temple

Tout, autour, s'assombrit. Et puis une lumière jaillit. Une autre... Et encore une. Des torches illuminent le sanctuaire... Des chants, une belle musique vous parviennent, de loin...

Vous vous levez et vous dirigez vers les lumières et les mélodies. En passant devant les galeries dont les colonnes de marbre brillent à la lueur des flammes, vous apercevez une procession de porteurs de torches devant un grand édifice. En vous approchant, vous vous dites que ce doit être un temple. De là, vous voyez le portail par où vous êtes entré dans le sanctuaire. L'imposant monument est entouré de colonnes, sur ses quatre côtés. Des centaines de personnes sont rassemblées devant ce temple, et leurs voix se mêlent dans un péan très ancien. Le rythme de ce morceau éveille le souvenir confus d'un temps reculé.

Vous vous glissez dans la foule, vers les marches du temple. L'immense porte est ouverte à deux battants. Le chant vient de l'intérieur de l'édifice, et la foule en suit les paroles. Les cordes de ce qui évoque une harpe résonnent en harmonie avec les voix. Vous sentez vibrer quelque chose en vous, comme si votre corps était un instrument de musique. Les sons vous font presque pleurer de joie. Quelque chose de nouveau s'éveille en vous.

En vous haussant sur la pointe des pieds, vous apercevez l'intérieur du temple. A la lueur dansante des torches vous distinguez dans le fond une immense statue. Elle a l'éclat de l'ivoire poli, et les ornements d'or scintillent.

Sur les murs latéraux aux riches couleurs, vous percevez vaguement des niches en plein cintre abritant des statues plus petites. Vous êtes sûr d'en avoir déjà vu de semblables, mais où ?

Debout à côté de l'autel, un prêtre et une prêtresse psalmodient. L'un d'eux verse une libation, d'un flacon d'or. Le chant se tait, cinq notes pures résonnent une dernière fois dans le silence. Tout est fini. La foule se disperse lentement, en méditant cette cérémonie.

On vous touche le bras et vous reconnaissez votre assistant, qui vous fait signe de le suivre. Vous êtes conduit dans une auberge au fond du parc, jusqu'à un lit rudimentaire installé dans une large alcôve, où l'on a déjà déposé vos affaires. Il y a des murs sur trois côtés mais le quatrième est ouvert sur des colonnes, pour laisser entrer l'air embaumé.

Vous vous couchez avec soulagement sur le petit lit. Vous ne vous étiez pas rendu compte de votre fatigue. Vous vous endormez immédiatement, profondément, d'un sommeil sans rêves...

(Éventuellement, pause ici, comme décrit précédemment.)

Pour compléter

Ôtez vos chaussures. Faites trois fois le tour de votre chambre en pensant à l'effet que cela vous ferait de fouler un sol sacré. Si le temps le permet, vous pouvez sortir et marcher pieds nus dans l'herbe. J'ai marché une fois pieds nus sur l'herbe recouvrant la tombe de mon père. Je savais parfaitement qu'il ne se passait rien de physique ; mais, à un autre niveau, j'étais tout aussi sûre d'absorber certaines des remarquables qualités de mon père. Imaginez, en marchant, que vous suivez un passage vers un lieu sacré.

Faites-vous couler un bain bien chaud. Baignez-vous et sentez l'eau vous laver. Prenez une éponge ou un verre et versez de l'eau sur votre tête et vos épaules. En sortant du bain, après vous être essuyé, frictionnez-vous avec un lait hydratant ou une huile parfumée.

Vous pourriez aussi vous faire masser pendant que vous écouter la cassette. Si vous choisissez cette option, « suivez » par la pensée les mouvements du masseur ou de la masseuse. Sentez leurs mains entrer dans vos chairs et vos muscles comme une lumière pénétrant dans des régions obscures. Imaginez que vous absorbez les qualités que vous désirez, par ces mains et l'huile. Cet exercice complémentaire peut être effectué pendant ou après la visualisation.

Trouvez quelque chose d'autre dont vous n'avez plus besoin et donnez-le.

LE DEUXIÈME JOUR

Introduction

Parmi les nombreux symboles de l'éveil spirituel, il y a le chant du coq. Le lever du soleil, ainsi que la lumière des lampes ou des torches, est lié à la lumière intérieure, celle de la conscience et de la connaissance.

En imagination, vous allez continuer d'explorer votre corps d'une manière nouvelle tout en stimulant vos émotions et votre cerveau.

La bibliothèque où vous allez entrer en pensée représente la réserve de savoir caché sur votre propre histoire, y compris votre problème actuel.

Ces symboles contrastent vivement avec la boue noirâtre où on vous priera de vous plonger. La boue est un mélange de deux pouvoirs terrestres : la terre elle-même, devenue molle et fluide, et l'eau jaillissant des profondeurs. La boue est une union de terre réceptrice et de l'eau qui la transforme. En absorbant ces forces, vous absorbez aussi ce pouvoir de transformation, dont vous pourrez ainsi, par suggestion, commencer à bénéficier.

Pendant cette phase de la visualisation, vous vous rapprochez du secret essentiel et commencez à prendre part à son pouvoir d'invocation.

Visualisation du deuxième jour

(Répétez l'invocation si vous partez d'ici.)

* Au lever du soleil, vous entendez le chant de nombreux coqs. Ensuite, le silence. Et puis d'autres chants, un hymne matinal. Vous vous revêtez de votre tunique et vous allez avec les autres à une fontaine où vous vous aspergez d'eau de source et déjeunez à une table disposée à l'extérieur, qui offre des mets simples, des gâteaux au miel, de l'eau du puits. Comme tout cela est bon et nourrissant ! Quand votre assistant apparaît, vous vous levez vivement et vous le suivez. L'air du petit matin est un délicieux mélange de fraîcheur et de tiédeur. La brise soulève vos cheveux.

Le gymnase

Vous apercevez devant vous un grand bâtiment, vous entendez le bourdonnement de nombreuses voix. En entrant par une porte magnifique, d'une richesse inouïe, vous découvrez une vaste salle. Des gens y exécutent divers exercices, sous la direction d'un moniteur. Votre assistant vous présente au vôtre.

Cet instructeur semble connaître exactement les besoins de votre corps. En poussant ou tirant ici ou là, un diagnostic est effectué. On vous donne un vêtement léger, que vous enfilez sous votre tunique. On vous indique ensuite une série de mouvements et d'exercices à pratiquer.

Observez-vous faire avec le moniteur les mouvements nécessaires à votre corps. Sentez vos bras qui se tendent et reviennent vers vous. Sentez le jeu souple de vos muscles ; le glissement de vos tendons sur vos os. Vous croyez presque percevoir simultanément les diverses parties de votre corps. Vous êtes présent partout à la fois, à l'intérieur de vous-même. Quand vous commencez à vous échauffer, vous ôtez la longue tunique.

Votre moniteur démontre chaque nouveau mouvement puis il vous observe quand vous l'exécutez. Avec une grande patience, il vous corrige, par quelques commentaires pertinents plutôt qu'en expliquant ce que vous devez faire. Vous découvrez un rythme interne. Les exercices sont adaptés à vos besoins et chaque répétition vous paraît plus aisée, plus souple, plus gracieuse. Lorsque vous avez trouvé la bonne « sensation » d'un mouvement, votre moniteur le remarque tout de suite et passe aussitôt à un autre.

Il vous montre une sorte de pas de danse. Vous l'imitez avec une facilité qui vous étonne... Vous recommencez, les pas se succèdent, se mêlent, deviennent des figures complexes, rythmiques... Vous vous sentez plein de vigueur... Vous êtes léger... aérien... libre...

Vous seriez bien incapable de dire combien de temps vous vous perdez dans ces figures compliquées. Votre moniteur s'arrête. Vous voyez tous les autres se diriger vers une porte dans le fond de la salle. Vous remettez votre tunique, vous ôtez votre tenue de gymnastique moite de sueur et vous la jetez dans une grande corbeille. Vous éprouvez une grande reconnaissance pour votre instructeur et vous essayez de la lui communiquer avant de rejoindre les autres.

Dehors, à l'ombre d'un grand arbre, une table est dressée et un léger repas vous attend. Vous vous attablez. Pendant que vous déjeunez, des joueurs de flûte tournent autour de votre groupe. Chacun reste silencieux et se restaure en écoutant la musique.

La bibliothèque

Une fois de plus, votre assistant apparaît et vous fait traverser le parc. Chaque fois que vous posez une question, et que vous voulez savoir pourquoi les choses sont faites de telle ou telle façon, ou quel est le but de cet enseignement, il vous répond que vous devez découvrir cela par vous-même.

Vous entrez bientôt dans une fraîche bibliothèque de marbre. Les dalles du sol sont de différentes nuances. La lumière est dorée. En levant les yeux, vous constatez que les carreaux des fenêtres sont de minces plaques d'albâtre translucide. Le plafond, décoré de panneaux sculptés, est en bois. Dans des niches, les étagères supportent de nombreux rouleaux de parchemin. Votre assistant en choisit un. Vous êtes conduit dans un coin à l'écart des quelques autres étudiants silencieux et votre assistant vous remet le rouleau, qui est écrit dans votre langue. Il vous laisse à cette lecture.

En déroulant le parchemin, vous découvrez un poème orné d'une curieuse illustration. Vous commencez à lire. Dès les premiers vers, vous sentez que ces paroles s'adressent directement à vous. Elles expriment une émotion que vous n'avez jamais su formuler. Tout est là, vos pensées les plus intimes, exprimées de façon belle et juste.

Le poème vous touche si profondément que des larmes vous viennent aux yeux. Quel est donc ce lieu qui éblouit l'esprit et le corps ? Vous relevez la tête et contemplez autour de vous les magnifiques statues entre les niches, les parfaites proportions de la salle. Tout vous semble calculé pour évoquer la beauté. Votre index suit le dessin parfait. Vous reprenez votre lecture et vous absorbez avec étonnement dans le poème jusqu'au retour de votre assistant. Le parchemin est roulé à nouveau et remis en place, puis vous repartez.

Le bain de boue

En traversant le parc, comme on vous y invite, vous remarquez ici et là quelques-uns des grands serpents jaunes, qui glissent dans l'herbe ou prennent le soleil sur des éperons rocheux. Vous conservez toujours une certaine appréhension mais ils ne vous font plus vraiment peur.

Vous arrivez à une source très différente de celle de la veille. Cette eau-là n'est pas claire mais foncée, noire, boueuse et d'aspect visqueux. On ne va tout de même pas vous faire plonger là-dedans ? Mais si. Votre assistant vous y invite, et vous voyez d'ailleurs d'autres personnes qui sont déjà dans ce bain peu engageant.

Vous ôtez votre tunique et vous asseyez sur le rebord de pierre. Lentement, vous vous laissez glisser dans la vase luisante. Le mélange d'eau et de terre forme une boue épaisse. Elle s'insinue entre vos orteils, elle vous colle au corps. Avec un gros *plouf* lourd, vous vous laissez tomber dans cette masse poisseuse. Un autre assistant se précipite, avec un instrument semblable à une truelle, et vous étale la boue sur le cou et la nuque. Vous respirez de nouveau une odeur de sels minéraux.

La chaleur commence à vous pénétrer jusqu'à la moelle. De la sueur perle à votre front. C'est presque douloureux, mais pas tout à fait. Et cela fait du bien. Juste au moment où vous pensez que ce n'est plus supportable, l'assistant revient et vous aide à vous extraire de la boue. Tout couvert de viscosités, les jambes molles, vous le suivez en chancelant vers une fontaine où vous vous rincez longuement sous l'eau claire jaillissant de la gueule de lions de pierre. Cette eau tiède rafraîchit votre corps brûlant. Mais quelque chose a dû pénétrer vos chairs, que vous n'arrivez pas à rincer car vous vous sentez encore imprégné par les minéraux. Vous avez l'impression d'être différent, transformé.

On vous ramène à la salle de massage. Vous vous allongez sur une dalle de marbre. Vous sentez le contraste entre la boue chaude et gluante et la lisse fraîcheur du marbre... Vous vous abandonnez de nouveau aux senteurs calmantes des huiles parfumées et des aromates...

Détendu mais pas endormi... Votre corps écoute, tout en s'abandonnant, comme en suspens, au plaisir du renoncement à tout effort... Votre esprit dérive à la limite de la conscience, appréciant le toucher sûr et attentif qui répond à votre corps.

Quand vous vous relevez, vous enfilez une tunique blanche toute propre et vous allez prendre une collation légère, avec une coupe d'eau pétillante et fraîche. Vous vous promenez encore une fois dans le parc au coucher du soleil en trouvant plus agréables que jamais les massifs, les arbustes et le tapis vert de la pelouse parsemés de coquelicots, de boutons d'or et de minuscules jacinthes bleues.

A l'intérieur du temple

Comme le ciel s'assombrit, vous vous hâtez de rebrousser chemin vers le temple que vous avez visité la veille. Cette fois, vous voulez voir plus nettement ce qui se passe.

Le couchant reflète ses ors et ses pourpres sur les colonnes de marbre blanc tandis que le soleil plonge derrière le sanctuaire. Il fait encore assez jour pour voir la décoration de la façade. Au-dessus du chapiteau des colonnes doriques, une frise porte une guirlande sculptée avec des roses épanouies. A intervalles réguliers, sur les corniches des murs latéraux, il y a des têtes de lion entourées d'une abondante crinière en soleil. Entre ces bêtes solaires, des spirales évoquent l'énergie et la croissance. Cette frise est surmontée de palmiers aux branches déployées. Vous vous dites que tout cela doit avoir une signification ésotérique, comme la décoration du portail, en rapport avec le rayonnement.

Sur les côtés du temple, un petit fronton triangulaire est orné d'un bas-relief représentant une bataille. Aux quatre coins du toit, de belles femmes en longue robe flottante sont assises de biais sur des chevaux fringants. Tout en haut, sur le faîte, un oiseau se pose un instant sur la statue d'une femme aux grandes ailes déployées. Comment s'appelle-t-elle, déjà ? Nikè, oui, vous vous souvenez ; la victoire ailée. La victoire sur quoi ? Votre tête est pleine de questions.

Au centre de la colonnade, comme une petite maison parmi de grands arbres, il y a l'étincelante chambre intérieure. Ses façades sont de pierre teintée de rouge clair et de bleu pâle, et la base est décorée de serpents annelés. La haute porte de bois à deux battants est incrustée de soleils d'ivoire. En vous approchant, vous voyez que le scintillement vient de motifs formés par des têtes de clous en or pur.

Une chaude lumière et un délicieux parfum émanent de ce sanctuaire. A l'extérieur, des torches sont allumées. Une musique de lyres et de harpes résonne à l'intérieur. La foule se met en mouvement et commence à chanter.

Quelque chose de singulièrement familier vous frappe, dans les mouvements de tous ces gens. Oui... ce sont ceux que vous avez appris dans la matinée... Cette marche lente comporte des figures rythmiques que votre corps imite presque à votre insu. Vous prenez place dans la file avec les autres pèlerins et vous laissez votre corps se balancer de lui-même, selon la leçon du matin.

En cadence, la file se dirige vers la rampe d'accès. Elle oscille, s'arrête, oscille. Vous suivez tous les pas sans effort, même les figures que vous n'avez pas apprises ; vos voisins vous prennent par la main, vous faites maintenant partie d'une longue farandole sinueuse qui pénètre jusqu'au cœur du temple, dans la lueur dansante des torches et des lampes à huile.

Vous vous surprenez à chanter avec les autres sans avoir jamais appris ces paroles que vous ne comprenez pas. Chaque mot pourtant vous semble parfaitement accordé aux mouvements de la danse ; la musique est claire, douce, pure. Les voix harmonieuses des chœurs se mêlent à celles des danseurs alors que vous vous avancez sur les dalles noires et blanches, devant la haute statue.

La statue

Il vous est enfin possible de la voir nettement. Les flammes des nombreuses lampes à huile scintillent sur la surface polie du héros ou du dieu. Sa peau est d'ivoire, ses atours d'or pur. Il est assis dans un trône dont le socle est sculpté de figures monstrueuses, de chimères ; il y a une femme dont la chevelure est faite de serpents. Cet héroïque homme-dieu est barbu et il a une expression sereine et compatissante. Il porte un vêtement semblable à celui des assistants et il tient un long bâton dans une main, l'autre main étant posée sur la tête d'un serpent d'or. Un chien sculpté est à ses pieds. L'or étincelle à la lumière vacillante. Cette figure sacrée doit être le dieu guérisseur de ce peuple et les rites, un appel au secours. Vous invoquez intérieurement votre propre dieu ou figure protectrice.

En passant, chaque danseur libère sa main droite, touche respectueusement la statue et, ensuite, une partie de son propre corps. Vous les imitez.

La farandole ressort lentement du temple en louvoyant, descend par la rampe et se dirige vers le grand autel extérieur qui fait face au temple. La file se forme alors en spirale autour de cet autel de pierre tout flamboyant d'un feu de bois odorant. La nuit est tombée... Vous chantez et vous dansez... Vous faites partie d'un immense serpent composé de personnes vivantes... Le temps cesse d'exister...

Enfin, les mains se lâchent, le groupe se disperse dans la nuit étoilée. Vous n'êtes pas surpris de voir votre assistant qui vous attend pour vous reconduire à l'auberge où votre lit est préparé. Vous vous glissez sous les couvertures, le corps résonnant encore de la musique et des pas de la danse. Le sommeil vous envahit lentement. Dans vos rêves, vous voyez une vague silhouette au sommet d'une montagne qui vous fait signe de monter vers elle. Vous souriez dans votre sommeil et tout est silencieux.

(Vous pouvez observer à nouveau une pause ici.)

Pour compléter

Écoutez un morceau de votre musique préférée. Exécutez quelques exercices de gymnastique, une danse, des mouvements que vous connaissez bien. Ou laissez la musique vous dicter vos pas. Que le mouvement monte en vous, de vos pieds, par tout votre corps, sans aucun effort. Si vous êtes incapable de danser en mesure, écoutez simplement la musique. Mais entendez-la d'une nouvelle manière.

La musique traverse votre corps. Visualisez les notes élevées comme si elles émanaient de votre tête, et les notes basses comme si elles venaient du plus profond de votre abdomen et passaient par vos jambes. Laissez les sons vous envahir entièrement. Dans la mesure du possible, suivez votre rythme intérieur, sans chercher à produire un effet esthétique. Quand la musique cesse, sentez comme elle continue à résonner en vous.

Ensuite, relisez un poème que vous aimez, et demandez-vous en quoi il s'applique à votre vie.

Pour l'activité suivante, vous allez avoir besoin de mains bien propres et des articles suivants :

- un pot ou un tube de crème épaisse pour les mains,
- une serviette,
- une bougie ou une lampe à huile,
- des allumettes.

Massez-vous consciencieusement les mains avec la crème. Imaginez qu'elle remplace la boue de votre visualisation, en écoutant la cassette au besoin. Essuyez l'excès de crème mais sans frotter, laissez-en une pellicule. Si une blessure ou une maladie vous empêche de vous livrer à cette activité, vous pourrez peut-être vous arranger pour qu'une personne vous masse doucement les mains ou les pieds.

Allumez maintenant la bougie ou la lampe à huile. Regardez fixement la flamme pensant quelques secondes. Fermez les yeux et voyez la lumière en pensée. Observez la pénétration de la crème dans votre peau. Imaginez qu'elle va plus loin que les pores, qu'elle entre profondément. Voyez son énergie curative s'insinuer dans la moelle de vos os. Touchez la partie du corps qui est ou a été souffrante.

Imaginez ensuite que la lumière, comme la crème, est absorbée par votre corps. Ouvrez les yeux pour regarder encore brièvement la flamme, éventuellement, pour vous la remémorer. Refermez les yeux et regardez clignoter la lumière sous vos paupières. Imaginez que sa lumineuse énergie entre profondément en vous et vous guérit.

Récitez lentement, à voix basse ou simplement en pensée, la

prière que vous voudrez, un psaume, un cantique, un mantra que vous connaissez par cœur, que vous aimez. Que les paroles vous pénètrent aussi. Sentez leur baume guérisseur. Pour chaque activité suivante, rallumez votre lumière.

LE TROISIÈME JOUR

Introduction

Faire un rêve propitiatoire était le « billet d'entrée » à l'espace de sommeil dans les temples oniriques. Les assistants exigeaient des pèlerins un rêve suggérant qu'ils étaient invités par la divinité, avant de faire le pas final. Vous pouvez également, alors que vous progressez vers cette dernière phase, tenter de susciter en vous un tel rêve, en suivant les indications données au chapitre correspondant.

Imaginez qu'on vous demande d'explorer un lieu ambivalent. Dans le parc du sanctuaire, il y avait un édifice appelé le *tholos*, c'est-à-dire une rotonde. La base de ce bâtiment contenait un labyrinthe concentrique recouvert d'une dalle. Le toit en coupole était percé d'ouvertures rondes. Cette répétition de la forme circulaire suggérait non seulement une association avec la divinité du soleil, mais aussi avec les cieux et la perfection. Les ouvertures, qu'elles soient dans le sol ou le plafond, symbolisent un passage vers l'inconnu, une entrée dans un autre monde.

Il y avait d'autres contrastes dans ce bâtiment. Le sol, fait d'un dallage noir et blanc, rappelait l'ascendance d'Asklepios : la lumière de son père-Soleil et l'obscurité de sa mère-Terre. Elles symbolisaient aussi les premier et dernier stades de la vie, le commencement et la fin de toutes choses. Le bleu et le rouge des pierres de la construction évoquaient l'idée de contraste : le bleu du ciel et de l'esprit, le rouge des enfers et du corps humain. Votre but, à ce stade, est de comprendre ces contrastes.

Le théâtre auquel vous assistez dans votre imagination, avec sa tragédie classique, vous offre l'occasion d'y participer en vous identifiant avec les acteurs. Le théâtre est une forme d'enseignement particulier. En jouant un rôle, on reste soi-même tout en étant un autre. En assistant à une pièce de théâtre, le spectateur voit ses propres ennuis dans une nouvelle perspective. D'une façon comme de l'autre, vos émotions sont sollicitées. Que peuvent-elles vous enseigner sur votre vie ?

Mise en condition

Si possible, allez au théâtre ou au cinéma. Cet exercice-ci doit se pratiquer avant la visualisation. Choisissez une œuvre de valeur, de préférence classique. Si vous ne pouvez pas vous déplacer, trouvez dans le programme télévisuel un film ou une pièce au thème intéressant. Quelle que soit l'option pour laquelle vous avez opté, essayez de rester « conscient » du début à la fin, observez les variations de vos émotions et comment certains contrastes représentés sur la scène ou à l'écran existent en vous-même.

C'est après cela que les tentatives d'élaboration d'un rêve-réponse seront les plus efficaces.

Allumez votre bougie ou votre lampe à huile avant cette visualisation et laissez-la brûler tout au long.

Visualisation du troisième jour

(*Répétez l'invocation si vous commencez ici.*)

* Au lever du soleil, vous vous réveillez au chant des coqs. Le silence qui suit est rompu par de nombreuses voix chantant un hymne au matin. Comme la veille, vous sortez avec les autres pour aller vous laver à la fontaine sacrée et déjeuner frugalement sous l'arbre. Ce matin, votre assistant vous demande ce que vous avez rêvé et vous lui décrivez la vague figure au sommet de la montagne. En souriant, l'assistant marche avec vous jusqu'au centre du sanctuaire et vous dit que, ce matin, vous être livré à vous-même.

En errant dans le parc, au hasard, vous respirez profondément. Cette vallée paisible est devenue un havre de sérénité. Les pèlerins que vous croisez échangent avec vous quelques mots aimables, chacun dans sa langue. Tout en vous promenant, vous admirez les proportions harmonieuses des colonnes et des murs des divers édifices où vous entrez. Votre attention est attirée par une construction absolument ronde que vous n'aviez pas encore remarquée. Vous décidez d'aller voir cela de plus près.

Le tholos

C'est l'unique bâtiment circulaire de tout le sanctuaire. Comme les autres, il est entouré de hautes colonnes blanches. Derrière cette colonnade, le mur extérieur est en pierre et décoré d'éléments bleu pâle et rouge clair. Le plafond de cette galerie, entre les colonnes et le mur, est recouvert de panneaux de bois somptueusement sculptés, représentant chacun une grande fleur épanouie. La base est entourée d'un bas-relief de grands serpents formant des boucles. Vous avez déjà vu cette décoration autour d'autres bâtiments, mais il vous semble qu'il y a quelque chose de différent dans ce petit temple.

Vous vous approchez avec curiosité des trois larges marches de pierre et montez vers la haute porte. Poussant prudemment un des battants, vous pénétrez dans une magnifique salle en rotonde. Quelques assistants en longue robe blanche vont et viennent en silence mais ne semblent pas vouloir s'opposer à votre présence.

Sous vos pieds s'étend la fraîcheur d'un marbre poli, une mosaïque de grands losanges noir et blanc. Autour de vous se dressent les murs de marbre aux teintes variées avec, au sommet, une délicate frise de femmes ou de déesses dansantes. En levant les yeux, vous voyez que le centre du plafond en coupole est percé d'une large ouverture ronde par laquelle vous voyez le ciel bleu. L'effet est surprenant et vous avez l'impression de regarder directement au fond des cieux. Le soleil tombe, à travers, sur une grosse pierre blanche toute ronde, posée au milieu du dallage noir et blanc.

Devant vous, il y a une autre statue du dieu guérisseur. Serait-ce aussi son temple ? Si c'est le cas, il est bien singulier qu'un même dieu ait deux temples si rapprochés. Devant cette statue, il y a un brasero sur un trépied de bronze formé de trois serpents dressés. Une flamme y brille en permanence. Vous vous approchez encore. La position, les attributs de la statue sont les mêmes que ceux de la première. Le trône est décoré également d'une scène de bataille, où un guerrier grec tranche la tête de la Méduse. Qu'est-ce que tout cela signifie ?

D'autres assistants apparaissent. Des aromates et des épices sont jetés dans le brasero, qui grésillent et provoquent des étincelles. Puis, tous chantent un cantique, sombre et solennel. Ils forment un cercle d'où vous êtes exclu, et tournent autour de la pierre blanche centrale. Leurs pas vous sont inconnus et vous reculez dans une niche en vous contentant de les regarder.

La fosse

Une fumée odorante monte du brasero. Les pas lents des danseurs s'accélèrent jusqu'à atteindre un rythme frénétique et puis, tout à coup, ils s'arrêtent et tombent à genoux, en cercle. Ils se penchent, tous ensemble, et leurs nombreuses mains font rouler la pierre d'un côté, découvrant ainsi une fosse.

Est-ce un tombeau ? Dans les ténèbres opaques, vous distinguez des mouvements. Une masse d'on ne sait quoi grouille dans le fond. Vous vous approchez et vous constatez que l'intérieur de la fosse est divisé en trois cercles de pierre concentriques. Entre ces parois intérieures, il y a des centaines, peut-être des milliers de serpents jaunes. En se tordant presque comme un seul corps animé, la masse enchevêtrée se soulève et retombe.

Vous faites demi-tour et cherchez à tâtons la sortie, vous descendez en chancelant les marches et allez vous jeter sur un banc de pierre en fer à cheval, pour reprendre haleine et calmer vos battements de cœur. Vous entendez le chant reprendre dans le temple en rotonde, ainsi qu'un bruit de pas. Que font-ils à présent ? Ils nourrissent ces créatures ? Pourquoi cet édifice est-il plein de tant de beauté et d'horreur ?

Au bout d'un moment, le silence retombe et vous reprenez vos esprits. Vous vous éloignez rapidement de ce lieu sinistre, pour retrouver l'auberge et un environnement familier.

En arrivant à la table habituelle, vous découvrez qu'il n'y a pas grand-chose à manger, cette fois. Seulement du pain sec et de l'eau fraîche de la source, préparés à votre place. D'ailleurs, vous n'avez pas grand-faim pour le moment.

Quand votre assistant apparaît, vous lui posez de nombreuses questions. Il n'a qu'une réponse à vous donner : « Il faut réfléchir à ces choses. » Vous êtes avisé qu'un plaisir vous est réservé pour l'après-midi. Il y a une représentation théâtrale et, dès que vous serez prêt, on vous y conduira.

Le théâtre

En marchant avec votre assistant à l'ombre des grands arbres, vous vous apercevez que vous allez dans une direction que vous n'avez encore jamais prise. En suivant une allée entre les édifices, vous sortez du parc sacré et vous allez très loin, vous semble-t-il.

Vous distinguez enfin, entre les arbres, une grande construction, vous percevez le brouhaha de voix nombreuses et un bruit de piétinement. Vous débouchez dans un large chemin où des centaines de personnes se dirigent vers les portes de ce que vous reconnaissez maintenant comme un amphithéâtre en plein air.

Mêlé à la foule, vous passez sous les arches et découvrez les immenses gradins de pierre étagés au flanc de la montagne. Votre assistant vous indique votre place, vers le milieu d'une rangée et à bonne hauteur, d'où vous aurez une bonne vue de la scène. Puis il vous laisse jouir du spectacle.

La scène étant orientée vers le nord, le soleil de l'après-midi ne vous gêne pas. Une certaine cérémonie précède le spectacle. Vous ne comprenez pas les paroles mais c'est manifestement une dédicace, destinée à honorer leurs dieux, comme si le jeu même de l'acteur était une offrande. L'acoustique est admirable. Le plus léger murmure parvient au plus haut gradin. Le demi-cercle de montagnes sert d'amplificateur naturel.

Avec de la musique, des danses et des chœurs, la pièce commence. Les acteurs sont masqués, chaque expression peinte sur le masque représentant la nature du personnage. Vous oubliez votre faim, fasciné par le déroulement de l'action. Au bout d'un moment, aussi invraisemblable que cela paraisse, vous avez l'impression d'entendre les acteurs dans votre propre langue et vous comprenez tout.

De plus, le sujet est exactement ce que vous avez besoin de connaître et de voir, de ressentir. Est-ce une comédie ? Une tragédie ? Que disent, que font ces personnages ? Ils vous semblent représenter une phase de votre vie. Vous les regardez aller et venir ; les actes se succèdent. Vous avez le sentiment d'être maintenant dans la pièce, de jouer votre propre rôle, comme dans un rêve. Riez-vous ? Pleurez-vous ? Êtes-vous en colère ? Exalté ? Qu'avez-vous le plus besoin d'éprouver, quelle est l'émotion qui vous envahit ? Elle monte en vous alors que la pièce progresse vers son dénouement, elle déferle et vous inonde.

Le tonnerre d'applaudissements saluant la fin du spectacle est comme le choc d'un réveil en sursaut. Pourtant la pièce reste avec vous, en vous. Vous êtes serein, vous sentez votre âme s'élever.

Alors que le soleil descend sur l'horizon, vous vous levez et quittez l'amphithéâtre avec la foule. Votre assistant vous rejoint et vous retournez ensemble par le même chemin, en vous séparant des autres qui repartent par la route principale. Vous n'avez pas de questions à poser, vous êtes satisfait, pour le moment, d'être avec vous-même.

Les sources froides

Vous êtes maintenant conduit vers une troisième source pétillante qui jaillit en abondance d'une fissure du rocher, par une grande gueule de lion. Ce ruisseau doit venir tout droit du sommet de la montagne, car il est glacé. Votre guide vous dit de vous y laver ce soir ; aussi vous ôtez votre robe et descendez avec hésitation dans ces eaux glaciales. Vous vous débarrassez rapidement de la poussière de la journée et nettoyez votre corps en sueur avec cette eau purificatrice.

Quand vous en ressortez à l'air froid, un assistant vous enveloppe dans une lourde et chaude couverture épaisse et vous frictionne vigoureusement. Vous enfilez ensuite une nouvelle tunique blanche bien sèche et suivez votre guide, le cœur content.

(Pause, si nécessaire, selon les mêmes termes que d'habitude.)

L'ABATON

Introduction

Le tunnel qu'on vous demandera de suivre par la pensée est un passage menant vers la rencontre avec votre guide intérieur. Ce souterrain secret mène parfois vers la lumière la plus vive. Dans les temples oniriques, cette rencontre avait lieu dans l'*abaton*, la chambre la plus intérieure du sanctuaire où les pèlerins se retiraient pour bénéficier du sommeil sacré. C'était là qu'ils élaboraient leurs rêves et espéraient recevoir une réponse du dieu.

Les peuples de toutes les époques et de toutes les cultures ont toujours recherché un pouvoir plus élevé à l'intérieur d'eux-mêmes. Certains appelaient cette puissance le « conseiller intérieur », d'autres le « chaman intérieur », d'autres encore l'« ange gardien » ou la « voix de l'âme ». Que vous conceviez cette figure comme une entité réelle ou une incarnation imaginaire d'une puissance créatrice, il est possible de visualiser une rencontre et un dialogue avec elle et de recevoir ses conseils et son aide.

Mise en condition

Allumez votre bougie ou votre lampe à huile avant de commencer cette visualisation. Placez sur votre plateau un gâteau sucré ou des bonbons, au miel de préférence. Après la conclusion de la visualisation, vous les mangerez consciemment, en songeant à la douceur de la vie.

Placez votre objet-demande et votre canne (ou votre bout de branche) dans une jolie boîte ou une corbeille à couvercle. Si ces articles sont trop grands, recouvrez-les d'un drap. Ajoutez-leur quelque chose que vous portez ou utilisez souvent, par exemple une bague, une montre, un stylo favori. Couvrez-les aussi pendant la visualisation. Quand ce sera fini, ouvrez la boîte ou retirez le drap et laissez tomber à l'intérieur trois gouttes de cire de la bougie. Si c'est une lampe à huile que vous avez, retirez chaque objet à tour de rôle et passez-le au-dessus de la flamme. Remettez ensuite en place la chose que vous avez l'habitude de porter ou d'utiliser.

Visualisation de l'abaton

(Répétez l'invocation si vous commencez ici.)

Le souterrain

* Votre assistant vous conduit maintenant vers une curieuse construction près de la source glacée, qui évoque l'entrée d'un tunnel. Vous entendez encore le bruit de la source jaillissante. Vous descendez par un escalier de pierre, avec un léger vertige dû à la faim.

Devant vous s'étire un long tunnel, assez large pour qu'on s'y couche en travers. Il y a des lits de loin en loin, contre les parois. Des ouvertures rectangulaires, au plafond, laissent apercevoir le ciel rougi par le soleil couchant.

L'eau de la source sacrée doit couler sous le sol de ce tunnel, car le bruit étouffé du torrent se répercute autour de vous. Vous entendez un bruit de cascade sous vos pieds. Dans la pénombre et l'atmosphère mystérieuse, vous vous dirigez vers le lit qui vous est indiqué, tandis que d'autres pèlerins font de même. Vous remarquez qu'on a apporté là votre petit bagage. Un assistant vous présente un plateau, avec une boisson chaude et deux gâteaux au miel que vous commencez aussitôt à manger.

Reconnaissant de pouvoir enfin manger et boire, vous videz votre coupe ; l'infusion sent le miel, elle est douce et plaisante. Vous n'avez mangé qu'un seul des gâteaux quand vous vous sentez soudain tomber de sommeil. Vous rangez l'autre gâteau dans votre sac, pour plus tard ; puis vous vous couchez et ramenez sur vous les couvertures.

L'eau cascadant sur des marches et coulant au-dessous de vous se fait encore entendre à vos oreilles alors que vous sombrez... vous sombrez... une voix... ou n'est-ce que l'eau ? Quelqu'un s'adresse-t-il à vous par l'ouverture au-dessus de votre tête ? Est-ce un rêve ?

Depuis combien de temps êtes-vous en transe ? Vous n'en savez rien, mais on vous réveille, on vous conduit de plus en plus profondément dans le souterrain, à moitié endormi, enveloppé dans votre couverture et portant votre balluchon.

Le sommeil sacré

Quelques marches vous amènent enfin dans une chambre intérieure ; cette pièce est au-dessus du sol car vous apercevez par les fenêtres un ciel étoilé. Vous êtes conduit dans une niche où on vous fait allonger sur une chaude et douillette peau de mouton. Votre esprit plane dans un demi-sommeil. La salle est plongée dans la pénombre, uniquement éclairée par les flammes de dizaines de petites lampes à huile.

Des assistants répandent sur le sol des aromates et des épices autour d'un petit autel, et en jettent plusieurs poignées sur un brasero. D'autres, en robe blanche, entonnent un cantique à voix basse.

Le don

Votre accompagnateur vous dit de prendre votre offrande dans votre sac, puis il disparaît. Vous voyez les autres pèlerins placer des objets dans de grandes corbeilles portées par les acolytes : des modèles réduits d'oreilles ou de seins, de jambes ou de doigts, toutes sortes de formes, en terre cuite, en or ou en argent massifs. Vous ouvrez votre sac et vous en retirez votre objet-demande que vous transportez depuis si longtemps.

Quand on vous présente une corbeille, vous y déposez votre offrande. La musique se tait. Un assistant recommande le silence, puis toutes les lampes à huile sont éteintes.

Vous êtes allongé dans l'obscurité odorante. Votre corps résonne encore des vibrations de la musique et de l'eau bondissante. Vos yeux se ferment, les ondes déferlent sur vous. Votre corps s'endort. Votre esprit plane, au repos mais en alerte. Endormi mais éveillé, vous attendez, dans le noir.

La guérison

Ténèbres... silence... Et puis une petite lumière brille. Quelque part dans votre tête, une lumière scintille et grandit. Bientôt, toute votre tête est illuminée de l'intérieur et, en vous tournant, vous constatez que cette lumière jaillit de vos yeux. Partout où vous regardez, vous voyez sa vive couleur lumineuse. De la lumière dans les ténèbres.

A nouveau un bruit, un frottement. Vous vous tournez de ce côté et vous voyez un des serpents sacrés qui glisse sur le sol. Cela vous paraît naturel et juste. Vous fouillez dans votre bagage et en retirez le gâteau au miel qui vous reste. Quand le serpent s'approche de vous, se redresse et darde sa langue, vous lui tendez cette friandise. Il la prend et la mange paisiblement.

Vous entendez des pas et, en levant les yeux, vous voyez derrière le serpent une figure que vous reconnaissez avec une joie étonnée. C'est celui que vous avez attendu, votre guide intérieur. Considérez-le d'un œil neuf. Observez sa forme, sa taille, sa couleur. Cela peut-être une figure spirituelle ou une personne que vous avez connue autrefois ou que vous imaginez, une créature mythique ou vivante. Il peut avoir le visage bienveillant de votre assistant. Quoi ou quel qu'il soit, il est totalement bon. De la lumière dans les ténèbres.

Regardez votre guide faire le tour du groupe de pèlerins endormis... Regardez-le s'approcher de vous... Saluez-le... Laissez-le vous toucher... Demandez-lui son nom... Écoutez la réponse... Demandez encore au guide quel est son *vrai* nom... Et entendez la réponse... Le moment est venu, maintenant, de poser votre question ou de demander conseil à propos de votre problème. Quel que soit votre besoin ou votre souhait, dites-le à votre guide. Il vous répondra. Écoutez-le. Qu'il vous donne ce qu'il vous faut, qu'il vous dise ce que vous avez besoin de savoir.

Vous lui demandez alors : « Que puis-je faire pour vous ? » Écoutez sa réponse... Faites, soyez ou comprenez ce que votre guide a dit... Comprenez comment vous pouvez conserver à l'avenir ce sentiment et cet état d'esprit. Prévoyez de pouvoir entrer de nouveau en contact avec votre guide... chaque fois que vous en aurez besoin.

Cette conversation terminée, continuez de savourer la présence de votre guide, de toutes les manières que vous voudrez... Qu'il soit avec vous de toutes les façons que vous désirez... Que l'affection de votre guide vous emplisse et vous apaise... Continuez d'être avec lui aussi longtemps que vous le souhaitez... Arrangez-vous pour le revoir quand vous en aurez envie... Dites-lui au revoir, en sachant que vous vous reverrez...

L'enseignement

Il vous semble à présent que vous vous soulevez de votre couche et que vous vous envolez, que vous volez hors de la chambre aux dormeurs, dans le ciel nocture. Regardez-vous planer au-dessus de l'enceinte sacrée, au-dessus des édifices et des monuments blancs au clair de lune. Sentez le vent sur votre visage, l'exaltation de pouvoir voler librement...

Au-dessous de vous, le temple rectangulaire. Descendez et glissez entre ses colonnes, passez sous le grand portail. Voyez les danseurs au-dessous de vous, leur longue file sinueuse comme un serpent. Sentez leurs mouvements ondulants le long de votre colonne vertébrale, le serpent dans votre corps, alors que vous reprenez de la hauteur. Volez tout autour du plafond.

Vous voyez en bas que la statue n'est plus celle du dieu guérisseur mais votre propre guide intérieur, bien vivant. Mêmes les statues dans les niches vous semblent respirer. Les fresques des murs, les bas-reliefs du trône s'animent et se confondent. Il n'y a plus de scènes de la mythologie grecque mais des images de vos rêves. Regardez-les se matérialiser en démons de cauchemars, en héros et héroïnes de vos propres rêves d'autrefois. Mais, naturellement, les sanglantes scènes de bataille sont en vous-même ; la victoire représentée dans ce temple est le triomphe sur les monstres des cauchemars ; elle est votre victoire. Vous avez vaincu les démons intérieurs en les transcendant. La lumière qui est en vous remodèle les ténèbres.

Poursuivant votre vol, à l'extérieur, vous survolez les arbres. Vous apercevez tout en bas le petit temple en rotonde. Vous descendez en faire le tour, vous vous glissez entre ses colonnes et entrez par la porte. Là aussi trône votre guide. Contemplez les murs. Une phrase y est gravée ; c'est un message pour vous. Quelque chose que vous avez besoin de savoir. Lisez et souvenez-vous.

Regardez le dallage « arlequin », blanc et noir, que vous survolez. Voyez les losanges se confondre, le clair et le foncé mélangés. La fosse en bas, la splendeur au-dessus. Le tombeau dans la terre, le renaissance dans les airs. Vous sortez par l'ouverture circulaire de la coupole et volez au-dessus de la source chaude, de la source froide, des eaux pétillantes et de la boue noire.

Vos yeux contemplent l'extérieur : tournez-les vers l'intérieur. Les éléments « sombres » de votre personnalité, et puis les régions plus claires : les deux vous sont indispensables. Chacune appartient à votre « tout ». Vous étiez perdu dans les ténèbres ou aveuglé par la lumière. Changez cela...

Visualisez la source sacrée qui jaillit dans les profondeurs de votre être, et son eau bienfaisante qui vous emplit tout entier... Vous êtes bientôt baigné dans sa fraîcheur revigorante... Sentez son pouvoir curatif...

Comme le serpent qui mue, vous ne cessez de renaître. Vous êtes le créateur, la lumière modelant les ténèbres, transformant votre être profond, inlassablement, vous ne cessez de vous recréer. Vous vous envolez très haut dans l'air léger de la nuit qui vous caresse la peau, tandis qu'intérieurement l'eau sacrée vous transforme. De plus en plus haut... Réveillez-vous dans votre sommeil. Éclairez les ténèbres.

Le départ

Le chant des coqs vous tire de votre « sommeil du temple ». L'assistant revient dans le dortoir avec un cantique et une prière. Autour de vous, des pèlerins pleurent de joie et s'embrassent. Vous souriez aussi en les accompagnant dans une cour, par une porte secrète. Vous mêlez votre voix à celles des chanteurs de l'hymne matinal. Vous vous lavez à la source sacrée, en sachant que c'est la dernière fois. Vous déjeunez des fruits frais et du pain qui vous attendent sur la table. Vos vêtements vous sont rendus, lavés et repassés. Vous vous habillez et vous rendez la tunique blanche. On vous donne un balluchon de vivres pour la route.

Le sacrifice final

Quand votre assistant apparaît, vous l'étreignez avec une sincère gratitude. Il vous dit qu'il reste une dernière chose à faire. Vous suivez l'allée sacrée pieds nus, jusqu'au grand portail. L'autel est à côté et vous êtes prié de laisser une dernière offrande. Vous ouvrez votre sacoche mais vous savez que vous avez donné tout ce que vous aviez apporté ; vous vous apercevez alors que parmi les choses que vous aviez crues absolument essentielles, il en est une dont vous n'avez pas besoin. Et c'est tellement évident, tellement juste ! Vous retirez ce dernier objet du sac et le déposez sur l'autel, près des autres offrandes.

Vous étreignez encore une fois votre assistant, en promettant de revenir, et, franchissant le portail, vous prenez la route du retour.

Le retour

Vous connaissez le chemin, à présent. Vous avez mis vos souliers et vous marchez d'un bon pas, avec quelques autres pèlerins. Vous saluez de la main ceux qui, au croisement, rentrent par une autre route. L'ascension de la montagne vous paraît facile. Vous vous arrêtez au bois sacré pour donner à manger aux serpents gardiens. Vous vous retournez pour contempler encore une fois le sanctuaire, tout en bas, et puis vous repartez de bon cœur, l'esprit en paix.

Vous descendez par la route pavée et poussiéreuse, vous vous arrêtez encore une fois, pour vous laver au ruisseau sacré et vous restaurer, vous partagez vos vivres, et finalement vous arrivez au petit port de mer. Là, comme vous vous y attendiez, vous retrouvez votre bateau.

Vous embarquez. Le navire appareille. Vous dînez, vous discutez agréablement avec d'autres personnes, et vous vous retirez finalement dans votre cabine. Vous vous couchez. La mer vous berce, comme à l'aller, et vous vous endormez avec bonheur, pressé de retrouver la lumière dans vos rêves tandis que le navire fend les flots pour vous ramener dans votre foyer...

CONCLUSION

Vous vous réveillez dans votre propre lit... Vous êtes reposé... renouvelé. Ouvrez les yeux. Étirez-vous. Redressez-vous et écrivez ce que vous voulez dans votre journal onirique. Analysez votre demande initiale. Regardez votre objet symbolique. Que vous a enseigné votre visualisation ? Qu'avez-vous appris des rêves que vous avez suscités ? Qu'avez-vous découvert ? Votre demande n'a peut-être pas reçu de réponse directe. Plus probablement, il lui a été répondu d'une manière que vous n'attendiez pas. Cette réponse dépassait peut-être ce que vous espériez. Comment guider votre vie ? Éteignez votre bougie ou votre lampe mais gardez la lumière brillante dans votre cœur.

Alors que vous terminez la lecture de ce livre, vous approchez de la guérison. Vous avez appris comment votre esprit rêveur vous avertit des dangers ou des maladies qui menacent votre corps ; comment il exprime vos réactions aux états de crise et révèle, avec beaucoup de précision parfois, les sensations et inhibitions de la région atteinte ; vous savez, enfin, comment il peut apaiser la souffrance et, en vous restituant une image corporelle, apaiser également vos craintes.

En racontant vos rêves dans votre journal, vous avez commencé à rassembler des éléments qui vous seront précieux dans la découverte de vous-même. En étudiant les images de vos rêves, vous parvenez à comprendre les « messages » qu'ils vous adressent. Vous avez vu que la guérison commence par le récit de votre histoire, c'est-à-dire par exprimer, au moyen de phrases et de dessins, vos réactions émotionnelles. Vous avez cherché une signification à une blessure ou à une maladie, imaginé un proverbe pour exprimer cette signification. Vous avez recherché une image pour exprimer votre perte et une autre pour symboliser votre unicité corporelle. Peut-être comprenez-vous maintenant l'importance de se fortifier au moyen d'une petite pause-plaisir quotidienne.

Vous avez vu comment identifier dans vos rêves une partie du corps souffrante. Vous avez découvert la valeur de l'image onirique comprise tant sur le plan psychologique que littéral. Vous avez passé en revue les formes caractéristiques que prennent dans les rêves les diverses maladies ou infirmités[3]. Vous avez appris comment l'inconscient s'exprime par métaphores, et comment guetter dans vos rêves les signes d'accélération ou de ralentissement du métabolisme, comment reconnaître les images oniriques de la fièvre ou d'une mauvaise circulation, d'un manque ou d'un excès d'humidité, indiquant des changements dans le fonctionnement du corps. Vous connaissez maintenant les implications de structures cassées ou détériorées dans les rêves, de personnes ou d'animaux blessés, mourants ou morts. Vous avez travaillé sur des voitures oniriques en panne et des maisons en danger.

Vous vous êtes exercé à « re-rêver » les songes insatisfaisants. Vous avez dessiné votre accident ou la période critique de votre maladie. Vous avez constaté que les dessins successifs de la région atteinte évoluent et se modifient. Vous avez engagé des « conversations » avec le membre ou l'organe en question. Vous avez pourvu à ses besoins. Vous avez dessiné vos cauchemars, identifié les images qui vous hantent et vous les avez utilisées dans vos visualisations. Vous avez transformé la représentation de la blessure ou de la maladie en employant une imagerie opposée pour la diluer, la réduire, la colorer, l'imaginer guérie. Vous avez travaillé avec vos images oniriques personnelles et découvert tout ce qu'elles représentaient pour vous. Vous avez utilisé des couleurs et des formes pour visualiser le renforcement de votre système immunitaire.

Vous avez constaté qu'il se produisait des modifications des rêves, suivant un certain schéma, au cours du rétablissement d'une maladie ou d'une blessure. Les rêves se contentaient d'abord de répéter l'accident, par exemple, puis le sort semblait vouloir vous aider, ce qui vous donnait l'audace d'intervenir vous-même dans d'autres rêves. Ensuite, leur contenu se faisait de plus en plus souvent positif et, en fin de compte, révélait que la réintégration s'était faite. Vous vous êtes familiarisé avec les caractéristiques de chacune de ces phases de guérison et vous avez appris à reconnaître les signes du retour à la santé. Vous avez vu comment élaborer un rêve sur un sujet donné, et comment susciter un rêve lucide pour vous permettre, par exemple, d'améliorer votre condition physique.

Enfin, vous avez vu comment vous servir de votre imagination pour créer un voyage vers votre « temple intérieur du rêve ». Vous pouvez repartir pour cette croisière curative, aussi souvent que vous voudrez, parce que le temple des rêves est en vous. Là, règne votre guide intérieur ; et sa sagesse, son savoir, ses vérités sont à votre disposition. Retournez visiter votre temple onirique, chaque fois que vous en aurez le désir. Entrez en contact avec le pouvoir guérisseur de vos rêves. Cherchez-y les jalons de votre route. Rêvez bien et prospérez. Que votre voyage soit bienfaisant.

Annexes

TABLE DES ANNEXES

Images oniriques associées à diverses parties du corps souffrantes :

Note :

Les rêves figurant dans cette liste ne sont pas les seuls à avoir été rapportés par des sujets souffrant de ces problèmes physiques. Ils ont été choisis pour illustrer l'étroit rapport typique entre la blessure, la maladie ou l'opération de telle ou telle partie du corps et l'imagerie onirique de cette même personne. Le dormeur blessé rêve aussi d'autres choses. Notez également qu'il n'a été possible de donner qu'un échantillon représentatif des affections et des images qui s'y associent, et qu'il ne s'agit pas d'une enquête exhaustive.

ABRÉVIATIONS UTILISÉES

Le nom indique la source du rêve cité.

B.	Robert Bosnak
E.	Havelock Ellis. « Ellis/E. » signifie que le rêve est d'Ellis lui-même.
G.	Indique que l'exemple vient de la collection d'entretiens de l'auteur avec des rêveurs. La mention « Garfield/G » identifie le sujet comme l'auteur elle-même.
Gt.	Emil Gutheil
H.	Robert Haskell
K.	Vassili Kasatkine. « Kasatkine/K » indique que le rêveur est Kasatkine.
L.	Harold Levitan
Lk.	Russell A. Lockhart
M.	Patricia Maybruck
Pt.	Dennis Potter. « Potter/Pt » : même remarque.
R & C.	Ernest Rossi et David Cheek.
S.	Alan Seigel
Sk.	Oliver Sacks. « Sacks/Sk » : même remarque.
VdC.	Robert Van de Castle
W & F.	H. Warnes et A. Finkelstein
Z.	Alfred Ziegler
inc.	Inconnu. Le rêveur est désigné par le nom que lui donne le texte ou la source cités ; si aucun nom n'est précisé, cette abréviation représente le sujet.

ANNEXE A

Images oniriques relatives aux affections cardio-vasculaires

Rêveur/ source	*Nature de l'affection**	*Image onirique*
1. « P »/K. femme 51 ans	Infarctus du myocarde un mois auparavant, se réveille avec battements de cœur rapides, douleur au cœur, spasme de la gorge.	Le rêveur est dans un cimetière, sur la tombe du conjoint, deux mains sortent du tombeau, saisissent le sujet à la gorge et au cœur, difficile de respirer, impossible de crier.
2. « L »/K. homme âge inc.	Crise cardiaque, onze jours avant le rêve, se sentait bien au coucher, réveillé par une vive douleur : spasme cardiaque.	Le rêveur est au lit dans sa maison de campagne ; des bandits font irruption, ils se battent avec ses frères et sœurs ; un bandit cherche à percer le toit avec un madrier qui tombe sur le torse du rêveur, lequel tente de le soulever, de crier, ne peut pas.
3. « P »/K. homme âge moyen	Maladie cardiaque depuis trois ans, douleur légère dans la journée, se réveille terrifié et souffrant.	Rêveur à la guerre ; les ennemis l'entourent, l'un d'eux le frappe au cœur.
4. inc./W & F. femme 62 ans	Thrombose.	Frère aîné de la rêveuse tué dans un accident d'auto, décapité ; quand elle s'approche la tête se change en tête de poulet. (Autre frère mort d'une thrombose.)

* Les termes décrivant l'affection concernée sont ceux donnés par la source initiale.

5. inc./W & F. femme 65 ans	Thrombose.	Quelqu'un est tué dans un accident d'auto et la rêveuse voit du sang ; elle se demande si la victime lui est proche, et se sent bouleversée. (Ses parents et deux sœurs morts par infarctus.)
6. inc./W & F homme 63 ans	Thrombose ; au réveil peur et douleur.	Un homme poursuit le rêveur ; il tente de fuir et sent une vive douleur dans la poitrine ; incapable de respirer.
7. inc./W & F homme 50 ans	Infarctus ; se réveille avec une douleur qui s'étend à la poitrine.	Le rêveur est à la guerre ; poursuivi par des ennemis ; il sent une douleur au bras gauche, se croit blessé.
8. inc./Z. homme 50 ans	Infarctus artériel survenant pendant le rêve ; réveil avec douleur au cœur et au cou ; sueur froide.	Le rêveur se rend à une réception dans un palais ; il sait que le souverain ou lui va mourir ; il avertit le roi d'un complot ; se retrouve poursuivi par un homme sans visage ; quatre invités tirent sur le rêveur, il sent une balle lui percer le cœur, il voit jaillir le sang, s'évanouit de douleur et meurt. Mort mais visible, il parle au roi, arrache la peau de la figure d'un courtisan et d'autres masques ; se bat contre un soldat et un homme maigre. La salle se vide ; le vent s'engouffre mais l'air est lourd ; un géant l'étrangle ; il a l'impression qu'une bombe explose.
9. inc./H. homme âge inc.	Infarctus du myocarde ; patient se plaint seulement de « palpitations dans le ventre ».	Le rêveur tombe à la mer entre les piles d'une jetée ; un yacht amarré là l'écrase contre elles.
10. inc./E. femme âge inc.	« Faiblesse » du cœur.	Elle conduit des chevaux écumants sur une côte abrupte, les presse en claquant du fouet pour éviter un train express derrière eux.

11. inc./ W & F. homme 41 ans	Angine de poitrine.	Un hélicoptère détruit avec ses rotors une maison bombardée. Le rêveur court sauver le pilote assis sur un tracteur à rotor ; le rêveur effrayé se sent impuissant. (Père mort de thrombose.)
12. « P »/K. homme âge inc.	Hypertension.	Le rêveur se voit au sommet d'un gratte-ciel qu'il a dessiné (il est ingénieur), mais mal construit : fissures dans les murs ; la charpente se voit. Il craint d'être jugé pour faute professionnelle. Puis l'immeuble s'effondre sur lui ; une poutrelle lui pèse sur le torse et la tête ; incapable de respirer, il a peur.
13. inc./ W & F. femme 58 ans	Hypertension.	Elle voit un jeune garçon tué dans un accident auto ; il gît par terre, couvert de sang. (Mère morte d'hypertension.)
14. inc./Z. femme 20 ans	Tachycardie ; se réveille avec un pouls de 130.	Elle est mi-humaine, mi-monstre, couverte d'écailles ici et là, surtout aux bras et aux jambes, et elle a les pieds accrochés à la barre du lit. Elle est affolée.

Images oniriques caractéristiques des troubles cardio-vasculaires :
Rêveur ou autre personnage blessé dans un accident ; guerre, bagarre.
Des blessures significatives sont vues ou ressenties au bras gauche, au cou et dans la poitrine.
Sensation de pression du cœur, du torse ou du cou.
Sensation de poids lourd tombant sur la poitrine.
Sensation de strangulation, de suffocation, de difficulté respiratoire ou de manque d'air.
Impression d'explosion, fusillade ou bombardement.
Allusions à la mort, au sang, à la souffrance.
Comportement difficile, avec sensation d'urgence et de peur.
Objets capables de presser ou de serrer.

Images-antidote pour les visualisations :
Plaies soignées avec baume calmant.
Légèreté, espace, ouverture.

Brise légère, air pur et frais.
Tout lâcher, planer ou flotter plaisamment dans l'air ou dans l'eau.
Sur une balançoire ou un tape-cul, on se balance aisément, en cadence.
Musique symphonique harmonieuse ruisselant sur le corps.

ANNEXE B

Images oniriques relatives aux troubles gastro-intestinaux

Rêveur/ source	*Nature du trouble*	*Image onirique*
1. Garfield/G. femme 56 ans	Indigestion.	La rêveuse est dans un minuscule cagibi, ne peut bouger alors qu'elle essaie de se changer.
2. Ellis/E. homme âge inc.	Brûlures d'estomac.	Il mange du pain mêlé de scories et de crottes de souris; tente d'éviter les impuretés, se retrouve la bouche pleine de cendre.
3. « P »/K. femme âge moyen	Gastrite non acide.	Il mange du poisson cru ou avarié.
4. « Z »/K. homme âge inc.	A mangé à dîner de la charcuterie suspecte, se réveille avec maux d'estomac après second rêve.	Le rêveur pêche dans de l'eau noire et boueuse; poissons pourris et excréments sur les berges; pêche immangeable. Il est attaqué par des voyous dans les toilettes publiques, ils le couvrent d'excréments et de vomi, le bourrent de coups de pied dans le ventre.
5. « N »/K. homme âgé	Gastrite chronique.	Il mange un ver de terre ou de la viande crue; ou longs filaments, mucosités et caillots, sortant de la bouche et de l'estomac.
6. « N2 »/K sexe inc. âge inc.	Coliques chroniques.	Le rêveur voit percer un furoncle à son ventre; sang et pus à gauche du nombril, autres furoncles avec pus, excréments.

7. « N3 »/K. homme âge inc.	Gastrite acide chronique, se réveille avec la nausée, gonflé.	Il est dans une pièce pleine d'excréments ; il voudrait vomir mais ne peut le faire nulle part, trop de monde.
	Se réveille gonflé et nauséeux.	Le rêveur mange un poisson inconnu jaune pâle, à moitié cru, avec une sauce jaune infecte ; il est dégoûté mais mange quand même.
	Épisode aigu. Se réveille avec une sensation pénible au ventre, la gorge irritée, une légère nausée.	Mucosités dans la gorge du rêveur, difficultés respiratoires, essaie de cracher ; avec la main il retire une espèce de champignon au pied rugueux, en même temps que des araignées et des vers ; il pense qu'il a un cancer.
	Se réveille avec une légère nausée et des maux d'estomac.	Le rêveur voit une rivière à l'eau sale, boueuse, les berges couvertes de poissons morts et d'immondices.
8. inc./K. homme âgé	Gastrite hyperacide avec brûlures d'estomac.	Rêve deux fois qu'il boit du vinaigre et le sent couler dans son ventre.
9. inc./K. sexe inc. âge inc.	Dysenterie ; se réveille après le second rêve avec une douleur au bas-ventre et doit aller à la selle.	Le rêveur se trouve dans un appartement souillé par des excréments et par une eau gris jaunâtre. Le rêveur est à la guerre, se cache dans des toilettes dégoûtantes ; surpris par l'ennemi qui l'assomme à coups de crosse et un autre qui lui plante sa baïonnette dans le ventre.
10. inc./Lk. femme âge inc.	Cancer de l'estomac ; se réveille en hurlant. Les cauchemars ont commencé quelques mois avant le diagnostic et ont duré quinze jours ; elle est morte trois mois après le diagnostic.	Cauchemars répétés de chiens lui déchirant l'estomac et de feux qui lui brûlent les chairs.

11. inc./ W & F. homme 85 ans	Ulcère à l'estomac, se réveille terrifié.	Incendie de la maison du rêveur; il appelle au secours mais personne ne vient le sauver.
12. inc./ W & F. homme 57 ans	Ulcère duodénal.	Il cherche à sortir d'un bâtiment fermé mais ne peut trouver la porte; une femme la lui montre mais quand il y arrive il est attaqué, griffé par des chats; il désespère, il est furieux, impuissant.
13. inc./ W & F. homme 35 ans	Ulcère duodénal, le rêve suivait une altercation avec son patron; il enrage et se sent impuissant.	Le rêveur s'arrache les dents une par une, les brise entre ses doigts qui sont pleins de sang.
14. inc./ W & F. homme 29 ans	Ulcère perforé, le rêve date de la nuit précédant la perforation.	Il mange une pizza quand son ventre « s'ouvre », il a peur et se sent impuissant.
15. Ward/M. homme 51 ans	Ulcère naissant; se réveille avec de très douloureux maux d'estomac.	Le rêveur voit une sorte de radio de son estomac... plein de raisin et de petites paysannes italiennes qui foulent le raisin avec leurs pieds; un gros grain éclate.

Images oniriques typiques des troubles gastriques :
Le rêveur est confiné dans un espace étroit ou serré dans ses vêtements.
Le rêveur consomme des aliments déplaisants ou avariés, de l'eau croupie, des matières non comestibles ou fécales.
Le rêveur est en présence de denrées gâtées, d'eau sale ou d'excréments.
Le rêveur est attaqué et blessé au ventre.
Le rêveur a une grande quantité de mucosités ou de pus dans son système digestif.
Le rêveur voit du poisson malsain (la forme allongée du poisson peut avoir un rapport avec celle de l'estomac et des intestins).

Images oniriques particulières aux ulcères :
La maison du rêveur est en feu (images de chaleur associées à une inflammation).
Quelque chose se casse ou éclate dans l'abdomen du rêveur.

Images-antidote pour les visualisations de l'estomac :
Une potion inodore et sans saveur calme le système digestif.
De l'eau claire, fraîche, lave et débarrasse des détritus.
De beaux poissons sains nagent avec grâce dans de l'eau limpide.
L'estomac est enveloppé avec précaution dans de l'étoffe douce, réconfortante.
Des mains douces caressent et apaisent la surface du corps.

Autres images de visualisation pour les ulcères :
Des liquides frais, calmants inondent la région abdominale.
Des ruisseaux ou des lances arrosent et éteignent les flammes.
Un immeuble est réparé ou reconstruit.
La personne est envahie par des sentiments de paix et d'amour.

ANNEXE C

Images oniriques relatives aux maladies pulmonaires

Rêveur/ source	*Nature de l'affection*	*Image onirique*
1. Jake/G. garçon 8 ans	Pneumonie ; le rêve revient 3 fois pendant la maladie.	Un homme tenant dans ses bras toute la population du monde se tient sur la poitrine du rêveur ; les gens sont morts.
2. Rosie/G. fillette 6 ans	Pneumonie ; rêve quelques jours après retour de l'hôpital.	Elle joue avec les freins de la voiture de sa mère ; la voiture s'emballe, la mère ne peut rien ; l'enfant ne sait pas arrêter la voiture, puis elle se perd et une sorcière l'enlève ; elle s'échappe et la sorcière revient avec une belle décapotable rouge.
3. Christopher /B. homme âge inc.	Pneumocystose (causée par le sida).	Le rêveur est dans un hors-bord avec un ami, il va très vite ; l'eau du lac est sale, opaque (vase verdâtre gluante) ; un barrage empêche l'eau de s'écouler ; il vire de bord et revient.
4. « A »/K. femme âge inc.	Tuberculeuse depuis 3 ans, se réveille effrayée.	La rêveuse est couchée nue sur le sol, la terre s'affaisse et s'ouvre, les bords se referment et lui serrent le torse ; difficile de respirer.
5. « S »/K. femme âge inc.	Tuberculeuse depuis 2 ans ; pleurésie au poumon gauche.	De la terre glisse du flanc d'une montagne et tombe sur la poitrine de la rêveuse ; elle tente de percer un petit trou mais son torse ne passe pas, surtout le côté gauche qui reste coincé.

6. inc./K. homme âge inc.	Bronchite aiguë; se réveille avec nez bouché, mal de tête, couché à plat ventre, la poitrine écrasée.	Le rêveur escalade une montagne avec des amis, il se laisse distancer; il porte une lourde coiffure encombrante, tombe dans une rivière d'eau sale et jaunâtre; il est sur le point de se noyer.
7. « R »/K. homme âge inc.	Catarrhe aigu des voies respiratoires; se réveille effrayé, a du mal à respirer, le nez bouché, mal à la tête.	Le rêveur, à la guerre, est attaqué et jeté à terre; un ennemi cherche à l'étrangler.
8. Emerson/G. homme 40 ans	Asthme de quatre à dix ans; le même rêve accompagne régulièrement ses attaques.	Le rêveur voit de la matière semblable à de la cervelle et toute fripée; il essaie de la lisser avec soin, avec les mains ou une machine; elle se refroisse dès qu'il a le dos tourné. (Spasmes des bronches ?)
9. inc./ W & F. femme 22 ans	Asthme; se réveille en râlant.	Un homme veut la tuer. Il a inventé une méthode pour tuer les gens en leur tenant la tête sous l'eau trois minutes; il est dangereux et doit être arrêté; huit femmes sont dans la pièce; dans le rêve, la dormeuse est en colère contre son médecin.
10. inc./ W & F. femme 62 ans	Asthme; se réveille en pleurant; ne tarde pas à avoir une crise.	Sa mère lui apporte deux verres d'eau, et lui dit de ne pas s'inquiéter, bientôt elle ira bien; la dormeuse se sent impuissante, malheureuse.
11. Inc./E.	Asthme, pendant une crise.	Des chevaux écumants peinent pour tirer un lourd chariot dans une côte.
12. Inc./Z. homme 41 ans	Asthme; réveillé par la crise.	Le rêveur est soupçonné de meurtre; des policiers le suivent en voiture pour voir s'il est responsable des assassinats; la terre tremble comme dans un éboulement ou séisme; il se retrouve

		couvert de terre et de poussière ; il crie et appelle ses grands-parents ; il court tout nu de place en place et des mottes de terre lui tombent dessus.
13. Frank/M. homme 39 ans	Rhume qui se déclare le lendemain du rêve.	Murs de pierre qui s'écroulent, un réfrigérateur tombe sur le rêveur ; il ne peut reprendre haleine mais s'en tire très bien.
14. Sarah/M. femme 30 ans	Rhume de cerveau le lendemain du rêve.	Elle est dans un pré plein de jolies fleurs des champs ; se met à éternuer.
15. Susan/G. femme 35 ans	Rhume de cerveau, nez bouché.	Elle respire par deux longues pailles.

Images oniriques caractéristiques des troubles pulmonaires :
Thorax serré ou frappé par de la terre ou autres objets lourds, ou pressé par tout autre moyen.
Le rêveur a le torse serré par des habits trop étroits.
Le torse du rêveur est coincé dans un espace étroit.
Le rêveur s'enfonce dans la terre (caractéristique des maladies pulmonaires graves).
Instabilité de la terre ou des immeubles : séismes, glissements de terrain, ouverture de crevasses.
Ascension difficile, pénible, provoquant de l'essoufflement.
Sensations de peur, de tristesse, de suffocation.
Images de choses, d'animaux qui aggravent l'état du rêveur : poussière, chevaux, fleurs, etc.
Sensations de noyade, ou nage dans des eaux polluées (l'eau sale indique la présence de mucosités).
Le rêve fonce à bord d'un véhicule échappant à tout contrôle (symbole général de maladie épidémique).
Le rêveur a du mal à respirer.

Images-antidote pour les visualisations :
De l'eau courante et claire, pétillante, coulant librement dans le corps pour le purifier.
Les voies respiratoires s'élargissent tandis qu'on respire la vapeur d'une bouilloire.
Fondations solides, pour la terre ferme et les immeubles.
Équilibre, harmonie, paix.

Promenade, marche facile dans l'air pur de la montagne.
Ouverture, vastes cieux, grands espaces.
Vol au-dessus d'eaux limpides.

ANNEXE D

Images oniriques relatives aux problèmes dentaires

Rêveur/ source	*Nature du trouble*	*Image onirique*
1. « F »/K. homme âge inc.	Léger mal de dents après rêve ; aggravé dans la journée.	Le rêveur perd une dent de sa mâchoire inférieure droite, et voit les racines d'un noir jaunâtre, presque toutes détruites.
2. Flora/G. femme 49 ans	Deux jours après résection apicale à la suite d'une infection de la racine dentaire et du maxillaire.	La rêveuse nage dans de l'eau sale et des algues (fils de suture) qui s'emmêlent dans ses jambes.
3. Garf./G. femme 55 ans	7/1/90. Infection de la gencive avec abcès qui s'est ouvert la veille du rêve.	Elle entre dans une salle de bains dégoûtante exigeant un grand nettoyage ; puis voit une violette d'Afrique fanée dans le porte-brosses, et songe à ranimer la racine (racine de la dent) car la plante doit faire de belles fleurs.
	13/1/90. Une semaine après la résection apicale (8/1/90).	Elle voit des termites grouiller sur la glace de sa chambre, sur la table ; des gens les ramassent.
	14/1/90. Une semaine après la résection apicale.	Elle conduit un vieux tacot au poste d'essence ; elle voit une autre voiture dont la carrosserie rouillée est trouée par balle (trou dans le maxillaire).
	23/1/90. Quinze jours après la résection apicale.	Elle a la voix pâteuse, comme si elle avait une compresse sur la bouche.
	25/1/90. Abcès de nouveau suspect ; 15 jours après la résection apicale.	Les rideaux et voilages du living-room prennent feu ; ils devront être remplacés. Elle passe devant une glace et voit sa mâchoire enflée ; pense à aller chez le dentiste.

27/1/90.	Une femme a des problèmes avec un tapis qui est plein d'insectes. Il faut le donner à nettoyer.
31/1/90.	Rêve d'une analyse de sang; celui-ci est versé d'un tube sur un plateau où il grésille et passe du rouge au marron; elle a peur d'une infection. Elle rêve qu'une boucle d'oreille de jade, en forme de dent, est cassée.
Reprise de l'infection, nouvelle opération, 21/8/90.	

Images oniriques caractéristiques des problèmes dentaires :
Le rêveur souffre ou perd des dents.
Le rêveur a des objets insolites dans la bouche.
Des objets représentant des appareils dentaires font obstacle au rêveur.
Un incendie ou de la chaleur indique une inflammation.
Des insectes du genre termites ou charançons indiquent une infection.

Images-antidote pour les visualisations :
Des matières infectées sortent de la bouche et sont lavées.
Natation dans de l'eau limpide.
Bouche grande ouverte et chant joyeux.

ANNEXE E

Images oniriques relatives aux rhumatismes et à l'arthrite

Rêveur/ source	*Nature du trouble*	*Image onirique*
1. inc./Gt. femme 26 ans	Arthrite, se réveille avec une raideur dans les bras et les épaules.	La rêveuse est séquestrée dans un grand appartement, les bras liés aux flancs comme par une camisole de force ; elle peut errer dans la maison mais ses ravisseurs ne la laissent pas sortir, ne la nourrissent que de bonbons. C'est apparemment sa mère qui la séquestre.
	Amélioration le lendemain du rêve.	Elle rêve qu'elle sort pour aller vers une autre maison ; rue verglacée. Une vieille Ford tourne au coin, dérape et tombe en morceaux. Sa mère lui dit d'être prudente ; la dormeuse tombe mais se relève sans mal. Elle traverse, entre dans l'autre maison ; se rend compte subitement qu'elle est à moitié nue.
2. inc./Gt. femme âge inc.	Douleurs rhumatismales (le champagne lui cause des douleurs mais elle n'en a pas bu récemment).	Elle boit verre sur verre de champagne en se disant qu'elle le paiera plus tard.
3. « N° 9 »/L. femme 56 ans	Arthrite rhumatoïde depuis neuf ans.	La rêveuse visite une maison en pleine nuit ; elle entend des bruits horribles, ouvre une porte et voit deux hommes faisant l'amour, le plus âgé déchirant avec ses dents les chairs du plus jeune.
		Elle mord au sang la main de

		quelqu'un ; elle désire faire mal mais est révoltée par la chair et les os sous ses dents. Elle est mordue ensuite par un serpent, au gros orteil ; elle sent les crochets dans sa chair.
4. « N° 4 »/L. femme 40 ans	Arthrite depuis cinq ans.	Elle rêve qu'elle tue son chat bien-aimé en le mettant dans un chauffe-plat électrique chauffé au maximum. Elle a des loups de compagnie et en a peur ; puis voit traîner des morceaux de viande dans le salon et s'angoisse : qui ont-ils mangé ? Un homme lui tue ses écureuils, écrase leurs os entre ses mains, ce qui fait un bruit horrible ; elle craint qu'il lui en fasse autant.
5. « N° 10 »/L. femme 59 ans	Arthrite depuis quinze ans.	Deux garçons gardent un homme en otage ; ils le maintiennent et lui découpent le foie avec un long couteau, puis s'apprêtent à manger le foie.
6. « N° 5 »/L. femme 30 ans	Arthrite depuis huit ans (rêve récidivant après s'être fâchée contre le chat qui avait sali des meubles).	Elle rêve qu'elle mord son chat.
7. « N° 1 »/L. femme 38 ans	Arthrite depuis treize ans.	Elle est furieuse contre sa mère, lui mord le bras et en arrache un morceau. Son chien bien-aimé lui saute à la gorge en montrant les crocs ; il ne veut pas la tuer mais il est forcé d'attaquer. Elle est sur les genoux de sa sœur et se blottit contre elle ; soudain, la sœur lui enfonce une cigarette allumée dans l'œil.

8. Inc./Z. femme 35 ans	Arthrite ; hospitalisée pour une crise subite au poignet droit.	Elle remplit des verres avec de lourdes cruches pour de nombreuses personnes attablées ; elle est la seule à travailler, contrainte et forcée par un homme au bon sourire ; c'est une sorte de chantage.
9. Potter/Pt. homme âge inc.	Arthrite avec psoriasis.	Les doigts du rêveur sont rongés par des rats.

Images oniriques typiques des arthrites rhumatoïdes :
Restriction des mouvements du rêveur, captivité.
Le rêveur a une conduite qui provoque des douleurs rhumatismales.
Le rêveur se livre à une activité qui fatigue la partie du corps atteinte.
Le rêveur ou un autre personnage du rêve est enragé.
Des animaux mordent ou rongent les parties du corps douloureuses du rêveur (les agressions buccales sont courantes).
Des os sont broyés.

Images-antidote pour les visualisations :
Des mouvements souples, aisés, libres ; glissades sur de la glace, natation, vol plané.
Danser ou nager avec joie.
Chasser de son corps la colère et le ressentiment.
Beaux bijoux, bagues, bracelets articulés.
Élégants vêtements de couleur claire, donnant au corps une sensation de liberté, de grâce fluide, de légèreté.

ANNEXE F

Images oniriques relatives aux migraines

Rêveur/ source	*Nature du trouble*	*Image onirique*
1. inc./ W & F. femme 17 ans	Migraine ; se réveille avec une hémialgie (hémisphère gauche).	Un homme fait irruption dans sa chambre par la fenêtre ; elle tente de se réfugier dans la salle de bains mais il lui tire une balle dans le côté gauche de la tête ; elle a peur.
2. inc./ W & F. femme 38 ans	Migraine ; se réveille avec maux de tête.	Son mari a invité sa mère à passer trois mois chez eux parce que leur enfant donne trop de mal à la rêveuse. Elle tire accidentellement une balle dans la figure de son mari et s'écrie « Oh mon Dieu ! ».
3. inc./Gt. femme âge inc.	Migraine ; se réveille avec maux de tête.	Elle rêve qu'elle est seule avec son père veuf ; elle est célibataire ; ils sont assis tranquillement, la porte s'ouvre et sa mère arrive, morte, un pansement ensanglanté autour du front, montrant qu'elle a été assassinée.
	Migraine ; se réveille avec maux de tête.	Elle se promène ; un orage éclate ; la foudre l'atteint, elle tourne plusieurs fois sur elle-même et tombe.
4. Cas 75/Sk. homme âge inc.	Migraine.	Son cauchemar se change soudain en arrêts sur image comme au cinéma, mais intermittents, persistant pendant dix minutes après réveil.

5. Sacks/Sk. homme âge inc.	Migraine ; se réveille avec perte du champ visuel gauche. Patient hospitalisé pour une jambe blessée.	Nous étions en guerre et l'ennemi avait une arme secrète, une « bombe de déréalisation », capable de percer un trou dans la réalité. Puis le rêveur est dans un jardin et voit que son poirier a disparu, une partie du mur aussi, sa mère n'a plus de côté gauche... (Réveillé par une infirmière remarquant sa pâleur.)
6. inc./L. sexe inc. âge inc.	Migraine ; se réveille avec un mal de tête lancinant.	Le rêveur fait naufrage... beaucoup de gens à l'eau... il réussit à sauver sa nièce préférée... En nageant, il se retourne et voit les autres mangés par des monstres marins... leur tête dans la gueule des monstres... c'est très effrayant...
7. Ellis/E. homme âge inc.	S'endort avec mal de tête.	Il attend l'express de Londres ; un train arrive mais il ne sait pas si c'est le sien. (Le rêveur souffre de maux de tête en chemin de fer.)
8. Ellis/E. homme âge inc.	Se réveille avec un léger mal de tête.	Il est dans une vaste cathédrale anglaise obscure, où il remarque un avis annonçant qu'un certain jour la prière du soir aura lieu sans lumière pour ne pas attirer les insectes. (La fraîcheur et la pénombre, comme celles des églises, calment généralement les maux de tête du rêveur.)
9. Ellis/E. homme âge inc.	S'endort avec mal de tête.	Des clous sont enfoncés à coups de marteau dans le plancher. (Le martèlement correspond aux palpitations des artères du rêveur.)

Images oniriques caractéristiques de la migraine :
Le rêveur ou un autre personnage est blessé à la tête, accidentellement, par un agresseur ou par la foudre, en général du côté où se situe la douleur.
Le rêveur voit des têtes déformées ou tranchées de personnes ou d'animaux.
Le rêveur ou un autre personnage a la tête bandée ou porte une lourde coiffure qui lui obstrue la vue.

Le rêveur voit, dans des sortes d'arrêts sur image intermittents, d'étranges motifs, des abstractions mouvantes, des objets qui se dilatent ou se contractent rapidement. (Les modifications visuelles représentent probablement la zone d'ombre présente dans la migraine.)
Le rêveur a perdu une partie de son champ visuel.
Le rêveur est en présence d'objets qui lui causent généralement des maux de tête.
Il y a un bruit discordant ou un rythme percutant désagréable.

Images-antidote pour les visualisations :
Des mains qui se réchauffent autour d'un bol de chocolat, de café fumant ou toute autre boisson chaude au goût de la personne. (Le réchauffement des mains fait refluer le sang des centres cérébraux, ce qui diminue la congestion.)
Réchauffement des mains qu'on présente à un feu de bois.
Détente dans un endroit abrité et confortable, laissant les effets visuels passer et se calmer.
Être dans un lieu agréablement frais et ombreux.
N'importe quel rythme percutant transformé en air de danse léger et joyeux.
Laisser toute douleur se fondre et ruisseler hors du corps.
Laisser une brise douce passer en emportant toute souffrance.

ANNEXE G

Images oniriques relatives aux affections de la gorge

Rêveur/ source	*Nature de l'affection*	*Image onirique*
1. « K »/K. femme âge inc.	Infection de la gorge qui commence le lendemain du rêve; se réveille avec mal à la gorge.	La rêveuse a la diphtérie; voit des points blancs sur ses amygdales, son fils attrape la maladie.
2. « W »/K. femme âge inc.	Infection de la gorge deux jours après le rêve, avec vive douleur et difficultés respiratoires.	Elle est suivie par des voyous; ils la saisissent à la gorge, elle ne peut plus respirer.
3. inc./K. homme âge inc.	Grippe; se réveille avec gorge douloureuse du côté gauche; corps douloureux, figure brûlante, tête lourde, oreilles bourdonnantes.	Le rêveur est à la guerre; des cavaliers à figure rouge surgissent en hurlant; son petit groupe est vaincu par le nombre; les soldats portent de gros casques; un ennemi tente de le poignarder dans le côté gauche du cou, il essaie de crier.
4. Garf./G. femme 49 ans	Grippe; se réveille avec douleur et inflammation de la gorge.	Un démon la frappe à la gorge avec sa fourche.

Images oniriques typiques des affections de la gorge :
La gorge du rêveur est serrée ou blessée.
Le rêveur observe des signes de maladie de la gorge.
De la chaleur dans le rêve indique une inflammation de la gorge.

Images-antidote pour les visualisations :
Boire des boissons fraîches, calmantes, ou manger de la crème glacée un peu fondante.

Des flocons de neige tombent doucement sur les régions douloureuses.
Une fraîche cascade ou un ruisseau gazouillant coule dans la gorge.
Une mer vert, bleu, turquoise déferle en vagues soyeuses dans la région de la gorge.

ANNEXE H

Images oniriques relatives aux problèmes dermatologiques

Rêveur/ source	*Nature du trouble*	*Image onirique*
1. Garf./G. femme 15 ans	Une grosse pustule d'acné apparaît dans la journée suivant le rêve.	Elle voit un soldat blessé par balle à la joue.
2. Lila/G. femme 39 ans	Éruption de varicelle le lendemain du rêve.	Elle a la gale sur tout le corps.
3. « K »/K. femme âge inc.	Une inflammation apparaît sur le dos de la main droite le lendemain du rêve.	Un voisin lui touche le dos de la main droite avec une cigarette allumée.
4. Kasatkin/ K. homme âge inc.	Un petit furoncle apparaît sur la tempe gauche le soir qui suit le rêve.	Le rêveur a une grosseur sur la tempe gauche, pleine de pus ; il craint de devenir aveugle.
5. « N »/K. homme âge inc.	Douleur sous l'ongle du pouce droit au réveil ; une inflammation se déclare durant la journée.	Une grosse écharde lui transperce douloureusement le pouce droit, de l'ongle jusqu'au poignet ; il en sort du pus.
6. « S »/K. homme âge inc.	Avant le rêve, vive douleur, due à une affection de la peau, ressentie sur la première articulation de l'index gauche ; au réveil, la douleur est pire et le rêveur a mal à la tête.	Le rêveur est au combat ; il porte un casque beaucoup trop grand qui l'empêche de voir : l'un des ennemis lui donne un coup de couteau sur l'index gauche.

Images oniriques caractéristiques des maladies de la peau :
Le rêveur souffre d'une blessure dans la région d'une éruption cutanée présente ou qui se déclare le lendemain du rêve.
De la chaleur ou une grosseur dans le rêve indiquent la présence d'une inflammation dans la zone du trouble.
Le rêveur souffre d'une affection dermatologique semblable à celle qui va se déclarer.

Images-antidote pour les visualisations :
Des baumes calmants ou des crèmes froides sont appliqués sur la zone de l'affection.
Une lumière curative ou de l'eau courante inondent le siège de la douleur, la dissolvent et emportent tout inconfort.

ANNEXE I

Images oniriques relatives aux accidents obstétriques (fœtus atteint)

Rêveur/ source	*Nature du trouble*	*Image onirique*
1. Brenda/G. 30 ans	Avortement ; rêve quelques jours après l'intervention.	Les portes du garage sont arrachées, la voiture de la rêveuse volée ; des femmes en colère défoncent son jardin au bulldozer.
2. inc./M. âge inc.	Fausse couche deux ou trois jours après le rêve.	Elle voit son grand-père mort qui lui sourit et dit : « Je vais prendre ton bébé, maintenant. »
3. inc./ V de C. âge inc.	Fausse couche.	Elle est dans une baignoire où l'eau devient rouge.
4. inc./ V de C. âge inc.	Fausse couche.	Une inconnue lui dit trois fois : « Vous ne savez pas vous en occuper ! »
5. Sonia/ R & C. 34 ans	Fausse couche ; une hémorragie commence pendant le rêve.	Elle rêve que son bébé lui est enlevé par les nazis. (Avortée à sa première grossesse dans un camp de prisonniers.)
6. Mme M./ R & C. 26 ans	Fausse couche ; une hémorragie commence pendant le rêve.	Son mari est mourant.
	Seconde fausse couche.	Elle doit avorter sinon son mari sera tué.

7. inc./M. âge inc.	Fœtus en danger; naissance prématurée sous césarienne; le bébé survit.	Elle se noie sur la plage où la mer l'a rejetée; sa mère veut lui ouvrir le ventre avec un couteau.
8. inc./ V de C. âge inc.	On découvre ensuite que le fœtus est mort.	Elle voit son bébé sur une table d'auscultation; le médecin cesse son auscultation parce que le bébé est trop froid.
9. inc./ V de C. âge inc.	Enfant mort-né par la suite.	Sa mère, qui gardait le bébé, l'a mis au réfrigérateur où elle le retrouve congelé.

Images oniriques révélatrices des accidents obstétriques :
Destruction commise contre l'entrée d'une maison ou contre la terre.
Froideur anormale d'un enfant.
Quelqu'un menace de faire du mal au fœtus ou à un parent de la rêveuse.

Images-antidote pour les visualisations :
Reconstruction d'une maison, renouvellement de la terre.
Réchauffer et nourrir un bébé.
Sauver et guérir la personne menacée.
Aimer le bébé à naître, le bercer, l'apaiser, le réconforter.

ANNEXE J

Images oniriques relatives aux troubles gynécologiques

Rêveur/ source	*Nature du trouble*	*Image onirique*
1. Mimi/G. 40 ans	Ablation de l'utérus et des ovaires.	Un ex-petit ami la force à faire l'amour de cinquante façons différentes.
	Les deux rêves surviennent au cours de son hospitalisation.	Elle est violée par deux jeunes inconnus.
2. Bejay/G. 47 ans	Ablation de l'utérus; elle fait ce rêve pendant son hospitalisation.	Elle accouche d'une moitié d'aile de voiture aux bords déchiquetés.
3. Julia/G. 35 ans	Ablation de l'utérus; le rêve est fait pendant son hospitalisation.	Elle rêve qu'elle a un orgasme.
4. Maggie/G. 40 ans	Ablation de l'ovaire gauche au cours d'une césarienne; le rêve survient six semaines après intervention.	Elle voit dans la glace son sein gauche fermé par des planches, son sein droit long et flasque, elle craint un cancer.
5. Eileen/G. 60 ans	Ablation de l'utérus et des ovaires, chirurgie pelvienne extensive. Elle fait ce rêve pendant son séjour dans le service des soins intensifs.	Elle voit des animaux morts et mourants au flanc d'une colline; elle bat en retraite.
	Première nuit hors du S.S.I., Eileen a encore un drain dans le ventre; pas d'aliments solides.	Deux hommes et deux femmes attablés attendent qu'on les serve; nappe blanche, fleurs roses.

Images oniriques typiques des hystérectomies :
Des douleurs dans la région génitale, représentées par une attaque ou un accouchement difficile.
Peur de la mort, peur de vieillir, peur de perdre sa féminité.
Personnes décédées, animaux morts ou mourants (image courante chez les opérés en général).

Images-antidote pour les visualisations :
Faire l'amour passionnément et agréablement.
Donner naissance à un nouveau « moi ».
Vie animale et humaine renaissante, rajeunie.
Lumière radieuse ou eau scintillante qui inonde le lieu de l'opération, lave et fait disparaître toute trace de douleur, en laissant le corps vibrant, renouvelé.

ANNEXE K

Images oniriques du membre atteint dans un cas de fracture (poignet cassé)

Date du rêve	*Images littérales**	*Images symboliques*
	(Bras gauche, poignet, main, tête, genou, contusions, sensations, traitement ou matériel représentés en tant que tels dans le rêve.)	(Bras gauche, poignet, main, tête, genou, contusions, sensations, traitement ou matériel apparaissent sous forme de symboles.)
	sujet Auteur** Femme 54 ans	
1/3/88	Date de l'accident : fracture du radius, os du poignet broyés, doigts blessés, genou blessé, cou tordu. Diagnostic (erroné) d'entorse.	
3/3/88	1. Mes mains frottent du béton rugueux quand je me hisse hors de la mer (plâtre sur mon bras).	

* Les chiffres se rapportent à des images oniriques individuelles. Les images littérales citées comprennent la main gauche, le poignet, le bras, le doigt, le genou, la tête, l'opération, le chirurgien, la plaque métallique, le plâtre, les attelles, le bâton et le spiromètre. Quant aux images symboliques, je n'ai donné qu'un échantillon de celles qui sont apparues durant cette période.

** Afin de donner une image aussi exhaustive que possible de la modification progressive des rêves aux cours de la guérison, j'ai choisi ces extraits dans mon propre journal onirique. Des exemples venant de récits d'autres rêveurs souffrant de fractures figurent dans ce texte.

4/3/88	2. Ballons fixés à mes bras et à un genou (enflure de ces régions).	1. Aigle qui a des persiennes à la place des ailes (ne peut pas voler). 2. Une femme rêve de sa pieuvre de compagnie (huit bras). 3. Je suis en veste de fourrure crème avec de longs gantelets attachés, en cuir repoussé (attelle).
6/3/88	3. Cloque sur l'avant-bras (enflure).	4. « M.D. » qui veut dire boue, mais cela signifie également, dans le test de Rorschach, « mouvement »*, ce qui est positif ; ici le mouvement n'est pas positif (je peux à peine bouger).
9/3/88		5. Journée étouffante, mais je ne peux me rafraîchir car la piscine est bouillante (inflammation du poignet).
11/3/88	4. Un homme embrasse mon genou blessé (sensation dans le genou). 5. Un conférencier trace le diagramme d'une fracture ; je reconnais mon bras cassé (je commence à soupçonner que c'est une fracture, pas une entorse).	
14/3/88	6. Une femme blessée à la tête perd un verre entier de sang (sensation dans la tête).	
16/3/88	Date du diagnostic de fracture multiple.	

* En effet « md », prononcé comme un mot, peut évoquer le nom anglais *mud* (*boue*), ainsi qu'une contraction de *movement* (NdT).

17/3/88		7. Vaste incendie qui risque de nous cerner (inflammation du poignet).
18/3/88		8. Restauration d'un immeuble après l'incendie (espoir de remédier à l'inflammation et au reste).
19/3/88	7. Mon opération sera peut-être retardée parce que l'insensibilité d'un doigt, l'annulaire, pourrait être d'origine « cardiaque » (souci pour mon annulaire engourdi. Prémonitoire ? Après l'opération, il y aura une brève modification du rythme cardiaque).	
20/3/88	8. Femme ayant un poignet épais, déformé (comme le mien actuellement).	
21/3/88	Date de l'opération (trois semaines après l'accident).	
24/3/88		9. Trottoir sous lequel bat un tuyau ou une canalisation crevée (fractures du bras).
	9. Un chien mord une femme au bras (plaie chirurgicale).	10. Le chien tombe, se casse les os, meurt (répétition accident et peur de mourir).
25/3/88	10. Plâtre ôté ; mon bras gauche est maigre mais bien formé au poignet (mon bras est encore plâtré, mais j'ai bon espoir).	

28/3/88 — Une semaine après l'opération (quatre après l'accident).
11. Un homme et moi avons le bras plâtré (comme le mien).

2/4/88 — 12. Une fille a des problèmes avec sa main (comme moi).
13. Son petit frère se blesse aux doigts ; le bout du petit doigt est tordu, état sérieux mais pas trop grave ; il est câliné par sa mère (gêne constante dans les doigts).

3/4/88 — 14. Siège avion sans appui-tête à gauche (douleur persistante dans le cou).

4/4/88 — Deux semaines après l'opération (cinq après l'accident).

5/4/88 — 15. Je suis sur un véhicule qui tond le gazon, quand le siège se casse ; je tombe lentement et j'ai le temps de penser que je ne dois pas tomber sur la main gauche, aussi je me retourne et tombe assise, en douceur.

9/4/88 — 16. Un homme a d'énormes mains à la suite d'une opération dans sa jeunesse, qui a sans doute stimulé la

	croissance des mains (la mienne est toujours enflée).	
11/4/88	Trois semaines après l'opération (six après l'accident). 17. Ma main gauche est tenue hors d'une fenêtre, je suis énervée et j'ai peur (je porte un pansement de compression la nuit et mon bras est surélevé).	11. Quelqu'un a la main droite sous une horloge campagnarde (je suis « pressée » par l'éditeur de reprendre mon travail).
13/4/88	18. Je pose un bâton noir (appareil servant à augmenter la flexibilité du poignet).	
18/4/88	Quatre semaines après l'opération (sept après l'accident).	
20/4/88	19. Un homme utilise un spiromètre (appareil servant à dégager les poumons après l'opération).	
21/4/88	20, 21. Je porte une superbe bague avec une opale rose-vert ; un homme se signe en me tenant la main et porte la bague à son front (sensations dans les doigts, la main et peut-être la tête).	
24/4/88	22. Mon bras gauche est tiré vers le trottoir, je ne peux pas bouger ; je l'imagine plongeant	

	dans un sac de noix (je me réveille avec le bras gisant sur les draps, tout droit, sans support et douloureux, au lieu d'être surélevé comme il devait l'être).	
25/4/88	Cinq semaines après l'opération (huit après l'accident). 23. On me fait une nouvelle attelle (c'est un processus continu dans le traitement).	12. Une borne formée par la souche d'un arbre abattu (mon bras a toujours un fonctionnement limité).
4/5/88	24. Si la plaque de métal dans mon bras se déplace, elle devra être ôtée, me dit un chirurgien (perspective qui m'effraie).	
5/5/88	25. Je serre la main d'une femme qui accueille les invités d'une réception (sensation dans ma main). 26. Un homme maintenu par des policiers me glisse dans la main de la monnaie et un message (j'ai une « pièce » sur la main). 27. Je fais une estampe d'une plante en passant mes doigts sur les feuilles et les tiges, ce qui transmet la forme sur le papier ; une partie de la plante est malade (allusion possible à une infection locale sans rapport avec la main).	

6/5/88	28, 29. Mon doigt est trop gros pour se glisser dans une de ces petites marionnettes qu'on enfile sur les doigts ; mes mains doivent être photographiées avec de grandes marionnettes, et ce sera mauvais ; je comprends que j'ai une attelle et que je peux l'enlever (j'ai encore de l'œdème aux doigts mais ils vont déjà bien mieux).
7/5/88	30. Une porte spéciale est marquée d'une main dorée et d'un bâton (la main peut conduire dans un endroit particulier).
9/5/88	Sept semaines après l'opération (dix après l'accident). 31. Je m'aperçois que je peux me gratter dans le dos de la main gauche ; j'en suis très heureuse parce que ça fait du bien (je ne peux pas encore le faire réellement).
11/5/88	32. Un artiste signe de la main droite et ajoute une fioriture de la gauche ; c'est très habilement fait (la main réparée est devenue plus flexible).

16/5/88	Huit semaines après l'opération (onze après l'accident). 33. Je porte une bande blanche au poignet gauche au lieu de l'appareil complexe réel.
17/5/88	34. Une femme frotte et masse mes mains avec une lotion spéciale (agréable sensation dans les mains).
18/5/88	35. Une femme médecin me fait une attelle pour ma main (l'enflure est réduite mais l'essayage de l'attelle dans la journée a été douloureux ; j'ai cherché un meilleur support pour conduire ; je veux une meilleure attelle). 36. Je suis piquée par un petit insecte noir, à la main gauche (douloureux essayage d'une attelle dans la journée). 37. Une femme dans une fête paroissiale se bat la poitrine et les bras pour représenter une aura.
23/5/88	Neuf semaines après l'opération (douze après l'accident). 38. Des femmes forment une ronde en se tenant par la main et récitent une prière

	de bénédiction ou d'action de grâces dans une langue ancienne (sentiment de reconnaissance pour l'amélioration de ma main).
29/5/88	39. Je vois trois poignets différents, l'un trop petit et fragile, l'un trop épais, le dernier entre les deux (possibilité de retour à la normale).
30/5/88	Dix semaines après l'opération (treize après l'accident).
31/5/88	40. J'épingle un pansement autour du petit doigt d'un homme et je me pique légèrement (peut-être une sensation mais plus probablement une « blessure » psychologique).
6/6/88	Onze semaines après l'opération (quatorze après l'accident).
7/6/88	41. Un professeur pose sa main sur mes fesses (retour de la sexualité).
8/6/88	42. Un aimable vieux monsieur dit à un jeune homme, généralement crasseux mais bien mis ce jour-là : « Nous tenons nos

mains par notre veste» (changement dans l'état de ma main).

11/6/88 — 43, 44. Je lis un livre sur les rêves, illustré par des mudras de mains; il s'agit de faire prendre diverses poses à sa main, ou aux deux, pour influencer le rêve dans le sommeil qui va suivre; c'est une technique étonnante (les mains sont sans doute importantes pour écrire les rêves).

13/6/88 — Douze semaines après l'opération (quinze après l'accident).
45. J'écarte des serpentins (en utilisant mes deux mains) qui m'encombraient la vue.
46. Un homme passe sa main par un trou dans un écran pour serrer la mienne en remerciement (sensibilité de la main, combinée avec un sentiment de reconnaissance pour mon amélioration).

Résumé

(période de quinze semaines)

1. Première période de 3 semaines (de l'accident à l'opération) 1/3/88 - 20/3/88	*Valeur de l'image**		
	Ng.	*Nt.*	*Pos.*
1. mes mains sont écorchées	x		
2. des ballons soulèvent mes bras et mon genou		x	
3. mon avant-bras gonfle	x		
4. quelqu'un embrasse mon genou blessé			x
5. diagramme de mon bras cassé		x	
6. une femme saigne de la tête	x		
7. opération ajournée à cause de l'insensibilité de mon annulaire	x		
8. femme au poignet déformé	x		
Total des images pour la 1re période :	*5 ng.*	*2 nt.*	*1 p. = 8*

2. Deuxième période de 3 semaines
(de l'opération aux 3 semaines suivantes)
21/3/88 - 10/4/88

	Ng.	*Nt.*	*Pos.*
9. un chien mord une femme au bras	x		
10. plâtre ôté, bras maigre mais bonne forme du poignet			x
11. un homme et moi avons le bras plâtré	x		
12. une fille a des problèmes de mains	x		
13. petit garçon au doigt blessé	x		
14. pas d'appui-tête	x		
15. j'évite de tomber du côté gauche			x
16. un homme aux mains énormes à la suite d'une opération stimulant la croissance		x	
Total des images de la 2e période	*5 ng.*	*1 nt.*	*2 p. = 8*

3. Troisième période de 3 semaines
(de la troisième à la sixième semaine après l'opération)
11/4/88 - 1/5/88

* Chaque image était définie comme négative, neutre, ou positive (NdA).

	Ng.	*Nt.*	*Pos.*
17. ma main hors de la fenêtre, j'ai peur	x		
18. je vois un bâton noir		x	
19. un homme utilise un spiromètre		x	
20. je porte une bague avec une opale			x
21. un homme se signe en portant ma bague à son front			x
22. mon bras gauche est tiré vers le sol	x		
23. on me fait une nouvelle attelle		x	

Total des images de la 3e période : *2 ng. 3 nt. 2 p. = 7*

4. Quatrième période de 3 semaines
(de la sixième à la neuvième semaine après l'opération)
2/5/88 - 22/5/88

	Ng.	*Nt.*	*Pos.*
24. si ma plaque de métal pivote le chirurgien devra l'ôter	x		
25. je serre la main d'une femme		x	
26. un homme me met de la monnaie dans la main		x	
27. mes doigts dessinent les contours d'une plante		x	
28. mon doigt est trop gros pour la marionnette	x		
29. mes mains ne seront pas belles sur la photo, aussi j'enlève l'attelle		x	
30. une main d'or peinte sur une porte spéciale			x
31. je me gratte le dos de la main gauche			x
32. un artiste trace des fioritures de la main gauche			x
33. je porte une bande blanche au poignet gauche		x	
34. une femme me masse les mains			x
35. une femme médecin me fait une attelle		x	
36. un insecte noir me pique la main gauche	x		
37. une femme bat des bras en cadence dans une fête paroissiale		x	

Total des images de la 4e période : *3 ng. 7 nt. 4 p. = 14*

5. Cinquième période de 3 semaines
(de la neuvième à la douzième semaine après l'opération)
23/5/88 - 13/6/88

38. des femmes forment une ronde en se tenant par la main			x
39. trois poignets différents		x	
40. je panse et pique le petit doigt d'un homme	x		
41. un professeur pose sa main sur mes fesses		x	
42. un vieillard dit : « Nous tenons nos mains par notre veste »		x	
43. je parcours un livre fascinant sur les mudras de mains			x
44. les poses des mains influencent les rêves			x
45. j'écarte des serpentins qui m'empêchaient de voir			x
46. un homme me serre la main en remerciement			x

Total des images de la 5e période : *1 ng. 3 nt. 5 p. = 9*

Total 16 images négatives
16 images neutres
14 images positives

Total général *46 images oniriques*

Répartition :

1re période de 3 semaines	5 négatives	2 neutres	1 positive	= 8
2e période de 3 semaines	5	1	2	= 8
3e période de 3 semaines	2	3	2	= 7
4e période de 3 semaines	3	7	4	= 14
5e période de 3 semaines	1	3	5	= 9
Total				= 46

Images oniriques typiques d'un membre fracturé :
Le rêveur ou un autre personnage se blesse un membre comme dans la réalité, ou pire encore.
Une personne ou un animal blesse délibérément un membre du rêveur.
Le rêveur ou un autre personnage a un membre en partie plus gros que la normale (indique généralement qu'il est enflé).
Le rêveur ou un autre personnage a un membre qui paraît difforme ou non fonctionnel.

Les membres du rêveur sont totalement ou en partie détachés du corps.
Le rêveur ou un autre personnage fait l'objet d'un traitement normal ou utilise du matériel ou des appareils.
Le rêveur craint de nouvelles blessures.

Images-antidote pour les visualisations
Recevoir des soins particuliers pour une blessure, des contacts affectueux, des médicaments ou des aliments particuliers, du matériel spécial.
Voir le membre blessé en parfait état.
Être capable d'éviter toute nouvelle blessure.
Voir le membre fait de pierres ou de métaux précieux.
Voir le membre utilisé de manières nouvelles et positives.

Notes

1. Votre corps dans les rêves

1. Autres ouvrages de Patricia Garfield : *Pathway to Ecstasy : The Way of the Dream Mandala* ; *Women's Bodies, Women's Dreams.* Traduits en français : *La Créativité critique* et *Comprendre les rêves de vos enfants*, Albin Michel, 1987.

2. Joseph Campbell, *The Hero with a Thousand Faces*, Princeton, NJ, Princeton University Press, 1949, trad. fr. *Les héros sont éternels.*

3. Roger Dafter, « Individuation in Illness : Moving beyond blame in mind-body healing », Ernest Rossi éd., *Psychological Perspective*, vol. 22, 1990, pp. 24-37. Robert Bosnak, *Dreaming with an AIDS Patient*, Boston, Shambala, 1989, p. 97. Selon le psychanalyste Robert Bosnak de l'école de Jung, « le mot *individuation* se réfère à un ancien concept selon lequel toute créature se développe suivant sa forme innée. Un œuf de poule ne produira pas un chien ». Jung étendait ce concept jusqu'à lui faire signifier le processus de déroulement de la programmation interne de chacun, l'émergence de la personnalité intégrale de l'être humain. Cette intégralité, « le moi », est généralement représentée par le chiffre 4 et un cercle.

4. La phase I est repérée sur l'électroencéphalogramme (EEG) quand les ondes cérébrales ralentissent légèrement, passant d'un rythme rapide et régulier appelé *bêta* (12 à 18 cycles-seconde) à un autre, reposant mais éveillé, appelé *alpha* (8 à 12 cycles-seconde). Quand moins de cinquante pour cent des ondes cérébrales sont *alpha*, la phase I, appelée aussi phase I descendante, ou phase d'endormissement, commence. On observe à ce stade des mouvements oculaires lents, et la personne est très somnolente.

La phase II est caractérisée par l'apparition d'une majorité d'ondes *thêta* (4-8 cycles-seconde) et des pointes de sommeil se produisent (de brèves poussées à 12-14 cycles-seconde), comme lorsqu'une personne s'assoupit en lisant ou en regardant la télévision. Les complexes-K (ondes négatives de grande amplitude suivies d'une activité positive) se remarquent aussi au cours de cette phase.

La phase III est identifiée par la présence d'ondes *delta* (ondes lentes de haute amplitude, de 1 à 3 cycles-seconde) dans vingt à cinquante pour cent de l'électroencéphalogramme.

La phase IV est identifiée par plus de cinquante pour cent d'ondes *delta*. A ce stade, il est difficile de réveiller le dormeur. La plus longue période de phase IV survient généralement assez tôt dans la nuit, durant le premier cycle de sommeil. Il n'y a souvent que deux ou trois périodes de phase IV chaque nuit.

Le sommeil paradoxal, avec les mouvements rapides des yeux, suit la phase IV. Chez l'adulte normal, les phases de sommeil sont réparties comme suit :

Phase I (descendante)	5 % du cycle
Phase II	50 %
Phase III	10 %
Phase IV	10 %
Sommeil paradoxal	25 %

Pour plus d'information sur les phases du sommeil, voir : J. Allan Hobson, *The Dreaming Brain*, chapitres 6 et 7 ; Carl F. Wiedemann, « REM and Non-REM Sleep and its Relation to Nightmares and Night Terrors », Henry Kellerman éd., *The Nightmare*, New York, Columbia University Press, 1987, pp. 75-97.

5. Richard M/ Coleman, *Wide Awake at 3 :00 A.M. : By Choice or by Chance?*

6. Voir Carl F. Wiedemann, « REM and Non-REM Sleep and its Relation to Nighmares and Night Terrors ».

7. Voir Jerome L. Singer, *Imagery and Daydream Methods in Psychotherapy and Behavior Modification*, New York, Academic Press, 1974, p. 173.

8. Aad van Ouwerkerk, « The Elements of Dreaming » et sa communication « The Seven Step Process : A Practical Dreamwork Method », présentée à la conférence annuelle de l'Association pour l'étude des rêves, à Chicago, en 1990.

9. Cette méthode est basée sur la technique d'« amplification » de Jung, avec le stade supplémentaire de feed-back : faire revivre au sujet son rêve, ses associations d'idées personnelles étant substituées au texte onirique, mais avec ses propres mots. Cette phase amène souvent le rêveur à mieux se comprendre lui-même.

10. C'est encore une méthode suggérée par Jung. Voir de Carl G. Jung, *L'Homme à la découverte de son âme*, Albin Michel, p. 259.Voici un extrait d'un des passages clés (p. 13-14) : « Pour comprendre le rêve je dois m'en tenir aussi étroitement que possible à ses images. Lorsque quelqu'un rêve d'une "table de sapin", il ne suffit pas qu'on y associe par exemple sa table de travail, pour le motif bien simple qu'elle n'est pas en sapin. Le rêve cependant indique expressément une "table de sapin". Supposons qu'aucune autre association ne vienne à l'esprit du rêveur, cet arrêt a une signification objective : il indique l'existence, au voisinage immédiat de l'image onirique, d'une obscurité particulière qui pourrait donner à penser. Une tierce personne associerait à une "table de sapin" des douzaines de choses. L'absence d'associations chez le rêveur est en elle-même significative. J'ai dans ce cas l'habitude de dire à mon patient : "Supposez que j'ignore tout de ce qu'est une 'table de sapin'. Faites-moi une description de sa nature et de son histoire, telle que je comprenne de quoi il s'agit." On parvient de la sorte à établir à peu près le contexte complet d'une image onirique. Lorsque cela a lieu pour le rêve entier on peut risquer l'aventure d'une interprétation. »

11. Aad van Ouwerkerk, « The Seven Step Process : A Practical Dreamwork Method », communication présentée à la réunion annuelle de l'Association pour l'étude des rêves, Chicago, 1990.

12. Cette discussion de métaphores est basée sur les théories de George Lakoff et Mark Johnson, *Metaphors We Live by*, Chicago, The University of Chicago Press, 1980. Nous disons : « Le temps c'est de l'argent » (nous pouvons le gaspiller, le gagner, le perdre) ; nous employons continuellement des métaphores, le plus souvent sans

même nous en apercevoir. La métaphore est utile quand elle nous aide à comprendre ce qui nous arrive, ou encore un concept ardu, mais elle peut aussi limiter notre pensée et, par conséquent, notre comportement. Tel homme d'affaires peut se dire « Je suis un battant » et tel autre « Je suis un agneau bêlant ». Un homme peut être à la fois un « bourreau » de travail et un « souffre-douleur » à la maison. Chaque métaphore éclaire un aspect différent du même homme car elles soulignent toujours un trait au détriment d'un autre.

13. Aristote, « De la divination dans le sommeil », *Petits Traités d'histoire naturelle*, Les Belles Lettres, 1965, pp. 88-93. Aristote, élève de Platon, vivait en 384-322 av. J.-C. Il ajoutait : « Mais puisque nous parlons de "ressemblances", je veux dire que les représentations d'un rêve sont analogues aux formes reflétées dans l'eau... si le mouvement de l'eau est important, le reflet ne présente aucune ressemblance avec l'original, pas plus que les formes ne ressemblent aux objets réels... » Par cela, Aristote voulait dire que si nos organes sensoriels sont agités, pendant notre sommeil, les images oniriques sont déformées, alors que si ces mêmes organes sont au repos, les images sont plus claires.

14. George Lakoff et Mark Johnson, *Metaphors We Live by*, *op. cit.*, p. 233. Trouver des métaphores appropriées qui donnent un sens à notre vie, c'est un grand pas vers la compréhension de nous-mêmes. La psychothérapie consiste à localiser et à reconnaître les métaphores qui définissent certains aspects de notre vie, par exemple : « Je suis une pauvre petite marchande d'allumettes » ou « Je suis une chiffe molle ». Nous avons besoin de prendre conscience de ces métaphores par lesquelles nous vivons et rêvons. Nous devons ensuite en imaginer de nouvelles et accorder une plus large signification aux expériences du passé. « Je suis une victime blessée » pourrait devenir « Je suis un instrument de mesure ultra-sensible ». Les métaphores nouvelles créent de nouvelles compréhensions et, en conséquence, des réalités neuves. Dans nos rêves, les « corps sont des récipients » ou « les corps sont des maisons » sont des métaphores fondamentales. Nous projetons notre propre forme physique sur d'autres objets concrets.

15. U. Jovanovic. Cité dans l'ouvrage collectif de Charles Fischer, H.D. Cohen, R.C. Schiavi, D. Davis, Barbara Furman, K. Ward, A. Edwards et J. Cunningham, « Patterns of Female Sexual Arousal during Sleep and Waking : Vaginal Thermo-Conductance Studies », *Archives of Sexual Behavior*, vol. 12, 2, 1983 ; Charles Fischer, J. Gross et J. Zuch, « Cycle of Penile Erection Synchronous with Dreaming (REM) Sleep », *Archives of General Psychiatry*, vol. 12, 1965, pp. 29-45 ; Lorna Tener et Carlyle Smith, « Vaginal Blood Volume Changes during Sleep », *Sleep Research*, vol. 6, 1977 ; I. Karacan, A. Rosenbloom et R. Williams, « The Clitoral Erection Cycle during Sleep », communication présentée à la réunion de l'Association pour l'étude psychophysiologique du sommeil (Association for the Psychophysiological Study of Sleep), Santa Fe, New Mexico, 1970.

16. Charles Fischer, H.D. Cohen, R. Schiavi, D. Davis, Barbara Furman, K. Ward, A. Edwards et J. Cunningham, « Patterns of Female Sexual Arousal during Sleep and Waking : Vaginal Thermo-Conductance Studies », *op. cit.*

17. Ismet Karacan *et al.*, « Uterine Activity during Sleep », *Sleep*, vol. 9, 1986, pp. 393-397.

18. Vassili N. Kasatkine, *Theory of Dreams*, Leningrad, Medisina, 1967. Le matériel résultant des recherches de Vassili Kasatkine est exceptionnellement riche en exemples documentés de ce genre de rêves.

2. Rêveur, guéris-toi toi-même

1. Pour aller plus loin et mieux comprendre votre histoire personnelle, voir David Feinstein et Stanley Krippner, *Personal Mythology : The Psychology of your Evolving Self*, Los Angeles, Jeremy P. Tarcher, 1988 ; Lucia Capacchione, *The Well-Being Journal : Drawing on Your Inner Power to Heal Yourself*, North Hollywood, Cal., Newcastle, 1979 ; *The Creative Journal : The Art of Finding Yourself*, North Hollywood, Cal., Newcastle 1989 ; Tristine Rainer, *The New Diary*, Los Angeles, Jeremy P. Tarcher, 1978.

2. J'ai trouvé la première suggestion de ce « comportement préventif » dans un article de Irving et Susan Oyle, paru dans *New Dimensions* de septembre-octobre 1989. Les plaisirs simples commencent à être reconnus comme des contributions actives à la santé à long terme.

3. Les sept stades oniriques

1. Thomas Holmes et Richard Rahe, « The Social Readjustment Rating Scale », *Journal of Psychosomatic Medicine*, 1967, vol. 11, pp. 213-218.

2. Ce cas a été décrit par Medard Boss, *Analysis of Dreams*, New York, Philosophical Library 1958. Voir aussi Robert E. Haskell, « Dreaming Cognition and Physical Illness : Part II », *Journal of Medical Humanities and Bioethics*, 1985, vol. 6, pp. 115-116.

3. H.A. Savitz, « The Dream as a Diagnostic Aid in Physical Diagnosis », *Com. Medicine*, vol. 33, 1969, pp. 309-310. Cité par Robert E. Haskell, « Dreaming Cognition and Physical Illness : Part II », p. 111.

4. Hippocrate, *Du régime*, chap. IV « Des rêves », p. 98.

5. R. Wadeson, « Anxiety in the Dreams of Neurological Patients », *Archives of General Psychiatry* 1966, 14, 249-252. Cité par R. Haskell, p. 113.

6. Robert E. Haskell, « Dreaming, Cognition and Physical Illness : Part II », p. 119.

7. Hippocrate, *Du régime*, chap IV : « Des rêves ».

8. Décrit par Robert E. Haskell, « Dreaming, Cognition and Physical Illness : Part II », p. 110.

9. French et L.B. Shapiro, « The Use of Dream Analysis in Psychosomatic Research », *Psychosomatic Research*, vol. 11, 1949, pp. 110-112. Cité par R. Haskell, « Dreaming, Cognition and Physical Illness : Part II », p. 110.

10. Leon Saul, E. Sheppard, D. Selby, W. Lhamon et D. Sacks, « The Quantification of Hostility in Dreams with References to Essential Hypertension », *Science*, mars 1954, pp. 119, 382-383. Cité par Robert E. Haskell, « Dreaming, Cognition and Physical Illness : Part II », p. 109.

11. L. Levitan, « Dreams which Precede Asthmatic Attacks ». Chez A. Krakowski et C. Kimball, éd. *Psychosomatic Medicine : Theoretical, Clinical and Transcultural Aspects*, New York, Plenum Books, 1983. Décrit par Robert E. Haskell, « Dreaming, Cognition and Physical Illness : Part II », p. 110. Voir aussi Thomas French et Franz Alexander, « Psychogenic Factors in Bronchial Asthma, Part I and II », *Psychosomatic Medicine Monographs, II*, vol. 1 et 2, 1941. Cité par H. Warnes et A. Finkelstein, « Dreams that Precede Psychosomatic Illness », p. 318.

12. Emil Gutheil, « Dreams as an Aid to Evaluating Ego-Strength », *American Journal of Psychiatry*, vol. 2, 1958, pp. 338-357. Décrit par H. Warnes et Finkelstein, p. 318. Voir aussi H.L. Levitan, « Dreams which Culminate in Migraine Headaches », *Psycho-*

therapy and Psychosomatics, vol. 41, 1984, pp. 161-166. Cité par Robert E. Haskell, «Dreaming, Cognition and Physical Illness : Part II», p. 110.

13. Hippocrate, *Du régime*, chap. IV «Des rêves», pp. 99-100.

14. *Ibid.*, p. 105.

15. *Ibid.*

16. *Ibid.*

17. Albert S. Lyons et R. Joseph Petrucelli, II, *Medicine : An Illustrated History*, New York, Harry N. Abrams Inc., 1978, pp. 193, 207. Voir aussi Walter A. Jayne, *The Healing Gods of Ancient Civilisations*, New Haven, Yale University Press, 1925, pp. 298-299.

18. Le premier aphorisme d'Hippocrate dit exactement : «La vie est courte, l'art est éternel, l'occasion inattendue et dangereuse, l'expérience trompeuse et le jugement difficile.»

19. Hippocrate, *Du régime*, chap. IV «Des rêves», pp. 98-99.

20. Carl G. Jung, *L'Homme à la recherche de son âme.*

21. Aristote, «Les rêves». *Petits Traités d'histoire naturelle*, pp. 77-87.

22. Aristote, «Les rêves», *Petits Traités d'histoire naturelle.* Aristote pensait que les activités des organes sensoriels créent des images oniriques possédant une authentique ressemblance avec des objets réels «... à la manière de formes nuageuses que dans leurs rapides métamorphoses on compare à des êtres humains, et un moment après, à des centaures».

23. Allan Hobson, *The Dreaming Brain*, New York, Basic Books Inc., 1988.

24. Allan Hobson, p. 15. Aristote ignorait naturellement les apparitions périodiques de mouvement rapide des yeux (REM) qui se produit dans le sommeil pendant l'activité cérébrale ; cette découverte est due à Eugene Aserinsky et Nathalie Kleitman et date de 1953. Des recherches récentes ont même identifié les cellules précises, dans le bulbe cérébral, qui «mettent en marche» le rêve et le produit chimique du corps, l'acétylcholine, qui fait office de déclencheur.

25. Vassili N. Kasatkine, *Theory of Dreams*, Leningrad, Medisina, 1967, p. 179. Kasatkine cite des rêves de concombres au vinaigre, de chou cru, de harengs chez des patients qui avaient des brûlures d'estomac. Le rêve du patient souffrant d'un ulcère perforé est cité par H. Warnes et A. Finkelstein, «Dreams that Precede a Psychosomatic Illness», *Canadian Psychiatric Association Journal*, vol. 16, 1971, p. 320.

26. H. Warnes et A. Finkelstein, p. 319.

27. Vassili Kasatkine, p. 181.

28. H. Warnes et A. Finkelstein, p. 319.

29. A. Ziegler, «A Cardiac Infarctus and Dream as Synchronous Events», *The Journal of Analytical Psychology*, vol. 7, 2 juillet 1962, pp. 142-143.

30. Vassili Kasatkine, *The Theory of Dreams*, p. 182.

4. Rêves d'avertissement et de diagnostic

1. Rita Dwyer, «Dream Story», *The Dream Network Bulletin*, vol. 4, mai-juin 1985, pp. 1-3. Également, communication personnelle, 1989.

2. Montague Ullman et Stanley Krippner avec Alan Vaugham, *Dream Telepathy : Experiments in Nocturnal ESP*, Londres, McFarland, 1989.

3. Jule Eisenbud fait observer que le téléphone, ainsi que d'autres images de communication indirecte ou exotique, symbolise souvent dans les rêves une communication télépathique. Ullman, Krippner et Vaugham, p. 32.

4. J. Kales, C. Allen, T. Preston, T-L Tan et A. Kales, « Changes in REM Sleep and Dreaming with Cigarette Smoking and Following Withdrawal », *Psychophysiology*, vol. 7, pp. 347-348, 1970. Cité par Carolyn Winget et Milton Kramer, *Dimensions of Dreams*, Gainesville, University Presses of Florida, 1979, p. 361.

5. *La Voie du ciel : Huangdi, l'Empereur jaune, disait... : La Médecine chinoise traditionnelle.* Le titre chinois de cet ouvrage est *Huang Ti Nei Ching Su Wên*.

6. Ilza Veith, p. 163.

7. Pour des références sur Esculape (Asklepios), voir : C. Kerenyi, *Asklepios : Archetypical Image of the Physical Existence*, Princeton, Princeton University Press, 1959 ; Ralph Jackson, *Doctors and Diseases in the Roman Empire.* Norman, Oklahoma, University of Oklahoma Press, 1988.

8. L'ensemble de l'œuvre d'Hippocrate est traduit aux éditions Les Belles Lettres.

9. Pour plus de références sur les pensées d'Aristote à propos des rêves, voir l'ensemble de *Petits Traités d'histoire naturelle.*

10. Pour plus de références sur les pensées de Galien à propos des rêves, voir : *Galien de Pergame, souvenirs d'un médecin*, Les Belles Lettres ; Rudolph E. Siegel, *Galen on Psychology, Psychopathology and Function, and Diseases of the Nervous System*, Londres, S. Ranger, 1973 ; Joseph Walsh, « Galen's Writings and Influences Inspiring Them », *Annals of Medical History*, vol. VI, n° 1, janvier 1934, pp. 1-30 ; Margaret T. May, *Galen on the Usefulness of the Parts of the Body*, Ithaca, Cornell University Press, 1968.

11. Lawrence W. Way, *Current Surgical Diagnosis and Treatment*, pp. 408-411.

12. Lawrence W. Way, p. 411.

13. Marc-Aurèle (121-180) fut empereur de Rome de 161 à 180 après J.-C.

14. Rudolph E. Siegel, *Galen*, p. 170.

15. Pour plus de références sur Artemidore, voir : Artemidore d'Ephèse, *La Clef des songes*, Vrin.

16. Vassili N. Kasatkine, *Theory of Dreams*, Leningrad, Medisina, 1967.

17. Robert Smith, « Dreams reflect a Biological State », « Evaluating Dream Function : Emphasizing the Study of Patients with Organic Diseases », communications présentées à l'Association pour l'étude des rêves, Ottawa 1988.

18. Mais ce rapport n'était pas aussi prononcé qu'il l'était pour les hommes ; les femmes ne présentaient aucun rapport entre les références oniriques à la mort et l'issue de la maladie.

19. Abraham Kardiner, « The Bioanalysis of the Epileptic Reaction », *Psychoanalytic Quarterly*, vol. I, 1932.

20. Jill Caire, « A Holographic Model of a Psychosomatic Pattern : Freud's Specimen Dream Reinterpreted », *Psychotherapy and Psychosomatics*, vol. 36, 1981, pp. 132-142.

21. Sigmund Freud, *L'Interprétation des rêves*, p. 98.

22. Le rêve d'Irma apparaît à la page 99 de *L'Interprétation des rêves* : « Un grand hall, beaucoup d'invités, que nous recevons. Parmi ces invités, Irma, que je prends tout de suite à part, pour lui reprocher, en réponse à sa lettre, de ne pas avoir encore accepté ma « solution ». Je lui dis : « Si tu as encore des douleurs, c'est réellement de ta faute. » Elle répond : « Si tu savais comme j'ai mal à la gorge, à l'estomac et au ventre, cela m'étrangle. » Je prends peur et je la regarde. Elle a un air pâle et bouffi ; je me dis : n'ai-je pas laissé échapper quelque symptôme organique ? Je l'amène près de la fenêtre et j'examine sa gorge. Elle manifeste une certaine résistance, comme les femmes qui portent un dentier. Je me dis : pourtant elle n'en a pas besoin. Alors elle ouvre bien la bouche, et je constate, à droite, une grande tache blanche ; et d'autre

part j'aperçois d'extraordinaires formations contournées qui ont l'apparence des cornets du nez, et sur elles de larges eschares d'un blanc grisâtre... J'appelle aussitôt le Dr M., qui à son tour examine la malade et le confirme... Le Dr M. n'est pas comme d'habitude, il est très pâle, il boite et il n'a pas de barbe... Mon ami Otto est également là, à côté d'elle, et mon ami Léopold la percute par-dessus le corset; il dit : « Elle a une matité à la base gauche », et il indique aussi une région infiltrée de la peau au niveau de l'épaule gauche (que je constate comme lui, malgré les vêtements)... M. dit : « Il n'y a pas de doute, c'est une infection, mais ça ne fait rien; il va s'y ajouter de la dysenterie et le poison va s'éliminer. » Nous savons également, d'une manière indirecte, d'où vient l'infection. Mon ami Otto lui a fait récemment, un jour où elle s'était sentie souffrante, une injection avec une préparation de propyle, propylène... acide propionique... triméthylamine (dont je voyais la formule devant mes yeux, imprimée en caractères gras)... Ces injections ne sont pas faciles à faire... Il est probable aussi que la seringue n'était pas propre. »

23. Jill Caine, « A Holographic Model of a Psychosomatic Pattern : Freud's Specimen Dream Reinterpreted », *Psychotherapy and Psychosomatics*, vol. 36, 1981, pp. 132-142. Les commentaires du chirurgien de Freud sont cités dans cette communication.

24. Sigmund Freud, *L'Interprétation des rêves*.

25. Bernie Siegel, *Messages de vie*, Laffont.

26. *Id.*, *ibid.*

27. Cité par Ernest Rossi et David Cheek, *Mind-Body Therapy*, New York, Norton, 1988, pp. 375-376. Jung connaissait le latin et il a bien dû reconnaître que le mot signifiant viscosité, vase gluante, est *pituita*. « Pituitaire dérive de ce mot. Les sécrétions colloïdales visqueuses de la glande pituitaire sont essentielles à certaines fonctions corporelles. Ces sécrétions s'écoulent dans le troisième ventricule, une de ces cavités de forme utérine par lesquelles s'écoule aussi le liquide céphalo-rachidien. » Celui-ci a pour fonction de lubrifier ces cavités, fournissant ainsi au cerveau un « capitonnage » naturel qui le protège des chocs. Si les conduits qui véhiculent ce liquide sont bouchés ou bloqués, il en résulte un drainage de la cavité céphalo-rachidienne en aval. Les deux animaux d'une espèce disparue, dans le rêve, devaient représenter l'hypothalamus et l'hypophyse, ou glande pituitaire, situées sous l'axe cérébro-spinal. Jung diagnostiquait correctement le trouble neurologique dans le troisième ventricule de ce patient.

28. De la collection personnelle de l'auteur. Le déséquilibre de cette femme avait progressivement augmenté depuis l'ablation partielle de sa thyroïde et de sa parathyroïde, alors qu'elle était dans sa quarantaine.

29. Oliver Sacks, *Cinquante ans de sommeil*, Seuil. Rose fut une des dernières victimes de l'épidémie de 1916-1926.

30. Oliver Sacks, *Cinquante ans de sommeil*. A cette époque, Rose restait pendant des heures immobiles et sans ciller, dans son fauteuil roulant. Elle regardait dans le vague, avec un visage inexpressif; sa voix douce et ses mouvements mal assurés étaient sévèrement limités bien que par moments elle passât par des périodes d'agitation. Quand le L-dopa, un remède « miracle » qui soulage parfois ce genre d'état, devint disponible, Sacks l'expérimenta sur Rose et elle « s'éveilla ». Au commencement, l'amélioration fut générale. Sa voix et sa faculté de marcher lui furent rendues. Elle devint gaie et souriante. Malheureusement, elle passa de l'euphorie à une excitation maniaque et à l'irritabilité. Il fut impossible de trouver le bon dosage du produit pour lui conserver une égalité d'humeur et elle finit pas retomber dans son mutisme. De nouvelles tentatives de « réveil » se révélèrent vaines. Avec le recul, Sacks voyait en Rose « une Belle au Bois dormant dont le réveil était insoutenable ».

31. Oliver Sacks, *Cinquante ans de sommeil*.

5. Le corps menacé

1. Oliver Sacks, *Sur une jambe*, Seuil.
2. Louis Breger, Ian Hunter et Ron Lane, *The Effect of Stress on Dreams*, New York, International Universities Press, 1971. Voir le cas de Al, pp. 106-123. Les autres images préopératoires d'Al étaient un couteau de poche qui avait perdu trois lames, un toit où manquaient des tuiles, un appareil dentaire ayant besoin d'une réparation et un immeuble endommagé par un jeune voyou.
3. Louis Breger, Ian Hunter et Ron Lane, *The Effect of Stress on Dreams*. Voir le cas de Penny, pp. 141-159. Autre image onirique préopératoire de Penny : la camionnette délabrée d'un vendeur de hot-dogs, avec des tabourets bancals.
4. Louis Breger, Ian Hunter et Ron Lane, *The Effect of Stress on Dreams*. Voir le cas de Al, 64 ans, pp. 106-123.
5. Louis Breger, Ian Hunter et Ron Lane, *The Effect of Stress on Dreams*. Voir le cas de Melvin, pp. 124-140. Une autre image onirique préopératoire de Melvin était un modèle réduit d'avion mis en pièces par un ventilateur avant d'avoir été bien collé.
6. L'auteur a vu des diapositives des dessins faits par des personnes souffrant de migraines chroniques, à l'occasion du concours national organisé en 1989 par la National Headache Foundation et les laboratoires Wyeth-Ayers.
7. Vassili Kasatkine, *Theory of Dreams*, Leningrad, Medisina, 1967. Kasatkine cite des rêves de choucroute, de hareng et de cornichons à la page 16 du chapitre 6 de la traduction américaine. Le cas de l'homme qui rêva qu'il mangeait de la pizza et que son estomac « explosait », la veille de la perforation de son ulcère, est décrit par H. Warnes et A. Finkelstein, « Dreams that Precede a Psychosomatic Illness », *Canadian Psychiatric Association Journal*, vol. 16, 1971, p. 318.
8. Dianne Hales, *The Complete Book of Sleep : How Your Nights Affect Your Days*, Memlo Park, Californie, Addison-Wesley, 1981, pp. 35-36. Plus de la moitié des crises cardiaques et des attaques se produisent pendant la nuit. Beaucoup d'affections se trouvent aggravées la nuit : les épileptiques ont plus de crises, ceux qui souffrent d'ulcères sécrètent plus d'acide (de trois à vingt fois plus qu'une personne normale), les asthmatiques respirent plus mal, les patients de maladies pulmonaires chroniques halètent et manquent d'oxygène, les personnes atteintes de maladies rénales ou de reflux gastro-intestinal ont plus mal, celles qui ont de l'eczéma ou du psoriasis souffrent davantage de démangeaisons. Le sommeil paradoxal déclenche plus de cas d'hémorragie rétinienne chez les diabétiques que dans la journée.
9. Décrit par Carl G. Jung éd., *L'Homme et ses symboles*.
10. Carl G. Jung, *L'Homme et ses symboles*. Jung cite le cas d'un de ses amis médecins subitement atteint d'une fièvre gangréneuse mortelle, et qui venait d'être hospitalisé. Un ancien patient de cet ami, ignorant totalement la maladie de son médecin, rêva que ce médecin mourait dans un grand incendie. Trois semaines plus tard, le médecin mourait. Jung était persuadé que ce rêve était prémonitoire, et qu'il représentait le corps malade de son confrère comme une maison, la fièvre étant l'incendie qui la détruisait.
11. Hippocrate, *Du régime*, chap. IV, « Des rêves ».
12. Vassili Kasatkine, *Theory of Dreams*, p. 4 du chapitre 6 dans la traduction américaine.
13. Charles Witt, « Portraits of Pain », *San Francisco Chronicle*, 21 juillet 1986, p. 15. Cet article cite les observations de l'art-thérapeute Valerie Appleton.
14. Louis Breger, Ian Hunter et Ron Lane, *The Effect of Stress on Dreams*. Voir

le cas de Al, 64 ans, pp. 106-123. Quatre jours avant son opération, pour l'ablation d'une partie de vaisseau sanguin endommagé, dans une jambe, il rêva : « ... Il fallait que je conduise une voiture... il y avait du monde dans la voiture et je conduisais ce fichu tacot... Au moment de la sortie de l'endroit où je m'étais garé, il y avait du verglas, mais alors, quelque chose de bien. Et comme je sortais de là, il y avait une côte et c'était verglacé... Et je me rendais compte que je n'arriverais jamais à monter, je n'allais même pas essayer... C'était dans une ville... ou une bourgade... c'était Noël et on faisait des courses. Il faisait froid, terriblement froid et c'était vraiment de la glace épaisse partout et au bas de cette côte où on arrivait, et des dizaines de voitures avaient glissé jusque-là, ça faisait une grande mare boueuse, pleine d'eau... (*rire*). Ça ressemblait vraiment à une sorte de toboggan géant... »

La « grande mare boueuse » mentionnée par Al symbolisait peut-être la poche de sang qui s'était formée autour d'un des vaisseaux sanguins. La côte difficile à monter rappelait le fait qu'il avait du mal à marcher.

15. Robert Van de Castle, « Pregnancy Dreams », communication présentée à la conférence annuelle de l'Association pour l'étude des rêves, Ottawa 1986.

16. Robert Van de Castle, voir note 15.

17. Si le rêveur était familiarisé avec le mot « glace » donné à une drogue vendue dans la rue, qui est une forme inodore et incolore de cristaux de méthamphétamine, et s'il en prenait, il est possible que l'image onirique se soit référée plutôt à cette drogue et à ses dangers.

18. Vassili Kasatkine, *Theory of Dreams*, p. 181, chap. 6, dans la traduction américaine.

19. Robert Bosnak, *Dreaming with an AIDS Patient*, *op. cit.*, pp. 139-141. Le rêve n° 39 de Christopher : « ... Je suis dans un bateau, une vedette à moteur rapide. Je suis avec mon ami. Nous allons très vite. L'eau du lac est boueuse. Nous sommes près du barrage. C'est un barrage artificiel, en béton, et il empêche l'eau de ce lac de s'écouler. C'est là que l'eau est la plus sale. C'est à ce moment que nous faisons demi-tour et que nous revenons. » Son rêve n° 40 était : « Conversation avec une très belle femme, de mon yacht au sien. Elle a une suite, comme une altesse royale, et tous ces gens sont habillés en bohémiens. L'eau qui nous sépare est visqueuse. » Il décrit lui-même cette eau comme étant « marron, dégoûtante, saumâtre, putride ».

20. H. Warnes et A. Finkelstein, « Dreams that Precede a Psychosomatic Illness », *op. cit.*, pp. 317-325. Elle avait rêvé : « Un homme essayait de me tuer. Il inventait une machine pour tuer les gens par asphyxie en les maintenant sous l'eau pendant trois minutes. C'était très dangereux et il devait être arrêté. Il y avait huit femmes dans la pièce. J'étais très en colère contre vous (*son médecin*) parce que vous m'aviez laissée là. Je me suis réveillée en respirant avec difficulté. »

21. Hippocrate, *Du régime*, chap. IV, « Des rêves ».

22. *Id.*, *ibid.* Dans des cas de ce genre, il recommandait un traitement à base d'aliments astringents et d'exercices purificateurs.

23. Voir chapitre 4 de ce livre.

24. Louis Breger, Ian Hunter et Ron Lane, *The Effect of Stress on Dreams*. Voir le cas de Al, pp. 106-123. Son rêve, p. 114, était le suivant : « ... On essayait de remonter le lit d'une rivière, ou de descendre en aval de temps en temps parmi des pierres et des rochers. Vous savez comment c'est quand il n'y a presque plus d'eau... Les rochers pointaient à sec... il y avait des pierres grosses comme vos pieds ou à peu près, des énormes galets... on se traînait en cherchant à regarder là-haut dans les nuages et on butait et on tombait sur ces foutus rochers... »

25. Sigmund Freud, *L'Interprétation des rêves*.
26. Hippocrate.
27. *Id.*
28. *Id.*
29. Louis Breger, Ian Hunter et Ron Lane, *The Effect of Stress on Dreams*. Voir le cas du rêve de Melvin, p. 130 : dans son rêve, il était en haut d'une échelle tenue par sa femme, penché sur le toit sous une pluie battante et dans le vent. Il s'accrochait à la maison tout en essayant de faire tomber les insectes du bois. L'esprit rêveur de Melvin assimilait peut-être son « tronc » à celui d'un arbre.
30. Louis Breger, Ian Hunter et Ron Lane, *The Effect of Stress on Dreams*, p. 138.
31. *Id.*, *ibid.*. Voir le rêve de Paul, pp. 161-162.
32. Robert Bosnak, *Dreaming With an AIDS Patient*, pp. 76-77.
33. Louis Breger, Ian Hunter et Ron Lane, *The Effect of Stress on Dreams*. Voir le cas de Melvin, pp. 130-131.
34. Vassili N. Kasatkine, *Theory of Dreams*, p. 178 de la traduction américaine du chapitre 6.
35. Oliver Sacks, *Sur une jambe*. Sacks, qui s'était blessé à la jambe gauche au cours d'une randonnée en montagne, s'était subitement trouvé nez à nez avec un taureau et avait couru pour lui échapper. En faisant un faux pas sur des pierres instables, il était tombé dans un précipice. « C'est comme s'il y avait un trou dans ma mémoire, un moment qui manque, il y a l'"avant" et l'"après" mais pas d'"entre les deux" », dit-il. Il se souvient d'avoir d'abord pensé que « quelqu'un » avait été blessé, sans se rendre compte que c'était lui-même.
36. Une fois, lors d'un déjeuner avec ma famille dans un restaurant en plein air, je mangeais et bavardais gaiement, et tout à coup, j'entends pousser un cri. Il m'a fallu une seconde ou deux pour m'apercevoir que c'était moi qui venais de crier. Une grosse noix toute noire, avec son écorce hérissée de pointes, venait de me tomber sur la tête, du haut d'un arbre. Je n'étais pas du tout blessée, bien qu'il y eût quelques égratignures et une légère enflure. Simplement le choc de ce coup soudain, même infime, avait suffi à déclencher une réaction d'alarme.
37. Ernest Rossi, *The Psychology of Mind-Body Healing*, New York, Norton, 1986. Certains de ces neuro-émetteurs contiennent de la norépinéphrine, qui active le système nerveux sympathique ; d'autres sécrètent de l'acétylcholine, qui agit sur le système nerveux parasympathique. Il existe des réseaux similaires par lesquels le système endocrinien, le système immunitaire et le système des neuropeptides peuvent également recevoir des informations transmises par le cerveau aux cellules corporelles.
38. Cette étude, effectuée par le sociologue industriel Robert Larasel à l'University of Southern California, est décrite par Valerie Adler dans « Little Control = Lots of Stress », *Psychology Today*, avril 1989, pp. 18-19.
39. La première scène de ce rêve était la suivante : « Zal et moi séjournons dans une espèce de luxueux château-villégiature. Il est situé sur l'eau et entouré de magnifiques pelouses et de régions boisées (un peu comme un château irlandais où nous avions passé des vacances). La première scène est un pique-nique dans le parc. Il y a là un vide-ordures spécial pour les déchets. Je suis ahurie par la quantité de mes déchets. Une femme vient m'offrir un plat bizarre qu'elle appelle une demi-crêpe, qui a l'air d'une moitié de poulet à la chair noire, en me disant : "Il vous faudra le couper vous-même parce que j'ai un mauvais poignet." Je remarque qu'elle a un poignet épais et déformé (comme le mien à l'époque). »

Nous avons ici le portrait caractéristique de la partie du corps atteinte. Mon poignet blessé, toutefois, était attribué dans mon rêve à une autre femme, plutôt qu'à moi. Les références à de la viande ou de la chair de volaille découpée sont courantes chez les rêveurs sur le point de subir une intervention chirurgicale. Dans l'esprit du rêveur, le scalpel du chirurgien est transformé en toutes sortes d'instruments coupants ; la chair est assimilée à de la viande. Dans mon rêve, je disposais d'un récipient adéquat pour me débarrasser de mes « déchets », probablement les débris des os broyés qui s'étaient accumulés dans mon poignet et qu'un commencement de guérison soudait d'une manière difforme. Le rêve se poursuivait avec les deuxième et troisième scènes décrites dans le texte.

40. Louis Breger, Ian Hunter et Ron Lane, *The Effect of Stress on Dreams*, New York, International Universities Press, 1971.

41. Louis Breger, Ian Hunter et Ron Lane, p. 170. Voir le cas de Al, pp. 106-123. Dans un de ses rêves, Al essayait de scier une planche à un angle de 45° ; puis il découpait un cercle, avec des ciseaux, dans une photo. Dans le deuxième rêve, il expliquait comment un quartier de bœuf devait être découpé pour le conserver ; plus loin dans ce rêve apparaissait une opération et un couteau de poche dont les lames étaient tombées.

42. Par exemple, l'homme qui devait être opéré aux jambes pour un blocage vasculaire rêva trois fois de coupures, dans deux des quatre rêves qu'il fit au cours de la nuit précédant l'intervention. Brad, un des hommes que j'ai interrogés, eut dans ses rêves, avant son opération à la hanche, deux références à de la viande qu'on découpe. Dans l'un, il se voyait couper deux tranches de rosbif ; dans l'autre, son fils faisait cuire des hamburgers, qu'il n'aime pas.

43. Louis Breger, Ian Hunter et Ron Lane. Voir le cas de Melvin, p. 137 : « ... rêvais d'acheter une nouvelle voiture, je crois... On allait chez un concessionnaire et commençait à chercher une voiture que j'avais... On avait reçu une invitation à conduire une nouvelle Ford pendant deux jours, sans aucune obligation... rien à signer ni rien... excepté une carte, pour les besoins de l'assurance... »

44. Voir article de l'Associated Press : « Fat Women at Risk for Gallstones », *San Francisco Chronicle*, 31 août 1989.

45. Louis Breger, Ian Hunter et Ron Lane. Voir le cas de Penny, pp. 141-156. Elle avait été forcée de perdre seize kilos, lors de son hospitalisation de treize jours, un mois plus tôt, pour des douleurs stomacales. Dans la vie réelle, Penny s'était fait plusieurs robes, avant son admission à l'hôpital, en pensant à la ligne amincie qu'elle aurait bientôt. Plusieurs de ses rêves contenaient des toilettes neuves. Quatre nuits avant son opération, elle rêva qu'elle se coupait une nouvelle robe de mariée dans du vieux tissu, et aussi qu'elle portait des « vêtements différents » et des souliers avec des talons de 7 cm 1/2 (elle était petite).

46. Une exposition de dessins de grands brûlés, que j'ai vue à l'hôpital St. Francis de San Francisco, révélait une évolution frappante au fur et à mesure de la guérison des patients. Les dessins de l'accident, et d'autres images dessinées au début du processus de guérison, étaient pleins de couleurs flamboyantes, des scènes évocatrices de chaleur, comme par exemple un soleil éclatant, sur une plage. Alors que les patients commençaient à se remettre, les bleus et les verts faisaient leur apparition dans leurs œuvres.

Certains patients que j'ai interrogés ou avec qui j'ai travaillé concluaient avec conviction : « l'art m'a sauvé la vie » ou encore « l'art m'a sauvé de la folie ».

47. Basé sur un exercice suggéré par Betty Edwards, *Drawing on the Artist Within*, New York, Simon and Shuster 1986, p. 103, trad. fr. *Vision, dessin, créativité.*

6. Après la phase critique

1. L'opération de Nina fut pratiquée sous péridurale, ce qui fait qu'elle garda toute sa connaissance pendant une grande partie du temps. Ce fut seulement quand les effets de la péridurale commencèrent à se dissiper qu'on lui fit une anesthésie générale.

2. Oliver Sacks, *Sur une jambe*. Trois soirs après une opération sous anesthésie générale, au cours de laquelle un tendon déchiré de sa jambe gauche avait été recousu, il rêva qu'il était de retour dans la montagne où il avait été blessé. Dans son rêve, il s'efforçait en vain de remuer sa jambe. Il voyait les points de suture de son opération, mais sa jambe refusait absolument de bouger. Il avait beau essayer, faire des efforts, elle demeurait inerte, comme morte. Il se réveilla terrifié de ce rêve.

Sacks se persuada de se rendormir et fit un autre cauchemar où il se trouvait confronté à une espèce de monstre mi-taureau mi-poisson dans les profondeurs d'une rivière : « Alors qu'il se retournait — son énorme gueule vers moi, ses yeux immenses posés sur moi — une terrible panique m'envahit et je cherchai frénétiquement à bondir à reculons vers la sécurité de la berge, derrière moi. Mais je ne pouvais pas sauter. Le mouvement se faisait bizarrement et au lieu de me projeter en arrière il me propulsait violemment en avant, sous ce que je reconnaissais maintenant comme les *sabots* du poisson... »

Sacks fut réveillé en sursaut par la violence de ce mouvement onirique, et constata qu'il avait si vigoureusement contracté ses jarrets qu'il s'était donné un grand coup de talon droit dans les fesses, et que son talon gauche pressait fortement le bord de son plâtre.

Ce cauchemar contenait plusieurs réactions typiques à l'intervention chirurgicale. Il mettait en scène une attaque par un animal, peu de temps après une opération à la jambe. Le rêve utilisait et amplifiait des éléments de l'accident initial (la blessure survenue alors qu'il était poursuivi par un taureau). Il y avait aussi dans ce cauchemar une perte de sensibilité de la partie du corps blessée. Le rêve lui disait qu'il ne pouvait pas s'échapper et il tombait en avant dans un danger plus grand encore.

Sacks craignait que l'intervention chirurgicale, au lieu de l'avoir guéri, ait aggravé son cas. Non seulement il ne pouvait plus bouger sa jambe, mais il ne la sentait même plus. Des images sous-marines comme celle-ci proviennent souvent des profondeurs mêmes de l'inconscient. Cet énorme monstre moitié poisson-moitié taureau peut être une nouvelle forme d'angoisse suscitée (ou réveillée) par les résultats de l'opération.

3. Ce rêve a été cité par le Dr Raymond Friedman dans un atelier subventionné par l'Association psychologique de l'État de Californie, organisé au Marriott Airport Hotel de San Mateo, Californie, quelques jours après le grand tremblement de terre de San Francisco, le 22 octobre 1989. Le rêve de cet homme était le suivant : « Je suis au bord d'une étendue d'eau. Tout à coup, un alligator sort de l'eau. Je recule sur la terre ferme en me disant : "Tout va bien, les alligators ne vont pas trop vite." Mais celui-ci se met à courir vers moi et me rattrape. Je décide de m'envoler. Je m'élève dans les airs. Mais je m'aperçois avec horreur que cet alligator peut aussi voler et qu'il me poursuit. »

4. On appelle généralement ce tremblement de terre le séisme de Loma Prieta, parce que son épicentre était sur la faille qui porte ce nom. Ce cataclysme de force 7,1 frappa San Francisco à 17 h 04, le 17 octobre 1989. Dans les quinze jours suivants, il y eut plus de deux mille petites secousses, des ondes de choc dont certaines dépassèrent la force 4. En plus des morts et des personnes grièvement blessées, le

séisme posa de graves problèmes de relogement, des retards dans les transmissions et les transports, et un stress post-traumatique général à toute la population de la région de la Baie.

5. Le cauchemar de Peter était le suivant : « Je vois la lame arrêtée dans une coupure ouverte fraîche. Sous mes yeux, le tube de l'artère sectionnée se recourbe, retombe dans ma main... on dirait de la viande blanche. Tout à coup, l'artère se met à gicler comme une lance d'arrosage lâchée et sans contrôle. Le sang jaillit partout sur le contre-plaqué et l'autre type. J'entends encore les *flocs* que fait le sang en retombant et j'entends le bruit de la lame qui déchire. Je ressens une douleur à hurler, en me roulant par terre... »

6. Le cauchemar de Dee : « Je suis à mon travail. Il y a des machines tout autour de moi. La machine à rouleaux (celle qui l'a blessée) me tient. Et une autre machine que je fais marcher, qui en réalité est à l'autre bout du bâtiment, arrive et vient vers moi... comme si elle voulait me pousser dans la première machine. Et en même temps, à l'arrière-plan, une troisième machine arrive à toute vitesse, bruyamment, en coupant des plaques de métal, comme si elle allait me pousser dans les deux autres. J'ai l'impression que tout se referme autour de moi. J'entends un son qui semble dire : "Je vais te manger." Je n'arrive pas à dégager ma main. »

7. Brad K. Grunert, Decilia A. Devine, Hanni S. Matloub, James R. Sanger et John Yousif, « Flashbacks after Traumatic and Injuries : Prognostic Indications », *The Journal of Hand Surgery*, 1988, 13 A : 125-7.

Ces chercheurs ont interrogé des ouvriers qui avaient été traumatisés par des accidents du travail. Ils découvrirent que les cauchemars diminuaient nettement pendant les deux mois suivant la blessure. Ils classèrent les retours en arrière en trois catégories : les *flash-back/rediffusion*, c'est-à-dire des rêves montrant les événements qui provoquent l'accident ; les *flash-back/évaluation*, qui représentaient la blessure tout de suite après l'accident ; les *flash-back/projetés*, des rêves ou une imagerie présentant une blessure moins grave que celle qui a été réellement subie. Certains rêveurs combinent ces trois catégories. Après une période de convalescence, tous les patients furent jugés aptes à reprendre leur ancien emploi.

8. La fréquence exacte de ces types de retours en arrière était de : 47,5 % pour le flash-back-évaluation ; 34,4 % pour la rediffusion et 13,1 % pour le flash-back projeté.

9. Quel que soit le genre d'affection des patients de cette étude — amputation, incapacité fonctionnelle, défiguration ou difformité — les personnes qui n'avaient eu que des flash-back de rediffusion étaient capables de retourner plus tôt reprendre leur emploi sur leur ancien lieu de travail (95,2 %), et avaient moins besoin d'un conseiller que celles qui avaient souffert de flash-back d'évaluation ou projetés (10,3 %). Les patients dont les rêves tantôt répétaient, tantôt projetaient l'accident avaient un taux de reprise du travail entre ces deux extrêmes (environ 50 %).

10. Hilary, par exemple, avait subi plusieurs opérations pour un cancer du sein, y compris l'ablation des deux seins suivie de chirurgie plastique reconstructive. Sa poitrine lui faisait l'effet d'une immense blessure à vif. Elle ajoutait : « Ma maladie est comme un mur de larmes à l'intérieur. » Hilary m'a confié qu'elle avait si peur qu'on lui heurte la poitrine, quand elle allait faire des courses, qu'elle ne sortait pratiquement plus de chez elle. Pendant des mois, elle vécut en recluse, ne sortant guère que pour de brèves promenades au bras de son mari.

Elle me décrivit sa suite d'opérations comme des « invasions ». Tout lui semblait traître. Même sa maison lui paraissait moins sûre. Elle me raconta que des rats musqués venaient maintenant envahir son jardin, creusaient la terre, déterraient des plantes, s'aventuraient même jusqu'à la porte de la cuisine et renversaient les pots de fleurs de la véranda. Elle se sentait persécutée, comme si elle n'avait plus aucun refuge, nulle part où être en sécurité.

Ce fut alors qu'une des amies de Hilary passa à l'action et prit une décision qui lui sauva probablement la vie. Elle lui apporta un superbe bouquet de pavots des neiges, avec un message : « Ces fleurs me font penser à toi, fragiles mais résistantes. On peut les courber mais elles se redressent. » Cette amie exprimait sa crainte de voir Hilary en train de se tuer et pensait qu'elle devait sortir de chez elle et se remettre à vivre. Hilary fut si touchée par ce geste qu'elle commença à s'occuper, à s'aider elle-même. Elle se mit en particulier à suivre des cours de peinture. C'était quelque chose qu'elle avait toujours voulu faire mais dont elle n'avait jamais eu le temps. Elle découvrit l'aisance et le profond plaisir avec lesquels elle jouait des lignes et des couleurs. Elle suivit également des cours d'instruction religieuse dans son église. Cette activité lui fit faire de nouvelles connaissances et découvrir des sujets d'intérêt nouveaux ; bientôt, elle oublia ses vieilles peurs. Elle commença à guérir réellement.

11. Gilda Radner, *It's Always Something*, New York, Simon & Shuster, 1989. Le taux de survie généralement accordé pour les cancers ovariens est d'environ 20 %.

12. Gilda Radner, *It's Always Something*, p. 109. L'opération de Gilda Radner comportait une hystérectomie, l'ablation d'une tumeur grosse comme un pamplemousse, un curetage de ses organes internes, une seconde opération pour introduire un cathéter portable et les premières séances de chimiothérapie. Elle perdit du poids, tomba à quarante-trois kilos. Sa tête lui faisait l'effet d'être comme « l'intérieur d'une radio », un de ces postes en plastique transparent avec du néon rose à l'intérieur, les câbles électriques tout brûlants et dénudés par la toxicité des produits chimiques. Les nuits étaient particulièrement difficiles : « J'aurais déjà dû savoir que Gene croyait que j'allais mourir, parce qu'il m'avait dit : "N'hésite pas à me réveiller, même au milieu de la nuit." C'est son attitude qui m'a convaincue. Et j'ai effectivement réveillé Gene toutes les nuits. Je me réveillais en sueur, le souffle coupé, courant pour m'échapper d'un cauchemar qui ne s'arrêtait pas quand je me réveillais. Je criais, je sanglotais, je gémissais comme un animal blessé, de plus en plus fort, pour essayer de noyer ce qui m'était arrivé, ce à quoi je ressemblais, ce qui risquait d'arriver. Gene me serrait dans ses bras, me berçait, mais il ne pouvait pas me protéger du cancer. La nuit était le moment le plus effroyable. » Gilda ne disait pas ce qu'elle fuyait, dans son rêve, mais son imagerie devait certainement représenter sa terreur de la maladie, le futur incertain, la mort elle-même.

13. Gilda Radner, *It's Always Something*, p. 218.

14. Barbara Tedlock, « Dreaming Among the Anthropologists », communication présentée à la conférence annuelle de l'Association pour l'étude des rêves, Chicago 1990.

15. Stephen LaBerge, *Control Your Dreams*, Los Angeles, Audio Renaissance Tapes, 1987.

16. Carl G. Jung, *Les Types psychologiques*. Pour une excellente dissertation sur l'imagination active, voir Gerhard Adler, *Études de psychologie jungienne*.

17. Oliver Sacks, *Sur une jambe*.

18. Sigmund Freud, *L'Interprétation des rêves*, p. 201.

19. Evelyn Simon, communication personnelle à la conférence annuelle de l'Association pour l'étude des rêves, Chicago, 1990.

20. Anne Sayre Wiseman, *Nightmare Help : A Guide for Parents and Teachers*, Berkeley, Californie, Ten Speed Press, 1989, p. 26.

7. Rêves de guérison, rêves curatifs

1. *Total Hip Replacement : Walking Again* (pas de nom d'auteur cité), Daly City, Californie, Krames Communications, 1985.

2. J. Money, « Phantom Orgasms in Dreams of Paraplegic Men and Women », *Archives of General Psychiatry*, vol. 3, 1960, pp. 373-383.

3. Ernest Rossi, *The Psychobiology of Mind-Body Healing*, New York, Norton, 1986, p. 180.

4. Joseph Fredin et Vernon Marshall, *Illustrated Guide to Surgical Practice*, New York, Churchill Livingstone, 1984, p. 110.

5. Robert Smith, « Dreams Reflect Biological State », « Evaluating Dream Function : Emphasizing the Study of Patients with Organic Disease », communication présentée à l'Association pour l'étude des rêves, Ottawa, 1988.

6. Rita Dwyer, « Dream Story », *The Dream Network Bulletin*, vol. 4, n° 3, mai-juin 1985, pp. 1-3. Voir aussi communication personnelle, 1989.

7. Ce matériel a été fourni par la National Headache Foundation (Fondation nationale pour l'étude des maux de tête).

8. Patricia Garfield, *Comprendre les rêves de vos enfants.*

9. Anthony Schmitz, « After the Bite », *Hippocrates*, vol. 3, n° 3 ; mai-juin 1989, pp. 78-84.

10. Je tiens à remercier la National Headache Foundation et les Laboratoires Wyeth-Ayerst de m'avoir fait part de leurs découvertes.

11. L'œuvre gagnante est intitulée « Passages violents », par Louise Woodard, de Maydale, New York. Sa peinture concentre en une seule image toute l'évolution de la migraine, en mettant surtout l'accent sur la douleur entourant l'œil, avec des ondes de douleur aiguë, des éclairs de couleurs violentes, rouge intense, bleu, jaune vif, et sa confusion mentale, notamment avec les chiffres deux et cinq, résultant de sa migraine. Le motif en forme d'araignée indique l'irrégularité de sa circulation sanguine. Les pilules représentent la fin de l'épreuve parce qu'elles peuvent au moins calmer un peu la douleur.

Le deuxième prix est allé à Rebecca Whitcancak, sténo-dactylo de Miline, dans l'Illinois, qui avait appelé son dessin « Némésis ». Les masques de fantômes et les chaînes illustrent sa peur des crises ; la foudre qui tombe représente les élancements de douleur. Elle a découvert qu'une combinaison de la peinture, de la gymnastique et du piano lui apporte une détente et un soulagement du stress.

Le troisième prix, Constance Mariels, de Davis en Californie, intitulait son tableau « Incarnation de la migraine ». C'était un dessin représentant l'ensemble des sensations corporelles, avec une météorite semblable à une boule de feu pour illustrer ses douleurs unilatérales. La sensibilité à la lumière est exprimée par sa tête tournée. L'explosion dans son ventre symbolise la nausée qui accompagne les maux de tête.

12. Charles Petit, « Portraits of Pain », *San Francisco Chronicle*, 21 juillet 1986.

13. Cette idée d'interroger le dormeur sur l'image onirique est suggérée et décrite par Carl G. Jung, *L'Homme à la découverte de son âme*, *op. cit.*

14. Carl G. Jung, « La Fonction transcendante », *L'Âme et le Soi*, pp. 145-178.

15. Ad DeVries, *Dictionary of Symbols and Imagery*, Amsterdam, Elsevier, 1984. Autre dictionnaire utile, bien que moins complet, de Herder Freiburg : *The Herder Symbol Dictionary*. Wilmette, Illinois, Chiron, 1988.

16. Jeanne Achtenberg, *Imagery in Healing*. Voir également Jeanne Achtenberg

et G. Frank Lawlis, *Imagery and Disease*, Champaign, Illinois, Institute for Personality and Ability Testing, 1984.

17. Jeanne Achtenberg, *Imagery Healing.*

8. Rêves de convalescence et de santé

1. « Loving a Pet is Good Kid Therapy », *San Francisco Chronicle*, 11 janvier 1990, p. B 1. Des chercheurs étudiant les liens entre les êtres humains et les animaux ont observé plusieurs bienfaits psychologiques pour les enfants. Les garçons et les filles qui s'occupaient d'un chiot se révélèrent, dans une étude, beaucoup plus coopérants, plus serviables, capables de mieux comprendre les sentiments des autres enfants. Une étude sur des enfants négligés montra que les animaux devenaient alors les confidents qui tempéraient la solitude et consolaient l'enfant quand il avait du chagrin. Je suis certaine que ces résultats s'appliquent tout autant aux adultes.

2. Walter Jayne, *The Healing Gods of Ancient Civilisations*, New Haven, Yale University Press, 1925, pp. 348-350.

3. Walter Jayne, *The Healing Gods of Ancient Civilisations.*

4. Rita Dwyer, « Dream Story », *The Dream Network Bulletin*, vol. 4, n° 3, mai-juin 1985, pp. 1-3.

5. Rita Dwyer, communication personnelle, entretien avec l'auteur, 1989.

6. Emmy Martin, *The Woman in the Body : A Cultural Analysis of Reproduction*, Boston, Beacon Press, 1987.

7. Ernest Rossi, entretien personnel avec l'auteur et conférence dans le cadre du programme sur les rêves, la créativité, la conscience et la guérison, à l'université de Californie, Los Angeles, 11 novembre 1989.

Les phases définies par Rossi semblent similaires à celles que j'ai observées dans les rêves quand on se rétablit d'une blessure ou d'une maladie. On peut trouver bizarre de mettre en parallèle le rétablissement d'une blessure ou d'une maladie et une désintoxication. Pourtant, ce sont les mêmes phases qui conduisent, dans les deux cas, à la santé.

Au cours de sa carrière de clinicien, Rossi a soigné de nombreux patients qui luttaient pour se désintoxiquer. Songez, par exemple, à l'abandon radical de la cigarette (bien que d'après Rossi le même schéma s'applique à toutes les accoutumances). Les changements qui se produisent dans les rêves des fumeurs alors qu'ils surmontent leur tabagisme se répartissent à temps :

1) *Répétition.* Au début, le patient fume comme d'habitude, en rêve. Il n'y a aucun changement de comportement ni de prise de conscience.

2) *Reconnaissance.* Le patient fume en rêve mais reconnaît qu'il ne le devrait pas. Le rêveur peut dire : « Qu'est-ce qui me prend de fumer ? Je ne fume plus ! » Il n'y a pas de changement de comportement mais une conscience d'enfreindre ses résolutions.

3) *Résistance.* A ce stade, le patient ne fume pas dans ses rêves mais se sent tenté de le faire et en est troublé. Un autre personnage onirique lui offre par exemple une cigarette et le rêveur s'insurge : « Qu'est-ce que vous faites ? Vous savez bien que je ne fume plus ! » Ou encore le rêveur la prend, la fume, se rend compte qu'il ne devrait pas et éteint la cigarette, tout à fait navré. « Comment ai-je pu retomber ? » Dans son cas, il y a un changement de comportement mais qui s'accompagne d'un combat émotionnel.

4) *Résolution.* Finalement, le rêveur s'accepte comme non-fumeur, dans son rêve.

Un autre personnage onirique lui offre une cigarette et il répond calmement : « Non merci, je ne fume pas. » Non seulement un changement de comportement apparaît mais le malaise a disparu. Et les rêves passent à d'autres préoccupations ou intérêts du moment.

Tout comme j'ai découvert une réintégration progressive, dans les rêves, de l'organe ou du membre atteint, et une évolution des cauchemars, où le rêveur passe du rôle de victime passive à celui de sauveteur actif, Rossi a découvert une suite d'étapes oniriques où le rêveur s'accepte lui-même, progressivement, comme « non accro ». Les anciens drogués intégraient cette image d'eux-mêmes comme sains et libérés, de la même façon que les blessés intégraient les changements de leur image corporelle ; ils progressaient d'un comportement onirique de toxicomane jusqu'au stade où ils contrôlaient entièrement leur comportement, ce qui est essentiel pour que la nouvelle conduite devienne permanente.

Le changement dans le comportement onirique est un indice capital d'une modification dans la vie réelle.

8. Reed Morrison, « Dreams Mapping Recovery from Chemical Dependency », *Association for the Study of Dreams Newsletter*, vol. 6, n° 5, septembre 1989, pp. 1-3. Carte de rétablissement de Morrison : Morrison a nommé ces différents stades d'après le concept de Joseph Campbell du « voyage du héros ». Il dit que « la nuit obscure de l'âme » décrit l'expérience de l'alcoolique et du drogué dont les nuits sont peuplées de rêves de mort, de destruction, de remords, de persécution. Il est évident que l'alcool et certaines drogues suppriment temporairement les rêves, mais, quand ils reviennent, le dormeur est assailli par d'horribles cauchemars. D'après Morrison, lorsqu'un alcoolique ou un drogué fait des efforts pour se désintoxiquer, les rêves se modifient de la façon suivante :

1) *La boîte de Pandore*. Ce stade, qui commence dès le début de l'abstinence, comporte généralement le retour de rêves violents. Pendant les premiers jours de suppression, les thèmes courants des cauchemars concernent l'aliénation, la brutalité, la mutilation, une sexualité perverse et de la persécution.

2) *La lutte contre le Dragon*. Confrontations et batailles caractérisent ce deuxième stade, alors que la négation du problème est abandonnée et la toxicomanie acceptée, parfois dès le vingtième jour d'abstinence ou aussi tard que le quatre-vingt-dixième jour. Les thèmes les plus courants sont des combats contre le rôle de victime. Le rêveur lutte contre ses peurs intérieures.

3) *La renaissance*. A ce stade, le dormeur éprouve un certain soulagement et du calme. Il y a souvent un rapport avec une « puissance supérieure ». Ce stade peut commencer entre les trentième et cent vingtième jours de récupération.

4) *La descente*. Ce stade est marqué par la plongée dans l'obscurité du trauma et du conflit. Il commence environ entre les soixantième et cent cinquantième jours. Le rêveur affronte des tâches inachevées de sa vie, mais à présent avec un plus grand espoir basé sur les stades précédents.

5) *Le retour*. Ce stade comporte des rêves de mouvement en avant, de possession, de découvertes nouvelles et de comportement modifié. Les images spirituelles archétypiques prédominent, avec un sentiment de renouveau et de bien-être. Il peut débuter entre les quatre-vingt-dixième et cent quatre-vingtième jours. Son apparition ne signale cependant pas la fin. Il y a un recyclage perpétuel, entre les quatrième et cinquième stades, tandis que les thèmes oniriques sont confrontés et intégrés. Finalement, les périodes du stade de la « descente » diminuent et le rêveur consolide sa force intérieure.

9. Stanley Krippner, « Storytelling and Sobriety Dreams vs. Drugs », *Association*

for the Study of Dreams Newsletter, vol. 6, n° 5, septembre-octobre 1989, pp. 5, 16. Krippner a observé trois stades de modification des rêves : au début, Curtis rêvait d'usage flagrant de la drogue ; ensuite, il rêva de l'inquiétude des conséquences de sa toxicomanie ; enfin, son abstinence se retrouva dans ses rêves. Il raconte un rêve du troisième stade : « Je mettais du crack dans ma pipe, et la pipe à ma bouche. Mais je m'apercevais que j'allais perdre mon abstinence alors je décidais de ne pas fumer. C'est *la première fois, autant que je me souvienne, où j'ai assumé dans un rêve ma propre responsabilité* et où je n'étais pas passif et impuissant. » Curtis ne fit que trois rechutes mineures au cours des douze mois que dura le programme de désintoxication.

10. Karen Surman Paley, « The Dream as a Higher Power », *Association for the Study of Dreams Newsletter*, vol. 6, n° 5, septembre-octobre 1989, pp. 3-4.

11. Résumé des phases de guérison, dans les images oniriques :

1) *Reproduction de l'état actuel ou précédent dans le rêve*

A ce stade, la personne qui a été blessée ou qui est tombée malade peut, dans ses rêves, être en parfaite santé ou au contraire dans un état plus grave. La personne qui a subi un accident continue d'être blessée, la victime d'une accoutumance continue de fumer, de boire ou de se droguer, selon ses habitudes dans la vie réelle, sans qu'il y ait dans le rêve une prise de conscience ou une modification.

2) *Prise de conscience de l'inadaptation de la condition du rêveur*

Pendant cette phase, le rêveur réalise que son comportement ou son état n'est pas souhaitable ou adapté. Il y a alors prise de conscience de cet état, sans que cela entraîne de changement. Cette phase peut être source de conflit et d'émotions négatives.

3) *Changement fortuit de la condition du rêveur*

Pendant cette phase, l'issue du rêve est différente. L'état ou le comportement du personnage onirique se trouve modifié sans qu'il ait eu à intervenir ; le changement se produit tout seul, par hasard. Le rêveur n'en éprouve pas forcément un grand soulagement.

4) *Modification délibérée de sa condition*

Arrivé là, le rêveur reconnaît sa condition ou son comportement et adopte volontairement une attitude différente. Il y a une prise de conscience et un changement. Les émotions sont souvent fortes. Le rêveur prend le contrôle de sa modification.

5) *Réintégration de la nouvelle condition*

Enfin, la nouvelle image corporelle ou l'attitude adoptée deviennent partie intégrante du scénario onirique. La prise de conscience et le changement sont devenus naturels.

12. Écoutez l'enregistrement du débat sur le contrôle des rêves, « Should You Control Your Dreams », à la conférence annuelle de l'Association pour l'étude des rêves, Chicago, 1990.

13. Aristote, au IVe siècle avant J.-C., fait allusion à « quelque chose dans le conscient qui déclare que ce qui se présente alors n'est qu'un rêve ». Aristote, « Les rêves », *Petits Traités d'histoire naturelle*.

14. Patricia Garfield, introduction à la deuxième édition de *Pathway to Ecstasy : The Way of the Dream Mandala*, Prentice Hall, 1989.

15. Jayne Grackenbach et Jane Bosveld, *Control Your Dreams*, New York, Harper & Row, 1989.

9. Le temple du rêve

1. Pour en savoir plus long sur les temples du rêve dans l'Antiquité, voir les ouvrages et articles sur Esculape cités en référence dans la note 7 du chapitre 4.

2. Pour en savoir davantage sur le « conseiller intérieur », voir Martin Rossman, *Healing Yourself*; pour le « chaman intérieur », voir David Feinstein et Stanley Krippner, *Personal Mythology*.

3. Ernest Rossi et David Cheek déclarent (p. 377) que « l'expérience phénoménologique des rêves, dans les langages de l'imagerie, de la métaphore, du symbole et de l'analogie, est isomorphe avec les processus organiques cerveau-corps jusqu'au niveau cellulaire-génétique-moléculaire ». Ainsi, ces symboles peuvent servir d'intermédiaires dans la communication esprit-corps, au cours de la maladie et de la guérison.

Bibliographie

Adler, Gerhard, *Études de psychologie jungienne*, préf. C.G. Jung, trad. de l'anglais : Liliane Fearn et Jenny Leclercq, Nouv. Éd. Georg, 1992.

Aristote, *Petits Traités d'histoire naturelle*, trad. du grec et prés. : René Mugnier, Les Belles Lettres, 1965.

Artémidore d'Éphèse, *La Clef des songes*, prés. et trad. du grec : Jean Festugière, Vrin, 1975.

Boss, Medard, *Il m'est venu en rêve : essais théoriques et pratiques sur l'activité onirique*, trad. de l'allemand : Christian Berner et Pascal David, PUF, « Psychiatrie ouverte », 1989.

Campbell, Joseph, *Les héros sont éternels*, trad. de l'américain : H. Crès, Seghers, 1987.

Coleman, Richard, *Le Soleil noir des nuits blanches*, préf. W.C. Dement, Belin, 1988.

Edwards, Betty, *Vision, dessin, créativité*, trad. de l'américain, Mardaga, coll. « Psychologie et sciences humaines », n° 169, 1988.

Freud, Sigmund, *L'Interprétation des rêves*, trad. de l'allemand : E. Meyerson, PUF, 1967.

Galien de Pergame, *Souvenirs d'un médecin*, textes autobiogr. rassemblés et traduits du grec par Paul Moraux, Les Belles Lettres, 1985.

Garfield, Patricia, *La Créativité onirique : du rêve ordinaire au rêve lucide*, trad. de l'américain : R. Ripert, La Table Ronde, 1982.

Garfield, Patricia, *Comprendre les rêves de vos enfants*, trad. de l'américain : Catherine Rivolier, 1987.

Hales Dianne, *Le Livre du sommeil : comment vos nuits affectent*

vos jours, trad. de l'américain Jean Duriau, Laffont, coll. réponses/santé, 1985.
Hay, Louise L., *Transformez votre vie*, trad. de l'anglais, Soleil, 1989.
Hippocrate, *Maximes et pensées*, Silvaire, 1992.
Hippocrate, *Du régime*, trad. du grec et prés. : Robert Joly, Les Belles Lettres, 1965.
Hobson, J. Allan, *Le Cerveau rêvant*, trad. de l'anglais : Rose Saint-James, Gallimard, « Bibliothèque des sciences humaines », 1992.
Jung Carl G., *L'Ame et le soi*, trad. de l'allemand : R. Cahen, Albin Michel, 1989.
Jung Carl G., *L'Homme à la découverte de son âme*, trad. de l'allemand : R. Cahen, Albin Michel, 1989.
Jung Carl G., *Les Types psychologiques*, trad. de l'allemand, Georg, 1983.
Jung Carl G., *L'Homme et ses symboles*, trad. de l'anglais, Laffont, 1964.
LaBerge, Stephen, *Le Rêve lucide : le pouvoir de l'éveil et de la conscience dans vos rêves*, trad. de l'américain : Roger Ripert, Oniros, 1991.
Lakoff, George et Johnson, Mark, *Les Métaphores dans la vie quotidienne*, trad. de l'américain : Michel Deformel et Jean-Jacques Lecercle, Minuit, 1985.
Sacks, Oliver, *Cinquante ans de sommeil*, trad. de l'anglais : Christian Cler, Seuil, 1987.
Sacks, Oliver, *Sur une jambe*, trad. de l'anglais : Christian Cler et Anne-Lise Hacker, Seuil, 1987.
Shakespeare, William, *Périclès, prince de Tyr*, trad. de l'anglais, Comédie-Française, 1974.
Siegel, Bernie, *Messages de vie*, trad. de l'américain : Claude Farny, Laffont, coll. « Réponses/santé », 1991.
Siegel, Bernie, *L'Amour, la médecine et les miracles*, trad. de l'américain : Claude Farny, Laffont, 1989.
Larre, Claude, trad. et prés., *La Voie du ciel : Huangdi, l'Empereur jaune, disait... : la médecine chinoise traditionnelle*, Desclée de Brouwer, 1987.
Way, Lawrence, *Chirurgie, diagnostic et traitement*, trad. de l'anglais : François Eudel, Abe Finger Hut et Maurice Mercadier, Piccin, 1990.

Remerciements

Ce livre doit son existence à de nombreux spécialistes, amis, parents qui ont contribué à ma guérison d'une grave fracture du poignet.

Je voudrais tout particulièrement remercier le chirurgien de la main Leonard Gordon, et son équipe de l'université de Californie à San Francisco, qui a su corriger une dangereuse erreur de diagnostic et prescrire le traitement qui m'a mise sur le chemin de la guérison.

Je tiens à remercier vivement aussi les kinésithérapeutes de la clinique de la Main à l'université de Californie. Leurs soins portaient autant sur le plan psychologique que physique, quand ils persuadaient mes doigts figés de se détendre, incitaient des articulations à se renforcer, en les rééduquant.

Dans ces deux cliniques, des patients, qui préfèrent rester anonymes, m'ont fait spontanément les récits de leurs blessures et des rêves qui les avaient accompagnées.

Certaines personnes spécialisées ou profanes, qui tenaient régulièrement un journal de leurs rêves, m'ont généreusement confié des extraits de leurs journaux intimes. Jill Bond Caine et Rita Dwyer, surtout, m'ont donné largement accès à leurs archives. D'autres, amis ou onirologues, ont collectionné des récits de rêves à l'intention de ce livre : Jordan Beyer, Kris Getz, Alice Kales' Arlyn Zones, pour ne citer que quelques-uns. La regrettée Irene Roseman m'a fait part de ses propres expériences au cours de sa maladie. D'autres encore ont accompagné leurs récits d'illustrations sur le thème de leurs blessures ou de leur maladie, notamment Alex Pellegrini et Phyllis Clark Harvey. Charisse Kranes, aujourd'hui décédée, m'a montré des dessins d'une valeur exceptionnelle que son mari Winston Pickett m'a plus tard autorisé à examiner longuement.

Un ouvrier victime d'un accident du travail, une amie opérée d'un kyste ovarien, une jeune fille frappée de pneumonie, une belle-sœur qui avait subi une opération, tous m'ont raconté ce qui leur était arrivé. Je finis par me rendre compte que nous avons presque tous souffert de maladies ou de blessures plus ou moins graves. Il ne m'est pas possible de citer chacun, mais je suis reconnaissante envers tous ceux qui m'ont fait part de leurs difficultés.

Différents experts m'ont aidée. Alice Kalman, de l'institut des Études internationales de Monterey, a traduit pour moi des extraits d'un texte russe de Vassili Kasatkine. Mon ami le docteur Stanley Nudelman a charitablement relu plusieurs chapitres de cet ouvrage pour en corriger les erreurs dans le domaine médical, mais, naturellement, j'assume la responsabilité de tout le reste. Il m'a aussi mise en rapport avec plusieurs patients qui acceptaient de me confier les rêves qu'ils avaient faits juste avant leur opération. Je suis reconnaissante du temps que m'a généreusement consacré l'art-thérapeute Evelyn Simon, de Phoenix, pour examiner avec moi les illustrations de mon livre, et de ses suggestions pertinentes sur l'utilisation du dessin pour accélérer le processus de guérison, et sur l'amélioration de ma technique. L'art-thérapeute Ann Wiseman, de Boston, dont j'ai fréquenté l'atelier d'image corporelle, m'a indiqué une approche nouvelle qui utilise l'art pour accélérer la guérison. L'onirologue hollandais Aad Van Ouwerkerk m'a signalé une méthode originale associant le dessin à l'imagerie du rêve. La technique du rêve lucide, de Stephen LaBerge, de l'université de Stanford, suggère encore une autre dimension dans le processus de guérison.

Patricia Maybruck, Monique Lortie-Lussier, Jayne Gackenbach-Snyder, Deirdre Barrett, Fariba Bogzaran, Robert Van de Castle, Stanley Krippner, Pierre Etévenon et Roger Broughton — amis et co-membres de l'Association pour l'étude des rêves — m'ont tous aidée et stimulée. Cette petite organisation s'est ainsi transformée en une active communauté internationale du rêve, depuis sa fondation en 1982 par Stephen Kaplan-Williams.

Je remercie encore le conseil du tourisme de Grèce d'avoir financé mon voyage, en 1984, auprès des temples grecs du rêve. Les fascinantes techniques de guérison utilisées par les Grecs de l'Antiquité m'ont guidée sur des pistes intéressantes.

Je dois beaucoup à mon agent John Brockman qui, par la confiance qu'il avait dans ce livre, m'a aidée à construire et à développer mon idée. Un grand merci également à ma correctrice Barbara Gess, de chez Simon and Schuster, qui a patiemment amélioré ce manuscrit, malgré un tremblement de terre et des menaces de guerre.

Mes amis Linda Dancer, Carol Schonberg, Thomasine Kushner, Alison Rivin, Ping Li et Hsui-Ming Lee ont été des soutiens précieux dans les difficultés du début, ainsi que toute ma famille.

Mon mari Zal a été constamment présent, quelque peu affolé quand j'étais en danger mais toujours aimant et attentionné.

Ma famille, mes amis, les membres de notre association et tous les patients méritent ma gratitude. Puissent leurs généreuses contributions être d'un réel secours pour tous mes lecteurs.

Patricia Garfield
San Francisco, 1er janvier 1991

Table

5. *Le corps menacé*

6. *Après la phase critique*

7. *Rêves de guérison, rêves curatifs*

8. *Rêves de convalescence et de santé*

9. *Le temple du rêve*

La composition de ce livre
a été effectuée par Charente-Photogravure
l'impression et le brochage ont été effectués
sur presse Cameron
dans les ateliers de BCA à Saint-Amand-Montrond
pour les éditions Albin Michel

Achevé d'imprimer en septembre 1994.
N° d'édition : 13815. N° d'impression : 94/636.
Dépôt légal : octobre 1994.